阮章竞年谱

陈培浩　阮援朝——编

▶ 中国现代文学馆钩沉丛书

作家出版社

图书在版编目（CIP）数据

阮章竞年谱 / 陈培浩、阮援朝编．-- 北京：作家出版社，2019.8

（中国现代文学馆钩沉丛书　执行主编 计蕾）

ISBN 978-7-5212-0644-9

Ⅰ．①阮…　Ⅱ．①陈…　②阮…Ⅲ．①阮章竞（1914-2000）- 年谱　Ⅳ．①K825.6

中国版本图书馆 CIP 数据核字（2019）第 153961 号

阮章竞年谱

编　　者：陈培浩　阮援朝
责任编辑：李亚梓
封面设计：百丰艺术
出版发行：作家出版社有限公司
社　　址：北京农展馆南里 10 号　　　**邮　　编**：100125
电话传真：86-10-65067186（发行中心及邮购部）
86-10-65004079（总编室）
E-mail: zuojia@zuojia.net.cn
http: //www.zuojiachubanshe.com
印　　刷：北京玺诚印务有限公司
成品尺寸：152×230
字　　数：386 千
印　　张：29
版　　次：2021 年 3 月第 1 版
印　　次：2021 年 3 月第 1 次印刷
ISBN 978-7-5212-0644-9
定　　价：52.00 元

中国现代文学馆钩沉丛书总序

国人自古重“史”。而新史料的发现，对于历史研究的推进是不言而喻的。即便是湮没于历史烟尘中的一鳞半爪，也会使史家乃至读者如获至宝。在文学历史的阐述、文学理论的论证以及文学批评活动中，新史料的发现当然也每每相伴而生，同样为新的立论和新的阐发提供坚实的基础。更有学养深厚、学风笃实的学人，常常会把搜集所得的资料，整理编撰，既是为自己的研究课题服务，亦可供他人参考。这些资料，我们并不陌生，在林林总总的校点本、辑佚本、笺注本、年谱、诗文系念、书目、索引里都可窥其面貌。比如，鲁迅先生为了撰写《中国小说史略》，也曾搜集了大量的小说史料，又将这些史料整理成《古小说钩沉》《小说旧闻钞》等。这自周至隋的36种散佚小说，毫无疑问成为研究唐代以前小说的重要参考书，也为普通读者带来了极大的阅读兴趣。这正是“钩沉”的价值。梁启超所谓的“过去人类思想行事所留之痕迹”，为我们了解前人所思所想，乃至理解“人类社会史可能性的一切”和历史进程提供了依据。这些“痕迹”的再发现，无疑多多益善。

作为集文学资料中心、文学展览中心、文学交流中心、文学研究中心等功能于一身的中国现代文学馆，在收集、保管、整理、研究中国现当代作家的著作、手稿、译著、书信、日记、录音、录像、照片、文物等文学档案资料的过程中，在和广大的研究者、作家及其家属、后人接触的过程中，不断接触到曾被历史遮蔽、湮没、忽略的有关人物及有关史料，因此，编辑、出版“钩沉丛书”，是水到渠成之事，也是现代文学馆工作的题中应有之义。这套丛书，旨在把我馆认为值得引起注意的、涉及现当代文学的史料予以发掘，把某些有助于文学研究的带有资料性的著述予以出版。举凡作家的年谱、回忆录、传记、散佚作品等均在丛书出版范围内。这一工作，有赖于著述者的劳动，也有赖于广大作家及其家属、后人的支持，这是需要向著述者和支持者致以诚挚谢意的。

然而，我以为不能不指出的是，“钩沉”是有价值的。但“钩沉”出来的，却未必件件都有价值。

因此，其一，本丛书所含所有书籍的出版，唯以我馆认识到的参考价值为取舍，是否真有“价值”，有待研究家和读者的考量与开掘。其二，“钩沉”，绝不是为了“爆料”，为了“翻案”，为了“听唱翻新杨柳枝”。这在世道浇漓学风蒙尘的当下，是不能不有言在先的。也就是说，若有人欲借本丛书中涉及的一些史料断章取义、哗众取宠，谋取商业利润，概由炒作者自负其责。本“丛书”所涉及的资料和史实，并未经过本馆的考证与甄别；所涉及的观点，只代表编撰者本人的价值立场与学术见解，与文学馆的立场、见解无涉。

如果诸公能够从这套丛书中获取一些资料，经过甄别辨析，成一家之言，作为丛书出版的组织者，便欣欣堪以慰之。

是为序。

2010年5月7日

目 录

1914年　生年

1月31日　农历正月初六，阮章竞出生于广东省香山县（现广东中山市）沙溪区象角乡一户三代卖鱼人家。

按：谱主在《故乡岁月》中写道："一九一四年一月三十一日（农历正月初六），我出生在新亨街上一个三代卖鱼的人家，祖父卖鱼，大伯父卖鱼，二伯父是造船工人。祖父、大伯父、二伯父在我出生前已去世。祖母去世时，给我留下的是像轻烟似的、非常模糊的印象。我父亲阮达彬继承父业，也是卖鱼的。"[①]

据谱主1956年呈交中国作家协会的《干部自传》：

父亲阮达彬，三代为卖鱼人。母亲杨彩信，是距象角几里外的申明亭村一个守墓人的女儿。幼年上过学，还放过脚。阮达彬家共有子女十一个：大哥文伟，电器工人，早年去了新加坡，解放后在那里开了个小电器店，没回来过；二哥、三哥很小夭折；四哥章权，木船厂工人，抗日时战斗牺牲；五哥章成，青年时期好赌，抗战时曾被国民党军抓夫，参加了中国远征军，到过南亚；阮章竞在家中排行第六；七弟章桓，少时在家帮助父亲劳动，抗战时期在家乡参加地方游击队，被人谋杀了；八弟章棣，抗战时逃荒西江，胜利后回家贩鱼；九妹夭折；十弟章钊，抗战时饥病交加而死；十一妹惠霞，抗战时逃荒西江当佣人，解放后参加土改工作，被吸收入党。

① 阮章竞：《故乡岁月》，人民文学出版社，2012年，第6页。

1916 年　2 岁

4 月 1 日　赵迪之出生在河北省清苑县温仁村一户殷实农家。

按：赵迪之与阮章竞于 1939 年 2 月结为夫妻。

1919年　5岁

5月　有一天象角乡团益公会来了一批从省城、县城来的学生，他们唱着反日的歌谣，演讲、演戏，号召同胞不买东洋货。他们的爱国行动给了少年阮章竞很深的印象，学生们运用知识宣传爱国的行动，还在阮章竞心灵播下了渴望读书的种子。

按：据谱主回忆：

鸡公仔，尾婆娑，

三岁孩儿学唱歌；

不用爹娘教知我，

自己知得你奈何？

这是小时妈妈教的歌。当我长大，自己会去看热闹的时候，常跟着手举大鲤鱼，或手托龙舟的卖艺老人，听他们唱《龙舟歌》《鲤鱼歌》，什么“鲤鱼公，鲤鱼婆，公鸡母鸡喊抱窝……”。我五岁的时候，有一天，从省城、从县城来了好多学生。晚上，他们在村里，举着火把游行，在团益公会前头，站在桌子上讲演，喊着“打倒日本鬼子”“反对二十一条款”“打倒卖国贼”的悲愤呼喊后，把小时候妈妈教给我的那首儿歌，改成新词，教小孩们唱：

日本仔，食人魔，

凶残恶过贼佬哥，

一心要灭我中国，

做他牛马做骆驼！

乘欧战，占青岛，

占人土地笑呵呵，

欺我中华是散沙，

知我食亏无奈何……

这些学生，还给老百姓演出文明戏，演日本鬼子怎么杀人放火，拿着倭刀一块一块切吃小孩肉。我看了好害怕，也好气愤：怎么小小的日本仔，把中国欺负成这样！学生们还号召老百姓不买东洋货。这个印象在我小小的心坎里，烙上了很深很深的印儿，在抗日战争以前，我就不买日本货，只有进步的书籍除外。我现在还依稀看见这些学生在游行、在演出文明戏的情形。现在来看，那是1919年全国展开的反对日本帝国主义侵略中国，反对北洋军阀丧权辱国所掀起的“五四运动”。

这样来象角游行演讲的学生，来过好几批，特别是在我上学读书以后，那就更多了。

我看到的学生，所以能知道那么多事情，都是读书得来的。我看到我四哥阮章权，能给我讲故事，也是读书读来的。我六岁了，就向父亲母亲说：

“我要读书！”[①]

---

① 阮章竞：《故乡岁月》，人民文学出版社，2012年，第18—19页。

1920—1921 年　6—7 岁

这两年，是阮章竞的学前阶段。

大哥和堂哥读了三年书，开始谋生了。四哥五哥开始在村里的作新学校读书，使得阮章竞对校园生活更加充满向往，父母以他年纪太小为由，不同意。不能去读书，阮章竞把大哥读过的四书五经上的字，剪贴在木板上，又找出二伯父遗留下来的凿子，认认真真地刻起字来。虽然当时只能刻凹体字，却得到大人们的称赞。后来四哥找来钟表发条和洋伞的钢骨，教阮章竞做成刻刀。刻图章刻字成了他最热衷的游戏。找年龄差不多大小孩子一起玩“上学”，也是他喜欢的。

1921 年年底，阮章竞看到哥哥和别的孩子去学校报名，又哭闹着让父亲给自己报名，父母见他一直哭闹，无奈之下骗他说已经给他报名了，阮章竞高兴得连忙找来父亲记账用的墨碗和半锭旧墨、一支旧毛笔，还到店里买了两册描红本，算是做好了上学读书的准备。

过了年，过了灯节，该开学了。开学那天，阮章竞才知道自己今年还是不能上学。母亲无奈地告诉他，家里供不起三个孩子都读书，说今年多养几只鸡鸭，攒下钱，明年一定让他读书。阮章竞知道哭是没有用了，就更加努力地去水田里拾田螺给母亲喂鸡喂鸭子，攒下钱，明年好去读书。

1922—1926年　8—12岁

这是阮章竞的求学阶段。这个阶段是“五四运动”落潮到国民革命军北伐的过渡阶段。社会动荡不安、经济不振、民生凋敝。

那时的学制叫“春季始业”，过了正月十五灯节，就开学了。父亲安排五哥和阮章竞进入鼐琨学校读书。（鼐琨学校，原是一家乡间私塾，过去是教四书五经的，因为新学运动的兴起，这家私塾的校长彭鼐琨，改换招牌，把“鼐琨私塾”改为“鼐琨学校”。）

按：据谱主回忆：

“虽然上私塾不如上作新学校理想，可那毕竟也是‘学校’呀！我高兴了，笑了，我从后门，一口气跑到平平的猪肚山上，连打了好多个筋斗。”①

敏而好学的阮章竞总是最早到学校上学，做个“勤学生”。彭鼐琨只会珠算不会笔算，所以没有算术课。也不选其他课本，成天只死背那本《国文》，根本不能满足他的求知欲望。

按：据谱主回忆：

“下午四时放学后，我就帮助父母下田拔草，或做些家务劳动。晚上，我从来不用温习功课，还如同过去一样，到土地堂或小杂货铺前、大榕树下听人讲故事，听大人谈山说海，听他们讲从清朝到民国的社会趣闻及各种各样的事情。有的讲得很不错，有的完全是稀奇古怪的无稽之谈，但使我增长了好多知识。”②

---

① 阮章竞：《故乡岁月》，人民文学出版社，2012年，第23页。
② 同上，第27页。

秋季开学后的一天到校上学，发现校长彭鼒琨失踪不见了，原来是在家抽大烟被区公所的警察捉走，才开始半年多的读书生活因此中断。在彭鼒琨校长被捉走的这段日子里，阮章竞得了疟疾，迷信的母亲每天用驱逐瘟神的办法为他驱除“发冷鬼”。后来他总结出用坚强的意志，在发病前两小时去跑步、爬山，身体慢慢地康复。中秋节过后，校长被释放出来，阮章竞和几个小伙伴一起到家里探望他。重阳节左右，校长彭鼒琨便在病床上郁郁而终。

鼒琨学校解散后，阮章竞再一次提出要到作新学校读书的要求。

按：据谱主回忆：

“父亲母亲把三个孩子读书的问题，重新作了安排：四哥阮章权成绩好，又未找到出路，仍念书，放学帮父亲种田；五哥阮章成不好好学习，决定帮父亲担鱼卖鱼；作新学校，学费低，同意我进作新学校读书。”①

1923 年，阮章竞九岁。元宵节开学，阮章竞进入作新学校读书，并和街坊油漆匠的儿子阮旭垣约好坐一张课桌。

按：据谱主回忆：

“开学的那天，我天不亮就起床。母亲已把堂哥不穿的衣服给我改好，再把堂哥穿过的旧皮鞋，前头塞上破布，让我穿上。我去找上阮旭垣，走过新亨街，再过鹅瘤山，向离狮山不远的作新学校上学去。”②

作新学校有位代课老师叫阮赓扬，在他那里阮章竞看到了《芥子园画谱》，这部画传山水册中的《独树老夫家》，是阮章竞学山水画的头一张。在上学期间，因为喜欢画画，与老师阮赓扬的关系比较好，而且老师还借了一本《植物学》供他临摹学习。由于学习用功，每个学期的考试成绩榜上，阮章竞都是名列第一，且当了班长。

上学以后，为了尽可能挣钱贴补学习费用，减少父母的负担，阮

① 阮章竞：《故乡岁月》，人民文学出版社，2012 年，第 32 页。
② 同上，第 33 页。

章竞利用课余和星期天，经常参加采桑、捉蟛蜞、罾吊活虾等劳动。为帮助母亲捞浮萍喂猪，冬天还掉进过冰冷的鱼塘。

在作新学校，阮章竞非常想学画画。除了阮赓扬先生、彭樑一校长上课时教过画画，就再没有别的老师了。在街市上“风虎”小洋货店的少店主，会画神像，每天放学，阮章竞都要在那里看他画一阵，回家凭着记忆画下来，还天天去店里找差距。新亨街村尾有位叔母家有一幅《玄坛伏虎》——赵公明神像，阮章竞去她家临摹下来，回家誊在熟宣纸上，涂上颜色。母亲高兴极了，还打了糨糊，把这幅画裱好，挂在正面墙上。以后，只要谁家有画的神像而不是木版印的神像，谁家藏有“公仔”（家乡称画的、泥捏等人物为“公仔”），他都去借来临摹。新亨街石坡下的米店老板，买来白洋布，叫他画过一幅很大的《关云长夜读春秋》，还给了三元钱润笔。从此，阮章竞学画更入了迷。

大哥阮文伟不肯在乡下帮助父亲打鱼贩鱼，更不肯种田，一心想出外卖布谋生，闯条新出路。家里几次借债供他外出到广州等地卖布，都不赚钱。后与人合开一家小杂货铺。杂货铺生意不错，但账目却一直亏损。合作关系破裂，阮文伟怒而退出，后来又经历了年关返乡被盗匪洗劫险些丢命的祸事。家里因此负债累累。

贫困的生活使九妹因病无钱医治夭折，夜半阮章竞经常听到母亲哭泣的声音。

1923 年，父亲因为不允一地痞买鱼反复赊账，发生口角和推搡。该地痞乘机诈伤，阮达彬被抓进了更馆。后经亲戚多方奔走，交了罚款才免于送到县上吃官司。

香山县是国民革命领袖孙中山的故乡，受广州革命形势影响甚深。随着“五卅运动”（1925 年）、“省港大罢工”（1925 年 6 月—1926 年 10 月）等消息的传来，香山县也成立了工会、农民协会等组织。父亲也参加了“鲜鱼工会”，扛着大竹杠子随大家进县城开会。堂哥阮焕伦还做了孙中山卫士队的卫士。

1926年，阮赓扬先生主持校务，给学校带来新鲜的风气。他组织学生成立“学生自治会”，选举了年龄最大的男生当自治会主席，还拨出三、四年级教室后面的一间房子，做学生自治会的活动场所。一个教体育、自然、修身的兼课教员叫陈锡，常常和那些家境较好、穿戴漂亮、作风轻佻的女生在教室里嘻嘻哈哈打闹，引起其他学生的不满。学生自治会主席说了不少怪话。陈锡听到几个女生的告密，借机干涉了学生自治会的活动。几个年龄大一点的同学写了讽刺的“白帖”，贴在教室里，挖苦陈锡。陈锡听信人言，认定“白帖”是阮章竞所写，用藤鞭毒打阮章竞。这件事对阮章竞造成很大的心灵伤害，他不屈服于陈锡的淫威，但也无法与之抗衡，于是赌气不去上学。后在老校长劝说下才返回学校。

由于作新学校只有四个年级，阮章竞于1926年年底结业。

1927年　13岁

1927年，孙中山北伐，堂哥阮焕伦不再担任其卫士，回乡后一度成为土匪。此时，香山县的革命形势开始转入低潮，社会混乱，土匪猖獗。土匪既打家劫舍，也保护其所在的村落。既为人恐惧，也受人敬畏。这是社会失管状态下的乱世现状。土匪之间相互斗殴、火并事件越来越多，国民革命军请来了滇军前来“清乡”，其间互有攻守，“广州派大兵杀回来了，从土匪手里夺回石岐城，进行了无情镇压，放手杀人，杀的有土匪，也有不少是安分守己的老百姓”。

离开作新学校一时还找不到出路，父母安排阮章竞到一家有五年级的私立树人学校，说好找到事做就不上学。母亲加紧教他做菜做饭，怎么切菜才不会切着手；大蒜先拍一下，不然褪蒜皮会弄破手指甲缝儿，等等。因为当学徒首先要当“火头”，做饭做菜。他还主动地向街坊叔叔请教怎样当火头。就这样，他一边在树人学校拼命用功多读书，一边为当学徒做准备。

按：据谱主回忆：

“树人学校的校长阮海涛，是县立高中毕业的华侨子弟，写的一手很好的北魏字体。他把我看作是个较好的学生，我也常到他家里去。开学很久，我都交不上学费（一年十二元），父亲要我告诉他，家里没有钱，请他去我父亲的鱼摊上拿鱼吃。阮海涛校长不肯去，也不催我，直到我离开这个学校，好久他也不去催父亲要学费，因为他很了解我家穷。”①

---

① 阮章竞：《故乡岁月》，人民文学出版社，2012年，第81页。

他喜欢画画，于是向父母要求去油漆店当画工学徒。5月，远房堂哥阮寂生为阮章竞寻到邻村涌头一个叫两合的油漆店当学徒。起初老板冯阿臬见他个子小，不想收，但经过父亲再三请求和阮章竞的适时表态，冯阿臬才同意收他为徒。

6月4日（农历五月初五），阮父送阮章竞到两合油漆店。当晚阮章竞把做拜师三牲的三元钱交给老板娘。过了三四个月，师傅们问起，老板娘才拿出七角钱买一点鱼肉，敷衍过去。

小火头阿竞的学徒生活，每天要分别挑河水、井水四大缸，煮十几个人的饭，熬桐油、打料以及洗刮所有的油盆家什，出去做工时装工具的箩头也是他担。艰苦劳作之余，勤奋好学的阮章竞并没有断了学习的念想，平日里只要逮到时间他便仔细地观察画工师傅画画，并自己尝试模仿，还用平时节省下的茶水钱饭钱来买书籍和画谱，收工后偷偷练画。

一次阮章竞请假回家看望父母，遇到从小被寡居叔母卖掉的堂姐。她是被转卖了几次，受不了虐待偷跑回来的。逃妾等同逃犯，堂姐悲惨的命运，引起他深切的同情。

1928年　14岁

阮章竞聪明肯干，慢慢得到师傅和老板的信任。这一段油漆店生意兴隆，常请中山最有名的画工黄联芳、刘永、高寿山来干活。阮章竞特别留心，有时也壮着胆子开口请教。

按：据谱主回忆：

“只要是黄老画工来作画，我就特别高兴，总是尽量想办法，挤出工夫去看他画画，确实学到了不少东西。我对刘永和高寿山也是这样，每当他们画画时，我就悄悄地站在一边，聚精会神地观看，一笔一色也不漏过。起初，他们以为我是好奇，也不在意，可是时间长了，尽管我自己不敢说，他们也知道我爱画画。当时的画工，都不教外人学画，怕别人学走技艺，夺了自己的饭碗。所以，他们顶多是向我笑笑，既不赶我走，也不问我是否喜欢画画。”①

涌头村有两处人们聚会的地方：隔壁陈兴记打铁铺、大石桥边的利兴杂货铺，总有人山南海北地胡聊天，讲些国事和社会新闻，也就成了阮章竞少年时的信息来源。

夏天，阮章竞染上了红白痢疾。

按：据谱主回忆：

“开头，我不懂这病的厉害，虽然一天一夜不知道要跑多少次厕所，可我还是照样做完饭，担完水，就担着油漆颜料去外乡干活，顶住不言声。我很坚强，当小火头，不坚强能行吗？说我有病，谁肯理

---

① 阮章竞：《故乡岁月》，人民文学出版社，2012年，第81页。

我？这样时好时坏，拖了一两个月，我天天夜里都要爬起来上五六次厕所，肚子绞痛，下坠得好难受。我人瘦了，腿软了，脸也黄了，被痢疾拖垮了。”①

秋天，阮章竞的病已经拖了两个月，悭吝的冯阿袅从不关心询问。工人师傅们为他担心，向冯阿袅老板请求让阮章竞回家治病，冯阿袅意识到后果才勉强答应，但一文钱不给。

回到家里，父母为他请医生买药又欠了一笔债。为了不给父母增加负担，他不得不回到两合油漆店。老板娘对阮章竞四十多天才回来非常不满，没有安慰反而怨他偷懒装病。这使他极其愤怒，和老板娘顶撞起来。

---

① 阮章竞：《故乡岁月》，人民文学出版社，2012 年，第 129 页。

1929年　15岁

帮工的生活，不多的快乐来自到县城石岐看电影。冯老板差使阮章竞到石岐挑油漆颜料，他宁愿不喝茶水，也要去石岐唯一的中山剧院看一回电影。他买最便宜的门票，看了上海明星电影公司出品的很多电影，如《啼笑因缘》《火烧红莲寺》《西游记》《荒江女侠》等。他的画画、读书也都有进步。他为中药店画的四条人物屏幅，老板还裱了挂起来，让他很有成就感。

本年，阮章竞周边发生太多的事故：隔壁打铁铺的大哥，在工作中突然倒地猝死；老板的儿子久病不治；工友林师傅从梯子上摔下来受伤；阮章竞自己因不堪受辱，动手反击使寻衅者磕掉了两颗门牙……他深深感到这世界上有很多事都不公道。

11月，因忍受不了老板家的刻薄，阮章竞从两合油漆店中逃回家。回去后发现家里的境况更不如前，大哥外出没音信，四哥挣不上钱，五哥赌钱还输了鱼本，被父亲锁在米椎上。弟弟、妹妹都还小，父母忧愁极了。三天后，远房堂哥阮寂生的一番劝说，让他认清了处境，下决心坚持下去。

按：据谱主回忆：

堂哥说："你在那里已经两年半了，还有半年，就可以出师了。我也知道你干活干得很好，可你要知道，学满三年出师，就是正式工人，起码每天能赚一元钱；如果你现在回来，是半途而废，不算满师，只能赚几角钱。阿竞，不上算啊！在这半年里，你不能离开冯阿枭，冯阿枭现在也不愿你离开他。有你，好多活，他可以不请工人。

现在，他是很怕你走的。阿竞，我跟你去找他说说，让他两公婆知道你这回造他们的反。冯阿袅不是傻瓜，咬咬牙，再熬半年，他会反过来求你的！”[1]

① 阮章竞：《故乡岁月》，人民文学出版社，2012 年，第 167 页。

1930年 16岁

1月29日，旧年除夕，老板冯阿袅打赏了阮章竞三元钱。阮章竞在老板娘的怂恿下赌钱，又赢了三元钱。他高高兴兴地回家，母亲用这笔钱为他做了身粗毛料衣服。

按： 据谱主回忆：

母亲向前为我将衣服拉展，扯平，然后用很沉重、很认真的语气说：

"阿竞，就赌这一回，以后可不要赌钱了！千万不要再赌钱，一定要记住妈的话！"她停了一会儿，脸色更严肃了，"你一定要学好，坏的事一定不能学，不能做！"①

我完全理解母亲从高兴到不高兴的原因。我低头，不敢看她的眼睛，但坚决地说："妈，我一定会记住的！"②

6月1日，农历端午，三年学徒期满，冯阿袅以客气的口吻挽留阮章竞傍师，继续在两合油漆店干到年底。

---

① 阮章竞：《故乡岁月》，人民文学出版社，2012年，第172页。

② 同上。

1931年　17岁

2月16日，除夕下午，阮章竞领到了冯阿臬给的三十三元，作为他傍师七个月零二十五天的工钱，兴奋地回到家中。他是第一个能帮家里挣钱的孩子。

按：据谱主回忆：

“三年多来，我从来没有跑过这么快。穿过沙岗，走出沙溪墟，我没有歇息，踏着田埂，跨过土坎，上下小桥，赶快跑过那道弯弯曲曲的岚霞基。我太高兴了！我觉得我已把三年半的痛苦、悲伤、眼泪、彷徨、绝望，什么都从我的背后甩掉了。我感到我是抱着从没有过的欢乐回家的。什么象山、鹅瘤山和远在西南角的狮山，我都顾不上看了，我是穿过大兴坊的山坡，从小道跑进家的。”

元宵节后，刘永师傅主动找阮章竞到他家里帮忙做工、画画，按照二等工标准每天工钱一元；后来油漆贵和其他揽到活儿的人都来召他到家里做工，工钱一元成了惯例。直到认可他人品和手艺的林金超师傅找他做工，给了他每天一元三角的完全工酬劳。

有了收入，阮章竞订了石岐出的《仁言日报》和《国民日报》，有能力给母亲买补养品，也有了买书、画册、画谱以及画肖像的颜料和工具的钱了。每天工作回家，不是读书学字，就是画画。既画国画，也学油画。当学徒时，除了向资深画工学习，他还反复揣摩学习当地民间画家的作品，如余月生、罗润泉、罗达生、李仲谦等画师画在大庙、祠堂、亭阁的画；到华侨家里做工，看到一些从国外带回来的油画，也引起了他的思考。

邻家姑娘阿蘋爱慕阮章竞，每天早上等在门口，从半开的门缝里，递出几朵白兰花。

做工的日子里，周围妇女如冯师母、刘永女儿、四姨姑母家的两位表姐不幸的婚姻生活，使阮章竞深受触动。

油漆贵承接了龙头环“天然”运输船的活儿，阮章竞第一次去了广州。由于工期延误，阮章竞几人多留在广州多日，顺带游了越秀山、五羊楼、鸦片战争时抗英的发生地三元里，以及“六二三”惨案发生地沙基。

按：据谱主回忆：

“两次看沙基，是痛心的。头一次是晚上沿路寻问找到的，在树影灯光掩映下，这小块中国的土地，有英国兵、印度兵、法国兵荷枪实弹，站在桥头上放哨、在马路上巡行。这就是一九二五年六月二十日，省港工人示威，群众游行到这里，而遭到沙面英国法国帝国主义的屠杀，发生的‘六二三’惨案地点。从发生的那天起，‘六二三’这三个字，却是像烙印一样，永久地烙在我的心里。我就想如果能到广州，我一定要仔细看沙面沙基。第一次，晚上看，看不清楚，于是我又在离开广州的那个白天，我同陈洪国、小三，又去看了一回。我们看了之后，都议论着：什么时候才能赶走帝国主义，收回这块土地呢？”①

9月18日，日本帝国主义悍然进攻沈阳，很快占领东三省。消息传到中山，阮章竞每日上工都听到人们愤怒地说：“蒋介石为什么不出兵？”这段时间，抗日打东洋、抵制东洋货，成了阮家谈话的中心话题。有一天晚上帮助母亲收拾锅碗时，阮章竞对母亲说出了“我要去当兵，当抗日的兵”。可是当时他并不知道哪里有抗日的军队。

---

① 阮章竞：《故乡岁月》，人民文学出版社，2012年，第228页。

1932年　18岁

每年春节都有很多人找阮章竞写春联，以前都是写些“天增岁月人增寿”的祝福联，今年阮章竞的春联写成了“怀诛倭寇辞旧岁，誓雪国耻更新春”，横联写成“还我山河”“抗日救国”等等。象角新亨街找他写春联的人，都把他写的贴出来。

初夏，油漆贵在澳门承包了一家商店的油漆活儿，阮章竞便跟着去了澳门。殖民地澳门的赌场、烟馆、舞场、夜总会、妓院使他内心受到很大冲击：“在这里做了二十三天工之后，总的感觉，这是被葡萄牙帝国主义践踏的一块最不文明、最不干净的地方。怪不得家乡的人，都不愿让年轻的孩子到澳门谋生。”[①] 阮章竞带着痛苦从澳门回了家。

从澳门回来没几天，就听说前些日子有三个画家在石岐举办了绘画展，分别是从上海回来的肖剑青、风流照相馆的画师刘公式，另一个叫余之毅。“上海回来的画家”这个身份勾起了阮章竞无限的想象，相识的画师李炽伦拿了一幅肖剑青画的桃花扇面给阮章竞看，没有参观画展，让阮章竞倍感遗憾。

不久，阮章竞从报上看到“天涯艺术学院暑期班”招生广告，开设有国画班、油画班、水彩画班、装饰画班等，教师有肖剑青、刘公式、余之毅、邵天叟等人。学费十二元、膳食费十二元。阮章竞强烈渴望去学习，但暑期班已经开学了，而且去学习就意味着不能挣钱，

---

① 阮章竞：《故乡岁月》，人民文学出版社，2012年，第238页。

还要掏钱。这让他十分犹豫，父母倒都表示支持。于是，经过简单的面试，有很好绘画功底的阮章竞被录取了，开始了五十多天的绘画学习。“天涯艺术学院”的培训很不正规，老师们并不授课，甚至连辅导和指点都很少。只是拿些油画风景卡片让学员们临摹，这些卡片还是让阮章竞学到了设色、远近、季节变化等技巧。

肖剑青还受聘为中山县立女中的总务主任。再加上刘公式、余之毅和几个广州的大学生、高中生，形成了一个以天涯艺术学院为据点的小小的知识分子群。

按：据谱主回忆：

“在天涯艺术学院出出进进的艺术家、知识分子，有时也把自己算进上海进步文学艺术家群里去，说自己主张革命，但是谁都害怕讲共产党。如有一个常来的失业的大学生，思想比较‘左’倾，向我们说一些左翼文学情况。我就是在他们的谈论下，知道陈独秀、王独清、鲁迅《阿Q正传》、郭沫若《女神》、茅盾《春蚕》、蒋光赤等作家的名字和他们的作品。但肖剑青、肖泮霖等都很警惕，告诫我们，说此人有‘CP嫌疑’（意思是说不定是共产党），叫我们少接触。可我一点儿也没察觉他讲过共产党的什么道理什么事。倒是肖剑青父亲，突然有一天，不知道他是为什么，当着我面大骂国民党蒋介石无能、贪污腐败，使中国衰弱到这步田地。他愤怒地说：‘要是我年轻十几二十年，我就到瑞金去，投奔共产党！’”[①]

天涯艺术学院培训经历使阮章竞获得了一张肖剑青自制的文凭和一张印着“天涯艺术学院第一届师生员工纪念合影”的照片。这间学校在某种程度上开阔了他绘画和文学的视野。

按：据谱主回忆：

从我进入天涯艺术学院暑期班起，从我同这些知识分子的接触过程中，使我听到一些我从来不知道的文化运动情况，像“五四运动”

---

① 阮章竞：《故乡岁月》，人民文学出版社，2012年，第247页。

和后来的左翼文学运动情况。还从他们手里借阅到好多过去根本未听说过的书籍。我从这里第一次知道有个欧洲文艺复兴。读到有关文艺复兴三杰达·芬奇、米开朗琪罗和拉斐尔的介绍，知道有米勒、罗丹等欧洲的艺术大师，看到他们的作品图片，使我一下从唐宋元明清的中国山水人物、花鸟鱼虫，抬眼看到欧洲的圣母圣子、天使花神。有一个书店和一个写这些书的作家，使我至今仍然深深敬佩的，那就是开明书店和画家丰子恺先生。从这里使我从《三国演义》《隋唐演义》《水浒》《七侠五义》《唐诗三百首》中惊奇地看到《阿Q正传》《女神》《春蚕》等二三十年代的文学作品；使我从帝王将相、才子佳人的作品，一下看到了要求民族解放、民主自由的新人物和劳动者，使我从作坊、工匠人群外接触了一些有优点有缺点的，有真才实学的，有不学无术的，有夸夸其谈的辩士和吹牛大王，有脾气各异、个性不同，一些当时的石岐名流。从强烈要求打倒列强除军阀的反帝反封建状态，朦朦胧胧地萌发了阶级斗争、工农解放的胚芽。

我从介绍西洋美术的书和画片上，产生了许多联想：西洋画中的人物，比中国画真实、生动，如米开朗琪罗、罗丹的雕刻，表现了力之美，人体之美。讲究明暗，讲究透视，立体感强。我喜爱中国画，但我深深感到人物比例失调、不合理、不科学，如果把画中的人物衣服去掉，人的身体四肢，大小长短，都是凑不成样的。中国的山水画，别有风韵，但水无倒影，总觉得减弱了真实感，中国的花鸟鱼虫，生动多姿，西洋画不如中国画。天涯艺术学院，虽然名不符实，但在家乡，只有这个地方，有个小小的窗口，能使我窥视到中山以外的世界，中国以外的更大的世界。①

暑期班结束后，油漆贵开始把阮章竞作为画工来使用，每画一天，虽然只给一元七八角钱，但相比油漆，阮章竞更喜欢画画，并不在意工钱。起初，油漆贵只让他画偏房、里间等地方，大厅、书房等

---

① 阮章竞:《故乡岁月》，人民文学出版社，2012年，第252—253页。

显眼、重要的地方还是请当时油漆画坛的名家高寿山画。有一次在龙头环一户人家翻新的屋子作画，照旧是高寿山画正厅，阮章竞画里屋。作画中间，这家的小主人不断里外观察，然后大发议论："高寿山师傅的画俗气，不是艺术！"然后便找油漆贵要求书房、楼上都由阮章竞来画。这家的少主人就是后来的岭南画派代表画家黄霞川。阮章竞感激他的欣赏，对高寿山却有莫名的愧怍。由于黄霞川的捧场，油漆贵给阮章竞加了工钱，虽然没有达到高寿山的一天二元六角，但也有每天二元。

秋冬季节，朋友阿远带着两个从澳门过来的兄弟，过来聘请阮章竞到他们在澳门新开的广告公司工作。在那里，阮章竞主要为广告公司提供绘画和美术设计。由于他十分留心当时的广告、书报，特别是外国杂志，以开阔视野，所以他的设计被采用的较多。当过漆工的阮章竞，攀登高梯绘制图样都能做到很好，所以成了广告公司里最活跃最忙的人。老板兄弟待他也很不错，经常带他到市郊、海滨游玩，阮章竞每次都带上油画箱，选一个地方写生作画。

在澳门工作期间，阮章竞看了不少美国好莱坞电影，如《情天血泪》《逆旅奇观》《人猿泰山》等等，但他最喜欢的还是那些反压迫、争自由的片子，如《逃亡者》《自由万岁》。他也第一次看到苏联电影《生路》，这部电影给他留下深刻印象，使他知道曾被人们抛弃的流浪儿现在有人反映他们的悲惨生活，同时还看到一个新的社会如何耐心地拯救他们。

转眼到了年底，阮章竞在澳门工作也快满三个月，可是老板兄弟一直不提工资的事情。这让阮章竞十分郁闷，同公司的雇员每月都有工资，每次却都没有他的份。想到贫穷的家里正等着他的钱，他由急躁变成暴躁，实在憋不住，请公司英文翻译替他向老板捎话。听闻阮章竞讨要工资之后，老板兄弟的脸色就变得不好看了，说阮章竞的工资他们都保管着，每月十五元。阮章竞这才意识到之前满面春风的老板终究并没有拿他当朋友，而是当作可榨取的被雇佣者。

很快阮章竞离开了这家公司，离开时只有英语翻译相送，连朋友阿远都不敢送他。乘长途汽车离开澳门，阮章竞带着对澳门社会的厌恶，心想不会再到澳门来了，回程要做两件事，一是去看看拱北关，二是去翠亨看看孙中山的老家。

拱北关口站哨的葡萄牙士兵激发了阮章竞的民族情绪。拱北关，葡萄牙剁去澳门的斧痕，就这样一直烙印在他心上。

在翠亨乡，阮章竞在朋友文誉扬（即后来的木刻家艾炎）带领下参观了孙中山故居。阮章竞感慨故居的简朴甚至萧瑟；感慨像孙中山这样清廉俭朴、发迹后不大修故居的国民党大官实在太少。那些主宰中国，自称孙中山信徒的人们正忙于争权夺利，已经忘了还有一个翠亨。阮章竞说："我离开刻有'翠亨'二字的孙中山故乡时，带走的是沉重和凄凉！"[①]

① 阮章竞：《故乡岁月》，人民文学出版社，2012年，第264页。

1933 年　19 岁

年初，从澳门回到中山的阮章竞继续着画工和漆工的营生，偶尔跟肖剑青走动。天涯艺术学院生意惨淡，任职县立女中又受到竞争伙伴的打压而站不住脚，这年秋天，肖剑青关闭了天涯艺术学院重返上海。

象角乡的两个无赖阿海、阿朗趁社会动荡，逼迫村民选举缉匪队长。阮章竞叫上几个年轻人，在大洪王庙的乡约厅选举现场，大声议论，表示反对。但“沤臭海”“白眼狼”的两个恶棍还是当上了队长。没过多久又为谁是正，谁是副，火并起来，闹得乡里不安。

1934 年　20 岁

1 月 15 日进入阴历腊月。油漆贵在龙聚环乡揽了一项新建房屋的油漆活儿，请阮章竞去当画工。在阮章竞作画期间，一个杨姓无赖挑衅，拼命贬损阮章竞的作画水平，怂恿、鼓动房主人更换画工，说用无名小卒糟蹋了新房子，必须让高寿山来作画。阮章竞强忍怒火不予回应，但这个人的搅局让房主动摇了，便更换了画工。阮章竞吃了哑巴亏，十分恼火。

2 月 16 日是 1934 年阴历大年初二，家家户户忙着走亲戚拜年。阮章竞在家门口突然看见一个人从西向东走来，正是故意坏他画事的无赖杨生保，不禁怒火中烧。这时五哥阮章成从屋里出来，见状询问怎么回事。“就是他，那天破坏我画画的那个家伙……”阮章成听后一下蹿过沟渠，一把抓住该人，发生了争执和推搡。阮章竞急忙上去劝阻。该地痞乘势耍赖，倒地高喊抢劫，事情闹到更馆去，诬陷阮氏兄弟抢他的钱。更馆书记官阮子韶曾是阮章竞的老师，两个儿子也是阮章竞当年很要好的朋友，阮章竞原以为他会主持公道。不承想他和那个地痞杨生保有远亲关系，偏听偏袒，半夜里将阮氏兄弟二人押到港头乡的区警察局，送进黑漆漆、臭气难闻的牢房里。

在阴冷肮脏多虱的牢房里，阮章竞一夜未眠，年假休沐没有人来提审。几个好朋友轮流来看望，告知阮父阮母和油漆贵正托人多方说情、疏通。

2 月 20 日大年初六。上午，七弟阮章桓为阮章竞送来了一碗母亲做的生日甜面，阮章竞百感交集，在牢房里度过了二十岁生日。

2月21日大年初七，两个警士前来把阮氏兄弟带去提审。主审是一个知识分子模样的中年警官。警官给了阮章竞较多时间讲述事件的前因后果，并敏锐地发现了那地痞诬陷之词里面的漏洞。他判决阮氏兄弟赔偿对方二十元医药费，对抢劫之说不予支持，当场释放。阮章竞猜测能得到较为公正的判决，一是因为当时中山县作为孙中山故乡被国民党立为模范县，派来的警官较为年轻正派，二也跟父母及油漆贵的奔走托人有关。这件事，加剧了阮章竞对社会不公的不满和愤怒。

上半年，经济越发不景气，很难找到工。阮章竞做两天歇五天，收入更加没有保障，只有画肖像还能多少挣几个钱。凋敝的乡村里，无所事事的人们打牌赌博，情杀、通奸新闻不断。

按：据谱主回忆：

“我感到在家乡实在待不下去了。我想去能报国的地方，能学习的地方，找到活的出路。可哪里能找到呢？我想来想去，只有上海。当时的上海，是我最向往的城市。因为有很多图书馆很多书，我所喜欢看的杂志和书，都是在上海出版。上海可以满足我的求知欲望和工作出路。但在那里，我没有任何亲戚朋友，唯一认识的只有去年秋天回去的肖剑青。”①

6月，阮章竞写信给肖剑青，表示投奔之意。肖剑青很快回信，但用坚定的语气，劝他千万千万不要去。

有一天路遇曾在石岐世界书店做过事、这会儿正失业的朋友刘凤雏。刘比阮章竞年长，肖剑青回中山时常到他书店买书，二人成为好友。刘凤雏认为肖剑青对他必不会拒绝，便修书一封，表达前往上海谋出路之意。肖剑青回信，同样表示上海“不景气”，很难找到工作，以后有机会一定会记着老朋友。肖剑青的拒绝并没有使二人打了退堂鼓，反而决定来个先斩后奏。亲友四处求借，帮阮章竞筹措了从中山

① 阮章竞：《故乡岁月》，人民文学出版社，2012年，第292页。

到香港、香港再到上海的船票钱。

临行前，阮章竞给母亲画了幅肖像；应白兰花姑娘阿蘋的要求，给她留下一张签了名的照片；为好友阿林画了一幅《山中遇雨》的水墨画，这是阮章竞留存最早的一幅画作。

两人在香港转乘的食宿，在刘凤雏侄子的布匹店里解决。买好到上海的船票，他们才写信告诉肖剑青“七月某日到上海，请接”。

在太古轮船公司的“山东号”客船上，因一个白人青年傲慢无礼的举动，阮章竞在甲板上与其发生了肢体冲突。劝架的人说，在外国人的船上，与外国人打架，一定会吃亏的。阮章竞深感身为中国人的屈辱。

7 月 13 日早晨，阮、刘二人到达上海黄浦滩码头，他口袋里只剩下一块钱了。肖剑青还算讲友情，夫妇一起到码头迎接，其时肖在上海世界书局画儿童插画，收入中等。其弟肖约伯还在读书，生活并不宽裕。第二天，阮章竞在肖剑青带领下到法租界观看法国 7 · 14 国庆节纪念会。肖约伯、阮章竞和刘凤雏三人合租在北四川路永丰坊的一个亭子间里，在肖家吃饭。

按：据《阮章竞评传》：

到上海一个多月后，肖剑青通过同乡关系转入新新公司美术部当了部长（新新为当时上海四大百货公司之一，为中山沙溪人刘锡基、李敏周所创办），部门中尚有两个空缺，一个薪水 20 元，一个薪水 15 元。同去的刘凤雏以家庭负担重为由，抢先要了 20 元的职位；另一个职位就看是阮章竞去还是肖约伯去。肖约伯说不想再在家吃哥嫂的饭了，意思是想去。这两个职位都需要有绘画技术，阮章竞去最合适，但他一看这形势，就退一步，让了出来。

没有固定的工作，但每月必须要挣够七八元钱，才能生活。肖剑青有时介绍些零活给阮章竞。一开始搞过一个街心公园咖啡厅的广告，阮章竞把前后墙壁都染成了天蓝色，并画了许多云彩、海鸥，老板很满意，说他很有想象力。虽然有广告创意受到雇主夸奖的短暂快乐，但生存的压力和前途的渺茫让他十分苦闷。一次在肖家，不听劝阻，借酒浇愁，结果是烂醉如泥，找黄包车拉回了亭子间。这是他少有的失态。[①]

作为一个从中山县来的青年画工，三十年代光怪陆离的大上海让初来乍到的阮章竞“惊诧莫名”。

按：据《阮章竞评传》：

亭子间的二房东，一天到晚打麻将，吵吵嚷嚷，阮章竞他们嫌太闹经常用棍子敲楼板抗议。对面的杂货店，用留声机大声放着上海评弹。妓女、野鸡在街上公开拉客，喝醉了酒躺在街上。还有许多如土耳其浴室之类可以卖淫的地方。邻居中有个没有工作的女人，带着两个当舞女的女儿。住户们共用一个厕所。舞女们每天后半夜回来，争用厕所，弄得很脏，还得阮章竞、肖约伯他们去收拾。[②]

通过肖剑青的介绍，阮章竞认识到一些小资产阶级文人，他们是书局的编辑、主编一类的人物，有些文化，收入中等，喜欢宣称“为艺术而艺术”，但这些人私生活混乱，阮章竞对他们并不认同。在肖家的时候，他听过一个叫金民天的作家给肖剑青的干女儿辅导国文，讲鲁迅的《秋夜》。听后觉得这位作家理解鲁迅作品的程度，也不过和自己一样。

按：据谱主回忆：

那时有仆人荐行，很多江北来的破产农民流入城市做仆人。如果找到个好主家还好一些，遇上一些不好的主家，还要受骗。这些现象充分表现了三十年代上海的腐败。还有外国人和外国驻军在上海的特权，对我刺激很大。那时外国租界地都在苏州河一带，北四川路也是。特别是虹口公园左侧就是日本海军陆战队，人一走到那里就感到阴森森的。日本军舰泊在黄浦江上，日本兵经常开着摩托车横冲直

---

① 陈培浩、阮援朝：《阮章竞评传》，漓江出版社，2013 年，第 21 页。
② 同上，第 21—22 页。

撞，在北四川路有许多日本侨民，所谓的大日本色彩很重，连学生也不同。不过他们那里是畸形的，也有当女招待的痛苦的日本妇女。[①]

到上海后，谋生之余，阮章竞强烈地渴望读书，还到一个私人学校报名学英语。空余时间经常到书店看书，他对上海三十年代的书店充满感情。

按：据谱主回忆：

在书店看书可以一看看两三个钟头。我感到这很好，我就总去。如当时的开明等书店，因为当时大书局都板面孔，我不敢去，只在开明、生活读。还有上海《申报》有个图书馆，只要一元钱押金就可以借书看。这使许多青年读了许多书，当时我们的图书证不是一个人用，是许多人合用。那时许多左翼文学都是我们传着看的，就这样混了几个月，到秋来了。[②]

1934年10月，赵迪之在北平民国大学英文系读书时，加入了中国共产党，在北平市委住机关。

年底，阮章竞在北四川路马路上，巧遇学徒时期认识的朋友李思庸，共同的经历遭遇使这对青年乡亲迅速成为联系紧密的伙伴。

---

① 阮章竞：《异乡岁月》，文化艺术出版社，2014年，第7页。

② 同上，第6页。

1935 年　21 岁

重遇李思庸后，阮章竞的读书生活有了重要变化：李比阮章竞早一年多来到上海，他不但给阮章竞介绍书，还帮忙“找书”。他陆续为阮章竞带来了鲁迅的《华盖集》《自由谈》和茅盾的《子夜》，还有《新语丝》等书。而且，他还找到了共产党的地下刊物。李思庸认识一些左翼革命者，他称为流浪者朋友，为他提供这些书。那些书封面全是女人的色情照，但里面却是革命的内容，其中艾思奇的著作给他留下了深刻印象。

此时期，阮章竞除阅读外，也有零星的创作。

按：据马尚瑞《阮章竞小传》中所写：

他根据父亲不幸的经历写了篇小说《割稻的故事》，小说写好之后不知向何处投寄。他居住的亭子间附近有一个青年经常见面，由熟悉而成了朋友。那位青年托他对新闻界颇熟的哥哥寄到了南京的一家日报，不久便发表了，署名啸秋。后来，章竞才知道，那时南京的李宗仁派与广东的陈济棠派有矛盾，他这篇小说揭露在陈济棠统治下的黑暗。对李宗仁派有利，他写的小说也正符合了李派的政治需要，所以能顺利发表。

以后，他又用“小农”“野夫”的笔名，在《青光》文学杂志上发表过诗歌《故乡》及漫画《林肯的故事》。[①]

1 月 28 日，“一·二八事变”三周年，阮章竞跟李思庸到江湾无

① 马尚瑞：《从学徒到诗人——阮章竞小传》，中国妇女出版社，1986 年，第 63 页。

名英雄墓集会和游行示威，纪念抗日英雄，当时有几千上万人参加，都是学生、店员和文化界人士。

2月，李思庸介绍阮章竞来到自己工作的美术社，这是他的第一份固定工作。社里有个设计师跟老板娘有染，阮章竞去后不久，设计师闹着要走，老板娘很着急，但老板讲：不干就不干，反正这里还有阮章竞呢，他工资少，不单能画还能安装广告。

3月8日，著名影星阮玲玉自杀，阮章竞通过报纸得知了这位同乡的悲剧。不久，设计师离开后几天，老板娘在一个旅馆自杀了。老板心灰意冷，把美术社关了张。一件三十年代大上海并不少见的情事纠纷引发的命案，将动荡时代复杂的光影投射在青年阮章竞的心灵上，当然，更直接的影响是，他和李思庸都失业了。

4月，阮章竞和李思庸搭伙干起了广告：李思庸“跑街”，阮章竞在家画。碰到复杂的活儿，阮章竞就会去找那个手巧的同乡木工来搞：他可以使画的人能动作，这种“活动广告”也相对挣钱些。他们就这样过着阮章竞自己说的“吃不饱又饿不死”的生活。那个时候大约肖约伯也不再想看哥哥肖剑青的“浪漫生活”，和他们一起搬到了司高塔路，很多年以后的回忆录中，阮章竞还记得“这里与鲁迅住处很近”。

夏天，阮章竞李思庸在同乡余介平出资开办的生光广告公司做工、吃住。

10月间，一度与艾炎合作红黑广告社，只做了一笔几十元的生意。

这一年中，阮章竞居无定所，甚至住过一个月英语先生的亭子间。生光广告公司倒闭后，他到中山同乡会办的职业学校教工艺美术课，也帮助做一些管理工作。职校管吃住，没有工钱。

1936年　22岁

4月，中山同乡会职业学校被封。李思庸没有告别，就去了西北。后来听说是去了延安，从此失了音信。

5月，住到张方谷的中山小学校，开始去卡德路参加世界语学习班。中山小学校收回亭子间后，迁住北四川路永丰坊右面弄堂。

在世界语学习班，阮章竞认识了一批新的朋友。由徐稼之、蒋莱介绍参加了上海职业界救国会。

不久，阮章竞参加了世界语者协会办的立信歌咏班，认识了麦新、孟波等一批左联音乐人。

按：据谱主回忆：

我进入立信歌咏班后，就参加了业余合唱团，凡是有救亡歌咏活动（如在卡尔登剧院举行的）我都是参加者。[①]

郁应凯派他到世界语者协会歌咏班，麦新派他去一个少年歌咏班，王莘介绍到设在量才学校的歌咏班，王礼易介绍到法租界的一个歌咏班，都是做教唱工作。他自己又利用广东同乡的中小学校教学生唱救亡歌曲。有在北四川路的，有在杨树浦的。

在立信会计学校培训指挥的学习班上，阮章竞认识了冼星海先生。

按：据谱主回忆：

他在那里讲授指挥。一次课后，星海先生对我说："你的声音很好。"我受到很大鼓舞，很希望能常到他家里接受教诲。当我鼓起勇

---

① 1984年8月14日阮章竞写给吕骥的信。

气提出要求时，星海先生欣然答应了，说每天早晨六时去，他都在家，并立即把地址给了我。我年轻时，对有名特别对有革命思想的艺术家，不但崇敬而且还有一种神秘感。我一要求先生就答应，太高兴了！①

冼星海是番禺人，曾在法国学习音乐，1935 年夏回国。底层的生活经验、殖民地子民和客居异国的经历都使冼星海有着强烈的民族情怀，归国后即投入抗日救亡歌咏运动。冼星海的音乐教学非常朴素实用，让阮章竞这样有悟性的初学者很容易上手。

按：据谱主回忆：

据当时听到的，星海先生在法国是学习音乐指挥的。因此，在我心中，产生种种神秘感，认为一定是很难学到的。但当聆听观看到他的教学，感到他的表现手法朴素无华，轻重高低，强弱急缓，节拍交代清清楚楚。这样的教学方法，对像我这样毫无音乐基础、又要马上到工人学生群众中去开展工作的人来说，是很合适的。②

冼星海传给阮章竞的不但是具体的音乐知识，还有强烈的民族情怀。

按：谱主特别记得冼星海对他说："你教唱的对象是工人、店员和学生，就要善于把整个歌咏队，都紧紧地拥抱在怀里，形成一股冲刺的力量。把所有唱歌人的感情、呼声，都在你的指挥中完全表达出来，激动听众。"③

阮章竞和冼星海是广东老乡，结识之后，经常到冼星海家走动，跟冼母也非常熟悉，得到了他们很多的照顾。

10 月，鲁迅逝世时，去万国殡仪馆瞻仰过遗容。

在歌咏班中，阮章竞结识了沈养廉，一个戴眼镜的法蔡女中高中

① 阮章竞：《忆星海先生》，《北京音乐报》1986 年 4 月 25 日、5 月 10 日第 3 版，《新文化史料》1987 年第 1 期。均有删节。

② 同上。

③ 同上。

生，两人逐渐建立了恋爱关系。两人还一起参加过张春桥搞的读书会（在金城剧院附近）。

这时，阮章竞生了一场病，“生活更难”。拮据到找熟人看病，开了药方却没钱抓药，恰遇肖剑青借了四角才买了中药。菱花照相馆老板何少菱是中山同乡，叫阮章竞去为照相馆搞些设计，换取吃住，其余主要精力放在了参与救亡歌咏队的工作。阮章竞一直在这里住到1937年8月底离开上海为止。

1937年 23岁

2月，电影《夜半歌声》上映，片中田汉词、冼星海曲的三首插曲《主题曲》《热血》《黄河之恋》风靡沪上。

按：据谱主回忆：

星海先生十分重视民族传统、重视民间音乐。他对我说过：做一个音乐家，了解民族音乐是很重要的。有一次又谈到这个问题，先生就找出了好几张唱片，放给我听：有广东、河南、山东、河北、山西等地方的曲牌和民间音乐。他说他到过很多地方，去采集民间音乐。我很喜欢民族艺术传统，但一直只是一种朴素的感情，像先生这样提到理论性的高度来阐述，我还是第一次听到。他的名曲《黄河之恋》《热血》，我特别喜欢唱。我有一次问他《热血》的音乐语言，人们说是按中国传统的五音创作的，是否准确？他的回答是肯定的。说就是运用中国常说的五音来创作的。[①]

7月，为纪念柴门霍夫创造世界语50周年，阮章竞写了《纪念柴门霍夫先生》的歌词，冼星海为之谱曲，在纪念会上演唱。

卢沟桥事变后，中国进入全面抗日阶段。阮章竞参加了8月8日在文庙举行的国民救亡歌咏协会成立大会。冼星海、孟波、麦新等人指挥各个合唱团，高唱救亡歌曲，“压倒了十里洋场的一切靡靡之音”。

按：据谱主回忆“八一三淞沪会战”前后的情况：

“八一三”前夕，上海非常紧张，我每三两天，都要到先生家去

① 阮章竞：《忆星海先生》，《北京音乐报》1986年4月25日、5月10日第3版，《新文化史料》1987年第1期。均有删节。

一次。打起来的前一天（八月十二日）晚上，先生和我谈话谈得很长。我住的北四川路，从来是日本侵略军横冲直闯的地方。星海先生和冼老太太，都不放心，怎么也不肯让我回去，留我住在他家。第二天，我寄住的菱花照相馆迁到英租界九江路。果然，晚上打起来，闸北方向，火光闪闪，炮声隆隆。国民党蒋介石不打也得打了！十四日一早，我就跑到业余合唱团活动的地方，看看怎么开展工作，一直忙到晚上才抽出工夫到星海先生家去。我一进门就受到先生的责怪。先生说给照相馆和好几个地方，打过电话，都没有找到我，问我为什么不给他打个电话！冼老太太也说他们都急坏了。[①]

“八一三”之后，冼星海离开上海，嘱咐阮章竞常去看他母亲。但阮章竞参加上海文化界救亡协会的流动宣传团，很快也离开了上海，到太湖一带活动了三个月，这时正值淞沪会战激战之时。生活的艰苦，自己扛运东西，尚可忍耐，但活动受到各种限制，工作无法开展，宣传团里讨论过好几次，大家都主张到八路军去。派人联系后的结论是：想去只能各自想办法。11 月 5 日，日寇在金山卫登陆，国民党军队从上海溃退，苏州、无锡、常州接连沦陷。火车不通，住在苏州城隍庙的阮章竞正患疟疾。在敌机轰炸下，于 12 月初，随苏州红十字会撤到了南京。

按：据谱主回忆：

我是在南京中华门火光冲天的时候在浦口渡江的。日本飞机在江面上空低飞扫射争离南岸的难民船，许多难民被打中，掉进急流。我想尽各种办法从浦口转到郑州，终于到了汉口。但打听不出星海先生的住处。我想到在书店最容易碰到熟人。果然见到邬析零，同去田冲家，终于找到了星海先生。[②]

到达汉口是在 12 月中旬，当时冼星海为了团结更多的音乐家参加救亡，正和张曙、盛家伦、刘雪庵等音乐家筹备中华歌咏协会。

---

① 阮章竞：《忆星海先生》，《新文化史料》1987 年第 1 期。

② 同上。

12月25日，阮章竞参加了全国歌咏协会筹备委员会成立大会，并合影留念，有冼星海、刘雪庵、盛家伦、邬析零、樊慎咸、曾昭正、阮章竞、田冲、赵宋海、夏之秋、张曙等，三人佚名。冼星海希望阮章竞到武汉大学去开展歌咏工作，但是阮章竞不想继续待在国民党统治地区，请求帮助他找八路军。冼星海联系到读书·生活·新知出版社，有人要找一个会教唱歌、会画画的人到前方八路军去，就推荐了阮章竞。这人就是后来广为流传的歌曲《在太行山上》的词作者桂涛声。

按：据谱主回忆：

上太行山前夕，先生见我穿得单薄，就脱下他的呢大衣让我穿上，我问先生穿什么，先生说他还有一件棉大衣，非让我穿上不可。第二天，先生起得很早，坚持送我上火车。到了江岸站，先生拉我到街边早点小摊儿，坐在一条矮长凳上，一边吃锅贴，一边跟我说了很多话。桂涛声三人来了，先生拉着我对桂涛声说："桂先生，洪荒（我当时的化名）是我的好朋友和学生，我现在拜托你，你一定要帮我把他带到八路军去！"汽笛响，车轮动了，在车门口，先生握着我的手说："我们将在延安见面！"车开了，先生还在扬着手，直到我看不见他。他，多像长兄送弟弟上征途啊！我脸上挂满感激和依依难舍的泪花。我怎能想到这一别，我再未见到先生了！[①]

12月26日，阮章竞跟桂涛声、留日归国的谢叔良等一行四人从武汉出发北上。

按：据谱主回忆：

从武汉出发，伴随着火车轮与铁轨叮叮当当的撞击声，我凭窗坐在火车上，眺望着由南渐北不断变化的风景，眼前又浮现出离开南京时的场面。想到南京纷乱的环境、溃败的军队、逃难的百姓、丧失生活能力的伤兵，和挤不上船在江水中漂浮的渡江者，想起被日本人

① 阮章竞：《忆星海先生》，《新文化史料》1987年第1期。

的飞机和大炮炸沉的木船，以及三十万死难的同胞，想到国土被敌人侵占，同胞被枪杀，姐妹被凌辱，顿时心如刀绞，悲愤填膺，几欲潸然泪下。再看同行诸人，无不为逃难的百姓、惶惶不可终日的人民难过。国难当头，而又感到报国无门，其心情之沉重与难堪，是可想而知的。①

12月27日，到达郑州，因为桂涛声一时没能跟八路军接上关系，先带他们到了汤恩伯的十三军游击司令部驻郑州办事处。

12月28晚，乘火车过黄河北上，经新乡到修武。

12月29日，一行人整整等了一天，方从修武的兵站搭乘汽车过太行山脚下的清化（博爱县），小住一晚。30日凌晨乘汽车往晋城。破晓在太行山腰，回望黄河。

12月31日，一行人到达晋城，在兵站见到了“国民政府第十三军游击司令部”司令李果谌。

当时国共合作、一致抗日，在没有找到八路军以前，留在李果谌部也是阮章竞可以接受的权宜之计。

本年4月，赵迪之到延安，先后在抗日军政大学和中央党校学习。

① 阮章竞:《异乡岁月》，文化艺术出版社，2014年，第39页。

1938 年　24 岁

1 月 1 日，阮章竞一行乘牛车和李果谌一起前往位于陵川县的十三军游击司令部。

本月上旬，到达陵川县十三军游击司令部，桂涛声被委任为十三军政治部主任，阮章竞等跟随桂涛声的几个文化人便成为十三军政治部的工作人员，政治部的办公地址在一杂货商店的后院，开始做宣传抗战、教育士兵的工作。

本月，李果谌派人到各地征兵，并开始训练士兵。北平学生陈斐夫带了二十几人投奔到十三军司令部，后出任政治部副主任。阮章竞此时被委派去教士兵唱救亡歌曲，同时绘制宣传画。李果谌在郑州召集了六七名中学生，连同河北民军和“华干”几名宣传队员组成宣传队，联合演出节目，阮章竞成为联合演出总指挥。

本月，阮章竞在宣传队中教授《马赛曲》和《国际歌》；跟设在陵川的八路军办事处接触，表示想投奔八路军；与几个宣传队员悄悄动用李果谌的坐骑去学骑术，出了摔伤马匹的事故。这几件事发生后，李果谌召集政治部的成员开会，对阮章竞等人进行批评，让他萌生去意。

1 月 31 日前后，春节来临，阮章竞被派到农村去宣传抗日。

2 月初，阮章竞接到命令赶回陵川县城，得知第十三军游击司令部已被解散。在陵川的顽固反共分子、河北民军总指挥张荫梧派副官叶之秋前来拜访，拉拢他。但阮章竞对张荫梧所谓“蒋委员长抗日我便抗日，蒋委员长投降我便投降”的政客嘴脸充满厌恶，以“抗日可以自由”一句话直接拒绝了叶之秋。

2月，赵迪之从延安到了前方，任辽县县委委员。

本月，陵川县地下党已做好桂涛声和陈斐夫等人的工作，桂涛声劝说阮章竞留在陵川县做地方工作，山西第五专署陵川县县长王耿人和保安团团长李宜宣出面接洽。在阎锡山政权同意下，成立了第二战区独立游击第一支队，王耿人以县长身份出任司令，李宜宣为副司令，陈斐夫任政治部主任，桂涛声出任政治代表，阮章竞仍然留在政治部工作。

同月，陵川县独立游击支队开展抓汉奸活动，冤枉了一些无辜的百姓。曾在卢沟桥事变中奋起抗击日军的宋哲元第二十九军所属的一个连，后撤途中与团队失去联系，在陵川县城外山上宿营。但遭到李宜宣部队的包围，要将其缴械。抢夺武器不成，李便假借谈判扣押了连长。在该部突围后竟将连长杀害。接着，又发生了“鲁村盐案”：李宜宣的第四大队为了掌握一家大盐店的盐，便宣布盐店店主有汉奸嫌疑，要没收盐店老板的财产。老百姓闻讯，担心今后缺盐，便动手抢，与四大队产生了冲突和对抗，造成军民伤亡，政治部一个修武青年被打死。

阮章竞把对李宜宣的不满通过桂涛声反映给王耿人。为缓和政治部工作人员的情绪，王耿人同桂涛声、李宜宣、陈斐夫一同到政治部开会，解决大家的情绪问题。阮章竞在会上给李宜宣提意见，遭到李的辱骂，会议不欢而散。此时，阮章竞要求下连队的申请得到批准，转到第三大队任指导员，他带领游击队员们上操，讲历史上的战争故事，认识地图等。

3月下旬，八路军一二九师连续在神头岭、柏木井、长城东阳关伏击日军获胜。日军主力准备开到华中地区，进攻武汉、广州等地。为了干扰敌人的部署，第三大队奉命从晋城拉到潞城，任务是破坏公路。阮章竞率队到日军据点附近进行破袭。

4月，日军分九路向晋东南地区发动进攻，阮章竞所在游击队转到上党一带活动。政治部副主任陈斐夫有意发展阮章竞加入中国共产党，给了他一张入党申请表。下旬，阮章竞从平顺县回陵川县路上听说张荫梧发动了陵川事变，将李宜宣骗到平城镇扣押，王耿人闻讯撤离，陈斐夫也不知去向。

4月20日左右，阮章竞回到陵川县政府，随后和陈沂、桂涛声等到晋城去见八路军联络处主任朱瑞将军。朱瑞将军安排阮章竞参与组建“中国国民革命军第十八集团军第八路军晋冀豫边区太行山剧团”，任剧团的政治和艺术指导员。剧团以华北军政干校和陵川独立游击支队的联合剧团、陵川民众小学孩子剧团为基础组成，华干剧团负责人赵洛方任团长。5月7日剧团成立。[①]

5月上旬，太行山剧团到了第五专区专署所在地长治，由八路军总部民运部长黄镇领导。阮章竞开始训练团员，把这些“半吊子艺术青年改变为合格的艺术工作者”。剧团排演了舞蹈、戏剧，还在演出现场向观众教唱救亡歌曲。演出的戏剧都由阮章竞导演。

6月，剧团遭遇话剧《上前线》停演风波。

按：据谱主回忆：

《上前线》是讲某家有个儿子在部队当兵，抗日爆发后，忍受不了战争的恐怖场面，跑回家。父亲坚决要求他回去，儿子便向母亲哭诉，母亲舐犊情深，不愿儿子回前线，父亲便决意自己上前线抗日。故事旨在宣扬父亲的勇敢和崇高的爱国心，但某些领导却觉得这剧宣传了“战争恐怖说”，会影响军心，要求停演，这让阮章竞很想不通。据阮章竞说，这个剧在其他地方也演过，效果不错，宣扬抗日也符合革命文艺的要求。这个风波事实上说明，革命文艺的阐释权来自于领导，领导的主观性有可能影响到本来政治正确的作品的命运。[②]

7月，赵迪之到太行山剧团，接替阮章竞的政治指导员职务。

---

① 根据赵洛方《朱瑞将军与太行山剧团》，《新文化史料》2001年第1期，第25页。

② 陈培浩、阮援朝：《阮章竞评传》，漓江出版社，2013年，第62页。

为纪念卢沟桥事变一周年，在朱瑞将军的鼓励下，阮章竞创作了他的第一部独幕剧剧本《周年》。《周年》的故事梗概是说卢沟桥战败后，国民党军队后撤，当地老百姓展开了与日本鬼子的斗争。

按：据谱主回忆：

1938年7月左右，为纪念卢沟桥事变一周年，朱瑞鼓励我写一部纪念卢沟桥事变的戏。陈沂、张柏园也极力鼓励我。后来，我们决定由我、朱瑞，以及陈沂和张柏园分头来写，共写出三个剧本来。张柏园、陈沂、王振华等人到根据地以后，一直在办干部学校，算是有影响的教育家。因为他们几个人缺乏舞台经验，写出来的剧本更像散文一点，缺少戏剧性情节和冲突。这样，我们作了比较之后，认为我写的独幕剧《周年》可以看作是矮子里拔出的将军，因而付排了。

《周年》是我写的第一个剧本，负责剧本排演的“管理委员会”认为我的剧有成功之处，但在我看来，并不算好。只是在三个剧本中略合规范一点而已。其他两个剧本中也有一个试排过一次，因为不成功便作罢了。这个剧本受到肯定，对我投身话剧和其他剧本的创作活动，无疑有很强的鼓舞作用。①

8月，阮章竞开始对团员进行业务培训。每天按时带领团员练发声、唱歌、跳舞、表演等基本功。

按：据谱主回忆：

我虽然没有多少经验，但首先严格要求自己，每天早晨起床后，我便督促团员们同我一起做发音训练。在训练过程中，我绝不偷懒，坚持和团员一同练习。我对团员的要求是很严格的，由于有些团员天资不好，努力半天也不见效果，有些团员不认真，照例都受到我的斥责。有时候，感情脆弱的女同志都流下了眼泪。尽管这样，他们仍能诚心支持我的工作，这十分难得。因为要求严格，剧团在很短的时间内，在太行山地区便取得了较大的影响。而太行山剧团的团员，无论基础怎么样，都能胜任一定的角色，这是我一直引以为自豪的事情。②

---

① 阮章竞：《异乡岁月》，文化艺术出版社，2014年，第77页。

② 同上，第69页。

9月，为了纪念九一八事变七周年，创作了两幕剧《太阳出来了》。故事取自阮章竞在独立游击第一支队时听说过的东北抗日义勇军的故事。主要写东北抗日义勇军在极度艰苦的环境下，在沦陷的东北地区坚持抗战、英勇斗争的事迹。话剧上演了很长一段时间，演出效果很好，得到了群众和有关领导人的好评。

10月，剧团离开长治，住在屯留。为了配合反扫荡，巩固刚建立的敌后根据地，阮章竞创作了三幕剧《巩固抗日根据地》。进入1938年下半年，八路军和新四军已建立了多个根据地，巩固这些根据地成了主要任务。不少老百姓生活在太平环境中，对日军扫荡的残酷性认识不足。此剧就是批判这种“太平观念”。剧中讲述了一个姓赵的小店主，以为日本人来了就像过去军阀混战一样，只要交钱纳粮，过后就没有问题了。村干部动员他坚壁清野、躲一躲锋芒，但赵老板决意要留下。日本兵来了，他的女儿遭蹂躏，他也被日本人枪杀，最后八路军打回来，消灭了日本人。此剧意在警醒那些对日本侵略抱有侥幸心理的人。这是阮章竞此阶段自认写得较好的作品。他还创作了个人第一首民谣风诗歌《秋风曲》作为《巩固抗日根据地》的插曲，在当地民间广泛传唱。

本月，阮章竞收到冼星海从武汉寄来的《在太行山上》《祖国的孩子》《我们歌唱祖国》等歌曲曲谱，并在太行山剧团排练演出。

10月，晋冀豫区党委指示太行山剧团到边区所属各行政公署、地委、军分区搞宣传活动，宣传持久战，动员群众参加八路军，保卫抗日根据地。这次大行动，被称为“大流动”。《巩固抗日根据地》和《在太行山上》是主要演出节目。太行山剧团从屯留出发，经过长治，潞城、襄垣、武乡、榆社、辽县、和顺，从山西的西南部到了东北部。然后从和顺到临城，从临城转道赞皇、高邑，再到邢台，到了冀西地区，行程共两千五百里，历时三个月。

12月底剧团回到屯留东古村，奉命为八路军总部主导举办的拥蒋大会准备一台节目。

1939年　25岁

1月1日—6日　晋东南冀西豫北各救国会、八路军、国民党驻军代表四百人，在山西沁县县城举行“晋冀豫各界拥护蒋委员长抗战到底”大会。1月3日在沁县城南漳河滩召开万人群众大会，提出“拥护蒋介石委员长坚持抗战到底”“反对投降妥协”的口号。朱德以第十八集团军总司令的身份检阅抗日队伍，发表讲话，表示拥护蒋介石领导军民一力抗战，同时谴责投降卖国派的活动。太行山剧团在会上演出了一台节目。阮章竞和赵迪之前往开会途中，夜宿一村庄。

按： 据谱主回忆：

老百姓是极热情的，也很乐意为我们提供方便。我们提出借宿的请求后，这位老乡立即准备住处。他发现我们是一男一女，便为我们收拾了两孔窑洞。老百姓太穷，又正值冬天，无铺无盖，实在太冷。当时我们尚有国民政府拨发的棉大衣。我和女政治指导员一商量，便搬到一个炕上住。我们和衣而睡，拥抱在一起，互相取暖。我们部队行军时，常在野外露宿，经常有男女相拥而眠的事情，男女同志毫无封建礼教之腐朽观念，男女同志互相关心，互相照顾，在残损的破庙，在寒风刺骨的郊外，相依为命，共御漫漫的长夜。这次虽然只有我们两个人，但我们丝毫没有不自然的感觉。[①]

拥蒋大会之后，中共中央北方局、晋冀豫边区与第二战区有关方面研究决定成立“晋东南民族革命艺术学校”，地址设在长治师范学

---

① 阮章竞:《异乡岁月》，文化艺术出版社，2014年，第88页。

校。山西五专署专员戎子和兼任校长，山西三专署专员薄一波兼任副校长，训育主任赵迪之是具体负责民革艺校的业务领导。

本月，由赵迪之介绍阮章竞加入中国共产党，候补期三个月。

2月　民革艺术学校正式上课。太行山剧团全建制在艺校学习，阮章竞在戏剧系任教员。阮章竞与赵迪之结婚。

2月28日—3月2日　中华戏剧协会太行山分会成立，并举行了戏剧会演。到会代表六十余人，大会举行了“剧团工作”“化装表演”“创作”“舞台装置”“音乐”等座谈会，有十三个单位被选为中华戏剧界抗敌协会太行山区分会的执行委员，太行山剧团是其中之一。

3月27日　晋东南歌咏协会成立，阮章竞任委员。

3月底　阎锡山在宜州召开“秋林会议”，正式提出反共口号。阎锡山首先向薄一波等牺盟会成员组织的新军抗日决死队开刀，清洗共产党员，并对抗日根据地实行封锁政策，鹿钟麟、张荫梧等人则积极开展暗杀活动。阮章竞创作了活报剧《反对慕尼黑协定》。

4月　长治遭日机轰炸。

5月　民革艺术学校转移到长治县南董村。太行山剧团团员从艺校毕业。

6月　七一前夕，为了纪念共产党的诞生，阮章竞写了纪念歌曲《在红星旗下》，并谱曲。

9月　太行山剧团为庆祝边区第一次党代会（9月10—28日）准备节目，阮章竞写了三幕话剧《红巾》。

按：据谱主回忆：

《红巾》是表现共产党员和国民党反动派斗争的事迹。《红巾》中有我自谱的歌曲《囚徒曲》。解放以后，《红岩》出版，我读了《红岩》，发现其中写监狱的场面与我所写的《红巾》基本一样。《红巾》是一部“三幕剧”。演出之时，效果不错，观众们为坚持地下斗争，在监狱中宁死不屈的英雄主义精神所感动，激动不已，据说有人看过这个戏之后，流出了激动的眼泪。这个戏对于配合当时的反对投降逆流有积极作用[①]。

本月还创作了歌曲《打到鸭绿江去》。为了准备在太行区党代会上的文艺演出，阮章竞创作了独幕剧《最后一个》，写的是剧烈的战斗场面。同时还作了一些宣传画，宣传抗日和反对投降的内容。由于观察到身边的女同志有过分娇气的现象，阮章竞便创作了两个反对娇气的剧本，但后来遭到停演。

按：据谱主回忆：

就在上演我所写的两个反娇气的剧本的时候，发生了一件事，我的剧本被中途停演，因为台词中有一句话提到月经和怀孕。台下有些个别领导大怒，宣传部长立即命令停止演出。这个剧本中的原意是说“日本人可不管你是来了月经还是怀孕了”，是为了提醒有些患有娇气症状的妇女自觉地克服掉自己的毛病，要认识到和日本人的斗争是残酷的，敌人是不会怜悯你的痛苦的。这个停演事件发生后，我很气愤。这个剧本在上演之前，曾经过李伯钊阅读，排演好后，李伯钊也看过演出，她没有对这个剧提出反对意见，我本以为是不会有什么问题的，没有想到就因为几个字而前功尽弃。[②]

10 月 15 日　长子阮洪鹰出生。孩子满月后，找到武乡县下广志村妇救会秘书石三孩做奶娘。奶爹是下广志的副村长。

11 月　太行山剧团到辽县寺坪一带开展农村戏剧运动，阮章竞开始组织团员收集民歌。

按：据谱主回忆：

就在这时候，我们分散到辽县的许多村庄组织建立农村剧团。这是我们几十个青年，开天辟地头一次真正跟广大农民群众相结合，开展农村的戏剧活动。在与群众一起工作中，我们发现了丰富多彩的民歌小曲。这些作品，都在群众的脑子里、口头边、手指上。有辽州小调、小花戏，襄（垣）武（乡）祁（县）太（谷）秧歌。这些文艺形

---

① 阮章竞：《异乡岁月》，文化艺术出版社，2014 年，第 105 页。

② 同上。

式都是反映农村人民生活的。上党官调、中路梆子和武安“落子”几乎全是反映帝王将相、才子佳人等古代故事。我们当时尚未觉悟到这些民间文艺的重要意义，但也残缺不全地记录了一整本，可惜被一个音乐工作者借去，脱离太行山而不还！[①]

11月28日　中华全国文艺界抗敌协会晋东南分会在武乡县下北漳村召开成立大会，朱德总司令亲临讲话，希望广大文艺工作者以笔杆抗战，打击妥协投降，揭露日本鬼子及汉奸的阴谋，批判日本鬼子妄图分化瓦解我军将士的活动，发挥抗战真理，为保卫中国文化而战；大会主席孙泱（中共早期党员孙炳文长子）说明文协分会成立对领导太行山地区文化事业的意义；叶以群代表全国文艺界抗敌协会向大会致辞；李伯钊报告了晋东南文艺现状及今后的工作方向；阮章竞被选为理事和常务理事。

12月　阎锡山突然进攻晋西新军，随后演变成“十二月事变”。统一战线性质的“民革艺校”因而停办，重新组建为“前方鲁迅艺术学院”，简称前方鲁艺。校址在武乡县下北漳村。

---

① 阮章竞：《漫忆咿呀学语时》，《文艺研究》1982年第2期。

1940年　26岁

年初　任太行山剧团团长。元旦后，组织农村剧团的汇演活动，下乡的剧团团员带着各自的农村剧团集合在寺坪村，经过观摩演出和评比，排出座次。“凡是太行山剧团同志帮助建起来的农村业余剧团，他们打的旗号都是‘太行山剧团××村分团’，自动编进了太行山剧团的序列中，觉得非常光彩。”

2月　国民党朱怀冰部侵入抗日根据地，围攻太行山八路军。太行山剧团接到命令，与部队一同开赴冀西，经涉县、武安，到河北的磁县（今属河南省）。行军到中条山时，彭德怀发布了进攻朱怀冰部的命令。

3月5日—11日　磁武涉林战役中，八路军击溃了朱怀冰部，把敌人赶过漳河南岸。阮章竞为此创作活报剧《反磨擦》和诗歌《彭总在中条山下命令》。

4月11日—26日　中共北方局在黎城东黄漳村召开了一次高级干部会议。为了配合这次会议，阮章竞写了一个独幕剧。剧本中的一句“山西人胆小”的玩笑话，引起薄一波同志的不满，为此阮章竞对剧本做了修改。

5月　由于感到自己马克思主义理论素养不高，经常遭到批评，阮章竞向太行区党委宣传部长彭涛提出申请，希望给予一个学习进修的机会。彭涛同意了，说晋冀鲁豫边区政府要派人去晋察冀模范根据地考察农会、妇女会的工作，不过他们已经出发了，你去追吧！如果追上了，就去学习，跟他们一块行动。如果追不上，就仍然回到剧团。阮章竞拿了介绍信，马不停蹄去追赶考察团。赶到北方局所在地王家峪，见到时任北方局书记的杨尚昆，向他打听考察团的去向，杨尚昆说走了不远，现在追还可以追上。但被刚好进来的李伯钊阻止了。李伯钊1925年赴苏留学，三十年代在上海参加工人运动，时任前方鲁艺校长。她以老革命的身份要求阮章竞必须留在前方鲁艺当教员。考察计划搁浅，阮章竞只得留下任教，课余到北方局党校听杨献珍讲联共党史。

6月　为纪念高尔基逝世（1936年6月18日）四周年，阮章竞写了剧本《高尔基》，由前方鲁艺文艺工作团排演。李伯钊还让阮章竞写了篇谈农村戏剧运动的文章，刊登在1940年创刊的《鲁艺校刊》上。该刊有朱、彭的题字，由李伯钊、陈默君等人编辑。

在前方鲁艺，阮章竞与李伯钊同在一个党小组。有些学员借了老百姓东西不归还，影响很不好。阮章竞在党小组会议上就此建议教育学员遵守群众纪律，被李伯钊打断。这让阮章竞十分不满，感到前方鲁艺不能再待下去，提出要回太行山剧团，李伯钊不同意。

7月　阮章竞给太行区党委书记李雪峰写信，要求离开前方鲁艺，得到支持之后回到太行山剧团，再次担任团长。

8月1日　北方局设立冀南、太行、太岳联合办事处。为庆祝联合办事处成立，写了歌曲《咱们的好政府》，由赵子岳谱曲。

8月底　太行山剧团在百团大战中跟随主力部队行动。

8—9月　太行山剧团住在涉县桃村，筹备晋冀豫边区政府成立庆祝活动，阮章竞写了四幕剧本《和尚岭》，太行山剧团排演后，在西辽城、西井地演出。

按：据谱主回忆：

《和尚岭》后来遗失，剧情已记不清。大致是写地主对佃农和雇工的剥削与压迫。故事中的主人公是一个牧羊儿，他的哥哥是八路军，他租种了一块地主的地叫和尚岭。地主由赵子岳扮演，演得惟妙惟肖，把地主的奸诈、贪婪表演得淋漓尽致。

这个剧上演的时候，徐子荣（区党委宣传部长）命令停演，因为这个剧不符合三三制原则。后来，我对该剧增添了一位主张抗战的开明士绅作对立面。这位开明士绅是减租减息，同意合理负担，拥护根据地政策的。《和尚岭》中有一个插曲《牧羊儿》，是由前方鲁艺的老师常苏民谱的曲。前方鲁艺当时有两个搞音乐的，除了常苏民外，还有李季达。《牧羊儿》后来被老百姓记了下来，收在民歌之中，所以能幸存至今。从《牧羊儿》中可以窥见我的诗歌创作的民歌道路，也可以发现我的戏剧创作向民间学习语言，学习民歌、民词、民谣的痕迹。[①]

9月　阮章竞参加了中华全国抗敌协会晋东南分会在辽县麻田召开的第二次会议，有五十多人与会。会议进行到第四天，因百团大战全面展开而提前结束。

10月下旬　太行山剧团奉命从辽县到武乡石板村为一二九师慰问演出。剧团翻越摩天岭，到了桃花寨时，日军冈崎大队突破了石旮瓮，将剧团困在了黄崖洞地区。25日—26日阮章竞率剧团参与了黄崖洞保卫战，并成功突围，在武乡下广志村与一二九师师部会合。

10月29日，彭德怀决心在关家垴消灭孤军深入的冈崎大队。阮章竞率太行山剧团参与了这次战斗，做宣传鼓动工作。阮章竞被分配到十旅，与旅长范子侠、副旅长赵辉楼一起行动。

按：据谱主回忆：

部队到了关家垴，日本人正在山上宿营，但已挖好了工事。清晨我们发起了进攻，我看见了五旅、十旅的部队在下面攻击，枪弹很密集。范子侠毫不在乎，挺着腰板往上冲，我也学他的样，他却让我弯着腰。低头一听，子弹在我的耳边和头顶嗖嗖地飞了过去。

我上到阵地后，便开始了宣传鼓动工作，鼓舞士兵们勇敢地战斗，消灭这一队日本鬼子。到了阵地前，我感觉到很激动。[②]

10月30日　彭德怀将军亲自到前线指挥了关家垴战斗。经过艰

① 阮章竞：《异乡岁月》，文化艺术出版社，2014年，第114页。

② 同上，第122—123页。

苦攻击，关家垴被打下了。“一听说胜利了，我便感到满身疲劳，回到十旅旅部倒头便睡”。

10月31日　阮章竞从关家垴回到武乡一二九师师部。师部政治部宣传部部长朱光听说阮章竞在战斗中表现勇敢，要调阮章竞到部队先锋剧团。朱光是老戏剧工作者，但据说作风专横。因此彭涛找阮章竞征求调动意见时，他放弃了去先锋剧团的机会，太行山剧团有几个青年人去了。

11月　阮章竞率太行山剧团回到辽县。

按：据谱主回忆：

从武乡到辽县，途中要过一条河，河水很深，水没过膝盖，快到大腿根了。女同志和小孩很难过去。我们便准备背他们过河。这时，传来了马蹄声，我们望去，是一二九师的领导，有师长刘伯承、政委邓小平、政治部主任蔡树藩等人。蔡当时只有一只胳膊，另一只胳膊在打仗时被打断了。刘伯承看见了我们的窘状，让我们等一下。他们一行六七人骑马过了河后，又让警卫员把马牵过来，驮女同志过河。如此几次往返，女同志和小孩都渡了过去，男同志便蹚水过河。当时已是深秋，风很大，水有些寒意。我们过了河后，刘伯承说：

“我们还有急事，不能远送了，你们自己走吧。”

我们对刘伯承和其他同志表示感谢，看着他们拍马绝尘而去，后来得知他们是去辽县参加一个重要的会议。[①]

到了辽县后，阮章竞找到了一张彭德怀同志指挥百团大战的照片，刻了一个两三寸大小的木刻，木刻当时在根据地很盛行。还写了关家垴战斗的通讯报道，登在油印的《民革通讯》上。同时写了两个话剧，一个叫《关大爷的路子》，主题是批评麻痹思想，唤醒大家对艰苦环境的认识；另一个佚名。

按：当时的根据地进入了物质供给最艰苦的阶段。据谱主回忆：

---

① 阮章竞：《异乡岁月》，文化艺术出版社，2014年，第125—126页。

（1940 年）根据地几乎到了没有衣穿、没有油吃，没有纸、没有菜，没有鞋袜，没有被盖的境地。我们太行山剧团也面临这种困境，到了冬天换不上棉衣，到了夏天穿不上单衣，行军转移没有马匹，剧团的道具全靠人力肩背担挑。入冬以后，我还穿着单衣，冷得不行，我妻子给我寄来一件毛衣，我很感动，但发现毛衣上有太多的虱子，便放在热水中煮了一下，水上便漂了厚厚的一层虱子，恶心得连饭也不想吃了。[①]

① 阮章竞：《异乡岁月》，文化艺术出版社，2014 年，第 127 页。

1941年　27岁

本年1—10月，敌人对太行根据地连续进行扫荡，清乡、蚕食、强化治安等扫荡名目层出不穷。

元旦后，太行山剧团组织了农村剧团汇演。

1月6日　皖南事变发生。阮章竞用诗体创作了大型活报剧《茂林事件》《保卫华北》。

按：据谱主回忆：

《茂林事件》剧中人物很多。在这个剧中，我已很注意运用民歌形式，诗体注意押韵。我来不及谱曲，便加上打击乐器，节奏鲜明，很能表现悲壮激昂的气氛。这个剧类似于时事报道，我把蒋介石、何应钦、韩德勤、李品仙、顾祝同、上官云相等人都搬上了舞台，类似于今天流行的报告文学。演出效果很好。①

3月23日　代表太行山剧团参加太行区文联座谈。到会有文联、文协、民革社、抗战学院、太行山剧团、华北书店及《新华日报》（华北版）等代表二十余人，北方局宣传部长张友清、十八集团军野战政治部宣传部王东明部长等参加了会议。此次会议上讨论决定出版一个文艺刊物，得到了彭德怀的支持。推选徐懋庸、蒋弼、高沐鸿、林火、陈默君、张秀中、李庄、王玉堂、洪荒、乔秋远、袁勃等为编委，即时筹备，于5月1日出版第一期。晚间由太行山剧团组织晚会②。

① 阮章竞：《异乡岁月》，文化艺术出版社，2014年，第128页。
② 根据《新华日报》（华北版）民国三十年三月二十九日第一版。

5月1日　此前筹备出版的《华北文艺》推出第一期。阮章竞写了小说《大地》、独幕话剧《登记》发表在此刊第一期上。

按:《华北文艺》本年7月就停刊。

5月4日　太行区文联、鲁艺等联合举办纪念“五四”的会议。彭德怀在纪念会上发表讲话，指出当前敌后抗日根据地新文化运动的基本方针是提倡民主的、大众化的、科学的、拥护真理的、民族独立与解放信心的文化。

【5月】**按:** 本月，谱主率剧团在辽县开展农村戏剧运动。其间为了纪念太行山剧团成立三周年，谱主在涉县悬钟村写了一首纪念性歌曲《我们诞生在太行山上》，并由周沛然同志谱曲，这首歌成了太行山剧团团歌。为了鼓励农民参军，谱主创作了歌舞剧《民族的光荣》，并在桐峪召开的欢送新兵大会上演出。

本月，阮章竞离开剧团到党校学习，持续到10月，共计五个月。除了学习，还肩负为党校学员教歌的任务。他被推荐做党小组长。

按: 据谱主回忆:

我在党校的学习还不错，但做党小组长却有不少困难。我所负责的小组基本上都是些老红军，当领导干部时间长了，没有听过比自己地位低的人的批评，不大好对付。有些老红军有个缺点，就是不喜欢别人提意见。有一天，支部让我向一位旅政治部主任提缺点，我这样做了，不想一向关系不错，这一下子他便翻脸了。①

6月　为庆祝1941年“七一建党20周年”，阮章竞在党校写了剧本《过草地》，他尝试用皮影戏的原理在背景上显示雪山、草地，自己担任导演，演出效果很好。

7月　在延安和前方掀起了一个演大戏的热潮。在此背景下，阮章竞也曾建议太行山剧团演出苏俄名著。在前方鲁艺拥有从大地方来的教师，先锋剧团有大量的旅级文工团成员的情况下，太行山剧团调

---

① 阮章竞:《异乡岁月》，文化艺术出版社，2014年，第134—135页。

来五个分区的太行山剧团分团来到总团，在桐峪上演陈白尘所著的《魔窟》。因导演风格拖沓，加之团员不大熟悉剧中的生活，演出效果很差。

8月　阮章竞在党校阅读了曹葆华译的《斯大林论文学艺术》和《苏联社会主义的文学及其最近的文艺争论》，并做了摘抄笔记。从这本笔记开始，阮章竞保存了自己后来的工作和创作笔记共八十九册。

阮章竞在北方局党校学习期间，认识了李季。

按：据谱主回忆：

在延安以《王贵与李香香》成名的李季，这时候也在北方局党校工作，他在图书馆管理图书。有一天去借书，正值他值班，当时他还是一位不到二十岁的青年。李季曾于1938年进抗日军政大学学习，结业后一直在太行山区工作。他说他看过我的剧本和诗歌，很喜欢。我们闲聊了一会儿。1942年大扫荡后，他回了延安。1946年《王贵与李香香》在《解放日报》上发表，我还不知道李季就是他，一直到1949年第一次文代会召开，在会上巧遇，才在畅叙契阔中恍然大悟，后来我们两人竟成诗友，过从甚密。[①]

这期间，太行区文艺界发生了很多重大事件，这些事件阮章竞并未参加，但印象深刻。包括：

6月，“太行山诗歌社”成立，太行山剧团也建立了诗歌小组，并组织了朗诵。

7月3日，中华全国戏剧界抗敌协会晋冀鲁豫分会成立。

7月18日，太行山地区召开晋冀豫边区临时参议会成立大会，冈夫、高鲁、叶枫、高咏及太行山剧团都参加了诗歌朗诵活动。

8月4日，边区政府主席杨秀峰，临时参议会议长申伯纯、宋维周、邢肇堂以及秘书长王乃堂等会见并招待参加庆祝临参会成立演出的各剧团负责人和文化教育团体及新闻界人士。

---

① 阮章竞：《异乡岁月》，文化艺术出版社，2014年，第132—133页。

9月5日，全国文艺界抗敌协会晋东南分会举行第二届全体会员大会。①

10月12日　黎城县港东村发生离卦道暴动，引起八路军前方总部、北方局、一二九师师部和区党委的警觉，深感在根据地中加强对敌文化斗争工作的必要性和紧迫性。

10月底　北方局党校结业会餐，突然接到立即转移的命令，日军开始大规模扫荡。学员们分散去找自己的单位，阮章竞徒步去找剧团。在六分区没找到，地委书记朱穆之让通讯员带马行军三日送他到一分区。一分区司令员秦基伟留他数日。在招待所遇见新闻工作者高咏和教育家王振华。局势缓和后他回到驻在麻田的太行山剧团。剧团成立了旧剧队，由副团长赵子岳主管。经领导同意，可以由群众请去演出，收取少许报酬，颇受欢迎。

此间，阮章竞尝试以山歌小调填词再加上对白，串成一个反映减租减息斗争的多幕歌剧《柳亭郊》，未脱稿就在敌人扫荡中遗失了。这种大众化、民族化的探索都是日后民歌体叙事诗《漳河水》的先声。

按：此年作《民兵之歌》。谱主在1982年将此诗收入《阮章竞诗选》（人民文学出版社1985年），是根据当年战友的共同回忆整理出来的。编者根据王稚纯提供的线索，查出此诗发表在《华北文化》1943年7月10日革新1卷4期封二（国家图书馆善本部藏）。

此年8月开始使用的牛皮纸封皮横开小本（1#）笔记，记录11—12月在一分区所辖赞皇、和（顺）东、平（定）东、昔（阳）东等地了解到的社情、敌情。

① 阮章竞：《异乡岁月》，文化艺术出版社，2014年，第134页。

1942年　28岁

1月初　阮章竞参加北方局、区党委在涉县悬钟村召开的“太行区对敌文化斗争”座谈会，有一百八十人参加，李新农为会议秘书长，陈默君为副秘书长[①]。会上针对封建会门用文化（小册子）与我们争夺群众的问题激烈争论。[②]

1月16日—1月19日　阮章竞参加了在涉县赤岸举行的一二九师政治部、太行区党委联合召开的太行山区文化人座谈会，会议有近四百人参加，主要是为了批评文化工作中的“脱离实际、脱离群众”的错误倾向。

按：谱主在牛皮纸封皮横开小本（1#）笔记中记录了李雪峰、杨献珍的讲话，以及离卦道的调查笔记（扫描件062—068图）。该会门曾在1941年农历八月廿三（10月13日）发动了黎城离卦道暴动，是太行区党委召开“对敌文化斗争座谈会”的起因[③]。

按：据谱主回忆：

会议先由邓小平发言，认为太行山区的文艺工作与政治任务联系不密切；文化工作的颂扬多于批判，应发扬批判性；团结一切文化人，不要搞关门主义；要为群众服务。应该说，邓小平同志的讲话对当时文化界的工作有重要的指导作用。

---

① 李新农：《书生革命》，解放军出版社，2003年，第90—92页。

② 国图藏牛皮纸封皮横开小本（1#），扫描件第011—062图。以下凡编号笔记均为国图藏件。

③ 李雪峰：《太行十年》，中共党史出版社，1998年，第190—191页。

太行区党委书记李雪峰也发表了讲话，主要讲民众生活和太行区的帮会组织和迷信问题。野战总政治部宣传部长王东明及太行文联的负责人徐懋庸也讲了话。既然是座谈会，18日举行了座谈。会议争论比较激烈。赵树理也在会议上讲了文化普及的问题。过后，便比较沉默，会议结束后，他常找人谈话，当时他的情绪不大高。赵大我十岁左右，搞旧瓶装新酒不大成功，缺乏艺术性。《小二黑结婚》写成后，没有人愿意发，一直到彭德怀同志题了字之后，才得以面世。

由王东明、朱光、彭涛和杨献珍研究，杨献珍作了《数一数我们的家当》的发言，大肆批评文化人，认为文化工作者大部分都脱离现实、脱离群众、不虚心、好高骛远、个人主义、不注意研究社会问题等等。他的讲话与邓小平、李雪峰、王东明等人讲话的思想是一致的。

现在回想起来，这次会议的几位领导的发言或讲话，存在着片面性和违背艺术规律的倾向，对新诗，对有较高艺术性的文学作品不够宽容。记得杨献珍说，一些自认为“新派”的文化人，住在农村，身在农民中，却认为农民落后，看不起通俗文艺。写的文章农民看不懂。又尖刻地讽刺说，有些诗人写什么“一个热烈的伟大呀”“一个凄凉的荒芜呀”。特别举了叶枫的一首诗：

我想吃

那

那

那个红柿子。

杨献珍说，这不是诗，是“一个梦呓者的呓语”。

对于杨献珍的发言，高咏在大会上表示不同意。徐懋庸也批评赵树理有些庸俗化倾向。（后来，据说李雪峰又把高咏、徐懋庸等有意见的人找去进行批评教育。）

杨献珍同志后来专门回忆了这一段经历，对高咏，特别是徐懋庸表现了极狭隘的讽刺态度，说徐懋庸在这次会议上“施放谰言，淆乱听闻”，无论是对烈士还是同志，这种做法都是极不应该的。(杨献珍同志自己倒有着很浓的个人主义色彩，一向以大领导和理论家自居，是从不愿接受别人的批评的。)①

【1月】**按**：本月谱主还写作了剧本《天堂地狱》。

2月3日　日寇发动了年关大扫荡。太行山剧团从辽县转移，在渡过浊漳河后，阮章竞开始着手写《未熟的庄稼》，几天后剧团经林县到长治东面的平顺县。转移过程十分艰险。

按：据谱主回忆：

为了避开日本人的锋芒，我们必须穿过形势险要的狼梯。狼梯分大狼梯和小狼梯，顾名思义，是狼才能通过的石梯。大狼梯稍宽，小狼梯勉强可容人身通过。狼梯的下面便是浊漳河。当时浊漳河已结冰，但冰在河的两岸稍厚，可容人踩踏，中间仍是很急的水流。河上原有木桥，为防止日本人过桥，先头过河的部队已将桥破坏了。我们必须先过河，再登狼梯，才能到安全地带。

我们找到一个当地的老百姓，打听蹚水过河的可能性，他告诉我们必须喝些烧酒，让身体发热以后才可以尝试。我们考虑团里有不少妇女儿童，这个方法对我们来说并不合适。后来，由老百姓带路，在比较狭窄的河段，给岸两边结冰的石块上撒上土，再放置一根木椽，大家攀援而过。在过独木桥的时候，望着木椽下冰冷刺骨的漳河水，仿佛木椽在河水上漂浮，而水却是静止的，有点头晕目眩的感觉。

过了河以后，我们已精疲力尽，同当地一个部队和军用被服厂取得联系，找了一个小庙住了下来。庙前有两棵松树，我乱中偷闲，在这里写了《未熟的庄稼》，用了约四五天的时间。②

3月　在长治，阮章竞听说八路军十旅旅长范子侠将军在一次战斗中遇难，心中极感悲痛。阮章竞曾在关家垴战斗中与范子侠并肩作战。不久阮章竞便带领太行山剧团沿着清漳河回到驻地悬钟。暮春的

---

① 阮章竞:《异乡岁月》，文化艺术出版社，2014年，第138—140页。

② 同上，第143—144页。

清漳河十分美丽，让阮章竞仿佛回到珠江口的家乡，情不自禁跳下河里游泳，从水里起来便开始发高烧。医生让他用热水洗澡，之后便从高烧变成伤寒，不得不住院治疗一个多月，一直到五月扫荡开始。

5月19日—6月20日　日军对太行根据地进行五月大扫荡。

按：据谱主回忆：

（此次扫荡）日本人的目标主要是驻在麻田的八路军总部。在这之前，朝鲜义勇军的一个参观团曾到八路军总部来过，这个参观团混入了日本人的奸细。总部领导彭德怀、左权还曾与这个参观团合影。所以扫荡一开始，日本人便派由会汉语的日本人和汉奸组成的先锋队，直奔八路军总部。这个先锋队一路自称八路军，民兵打枪，他们也不理，直往前冲，一直走到桐峪、麻田、汪堡、赤岸一带。当时一二九师的师部驻在赤岸，距总部所在地麻田约有六十华里地①。

5月24日　敌人开始扫荡时，阮章竞还未出院，身体十分虚弱。情况危急，按照命令，他与康方印、郗亮艮两位同在医院的剧团团友组成三人小组，分散归队。他们爬上石门沟东壁，见西边山上炮火连天。当时他们三人不知是敌人发现八路军总部，正在缩紧包围圈。日军还出动飞机六架，轮番狂轰滥炸。入夜，总部突围后，阮章竞担心敌人第二天搜山，决定向东南方向走。到了林县附近，找到转移到这里的边区政府跟一二九师师部，才吃上四天来的第一顿饭。第二天找到剧团时，已是5月30日。

6月12日　剧团随一二九师参谋长训练班一起行动，在平顺县井底村与敌人遭遇。

按：据谱主回忆：

我一看情况不妙，便向西面走。就在这时候，一颗迫击炮弹在我身后爆炸，右肩和臀部受伤。我只听见后面有人对我说：

“洪荒同志，你挂彩了！”

---

①　阮章竞：《异乡岁月》，文化艺术出版社，2014年，第146页。

我来不及细想，感觉到还能行动，骨头上没受伤，就说："快跑，别管我"。

我说完，也捂着伤口跑了起来。跑到一个瀑布前，大家在瀑布前停了下来。我往下一看，不是太高。

"往下跳！"

我命令大家。有个被我们称为"小毛"的小孩跳了下去，脚受了点伤。其他人还不动作，一些女同志更是畏惧。

就在大家犹豫的时候，我身旁的两个炊事员被打死了。一看这种情况，我、常振华、康方印也跳了下去。其他几位女同志不敢跳，都牺牲了。

大家从水潭游上来，躲了一天，到下午才想法又往山上爬了一程，碰到一个牧羊人，在他的石房子里吃了烤土豆。吃土豆时不忘用手摸了摸口袋，发现刚写好不久的《未熟的庄稼》手稿还在。担心手稿受损，还拿出来看了看。①

6月13日 通讯员带担架上山，抬阮章竞等两个伤员。途中阮章竞发现手稿湿了，粘在一起，便拿出来放到太阳底下晒了晒。他们在路上走了二十多天，才联系到一个军分区的医院。但阮章竞的伤口里有弹片，治不了。

随后，阮章竞被送到边区政府的医院里，在麻药不足的情况下取出身上的弹片。时任武乡县委书记的妻子赵迪之接他到武乡养伤三个月。养伤期间他完成了三幕剧《未熟的庄稼》，写了歌词《民兵之歌》和短歌《姜四娘》。记录了包括地方政权工作、农村土地关系、剥削形式、民间习俗等内容的笔记三万多字。

按：《未》剧1943年由太行新华书店出版，印数三百册，是阮章竞保存下来最早的剧本。谱主对《未熟的庄稼》有如下叙述：

《未熟的庄稼》是个悲剧，正如"写在幕前"所说，这个剧本是

① 阮章竞：《异乡岁月》，文化艺术出版社，2014年，第149—151页。

在“面向敌占区”这一政治方向下写出来的。彭总讲应该重视敌占区的知识分子，我便写了一个小学教师董其昌的形象。董其昌了解敌人的阴谋，帮助和启发群众团结起来。这个剧中的人物有十几个，马元山是个农民，他的妻子、儿子、岳母、村长、汉奸、马元山的妻弟褚天根等。故事的背景是1941年夏天收割的季节，地点是山西中东部。日本人为了在敌占区推行“以华治华”的政策，强化“治安区”，纷纷组织所谓的“自卫团”，并禁止两个人以上在一起说话、禁止两个村子之间来往。马元山是马家庄的村民，他的妻子的娘家属褚家村。日本人为了抢收夏粮，便挑动两个村子间的老百姓互相抢粮，你割我的，我砍你的。这两个村子在历史上也有些矛盾。在这种情况下，两个村子间发生了械斗，马元山被打死，而凶手便是他的妻弟褚天根。马元山妻子得知其夫遭横祸，又亲眼目睹被抓住的凶手褚天根，如晴天霹雳一般，“倒地半晌”，“恸哭不成声”。这时，董其昌给村民们晓之大义，要村民们“当个自由的中国人”。[①]

短歌《姜四娘》编入《阮章竞诗选》(人民文学出版社，1985年)。诗末附了1982年7月为此诗补的跋，全文如下：

1942年，日寇疯狂反复扫荡太行山，在抉剔清剿时抓着武乡县胡蛮岭的姜四娘。她坚贞不屈，最后饿死山上。1963年，我重访太行山时，夜晚闲谈提到姜四娘，这位七十多岁的老人，栩栩如生浮现脑际。记得当时我听到她的事迹后，曾写过一首短歌，但早已遗失。此夜座中有个同志还能唱出“胡蛮岭，姜四娘，挺立高岩腰不弯”一些段落。是夜，有感时光之易逝，人事之健忘，于是根据这些小节歌词的依稀印象，追忆下这首诗，以缅怀像姜四娘那样，许许多多宁死不屈又没有留下名字的太行山普通农家妇女。

10月 太行山剧团派人接阮章竞回去，途中遭遇敌人，只得又返回武乡，随妻子赵迪之带民兵与敌人周旋。后与陈锡联的旅部相遇，

---

① 阮章竞：《异乡岁月》，文化艺术出版社，2014年，第142页。

区党委宣传部长彭涛也在，他便告别妻子，跟随陈彭部从武乡到麻田西北方向的隘峪口。途中听说太行山剧团在武安县西井附近，便与彭涛分手，赶回太行山剧团。

精兵简政后的剧团由边区教育厅领导，经费紧张，派来的政治指导员于一与副团长赵子岳不和，团员们也很有意见。剧团的总务科长曹养观和大师傅李庭才因为一般贪污问题，被指导员于一枪毙。阮章竞觉得他们罪不当死，却来不及阻止，心里很不是滋味。区党委听取阮章竞的意见后，调走了于一，将剧团划归太行文联领导。文联主席是徐懋庸。

按： 据谱主回忆：

太行文联是文学艺术界的组织，能按文学艺术规律进行管理指导。虽然接受文联领导只有半年多，但领导与剧团建立起能坐下讨论艺术问题的关系，处在最艰难时期的太行山剧团，倒是较好地发挥了艺术创造力，创作演出都较以前更加贴近群众生活，鼓舞群众，克服困难，争取抗日战争的最后胜利。在整个抗日战争中，太行山剧团创作了许多作品，都在敌人“三光政策”下，化为灰烬，唯独1943年创作演出的作品中，有几个由新华书店、群众书店和韬奋书店出版的，保留下来。①

年底　剧团遭遇野战政治部罗瑞卿强行调走旧剧队女演员李佩琳和宋光，赵子岳不愿放弃这两个旧剧队台柱子，请阮章竞找彭涛去和罗瑞卿商量，无果而归。

【1942年】按： 本年阮章竞收集记录有民间语言一册，共九十六页，两万三千字（国家图书馆藏笔记2#）。

---

① 阮章竞：《异乡岁月·附录一：风雨太行山》，文化艺术出版社，2014年，第199页。

1943年　29岁

3月　阮章竞住在涉县下温村，写了长诗《柳叶儿青青》。

4月　为了观众的欣赏习惯，阮章竞将《柳叶儿青青》改编成秧歌剧《比赛》，这是太行区的第一个歌剧，由周沛然作曲。歌剧记叙了懒汉大东子好吃懒做，不愿意参加大生产运动，常和他老婆吵架的事。有一天他大白天睡觉，妇救会长来质问他为什么白天睡觉，他嫌别人批评他，和老婆大吵一架，跑上街去，村里的人都生产去了，没有人跟他闲聊，碰上农会主席，又被批评了一顿。他扫兴地回家，但老婆把饭拿到地里去了，他空着肚子在家睡觉，思考为什么大家都说他懒，甚至连自己的孩子也嘲笑他。后来他觉悟了，明白边区政府实行新法令，减租减息，又退了地，借了钱给老百姓，目的是让老百姓好好生产，自己不好好种地对不起政府，便下决心要改掉坏毛病，和他老婆孩子比赛，要做个劳动英雄，好好地上地干活。

按：此剧于1945年4月由韬奋书店出版。

5月　毛泽东《在延安文艺座谈会上的讲话》传到前方，刊登在《新华日报》（华北版）上。

6月18日　写《当前戏剧界的几个问题》。

按：发表在《华北文化》1943年7月10日革新1卷4期P10—P13。

6月24日　次子阮牧鹰出生。满月后找到武乡县蟠龙镇小庄村基干民兵王保旺的媳妇杜雪堂做奶娘。

7月　写于1942年的《民兵之歌》发表在《华北文化》1943年7

月10日革新1卷4期封二。

8月　剧团重归八路军总部领导，区党委希望阮章竞留下，他也觉得待在文联可以搞创作，遂调到太行文联。离开剧团后，学习毛泽东的《在延安文艺座谈会上的讲话》一文全稿，产生去体验生活的想法。他找到八路军总司令部参谋长滕代远要求到军工厂去体验生活，滕很支持，写信给军工部部长杨立三，顺利调到兵工厂。阮章竞背着行李，步行去兵工厂的途中遇到了已当了专员的杜润生，杜称许他的勇气。

8月11日　在温村开始记录军工厂笔记①，包括新劳动者比选大会材料、工厂的装备原料、人事制度、师徒关系、手工业工人与产业工人之间的矛盾等。

9月初　阮章竞在清漳河畔完成短剧《糠菜夫妻》。此剧贴近当地青年的日常，每演出一次，照例轰动一次，不知拯救了多少趋于崩溃的青年夫妻关系。

按：此作于1943年12月由新华书店出版社出版，发行两千册。用笔名洪荒。剧中写了科子和金梅是一对自由恋爱的小夫妻，二十刚过，便有了孩子。正值困难时期，家里吃糠咽菜，科子还不愿干活。金梅忍受不了饥饿，科子又偷走了金梅的裤子换酒喝，让金梅出不了门。邻居仙花假装关心金梅，给她吃的，又要借裤子给她。科子回来醉醺醺的，与金梅争吵，拿枪要枪毙金梅，两人拉扯着去找农会离婚。正在农会主席做工作的时候，仙花往水井下毒药被捉，原来仙花是国民党特务。被仙花愚弄的金梅和科子如大梦初醒，和好如初了。

10月至12月　阮章竞在兵工厂跟工人同吃同住，受到他们的信任。他给工人们介绍国内国际形势，为工人画肖像，相处融洽。

11月　创作短剧《婚姻有保障了》。

12月22日夜　写作通讯报道《在工厂里》。

---

① 国图藏阮章竞笔记3#，扫描件第007—098图。

按：此文后发于《华北文化》1944年1月1日革新3卷1、2期合刊。

按：1943年《华北文化》革新2卷6期第33页消息："太行剧团团长洪荒同志，（太行）联中国文教员冈夫同志，最近皆来文联，参加剧协工作。现洪荒同志，以拥政拥军爱民为主题，写成剧本《带了枪的人》。"

1944年 30岁

1月20日　阮章竞离开军工厂，到妻子赵迪之任县委书记的武乡与妻儿过年。

1月23日　下午，区党委宣传部长彭涛在武乡洪水镇找到阮章竞，要他立即到太行区委党校参加第三期整风学习。他连夜出发，昼夜兼程，赶百余里的山路，到达党校。1月24日黄昏，阮章竞到位于涉县赤岸的太行区委党校。这天正是农历除夕。

按：1942年，延安开始整风运动，同时开始“审干”和“抢救运动”。阮章竞到军工厂体验生活时，太行区的前两期整风学习已于3月—8月和10月—12月举办。

报到时，党校校长冷楚点名“啸秋”时，开始阮章竞没有意识到是叫自己。等到反应过来匆忙出列，不小心撞到旁边的墙上，碰断了鼻梁，流血不止。

本期是团县级干部的整风班，主要是县委书记、县长、团长、政委、参谋长，有极少数专员、军分区司令，军队干部与地方干部混合编组，每组十几个人，设组长一名，辅导员一名。小组长由县委书记或军队干部、保卫干部、公安局长担任，县长一般不能担任组长。辅导员由上级派下来，一般是在前两期整风中选拔出来的区党委工作人员。

这一期的整风学习延续了十六个月，到1945年4月底结束。

2—3月为第一阶段文件学习，同时每人都要自我反省。学习的文件包括毛泽东《反对党八股》《整顿党的作风》《改造我们的学习》以及《在延安文艺座谈会上的讲话》，还有刘少奇的《论共产党员的修养》《论党内斗争》，陈云的《怎样做一个共产党员》等文章。延安整风的主题是“反对主观主义以整顿学风”“反对宗派主义以整顿党风”“反对党八股以整顿文风”，以反对主观主义为中心内容。

每个人都要对照自己，深挖自己灵魂深处的问题，人人检查，人人过关。从延安整风开始的党内思想改造运动和模式，新中国成立后一再出现，显然有着历史延续性。

按：李雪峰在《太行十年》中说：“在第三期整风班中，经历了三个大讨论，形成了三个高潮，各有特点，互相依存衔接。就是历史自觉、革命自觉和领导自觉。”根据李文，本期整风班的三个高潮长达九个月。在第三个高潮阶段开始审干。他说：“审干中的错误是整风中的不正之风。”

整风中，工农干部经历简单，容易交代清楚。而知识分子就极不容易过关，往往是学历越高，受折磨越大。像阮章竞这样，出身没有问题，也没有很高学历，但因为在上海当过工人，现在又从事文艺工作，日子就很不好过。老老实实把经历交代了，但这不够，还必须挖出灵魂深处的思想问题，如主观主义、个人英雄主义、享乐主义、个人主义等等，很多普通的词语后面要加上“主义”，才能显得“时髦”而又反省出“深度”。

当时关于“整风”有个说法，叫“脱裤子，割尾巴”，尾巴有大小，对应的方法也有区别。所以，大家必须把自己内心所有的想法，特别是跟党性原则相悖的想法对组织上和盘托出，不能有任何隐瞒。以达到“惩前毖后，治病救人”的目的。整风的中心是反对主观主义，但在实际的整风运动中，必须过关的几个问题包括“阶级自觉”“历史自觉”“政治关系”“男女关系”等等。会上说出的两性隐私问题，让一些知识分子感到骇人听闻，十分难堪。本地干部和外来干部的关系，也引起阮章竞的关注。

所谓“阶级自觉”，“即你必须认识到你参加革命是受压迫、受剥削所逼迫的，资本家和地主是寄生虫。你曾经受雇佣的资本家和地主若是刻毒的，自然没有问题，若曾经给过你一点好处，那是拉拢，是酝酿着更大的阴谋”。这是标准思考路径，必须以此为参照，建立自己的“阶级自觉”。

而所谓“历史自觉”，“即你都干过些什么事情，与国民党有无牵连，你的思想认识是怎样变化的等等”。历史自觉是指在过去的成长过程中，是如何意识到无产阶级革命是历史最伟大、最先进的革命的，在达到这种历史自觉之前，思想是否受过国民党“三民主义”之类的影响。历史自觉往往会跟历史问题结合在一起。

阮章竞既是知识分子，又是工人出身，肩负着“阶级自觉”和“历史自觉”的双重任务。

按：据谱主回忆：

“阶级自觉”对我来说不成问题，因为我早已认识到了资本家和地主的剥削实质。“历史自觉”对我来说也不很难。我一直是个小人物，自然没有人打我的主意，和国民党几乎没有什么需要说清楚的往来。但是，没有料到，我同样是难以撞过这次整风大关的。

阮章竞因为检讨自己一直不能忘怀上海女友，被组长认为不是享乐的问题，而是政治观点的问题。于是，规定他不许单独行动；提到在上海时朋友聊天说听过“军统、中统有钱”，使得组长大感兴趣，无休止地纠缠，被认为“该人可能受过军统、中统的拉拢，暂存疑”。

按：整风留给阮章竞印象大概是两个方面：

一是了解了党内路线斗争。知道了陈独秀、李立三、罗章龙、瞿秋白、王明等人的路线问题，有的称为左，有的称为右。了解了长征这部英雄史诗本来是被迫进行的，也了解了中央曾经对毛泽东不信任，遵义会议后，毛泽东才成为军委负责人。还公布了一些张国焘的问题。军队同学谈及当年长征的情况，我们都很受教育。

二是使我了解许多地方干部的背景，对他们的弱点有了更深的认识，明白了中国革命的艰巨性。

一般说，文化人对暴政，对封建主义是坚决反对的。农民出身的干部虽在理论上没有什么明确深刻的认识，但从他们的切身利益出发，革命也是很坚决的。我亲眼见许多工农干部声泪俱下地谈阶级自觉问题，很感动人。

1945年　31岁

5月初　太行区第三期整风结束，阮章竞感到做文化工作受打击，坚决要求重新分配工作。

按：据谱主回忆：

我因为是童工出身，一想因为搞文化工作受的打击，便再也不想在文化部门工作了，我要求重新分配。负责分配工作的是组织科长刘建勋，大家排成队，由他一个一个派遣。轮到我，刘建勋让我回八路军总部，继续到太行山剧团工作，我不同意，和刘建勋吵了起来：

"我不再当文化人了。我是工人出身，不是知识分子。"

我不理睬后面排队等待的人，坚持己见。刘建勋没有办法，便让我先去我妻子所在的第八分区，在太南专区分配工作。①

5月底　阮章竞到八分区②驻地陵川县。分区地委对他要求去搞调查研究工作还算支持，让他到陵川县赤叶河地区去调查减租减息问题。赤叶河村在深山里，周边有牛皮玉、楚江寨、东西盘铺、青杨掌、井上、后庄沟等十来个附村，从陵川出发要走一百多里山路。下乡前阮章竞作了几天的准备工作，学习统计数字要用到的百分比，找了本《抗日根据地法令》，以备在工作中参考。地委让他参加了地委的县长县委书记会议，对下层工作情况，得到一点初步的知识。对这次工作他心里有些怯意：一是缺乏农村工作经验；二是他的广东口音

① 阮章竞：《异乡岁月》，文化艺术出版社，2014年，第173页。

② 当时下辖陵川、高平、晋城、修武、温县、孟县、武陟等地。

在北方山村开展工作语言上有障碍；三是舆论普遍认为他没有农村工作经验，难以做好。但阮章竞心里是不服气的。在赤叶河两个多月里，他记了一册五万三千字的日记，题名《乡间记事》。①

6月8日　阮章竞出发去赤叶河村，几次走错山路。在玉门休息时去舀冷水，一当地老太以为他要喝水，好意阻止，并烧水请他喝。晚宿第三区署驻地潞城村。农会主席与阮章竞于1938年便相识，晚饭做了一顿白面。“我看到他们都在喝稀饭，心里很过不去，好意难却，想跟他说了，又怕伤害了人家的盛情。不说了，感到他们都如此艰苦，我何必如此呢？后来我看到他也和我共同吃（我邀请他们），稍安一些。”

6月9日　从潞城村出发继续前往赤叶河。太阳猛烈，买了三个烧饼上路。中午在马圈村歇脚，下午到古郊村。干部们隔天要去五区庆祝农会成立，都不在家。阮章竞犹豫是否第二天马上出发去赤叶河。当夜为农会成立写了几个贺词，蚊子很多，一天赶了六十里山路，“实在疲乏了”。

6月10日　早上起来，和任少本、宋文孝等当地干部交换了意见，他们要三天后才能回到赤叶河。阮章竞此时去了也找不到干部，遂决定休息一天再出发。正休息间，听见院子里有人声喧哗，原来是当地农会、妇女协会组织群众大会批斗一名殴打妻子的当地民兵。这名妇女向区政委任效南反映了家暴情况：丈夫怀疑她有外遇，对她施以痛打。女的被打昏了，起不了床。几天后能起床，丈夫又叫她去死。在妇女会上，“有的妇女也哭了，但妇女们不敢说话，而这名男子却神气十足地报告她如何不忠，后来又动员农会会员援助”。阮章竞了解到，村民的两性关系比较混乱，差不多都有外遇，因此批斗会上谁也不敢说谁。由于干部动员了农会、民兵撑腰，妇女们开始批斗并追打该名男性。“那个男的只挨打不肯说，共打了三回。他的老婆

① 《阮章竞文存　笔记卷》。国图藏4#笔记002—020#图片。

证明他如何和区长、村干部说过‘打（老婆）也不犯法’，说老婆死，三天以后就可以找到媳妇。后来把男的送到区上，女的不愿和他过了。”事件促使阮章竞思考：妇女思想依然被动，只是被干部推着走，“并未真心地唤起对这行为的愤恨”，“在道理上并未把虐待妇女的基本思想揭开与打击，只用打架表示热闹”。干部在指导斗争的思路也并不准确，竟然将这种家暴问题归结为“恶霸”问题，而斗争到一定程度，男子不肯说出他的思想，又很难深入下去。“到底为什么妇女不敢说话，是什么原因？除了历史社会造成的以外，是否还有别的？”看到被打得浑身青紫的妇女，阮章竞感慨：“这不幸的一群，责任在我们如何使她们起来。”

6月11日　午饭后阮章竞动身前往赤叶河，走到六里地外的潘树掌找了个向导。到了赤叶河，村长王万洪在家，稍事休息之后即向村干部咨询减租减息情况：村干部回答去冬今春进行过两次减租，但没定契约。村里没有特别困难户，前段还发过救济粮。很关心反霸得到的东西退回是否公道。阮章竞告诫自己调查应更深入，工作不能流于表面。在跟几个党员聊天中了解到部分群众认为：“干部的问题解决了，群众的问题没有解决。”和村支部书记谈话，他暗示村内党员存在不同派系。决定找穷户继续了解情况。

6月12日　群众白天都忙于农活儿，阮章竞原准备去帮助他们干活儿，以增进了解。又担心随便找个人并不合适，就把参加地委会议的记录读了一遍。下午帮王万洪锄地，手上起了泡。晚上参加村里的征粮会，会议气氛沉闷。富户不表态，唉声叹气；穷户也不表态，不敢起来斗争。村长的处理办法是，“不解决问题，不能回去”，“扣一个好户，这样才能叫其他的快点交”。阮章竞批评了这种“不走群众路线”的工作方法。从武委会副主任王崔喜处了解到，群众对双减有消极心理，害怕“变天”。

6月13日　阮章竞苦恼于宋文孝尚未回村，无法有针对性地了解情况；又不安于“官僚主义”。接到任效南来信通知到县里开会，去否可以自定。虽怕耽误时间，又想了解全县情况，决定去。村农会主席回来了。晚上和他们谈佃农情况，了解土地关系。未谈完，他们又去开催负担款的会，阮章竞旁听了一会儿。

6月14日　宋文孝从五分区回赤叶河，区政府的人也来，村里一时便热闹起来。单独的生活、工作打不开局面的压抑心情为之放开。白天区武委会召集民兵讲话，号召民兵在敌人打走之后继续成为生产模范，从防旱备荒、打虫、训练到国内外形势无所不包。“民兵在底下，天气又热，都在打盹了。会后也不讨论，只问懂不懂，民兵们就回去了，我真怀疑这个会的作用多大。”和宋文孝讨论了村里情况，感到斗争地主的急迫性和去县里开会有冲突。“群众都要求斗，怕会后回来再斗就晚了。又未断定县里开的啥会，如是租息的问题那就非去不可。”决定写信到县里征求意见，写完已是深夜。

6月15日　发信后，又觉得不去县里开会不妥，下午决定还是动身到县里开会。天全黑时，碰到县里的送信人，信上说县里开的是县委扩大会议，接着开全县干部会议，会期半月。这又让阮章竞踌躇，如果等会后，减租减息的调查任务怕无法完成。摸黑继续前行，宿于冶头一区公署。

6月16日　到县里，会已经开始了。听三区报告，感到群众斗争热情并未被发动起来，反而为特务所利用，斗争后也未转入减租问题。晚上写了一封信给妻子。

6月17日　早上将信发出。如果三日后依然在县开会，便能收到妻子回信。今天是六区报告，九光村的斗争比较典型。群众观念进步，报告材料生动。

6月18日　听五区和二区的工作报告。感到两个区都存在领导不力问题。感到区干部处理问题不能走群众路线，用强迫的方式。扣人，扣的也是过去反恶霸反特务斗争中的积极分子。晚上参加了两个区的讨论，提出了自己的真实看法，“但无反应”。

6月19日　二区补充发言。一区、四区报告。深感很多干部工作方式脱离群众，缺乏全面看待问题的方法。听着报告，就在想自己不能单靠干部来帮助工作，要设法去接近群众才能发现与了解问题。只在少数干部、先进者的小圈子里是危险的。

6月25日　会已经开了十多天，深怕拖太久无法完成调查任务；但也感到参加这样的会议等于住一期预备学校，对本县、区、村的斗争情况有了进一步了解。以前在会议上不太发言，这次却在县委会上指出目前的问题是发动群众不够，而不是过分；斗争地主就应该让地主难堪；不能指望用一种让地主满意的方式来斗地主。

6月26日　上午八分区地委书记刘毅在会上谈话，内容是关于党内团结。反省了自己可能对新区干部要求过高问题，这可能是影响团结的。感到会议议程过长，对调查工作的完成感到焦虑。遂想起自己从文艺方面转到前线群众工作来的因由。因为在整风中感到知识分子、文艺工作者不被重视、被排挤。“我感到自己从事这个工作，是受了气的，从事文化工作，事实上不为人所相信。”整风中对自己文艺思想的一些反思，“那有很多不是真实思想，而是在万不得已底下寻找的，就是整风的‘过关’思想”。下午的会讨论了政权在群众运动中的作用。宋文孝谈到在反霸中牺牲的同志，很动感情。

按：来自《乡间纪事》中的这段话，对了解阮章竟的思想及当时解放区文艺的一些特点有一定帮助：

我感到许多人，对人的看法是有等级的。因职业地位的不同也各异，我过去却得意洋洋，以为自己的从事文化工作是无限的光荣。在整风的过程中给我全打碎了。我想：共产主义的思想，把我从旧世界中引上光明。从南到北来找党，经过了些波折，终是达到了目的。那些痛苦的生活，都成为过去了。我爱好文艺，党把自己放在一个最适合的岗位上。因此也的确发挥了些自己的能力，培养了自己的智慧。愉快地从事了六年的艺术生活。党鼓励自己，为自己出版了书。我也承认我作这个工作是最适合的。我相信党的事业的胜利，也相信自己奋斗的胜利，抱着热的希望。然而在整风中，有许多同志给我很大的刺激，认为我是一个外来的，而且又是一个“文化人”。说话不美，放个屁也不臭，认为我过去一切好像都是假的，作伪的。知识分子，必不可能是像我这样的。历史，使我深痛，使我误会，我既是要革命，何必要从事文化工作呢？有许多武器，我为什么偏要使用这个武器呢？我原是工农，只因时代的摆布，使我流离失所，错认为知识是我的出路。但我仍承认，因为我得了相当的知识，使我认识了真理，我内心是以此为荣的。事实上（不能光说），从事这工作，许多同志并不看得起。从领导到小组，相信的只是党务的干部、老红军干部，或本地的农民干部。积极分子是他们，整风中比较最不受刺激的，而是专门刺激别人的。

同时也反省“难道我这样的气氛不是等于埋怨党么？这是很不正确的。如果给别有用心的人看见，那就损害革命的利益”，但也相信即使那些非常进步的人也是会有不满的。“我想不满就是不满，掩盖是没用的。”①

6月27日　休会一天。近几天来，有点病的样子。一方面是疥疮发展了，又无药品；未带更多衣服到县里，着凉头痛，眼睛也不舒服。李希曾的妻子来反映婚姻问题。她是一个旧式妇女，但也是党员。文化程度不高，对丈夫百般依顺，但由于年龄外貌知识修养的问题，丈夫希望跟她离婚。她希望组织上劝丈夫回心转意。阮章竞对她十分同情，也感到问题非常复杂：这样的妇女并没有独立自主的意识和能力，离婚之后的生活也十分痛苦；但她跟丈夫之间的思想裂痕又深刻地存在。“我看到了不少这样的悲剧，在这个新旧交替的历史关头，它还在继续地扮演下去。”

6月28日　一起床就感到右眼非常疼，左眼较轻些，眼睛还经常发痒。

6月29日　一整天开批评领导的会议。上午不痛不痒，大家不敢

---

① 《阮章竞文存　笔记卷》。国图藏4#笔记006#图片。

提出实质问题，下午稍好。感到前线妇女干部互相看不起、素质参差不齐，工作上还经常越级汇报，关系十分复杂。由此想到了妻子一直在独当一面地工作，而他自己不愿也不敢做。将来在文字语言上多做点事算了。传来敌人增兵荫城的情报。

6月30日　因有敌情，昨夜县政府都在准备，阮章竞倒显得轻松。想起明天是党的纪念日，而去年此时正在太行党委接受“历史自觉”的整风。“对那种震动，是很不易冷静，现在想起来还有点不自然。从我的历史生活中，硬说无为有，这种怀疑的所谓科学态度，我不大能理解。”休息时，有人询问是否就此改行，不再从事文艺工作。内心有很多感慨，觉得文化工作者遭到打击，而自己未必不能胜任其他革命岗位。很想得到妻子的信。

7月1日　建党二十四周年纪念日，早上就被叫去写标语。十时之后听李希曾同志报告陵川群众斗争历史。中午会餐，有点醉了。下午座谈会。晚上给妻子写信。

7月2日　妻子的信来了，很欣慰。今天会议最后一天，议题是联合政府的学习和宣传周，感到这种开会的学习方法无的放矢，对调查工作又感到焦虑，故未参加会议，自己研读九光村的资料。与剧团同志谈起今后的前途问题。

7月4日　深夜方将九光材料写完，感冒的乏和疥疮之痛侵袭全身，忽而有些思乡。回顾了离家十一年的心路，还是对创作念念不忘。

7月5日　早上起来准备离县下乡，中午被当地干部请到饭铺吃饭，张步云县长和李希曾等十几个干部参加，喝了几杯酒。饭后和宋文孝、任效南等人启程。路上休息于复庄宋文孝大舅子家，匆匆赶路遇雨，夜宿高家村。

7月6日　上午高家村的干部们来闲谈村里清债、入党等。早饭后回到赤叶河，二十多天前村里刚在播种，现在正是雨季，庄稼苍翠可人。下午参加支委会，传达开展工作的计划和任务。

7月7日　昨晚睡得迟，今天起来已经不早。今天是第八个“七七”纪念日，想起当初立志报国，未负初心。整风确立了阮章竞的群众立场，“俯首甘为孺子牛”的观念树立起来。然而依然有很多问题困扰着他，遂生很多不平和牢骚。下午支部会，对农会开展工作动辄运用行政手段“斗他几斗”的观念，提出自己的批评。工作逐渐开展，跟当地群众也渐熟起来。

7月8日　和区干部讨论如何开展村工作，介绍九光经验。处理村里村民经济纠纷。村上设夜校，农民劲头不大，担心是负担。

7月9日　上午和宋文孝找村干部开会，反映了很多群众的思想问题。群众不愿开会，认为八路军卖狗皮膏药，只是不敢说出来，也没有认识到民校的好处。需要打通干部和群众的思想，认清开会和学习的意义。下午听佃户王付虎诉说被地主李承苏欺诈的悲惨故事，联想到广东家乡的高利贷。晚上开会讨论民校事情。

7月10日　上午和四个农民聊天，其中两个是退伍军人，一个羊工，一个雇工。除一个身为党员的退伍军人觉悟较高外，其他小农意识较浓，对反恶霸不热心，存在等靠思想。

7月11日　晚上，写了关于九光斗争的底稿。

7月12日　把九光斗争的通讯稿全部写出了，誊在稿子上，第六部分，并修改了一下。下午就一位成人打儿童队员的问题开斗争会，儿童队员的自尊自信让大人服了气。

7月13日　用文联的稿纸将九光的文章全部誊写好了。收到了戴云程同志的复信，同意阮章竞在村里多做半个月工作。东盘铺汇报工作，双减包办情况多。石盘河的一老汉积极性很高，来请教斗争方法。

7月17日　和宋文孝调查研究赤叶河的问题，赤叶河的问题大体完成了，剩下的个别谈话和访古。听王二金来把牛皮玉斗争李承苏的问题谈了一下午，谈出许多问题。晚上和干部积极分子开会讨论，过去中央军在时的村长王锁贪污，群众要求斗争他。干部不会走群众路线，什么也是以简单为快。阮章竞提出要以动员他坦白为目标。

7月18日　下午动手写《乡村》，晚上和干部们谈了些关于学习的问题，后召开减租息的调查会。

7月19日　上午写了《乡村》的第一章和第二章的开头，下午参加村农会召开的全体大会，发现村里减租的算法有问题，结果是佃户吃亏。晚上继续斗王锁。

7月20日　到后庄沟访王付虎，与他的家人拉了一整天话，二儿子还学了唱歌，气氛融洽了很多。细讲了十口之家的境况。走时给付虎留下粮票。回到赤叶河，同院的老汉又补充了王付虎的情况。

7月21日　上午到牛皮玉，与王二金等两三个年轻人进行谈话，二金是个很能联系群众的干部，敢说敢干有活力。傍晚与王二金讨论减租的算法，认为全县都有同样的佃户吃亏问题。晚上与中青年农民们聚到院里展开了热烈的谈话，农民们提出的问题有一件镢头的问题，一件租地问题，一件债务问题，恶霸问题等七八件，对象大小四个，阮章竞告诉他们，光有八路军和政府还不行，翻身就得自己干。农民们很兴奋，情绪高涨都不愿回去休息。

7月22日　午饭后，回赤叶河拿了一些本子和应用的东西又进牛皮玉来，村里三个互助组生产搞得很红火。晚上讨论斗争井上冯费孩的问题。而且为了要深入解答群众的问题，研究了土地政策。

7月23日　上午郎永刚从区上开会回来谈了开会的情形。午饭后参与处理了一个放牛小孩因工资太低要求增资的事情，并与二金又谈了减租问题。晚上与六七个农民进行了交谈，两个雇农谈出他们的增资问题，还有些霸占地问题。

7月24、25日　晚上与农民们进行斗争练习。

7月26日　参加了一个妇女们的会议，讨论的题目是：为什么要做军鞋，其次是绞脚（小脚）对自己有什么好、坏的地方，再次是看青问题。此日，美英中发表了《波茨坦公告》，促令日本无条件投降。

7月27日　白天把盘铺的工作研究了一下，和宋文孝决定到盘铺去，以便发动斗争。晚上和几个农民闲谈牛皮玉的过时光问题。

7月28日　早饭后到赤叶河与宋文孝一起出发去盘铺。由宋文孝等四人带领到富农家里去找村副，在那里坐了一会儿。晚上参加了一个附近的佃户会。

7月29日　上午和王国培交换两个基点村的工作情况。下午召开佃户座谈会，主要是访古。晚上召开了个活动分子会。

7月30日　上午开会决定集中讨论以便在立秋开坡前斗争，并且大家分头到各个庄去动员群众。下午召开座谈会，在座谈会前，调查了三个佃户的问题（西盘坡的杜新权、李秋保、徐金崖）。晚上附近的群众又来交谈，建议宋文孝对群众应先启发觉悟，打通思想。

7月31日　白天与农民们讨论我们应不应该受人剥削，最后选举减租委员会。晚上开会讨论如何领导这个斗争以至胜利。

8月1日　上午分头写了信派人到一区叫地主来，同时派希重去侯庄调查地主的情况。对群众进行政策教育，接着是斗争练习。晚上减委会开会研究如何领导斗争。近来每天都要调查两三个农民的材料。

8月2日　决定在东盘铺多留一两天做个调查。晚上开会，逐一调查东盘铺六户人家的问题。

8月3日　到窑石礀调查。下午出来赤叶河，准备斗争会。在山路上碰到王金孩，与他在一路上交谈。经过楚江寨，被小儿童队截在那里教他们唱了一个多小时的歌。

8月4日　忙碌准备联合斗争会。

8月5日　参加李承苏斗争会。午饭后召集主席团开会研究前晌斗争，晚上两个斗争委员会小组长、主席团联席会，对白天的斗争会进行检讨检查。

8月6日　清晨开大会追根李元德，下午分开进行斗争，阮章竞领导东盘铺，宋文孝领导高家村。

8月7日　与东盘铺群众讨论如何跟地主算账。后来帮助高家村讨论，晚饭后跟群众座谈。

8月8日　苏联对日宣战，美军于8月6日和9日分别向长崎、广岛投下原子弹，日本的崩溃成了定局。本日，阮章竞帮助宋文孝处理高家村的群众问题，讨论了一夜一个上午，情况并未汇报清楚。

8月10日　东盘铺群众请地主来算表账，经过几次磋商，终于得到双方较为满意的结果。

8月11日　为楚江寨一对青年男女解决退婚纠纷。

8月12日—13日　与十几个贫雇农交谈，发现租息、恶霸、干部之间、干群之间的问题都十分多。对于老孩提出不服离婚判决，鼓励他上县司法科控告。

8月14日　日本政府宣告接受《波茨坦公告》。阮章竞白天对近段时间的统计资料进行整理。晚上开贫雇农会议，一个十九岁青年的哭诉引起阮章竞极大的同情和关注。

8月15日　日本天皇发布停战诏书。阮章竞在赤叶河听到日本投降的消息，十分兴奋，当即赶往地委，向地委书记要求参加对日反攻。

按：谱主回忆录写道：

分区的青年听说我要上前线去，杀了一只日本洋狗，煮熟以后，为我壮行，我当时很激动，参加抗日近十年，盼的就是这一天的到来。[①]

同时总结这段赤叶河经历时说：

在赤叶河，我还接触到了一个严重的问题，就是大量的青年人不幸婚姻。一方面是贫穷愚昧，一方面又没有婚姻自由，许多农民饱受了婚姻的折磨。本来已穷得一塌糊涂，结果夫妻又不能团结，三天打架，两天打架，打得很凶。我看见这种现象，心里十分难过。在后来，我曾在作品中多次把婚姻自由作为重要的主题，便与我对太行山地区青年男女婚姻生活存在的严重形势有密切的关系。[②]

---

① 阮章竞：《异乡岁月》，文化艺术出版社，2014年，第176页。

② 同上，第175页。

8月16日—22日　在从赤叶河离开前往分区的路上绕路探望了在附近的妻儿；打了一天半电话联系不上，决定徒步去博爱，去寻找参加大反攻机会。

8月23日　随两个陵高的民兵，带着一个开小差的逃兵到博爱分区机关来。到了西庄，沿着电话线找到分区驻地，却被门卫挡驾，对机关的官僚主义作风大为恼火。

8月24日　早晨给刘毅写了条子："刘毅同志：我昨天将黄昏时到此，曾去见你，但因机关森严，未许获进，故现写此条作为见面，如有什么工作需要我作，请你随时通知我。"

8月25日—27日　天一直下雨，出门都不方便，除了到剧团玩，几乎没有地方可去。阮章竞处在抗战胜利的兴奋与焦急等待的气闷中，又观察到一些干部在忙着整理战利品和忧虑今后的个人前途问题。对他来讲，除了早点投入大反攻，其他的都不重要。前方传来的消息，也让他深思。

按：据谱主回忆：

（8月）16日，太行军区道清支队向拒绝投降的日军发动攻击。日军千岛中队及伪保安团共1000余人被歼，残余日军龟缩到一碉堡，顽抗无望，最后集体自焚。

已是瓮中之鳖的沁阳日军，向东败逃到博爱时，为了报千岛中队全部被歼之仇，发泄败逃之耻，猛烈轰开博爱县城，进行了疯狂的烧杀后，在秋田摘折玉米，供在被歼日军坟前，然后仓皇东逃。

我进入博爱见此情景，顿时得出一个这样的结论：要日本帝国主义承认侵略战争失败，对侵略战争认罪，是永不可能的。[①]

8月28日　终于见到刘毅。接受任务，到陵川帮助民兵扩军工作。

8月29日　昨夜大雨，不能启程，把阮章竞闷坏了。拿起笔记，

---

① 阮章竞：《我为什么写〈霜天〉》，《中国艺术报》1998年1月2日第三版。

为剧团改写剧本《民族的光荣》，因念念参加反攻，写了一点点就停止了。

8 月 30 日　雨继续下，感觉一两天内天难放晴，干脆冒雨上路。路非常难走，走了三十余里路到了焦作市工作委员会。老朋友林明此时任焦作市市长。

9 月 1 日　到了陵川独立支队大队部，根据干部反映，了解到民兵的情绪十分恶劣，担心在最后一仗牺牲了。

9 月 2 日　日本天皇和政府代表，以及日本大本营代表在投降书上签字，正式向盟国投降。

9 月初　阮章竞随陵川高平民兵大队在焦作附近，执行围困东、西大井煤矿的任务。后续来到的正规部队，顺利攻进矿区。

9 月 8 日　对焦作的总攻开始。民兵大队的任务是包围两个碉堡，凌晨两点进入阵地。部队攻进城后，碉堡里的敌人投降了。阮章竞才发现自己戴的草帽被子弹打穿了。

9 月 13 日　修武县城解放。

攻下焦作后，阮章竞被留在焦作做工会工作，妻子赵迪之此时也调到焦作地委。地委派他去东西大井工作，给了他一把滑机走火的驳壳枪。敌情复杂，夜里特务打黑枪。阮章竞和战友关平，在工人中摸排线索，起获了满满一棺材崭新的枪支弹药。两人的装备大为改观。其间在区公所吃饭，本区区委书记屡次几番对阮章竞挑衅说："你们知识分子有什么了不起的？""没有我们贫下中农和工人阶级，你们知识分子能活吗？"一再受到冒犯，阮章竞愤而斥之。

按：据谱主回忆：

在焦作县城曾是英国、日本掠夺者住过的豪华洋房里，我对几个一起抗战 8 年的战友说：我要把我们所亲自经历的所见所闻，摘其心有深感的东西糅成小说，留给后代。诸友问为什么用小说时，我说小说容量大，而且宽广自由。诸友称是①。

① 阮章竞：《我为什么写〈霜天〉》，《中国艺术报》1998 年 1 月 2 日第三版。

10月17日　开始使用5# 棕色漆皮笔记本。记录焦作矿区工训班的讨论。

10月22日—24日　参加焦作市工作总结会。记录各区工作汇报和孙宝书做的工作总结。

10月26日　第三子阮凯鹰出生。

11月17日　焦作召开庆祝胜利与追悼殉国烈士大会。收集了群众反映。

11月21日　收集王封夜校群众参加17日大会的反映。

11月24日　参加焦作第四区干部会。在韩荣堂家开会、韩书发母亲诉苦。

【11月】**按：**本月工作笔记有西王封村调查记录。

1946年　32岁

1月4日　参加焦作市“时事问题和1946年工作”报告会。

按：谱主笔记记录了本日会上薛涛、刘毅的发言。

1月24日　参加焦作市十保工作会议。

2月初　在武陟县小董乡南王村参加群众运动，斗争地主。先统计该村阶级成分材料，接着开批斗会、成立农会。

按：本月在《乡间记事》中详细记录了南王庄的群众运动情况。萌发了以该村为素材写一部歌剧的冲动。

2月8日　了解当地恶霸欺压农民的具体情况。

2月8日—3月1日　了解郭清和翻身的故事。

按：谱主此期间笔记记录了武陟四区农民运动积极分子训练班上的发言。

3月1日　记录武陟县委张俊卿发动群众的经验。

3月初　记录了参加群众运动掌握的材料和经验。

按：相关笔记见《阮章竞文存·笔记卷·武陟群运》。

3月7日　参加焦作市群众工作会议，听陵川、温县工作汇报。讨论如何积极发动积极分子问题。

按：阮章竞此段时间的工作笔记还记录了焦作市各县群众运动的基本情况；收集到的民间语言；与郎二夫的谈话，了解到关于1938年各种政治势力在陵川县的消长情况。笔记记录有3月11日—12日刘毅、高宗智在地委会议上的发言。

春天　收缴伪军的枪械工作才告完毕。

4月—5月　在焦作从事群运工作。

按：谱主此间工作笔记记录博爱县、温县等地区；张磐石谈话、赖若愚关于邢台工作的发言；语言、小学教员的自白等。4月写纪念四八烈士的《让恨火，更猛烈的烧吧》，发表在《文艺杂志》1946年第4期17页。

5月9日　整理修武、武陟、沁阳几县的群运材料。

6月　第三次国内战争打响。彭涛率部南下。谱主也调回太行区文联。

本月在焦作，由谱主设计建造了“太行四分区烈士纪念塔”，为五棱锥形，每面顶端各塑一颗五角星。边区政府打电报请领导寄写题辞来。他们回电说请人代写几个字就行。于是谱主模仿笔迹，为刘伯承、杨秀峰、邓小平、李雪峰、秦基伟各撰写了题词如下：

四专区人民复活纪念碑——晋冀鲁豫边区政府主席杨秀峰题

四分区抗日烈士纪念碑——晋冀鲁豫军区司令员刘伯承题

冲破天险绝处逢生——晋冀鲁豫军区政治委员邓小平题

英雄事业群众作风——太行军区政治委员李雪峰题

烈士英名万古流芳——太行军区司令员秦基伟题

6月3日　当日笔记记录与高姓同志谈反顽斗争。

6月6日　当日笔记记录博爱县群运情况。

6月11日—30日　参加区县干部会议。11日温县代表、12日—13日陵川县段集锐、修武县杜希唐、博爱县李光发言；14日沁阳县陆宪文、15日焦作县张文岭发言；19日—25日大会讨论，28日—30日刘刚总结，陈锡联讲时事与对顽斗争，刘刚讲边沿区对顽斗争，黄新友发言。

7月7日　参加焦作李封的“七七”反内战参军运动，热情高涨。

7月8日　参加上白作村群众运动积极分子会议，其间进行大签名运动，每个人找到反对内战自己应做的事。

按：此月，阮章竞笔记记录了武乡蟠龙镇群众运动中的敌情与该镇各村干部和群众们参与斗争状况的材料。记录了一个老实农民的思想是如何被打通的。听了修武西万村一位女同胞的诉苦，并了解到解决土地问题运动中存在的假斗争情况。记录了敌占垣曲后的对顽斗争以及顽区的抗捐运动。记录了歌颂翻身的民间语录以及农民与地主对关于"土地是谁的"的争论语录。

7月15日 《人民日报》刊登晋冀鲁豫边区政府教育厅为颁发文教作品奖金所发的通告，设奖金五十万元。

8月12日 笔记记录博爱干部会关于中央土地政策的讨论。

8月21日 随秦基伟在修武钓台营做对顽斗争调查。记录崔成秀事迹、武陟小高民兵事件等。

按：据谱主回忆：

"由马歇尔为首的三人停战小组在后方活动频繁，我也曾参与其中的一些活动。我当时主要是协助由太行军区司令员调任军调处的秦基伟工作。"①

9月15日 写完歌剧《南王翻身谣》并谱了一部分曲。现存仅手稿，没有排演。

10月 国民党进攻焦作，阮妻赵迪之带他们的第三个孩子撤出了焦作。

12月2日—21日 参加在长治召开的太行第二届群英大会工作。画宣传画，在长治主街设计了英雄门，此街亦更名为英雄街。

12月6日起 记录群英会磁县柴天绥，井陉杜树奎、郝小三，陵川刘士成，武安张立秀，临城张□妮，博爱张福堂，涉县范四子、赵英明，黎城康胜德，内邱高德子，临城丁神保，黎城张乃勤，峰峰楼天朝，修武钓台营刘自强等民兵杀敌英雄事迹。

12月10日、15日 《人民日报》再次刊登文教作品评奖通告时，截稿日期推迟，奖金增加到八十万元。

---

① 阮章竞：《异乡岁月》，文化艺术出版社，2014年，第182页。

1947年　33岁

1月　到太行文联任戏剧部长。此月对太行边区戏剧剧本《李自成》（苗大古著）、《大顺兴达》（赵玉著）、《18天江山》（军政大学集体创作）、《甲申三百年祭》（榆社新生活剧团杨蓝田）、《甲申三百年祭》（董介人）、《三百年恨》（未注明作者）等作品进行审核、评价和批注。

2月7日　创作诗歌《送别》，其副标题是“记豫北某村参军小景”，表现“漫山遍野来送出征人”的根据地人民对共产党和毛主席的拥护之情和对国民党反动派的憎恶痛恨。诗歌语言通俗、平易、流畅。

按：后收入晋冀鲁豫边区文艺创作小丛书之十九《人民大翻身颂》，华北新华书店编辑，1947年7月出版发行。

2月7日前后　笔记记录总结了涉县春节文娱活动情况、群众情绪和存在问题，还记录了群众文娱活动汇总的社情，总结了全县剧团的分布以及费用支出情况，列出了剧团问题和工作计划提纲。

此月，阮章竞创作长诗《圈套》，副题是“俚歌故事”，共十章。这首诗的主旨是揭露地主阶级的阴谋，同时宣传男女婚姻自主的道理。诗歌音韵和谐，具有民歌民谣的特色。

按：此诗作于涉县温村清漳河畔。太行群众书店1947年9月版和新华书店1949年5月“中国人民文艺丛书”版中，此诗是不分行的。1950年华东画报发表了黎冰鸿绘画的连环画本。1957年作者编诗集时作了修订（即通俗文艺出版社《漳河水》1958年版）。《中国解放区文学书系》收入的是新华书店版。

3 月—6 月　写小说《太行山不倒（六章）》。目录为：楔子；盼望（三节）；大反攻（四节）；过年前后（四节）；闹翻身（五节）；黑枪阴谋（五节）；退却（六节）。用文艺杂志麻纸，共一百三十七页约七万字。

3 月 28 日　创作诗歌《盼喜报》，其副题是"一个士兵妻子给丈夫的信"，作于涉县温村清漳河畔。

按： 此诗通过妻子第一人称的心理活动，表现妻子对丈夫的思念，以及妻子因看见邻居黄海立功送喜报的光荣场面，而想到丈夫也能立功，自己光彩，同时也为解放立一份功。此诗作于漳河畔上。收入晋冀鲁豫边区文艺创作小丛书之十一《弹唱小王五》，华北新华书店编辑出版发行，1947 年 6 月初版，初印两千册。

8 月 20 日 《人民日报》刊登晋冀鲁豫边区政府教育厅第一次文教作品奖金通告。《圈套》获诗歌甲等奖，奖金八千元。阮章竞用这笔钱"买了一顶蚊帐"。

9 月　开始创作歌剧《赤叶河》。

按：《赤叶河》全剧共分四幕，每一幕又分数场，场面宏大。每一场为一个时段，故事紧凑。记叙了在三十年代初的太行山区，主人公王大富的儿子禾子和燕燕成亲后，日子虽过得艰难，但仍心存希望。地主巧立名目，肆意剥削，王家背上愈来愈重的债务。后来地主调戏燕燕，正好被禾子看见，禾子愤而出走，燕燕投河自杀。十多年后，该地解放，王大富清算了这笔血债。下半场有条副线，是在农村工作时常碰到的党群关系、干部作风问题。

10 月—12 月，晋冀鲁豫中央局在河北武安县冶陶镇召开边区土改工作会，贯彻全国土地会议精神。歌剧《赤叶河》在会上首次演出。音乐是阮章竞和高介云在武乡县盲艺人李海水的帮助下套曲填词而成。演出单位是武乡县剧团，该团没有女演员，以男扮女装代替。

按： 剧本于 1948 年 2 月由太行群众书店初版，1949 年 5 月收入"中国人民文艺丛书"；后经作者作了第三次修订，于 1950 年 9 月再版。1957年作者为了演出的需要，把剧本又作了一次较大的改动（曲谱部分也由作曲者作了修改），1959年11月，人民文学出版社再版时又作了修订。《赤叶河》问世之后影响巨大，《人民日报》1948年3月5日在第一版以《名剧〈赤叶河〉出版了！》为题，发了专栏：

剧本写的是贫雇群众过去怎样受封建地主的压迫，八路军来后，又受少数忘本干部的苛待，骂他们是“死落后”，所以一直没翻身；最后写的是如何发动贫雇翻了身。这个剧本与咱们目前实际情况很一致，大家看了对工作定有很大帮助。现已出版，数目不多，请大家赶快买吧！特别各个剧团应尽快购买。

1958年5月2日起中央实验歌剧院在天桥剧场演出。《人民日报》在1958年5月3日第8版舞台和银幕专栏，以《重演歌剧〈赤叶河〉》为题报道了这场演出：

曾和《白毛女》齐名的歌剧《赤叶河》，已经好几年没上演了。昨天起这轮的演出，情节略有修改，比以前更显得简练紧凑。牧羊人老宋出场时唱的：“赤叶河，赤叶河，赤叶河本是个荒山坡，从东到西二十里，黑个洞洞个大山壑。”那深沉苍凉的调子，把观众带入了解放前二十来年中的境况里去：苦难深重的中国农民在恶霸地主敲骨吸髓的重重盘剥下弄得家破人亡。当年，这个歌剧对土改曾起了鼓舞农民斗志的作用。今天，看了这个歌剧，观众重忆旧恨，未必不能对当前的大跃进添一把劲！

12月28日—29日　中央局宣传部在石家庄召开“歌剧《赤叶河》座谈会”，阮章竞参会并记录了与会者的发言。会上振声、崇智、绍曾、冀南木、豫鲁冀、海啸、史平、荒煤、中青等人对剧本和演出做出评价并提出建议[①]。

---

① 《阮章竞文存　笔记卷》。国图藏4#笔记003#图片。

1948 年　34 岁

2 月，中央发出《关于在老区、半老区进行土地改革工作与整党工作的指示》

2 月底　阮章竞参与太行区土改普查大会的组织筹备工作，随后在太行区党委组织的安阳土改工作团任团委，陶鲁笳为团长。

按：在安阳县东西积善村、西柏涧村参加土改期间，记有土改记事录[①]一册 5.7 万字、土改工作总结笔记[②] 1 万字，3 月—6 月《乡间记事续》[③] 8 万多字。在此前后阮章竞继续收集民间语言，有 1948 年 3 月—1951 年 11 月期间记录的民间语言笔记一册 44 页[④]，约 1.4 万字。

2 月 27 日早饭后出发，3 月 1 日晚到水冶，3 日早饭后到伦掌，4 日下午到西积善，5 日中午派饭。

3 月 5 日—6 月 8 日，在安阳县开展土改普查。

3 月 5 日　晚上召开贫户五人会，虽极力学习当地话，仍感到不会方言导致的障碍。

3 月 6 日　白天将四天来的工作进行研究，感到对当地情况的掌握尚欠缺。晚上和农会会员讲工作团来当地的任务，笔记 12# 有讲话提纲和为深入了解情况设计的调查表。

---

① 《阮章竞文存　笔记卷》。国图藏 12# 笔记。

② 同上。“给饲传票”笔记。

③ 同上。国图藏 43# 笔记 043—085# 图片，13# 笔记 001—019# 图片。

④ 同上。国图藏 11# 笔记。

3月7日—9日　召集搞农会工作的同志研究工作，前两天找了十几户农民谈话，了解前两年分果情况，干部有多吃多占现象。自己找贫户，别人生出厌烦之感，觉得应该培养群众骨干作为纽带。再次苦恼语言的不便。

3月10日　6日晚在农会讲话以后，群众思想有一些波动，以为会动到中农的浮财，反省自己意思未讲透。

3月11日　下午开团委会，把通过积极分子推进群众工作的思路提出来。晚上找四个矿工贫户开会了解情况。

3月12日　晚上召开积极贫户小型会，向参会者明确提出连通群众的任务及方法，以《告农民书》对群众进行阶级教育，并引导群众进行讨论。

3月13日—14日　工作团委员会开会听取各组汇报串通工作进展，研究西积善村情况，确定该村为第二类型村，抽补、民主整党结合。对干部党员采取治病救人方法。以村长为代表的还比较好；以公安员小虎子为代表的恶劣盲干蛮干，群众意见很大。

3月15日　过党日，反省自己工作不够深入，不敢大胆开展工作，不敢提出问题等不足。晚上开贫农会，效果欠佳，村里党员、干部思想压力很大。

3月16日　农会小组研究昨晚贫农会。认为是对群众思想认识不足，阮章竞认为群众还是对现实利益更有兴趣。会议推选农民黄黑为农会小组组长。张维翰对黄黑的支持给了阮章竞很大启发。

3月17日　晚上参加姜森领导的农会小组会议，感觉沉闷，打不开群众思想。推选小组长也很困难。群众反映了几件违反政策的案例，有报复思想。

3月18日　研究农会小组工作情况，黄黑这个组工作有进展。下午开调查会，调查1945年以来的斗争情况。晚上参加联合小组会，群众激烈争论如何让干部把多占和贪污的果实拿出来。

3月19日　早饭后研究工作情况。群众近日有消极逃会现象。村党支部会上，党员都战战兢兢，说自己成天去找人提意见。晚上去北头小组听汇报。

3月20日　写了贫雇农大会的发言提纲。听南头小组情况汇报未结束，西柏涧的人已经到了，来开团委会。晚上全村贫户开会，发动组织贫农团。收到妻子的信。

3月21日　早饭后和区长谈了一会儿，听了本村生产的情况。抽空给妻子写了信。

3月22日　参加北头活动，情形不十分满意，群众土改思想不成熟，干部没有把问题引向贫农团问题，而任其发展。参加南头小组活动，讨论热烈。有当日会议记录。

3月23日　到西柏涧去研究工作情况。晚上又到南头小组研究工作。

3月25日　过党日。检查工作立场、态度、做法等方面存在的问题。写了串通小组长联系会的发言提纲。

3月26日—27日　研究最近工作，群众关心哪些干部会停职，换谁顶替，选大组长都很难，不愿干。会上通过了十个人当大组长候选人。有这两日会议记录。

3月28日　上午，召开了小组长会议。开妇女会，反映妇女干部都是干部家属。有本日会议记录。

3月29日　东积善有个庙会，工作团随群众习惯，放了大假。有团委会会议记录。

3月30日　工作团委员会开一天会。晚上选举会，很多群众下窑不来，却来了很多作为“代表”的女人。忧虑工作开展不深入，思想发动不够。张维翰要调回去，很留恋他在工作上的启发帮助。

3月31日　下午，召开工作团干部会，讲了团委会的决定，与会人员发表工作意见，从中发现了大家许多错谬的思想。整理全村的调查统计到后半夜。

4月2日　上午，开会研究了各组的工作情况，决定在筹备会中，拉出划阶级，树立第一批可靠的贫户骨干，并明确提出斗争的内容：牲口、农具、粮食，清算账目，反多占、反贪污，向坏干部要出东西，反压迫，启发翻身要求。下午，与王喜、郭王保两人在田间谈话。晚上参加筹备会会议，汇报各组情况，并讨论了大家的翻身情况。有昨日会议记录。

4 月 4 日　下午筹备会开了会议，准备晚上如何争取第一批贫户加入贫农团。同日，给妻子寄了一封信。有昨日会议记录。

4 月 5 日　研究了最近工作，发现农民晚上开会不积极，各组之间以及组内发展不平衡。村民在会上控诉公安员小虎子。

4 月 6 日　到西柏涧开工作团委员会，研究了两个二类村迁来的工作，讨论了村里组织贫农团的事情。村民会上批评黑女。

4 月 7 日　和高一帆讲了村里的工作，叫他写报道。

4 月 8 日　白天召开会议，中午，团委会小组交换了最近工作中干部的思想情况，发现姜、谷、高等干部对工作很有意见，决定召开检查工作的民主会，检查团委会的领导，同时解决干部的思想问题。下午，贫户小组召开小组会。

4 月 9 日　召开了群众大会，讨论解决借贷米与生产（土地）的问题；下午开贫农会。

4 月 12 日　贫农团正式成立，选出九人为代表的委员会。有昨、今两日会议记录。

4 月 14 日　在全体农民会上讲解了关于中农的问题。同日，听闻报上广告说《赤叶河》原五千册已售完，现再版的已发行。有定成分的会议记录。

4 月 16 日　思考了最近的问题，发现杨待哺对团委会的基本方针有意见，包括组织贫农团问题。召开团委会会议，讨论贫农翻身、民主问题和干部思想等问题。

4 月 17 日　与贫农团委员会召开会议，决定晚上开小组会，以贫农团为骨干，团结中农，与中农共同成立农会小组，选派代表，实行民主整党，并简要讨论了生产问题。同日，在工作团开会，主要是讨论成立农会小组等做法以及划分阶级的问题。晚上，参加了路学修领导的小组，目的是想帮助和了解他如何领导。同日，给妻子寄了一封信，谈剧团的宣传工作问题。

4月18日　去找江元和郭黑孩，无果而还；下午，在家里研究阶级文件，谈了谈老安在地、县委各工作团交流情况。晚上参加了一会儿小组会。

4月19日　上午参加学习小组会，研究划分阶级的文件，与好几个人都反复商讨关于富农的具体计算问题；下午，研究支部近期工作，决定成立农会进行整党；晚上，召集贫农团委员开会，和委员们讲了关于团委会决定成立农会、选农会代表等一系列办法，再把贫委的任务给他们讲清楚，树立当家思想。给贫农团委员会写了工作提纲。

4月20日　研究了最近的工作情况，发现干部中存在消极处事的问题；召开工作会议，本想讨论今天的方针，征求干部意见，但没讨论好，消闲地结束，只是零碎地提出些纯技术的问题。上午，研究划分阶级的文件，解决了关于富农和富裕中农的界限计算的问题。晚间，召开全体农民大会，通过各组串通的中农参加农会，成立农会。在会议上作了发言，谈了农会的参加者，划清地富和农民的界限，新旧农会的区别，树立当家做主思想，农会的工作职责，参加农会的条件等问题，并决定成立农会后要办的三件大事：一、审查干部，二、划阶级，三、处理财产，平分土地。会议还通过了五个小组提的名单。有本日会议记录。晚上写了成立新农会的提纲。

4月21日　上午去找江元谈话，然后去学校找教导主任谈关于学生阶级宣传的事情。中午，参加王喜来领导的小组会议。下午，开始写报告。在黄昏开会前，找江元谈如何召开晚上的会议，再和贫委们商量。

4月22日　上午参加了学习会，学习会后，找江元谈话，讨论昨天通过农会时的几个问题：一个是关于中农对农会的性质和重要性还没有很好的认识，应该打开这个思想；另一个是谈农民加入农会的条件。下午，在家里写报告。到了傍晚时分，和张维翰商量晚上如何开会的问题。黄昏时召开小组长联系会，在会上发表讲话。有本日会议记录和发言提纲。

4 月 23 日　上午学习文件，把关于地主和富农的两章学习完，整理给区党委写的报告。午饭后，参加南头群众召开的小组会；晚上，召开全体农民大会。有本日会议记录。

4 月 24 日　召开工作团干部会，研究整党这一段的情况和做法，决定晚上召开两个会——贫农组长联系会和贫农小组会。黄昏时临时找江元、黑孩、喜来谈了谈晚上开会问题。晚上参加贫农组长联系会，强调要给群众撑腰，对待问题要实事求是，最后宣布整党的时间。有本日会议记录。

4 月 25 日　上午学习了中央局给太岳区党委的指示，晚上召开了贫委会。

4 月 26 日　公开在中农贫农的大会上整党，有会议记录。和贫委商量，吸收了五名中农。

4 月 27 日　继续参加中农贫农的整党大会，有会议记录。晚上开会时，代表工作团对付三子的态度作了批评，并声明要对黄黑和武连子的问题进行调查。

4 月 28 日　中农贫农的整党大会，王万国、成保、海玉、平安、牛三等人在会上做了反省，有会议记录。在晚间大会上作最后谈话，主张要继续弄清，实事求是地处理，继续给群众撑腰。散会时，参加了支部党员的谈话，安慰党员，使他们继续反省，积极参加贫农团农会，表现党员的作用。

4 月 29 日　开了一天工作团会议，研究近几天的工作，决定了几个政策的问题，包括支部问题、中农问题、打死人的问题等。黄昏，召开小组长（贫中）以上会议，解决了锄麦子地的问题，布置了明天和后天的工作任务。被分配和武、岳、孟整理被斗、中、贫、地、富的材料，决定明天开会研究。

4 月 30 日　恢复文件学习，准备以后划阶级。下午和老武等四人开会研究如何收集材料问题，要解决的问题有：中农被斗情况，损伤程度，斗出了什么东西，肉体消灭的多少，以便准备如何赔偿；贫户的被打击多少，受到什么损伤，或窟窿为多大；村里油水有多少（这问题很不容易搞）；各阶层逃往东边有多少，准备叫他们回来；地富怎样安置。晚上，与村土窑的工农主席讨论技窑工人要求增加工资的问题。

5 月 1 日　有会议记录。

5 月 2 日　决定叫王建国以工会的名义去处理技窑的事情。上午，联防工会主任到来，把窑上窑下的领班和写账聚集起来，大家把意见提一提，了解窑子的相关情况。下午和张维翰、老安研究了一下以后的工作。晚上开农民大会，结束初步整党。

5 月 3 日　下午和支部一起划分阶级。晚上在贫农团上动员划阶级，略谈了几个问题：一是希望麦收前能办完事情；二是肯定得首先满足贫户要求，同时赔偿被斗错的中农；三是决定未来的工作任务是划阶级，成立农代会，处理干部等。最后说了划阶级的方法，催人明天来听讲阶级划分工作布置。同日，写了一封信给妻子。

5 月 4 日　上午召集了各组和贫农团委员和高小的学生，讲了划阶级的事情。下午研究了村里的情况，主要是几个问题：一、处理干部问题；二、平分问题；三、时间问题。晚上，在大庙召开了全村村民大会，讲了阶级问题，准备明天晚间分片各组来划分。收到马印秋的来信，信中说区党委不同意剧团去外演戏的建议。

5 月 5 日　上午学习中央局对太行区党委关于纠左（“左”倾冒险主义）的指示。下午整理斗错中农的统计材料，有会议记录。晚上，进行划阶级工作。

5 月 6 日　上午整理材料统计工作，召开团委会，决定了几件事：一是关于整党工作的时间问题；二是关于农会、代表会问题；三是关于赔偿中农问题；四是关于支部问题。晚上，参加江元召集的主席团会，主要决定两个问题，一是从东跑回来的农户安置问题，一是一个农民要买驴，暂借了农会四万元。晚上，继续划阶级针对某小组有报复情绪，想把每个人都划成中农，坚决讲原则精神，克服这个偏向。有会议记录。

5 月 7 日　上午召开工作团的干部会，交换各组这两天来划阶级的情形；下午各组都去整理材料。晚间，继续划阶级。

5 月 8 日　一早起来就整理材料，让张维翰回赤岸开会时把材料带走。中午，和贫农团委员开会，布置成立农代会工作。晚上，在民兵处大院开会。

5 月 9 日　中午找喜来、虎成、焦景和来把小组划开；晚上召集大家一起讨论选举事宜。

按：本日中共中央发布《关于改变华北、中原解放区的组织、管辖境地及人选的决定》。

5 月 10 日　下午开会研究选举代表问题、农会和农代会组织形式问题、贫农委员会代表人数问题和赔偿中农问题。

5 月 11 日　和姜、邢二人整理了一天资料，下午开会研究收集材料的问题，主要是处理被斗中农，安置地主和贫户目前的困难。晚上开代表会。

5 月 12 日　上午，召开代表会议，讨论两个问题：第一个是对中农和地富的安置问题，解决当下饥饿问题；第二是讨论怎样进行第二次阶级划分。下午去东积善杨待哺家，看见张维翰在信中说区党委答应赔偿被斗错的中农的损失。晚上，开全体大会，举行第二次划阶级，一直进行到夜深。有当日会议记录。

5 月 13 日　上午，开工作团会，讨论工作问题，第一是关于赔偿被斗的中农问题，第二讨论了几个划不清的阶级问题。晚上召开大会，和代表会的主席团谈如何召开等问题。

5 月 14 日　上午，为了工作团同志能够思路明确一致，掌握具体材料来划分阶级，通知他们搜集材料；下午研究材料，把错划成地主的几户人家，改正过来。

5 月 15 日　召开大会，因意见分歧，贫农中被否定的人数太多，逐一审核通过。

5 月 16 日　下午找来工作团成员，研究了前两天的工作，决定今天晚上开贫农团委员和代表的联席会。晚上，召开联席会，主要是讨论关于赔偿中农问题和检讨这次划阶级。

5 月 17 日　上午召开贫农会，讨论赔偿中农的问题；下午召开贫农小组会；晚上由贫农团委员、小组长、代表会委员，和被斗错的中农开会，希望在这个会上能提出确定的问题的解决办法。

5 月 18 日　上午研究如何赔偿中农问题，记录了中农的反应。下午，和杨待哺、老安继续谈赔偿中农问题。

5 月 19 日　上午讨论赔偿中农问题，争论不休。午后，找杨待哺谈无息贷款的分配情形。晚上召开代表会，讨论如何赔偿中农及满足贫农（有牲口户）的要求。

5 月 20 日　为了昨晚在会上工作团同志的思想问题，一夜惶惑不安。上午，为了使代表们意见统一，去找人谈话，做思想工作。同日上午，为了贫户退牲口的问题，继续开会讨论。下午去看庙会，和武珍等四人买了一斤米解馋。

按：本日华北局举行了成立后的第一次会议。刘少奇兼任第一书记，薄一波、聂荣臻任第二、第三书记。

5 月 21 日　全天解决赔偿中农问题。上午召开了买牲口户和住了中农房子的贫农户开会研究。和在西傍佐工作的崔光华交换意见，有一个多钟头没参加会。下午召开全体农民大会，征求中农对赔偿的意见，从会议中发现了群众对党员的误解问题，强调会后的团结，生产发家。开会时代表领导，对斗错中农进行自我批评，承认错误。收到妻子赵迪之的信。

5 月 22 日　主席团开会讨论中农赔偿问题，内部成员对中农的赔偿颇有争议，委员与代表对连续的会议开展都不够积极，不负责任。晚上开代表大会，讨论通过主席团关于处理中农的具体意见。代表们来得太迟，开到深夜，还有好几件事未解决。主席团讨论的具体处理意见，基本全部通过，修正了一两户。收到马夫杨化仁送的行署发的二斤奶粉。收到印秋的信。寄出给妻子的信。

5 月 23 日　上午，工作团开会研究会后的一段整党工作，决定采用代表会的形式，并清算账目，接收资财等。晚上开全村大会动员，和主席团讨论遗留下的赔偿中农问题，研究如何给老百姓传达代表会意见的办法。感觉工作不好办了，已和群众的生产全相矛盾。把棉衣和给马印秋、陈凤翔的信让老郑带走。收到妻子寄来的小包裹。

5 月 24 日　小组讨论了整党等工作，认识到整党运动会使群众们脱离党，认为应该缩短整党时间。早饭后找老安谈遗留下的赔偿中农问题。和姜森等四人决定处理房子的和整党的分头进行。到东积善和待哺闲谈。下午开会研究怎样解决因赔偿中农而引起的贫农住房问题。找老安解释工作不能再这样慢的原因。和杨交换王羊保的骡子问题的意见。晚上支部和代表们开会，讨论如何整党以及整党的时间。坚持坚决干脆地停止工作。

5 月 25 日　白天开代表会整党，讨论得不好，但也把拖老彭的案件和打死人这两个问题弄明了。下午代表更少，但讨论较好些，谈了关于郭玉田女人被打死的问题，支部做了检讨，批评玉田的毒药和关于枪的问题。解决了个追三代问题。

按：谱主在笔记中写道：“《太行山不倒》从动笔到现在，已一年又两个月了，不写成总感不安。因此决定还是先回去，秋天再来吧。《赤叶河》也有很多未完成的手续，从初稿到再版，我都没找到个很好的时间来思考。还是回去吧。”①

5 月 26 日　团委会开会，老张解答了许多疑惑。黄昏开了贫农团委员和代表会委员的联合会。把中农的牲口问题解决了，准备明晚选

① 国图藏 13# 笔记 10# 图片。

农委会，后来选村政委员会。拒绝了维翰想叫他留在此间把工作做完的建议，决定先回去。

5 月 27 日　胃口不佳，想冲些机关送的奶粉喝，发现都过期了，一吃就泻肚。在笔记中发了阵牢骚。上午老张给大家传达区党委的结论，下午开预备会，准备明天总结工作。晚上开大会，动员如何选村政委员会和农会的委员会。汇报最近的工作情况，讲了把全部力量转入生产，遗留问题放在麦收后再解决的想法，提出选举这两个会，最后批评极端民主化的问题。

5 月 28 日　早餐因抗勤主任忘记派饭饿了一顿。总结会讨论了一天，有会议记录。检查了方针问题。晚上推选了村政委员会。讲述了赔偿中农后村里的新迹象。

5 月 29 日　检查区委的经验。总结会开得不很满意。提前至下午讨论遗留问题。提出应设法说服群众归还党员家具的意见，大家同意了。区党委来通知，工作团不叫做结束，留适当的人解决问题，以后由地县委领导。写了一封信给妻子，未寄出。自己总结认为有收获，群众有了生产劲头，普遍要买牲口、造肥，光棍汉都想找个对象，建立家业。补偿中农以后，解决了群众怕乱斗的障碍。工作团的作风，是得到群众欢迎的。

5 月 30 日　清早到村边走了一趟，看到夏天的丰收气象。为了弄清基本村解放前的阶级关系，用一整大的时间把各组的材料统计在一表上，结果因不会算术，无法把百分比打出来，深感不方便，想从这回去后把珠算学会。看了三十四年的土地户口册，资料十分不详细，且和今天调查的有很大出入，很难判断出准确的情况。午饭和晚饭都忘了吃。张维翰让阮章竞作本村的总结报告，他不敢接受。晚上进行选举农会委员会。收到妻子的信，即时用文言回了一封信给她，昨天写成的信没寄，只寄出今天的。

5 月 31 日　全区村干部到西柏涧参加整党结束大会，老刘作了整党的总结，从上午去，一直等到下午一时后才能开会，回来时天已将黑。

6月1日　到西柏涧开会，早饭后开工作团的各村总结汇报，宋冠英同志作总结。西积善工作结束。

6月2日　工作团全体在西积善，听取张维翰同志的报告。根据新的精神来检查西积善的工作，发现很多事情的问题所在。高一帆报告了东积善的情况，从中说明在杨待哺领导下的东积善工作，对群众是不负责任的。

6月3日　工作团全体讨论，弄清楚划阶级问题、整党问题、依靠贫雇农问题、补偿问题。晚上，召集全体农民，检讨了工作团在村里的方针的错误。谈了关于支部问题，郭玉亮和他老婆的问题，极端民主化的问题，退伍军人的事。强调本村生产的根本问题。

6月4日　继续讨论遗留问题。因为整理文件、西柏涧和杨待哺办事不力，误了整晚的时间，没参加支部会的告辞和检讨。因为第二天要早走，要把各种问题都交清，所以睡得很迟。

按：据谱主回忆，这次土改工作认为：

我们到了村子，发现村长、书记、农会、武委会负责人在当地工作很辛苦，要派民兵监视敌人，还要支援前线，负担很重。这个村子的干部基本上是雇工、煤矿工人、农民，都是文盲和半文盲，工作作风错误很多，打人骂人，多吃多占，但不是拦路的“红石头”。……我们按兵不动，没有使很多人受委屈，算是做对了。①

6月5日　早起准备动身回去。几个团员都来蹭牲口，太多行李，引起拉脚老乡抱怨。牲口负担过重，只好步行，途中自感体力不支。在彭城和其他人分手，取道邯郸到邢台去。头天住宿彭阳村。

6月6日　中午到达邯郸。下午因下雨，行程缩短，到了临洺关，遇到一个很不负责任的招待站负责人，后选择另找住处，感到招待站已成为人民负担和形式主义了。

---

①　阮章竞：《异乡岁月》，文化艺术出版社，2014年，第187—189页。

6月7日　整夜和大半天雨，不能走，下午出彩虹了。

6月8日　天明动身。途中见雨后风景优美。《乡间记事续》到本日结束。

8月　阮章竞任太行区党委文委委员。

按：此月工作笔记记录了关于《赤叶河》座谈会的发言记录。推测为太行边区文联举行的座谈会。于林、信维、吕剑等发言，指出作品的性格刻画、反映生活、紧贴党的政策等问题上的不足。

8月8日　阮章竞参加在石家庄举行的华北文艺界协会成立大会，华北文协由晋察冀边区与晋冀鲁豫边区文联合并产生。理事会推选萧三、李伯钊为正副主任；萧三、李伯钊、马彦祥、沙可夫、陈荒煤、丁里、欧阳山、周巍峙等九人为常务理事；周扬、沙可夫、丁玲、赵树理、成仿吾、陈荒煤、欧阳山、光未然、贺绿汀、马彦祥等二十一人为理事。理事会决定出版《华北文艺》月刊，由欧阳山、康濯负责编辑。

8月11日　参加华北文协小组讨论会。与会人员讨论问题包括：实际工作和创作之间的矛盾；创作与政策之间的冲突，怕写出的东西不能发表和出版；统一思想和艺术多样化如何协调问题；如何落实毛泽东文艺思想等问题。

8月12日—16日　继续参加文协座谈会。柯仲平、萧三、王林、光未然、艾青、贾克、周扬、陈地、舒强、张风、陈企霞、康濯、胡一川等人相继发言，有会议记录。

8月17日　华北文协座谈会由周扬作总结发言。周扬联系座谈会中作家体现的思想苦闷和动向，指出苦闷最根本的问题在于“文艺本身还不是真正为人民所需要，为战争所需要”。

8月18日　继续参加文协座谈会。薄一波到会作讲话。薄一波指出党对文艺工作者帮助关心不够，并向与会人员分析了当前战争形势。

8月19日　继续参加文协座谈会。周扬补充讲话。围绕“过去的成绩”“文艺工作者的苦闷”和“普及与提高”三方面谈了意见。艾思奇也作了发言。艾思奇联系《红楼梦》《西游记》《水浒传》《儿女英雄传》《封神榜》等作品阐述毛泽东“写斗争范围广的，影响就大”的论述。

9月 《赤叶河》修改二稿于石门，华北人民文工团作曲家梁寒光改编了音乐。华北人民文工团排演的《赤叶河》在石家庄连演七场。

10月24日 参加太行区文艺运动情况汇报会。会上太行区五分区、六分区和六地委等地同志汇报了情况。

12月14日 工作笔记记录了几则当地妇女受虐待的材料。阮章竞一贯重视妇女解放问题，这些素材也在某种程度上成为《漳河水》的写作素材。

冬 为太行区党委征文审稿。写了评论文章《关于群众文艺创作几个问题的商榷》，发表在《新华日报》（太行版）民国三十七年12月16日第4版；《人民日报》1949年1月10日第4版转载，题目改为《群众文艺创作上的几个问题》。

1949 年　35 岁

1 月 2 日　为新华书店版《赤叶河》写后记。

1 月 15 日　高介云写关于《赤叶河》音乐的《关于音乐创作的经过》。

1 月 23 日　提出太行区文工团合并的意见和计划。“在区党委一级中不需要两个剧团，同时分散力量，也无法领导，太行团也人力不够，人民团当时也是已走了歪路，迷失方向”。提出合并的原则以及编制等具体问题。

1 月 24 日　到涉县东戌村参加太行区妇女工作会议。会上，梁虹代表区妇委作了抗日战争以来妇女运动工作报告。

1 月下旬，华北人民文工团在清华园演出《赤叶河》。

【1 月】**按：**本月开始创作《漳河水》，前后写了一个多月。

2 月　北平国民大戏院上演《赤叶河》。

3 月 26 日　在卧虎坡（武安县豆庄）完成长诗《漳河水》的初稿。

按：《漳河水》是采用民歌形式写的一首叙事长诗，里面用了许多民间小曲，是妇女解放的颂歌，反映了太行山区妇女忍受封建陋习压迫的苦难，歌颂了在新形势下她们追求幸福生活的勇气。作品刻画了三个妇女形象：荷荷、苓苓、紫金英。荷荷勇敢、苓苓机智、寡妇紫金英则较懦弱。她们性格不同，但最终殊途同归，都走上了争取幸福的道路。1949 年 5 月《漳河水》发表在《太行文艺》第一期（创刊号）。该刊物于同年 7 月 1 日出版第三期后停刊。1993 年重庆出版社《中国解放区文学书系》收入的是《太行文艺》版。据谱主回忆："(1949年)从5月到12月，可以说是行踪无定，(《漳河水》)稿带在身边，修改过多少次记不住，差不多磨了将近一年，但我感到并未离开太行山。"修改稿由《人民文学》在1950年第二卷第二期重新发表，以后的再版都是《人民文学》稿。

5月新华书店出版发行《赤叶河》第二版。刊有作者的后记。

5月4日　参加中华全国第一次青年代表大会，毛泽东为大会题词，刘少奇、周恩来、朱德等都先后到会讲话或作报告。周恩来在大会上作了《全国青年团结起来在毛泽东的旗帜下前进》(后改名为《学习毛泽东》)的讲话。会上，廖承志作了中国青年基本任务的报告。大会的献礼演出选用了歌剧《赤叶河》，会议期间阮章竞还见到了中国现代剧创始人欧阳予倩、洪深。其间，李伯钊在北京人民剧院上演歌剧《赤叶河》。

6月下旬　和贺敬之等人在北京饭店小会议室受到周恩来接见。

按：贺敬之后来在回忆文章中写道：

在第一次文代会正式开始前，青年代表团正在做出国的准备，突然接到周扬同志的通知，要我和青年代表团里的诗人阮章竞等到北京饭店的一个小会议室去。到了后我才知道，因为要开第一次文代会了，周恩来同志准备接见几位解放区和国统区来的作家。①

7月2日　参加第一次文代会。

按：第一次文代会于1949年7月2日—19日召开，会议由郭沫若、茅盾、周扬等四十二人组成筹备委员会，正式代表及邀请代表共计八百二十四人，阮章竞作为文学界代表参加了此次大会，后来还被选为文代会候补理事。

7月5日　周扬在文代会上作关于解放区文艺运动的报告《新的人民的文艺》，其中多次提到阮章竞及其作品。

---

① 贺敬之：《忆第一次文代会》，《人民日报》海外版，2009年7月6日。

7月7日 《北平新民报日刊》第二版发表阮章竞《七月诗6首（另一首）》。诗歌为文代会期间作者应约赶写的急就章。

7月中旬 阮章竞作为中国民主青年代表团二十八位成员之一，赴匈牙利布达佩斯参加第二届世界青年联欢节。随团还有十四名工作人员、六十八人的文工团、九人的篮球队。

按：这次出访中央领导非常重视，原定由廖承志任团长，后由于新中国成立前夕统战工作繁忙，改由萧华任团长，陈家康任秘书长。出国前，毛泽东、朱德、周恩来等中央领导人接见了代表团领导和成员，并反复强调、特别嘱咐要完成宣传新中国的任务。

7月22日—8月9日 代表团乘火车经苏联、乌克兰到匈牙利。火车经过西伯利亚时，阮章竞应青年文工团团长周巍峙请求，创作《妇女自由歌》。此诗是专为随中国民主青年代表团出访的青年文工团演员郭兰英创作的。以作者和演唱者都熟悉的山西祁（县）太（太谷县）秧歌中的《苦伶仃》《割莜麦》《卖烧土》《大挑菜》四支民歌填词而成。郭兰英因此歌在世界青年联欢节上获得二等奖。

按：据谱主回忆：

1949年8月左右，中国民主青年代表团出访东欧，经苏联、乌克兰，到匈牙利。在匈牙利，《翻身道情》获一等奖。郭兰英本来是去唱歌的，但她只能唱山西梆子，我临时给她写了首山西民歌，名叫《妇女自由歌》，当时我正坐在去西伯利亚的火车上。没有想到她获了二等奖。回国后，郭兰英成了风云人物，红极一时。《妇女自由歌》纯粹是民歌调的歌曲……从诗歌艺术上谈，这首诗没有多少可取之处。[①]

这首歌灌成唱片，广泛流传。魏巍在《二次赴朝日记》中这样记录：

1952年11月9日 回来见副连长梁青山在听留声机。这些片子虽然已经在阵地上被磨得如此破旧，但这些演员们可爱的声音，仍为战士们服务……

① 阮章竞：《异乡岁月》，文化艺术出版社，2014年，第190页。

战士们对唱片中的《纺棉花》《妇女自由歌》以及其他都很感兴趣。战士不大喜欢悲的东西，但却喜爱缠绵的东西。[①]

8月14日—28日　在布达佩斯参加第二届世界青年联欢节。

8月27日　当晚，中国代表团在布达佩斯歌剧院组织晚会招待各国代表。

8月28日　联欢节结束，当晚在自由女神广场举行营火晚会。

9月2日—5日　代表团参加世界青年民主联盟第二次代表大会。

按：9月6日，代表团离开布达佩斯，当夜阮章竞在火车上作诗《致匈牙利》。

9月7日—10月3日　在莫斯科参观学习，曾到位于哥尔克村的列宁故居参观。

10月1日　在莫斯科听闻新中国成立消息，欣喜若狂。

按：据谱主回忆：

我在国外待了三个月左右，中华人民共和国宣布成立的消息我是从匈牙利电台听到的。激动自然是难免的。[②]

同团的克力更在回忆文章中具体描绘了这种激动：

10月1日快到了，大家知道新中国将要在这一天宣告成立，都十分振奋。但由于当时通讯不发达，我们还都不知道国旗、国歌是什么样的，大家七嘴八舌猜了半天。年轻人确实活泼调皮，在猜测国歌的时候，有人说："可能用《大刀进行曲》，多威风多带劲儿。"大家都笑了，随后便沉浸在认真、幸福的沉思中。后来，代表团的团员在驻地挂起很多红旗，以表达我们这些还在国外的孩子们对祖国的祝福之情。那一天，代表团的菜谱中增加了几道好菜，每个团员都喝了一点儿洋酒、啤酒，大家又是跳又是唱，激动的心情久久不能平静下来。[③]

---

① 魏巍：《谁是最可爱的人》，江苏凤凰文艺出版社，2018年6月，第224页。

② 阮章竞：《异乡岁月》，文化艺术出版社，2014年，第190页。此处的匈牙利电台应该是记忆出错，当时代表团已经到了苏联。但也不排除阮章竞在苏联收听匈牙利电台的可能性。

③ 克力更：《参加第二届世界青年联欢节的难忘经历》，《中国民族报》，2009年10月12日。

10月14日　代表团回到国内，沿途在哈尔滨、沈阳、鞍山、抚顺、长春等地逗留，介绍世界民主青年联盟第二次代表大会情况。

10月20日　随代表团返回北京。

11月3日　完成文章《访列宁故居》

按：此文后发表于《中国青年周刊》第26期。

【11月】**按：**此月谱主到华北局宣传部工作，先任文艺科长，1951年1月任文教处副处长，后任文艺处长。为何去华北局，阮章竞在回忆录中这样交代："周扬原让我去《人民日报》主持文艺版，但因组织关系在华北局，便由张磐石邀请，出任华北局文艺处长。当时我已35岁。"①

12月20日　创作诗歌《红旗儿》。

按：后发表在1950年8期《新中国妇女》。

【12月】**按：**本月谱主到太原与太行剧团老战友聚会，到剧场看了《赤叶河》演出；于北京完成《漳河水》修改稿。

---

① 阮章竞：《异乡岁月》，文化艺术出版社，2014年，第190页。

1950年　36岁

2月　在北京第三次改写《赤叶河》。

4月5日　为《赤叶河》人民文艺丛书1950年9月修订版（三稿）写了《关于赤叶河的三次重改写》。

5月23日　文教处研究内蒙古问题。内蒙古某业余剧团在演出时不尊重少数民族的宗教信仰，应受到批评。提出“关于要批评党员与农民要走富农道路，是否有问题？是否和允许单干、雇工有矛盾？”等问题。

按：阮章竞此阶段的工作笔记中提到当时内蒙古工作背景：

土地改革后，东蒙阿荣旗、突泉县福胜村、前后花付村等农村富中农、中农、农具、牲口数量都有所增加，贫农、雇农数量减少，经济得到了发展。有的党员换肩思想、强迫命令作风、麻痹思想比较严重，妇女党员婚后易消极。文化教育有所发展[①]。

6月　《漳河水》在《人民文学》第二卷第二期重新发表。

6月　与二十四位作家一起发文《抗议土耳其反动政府迫害人民诗人希克梅特》。签名作家有：力杨、卞之琳、王亚平、田间、艾青、李广田、阮章竞、沙鸥、何其芳、吕剑、林庚、俞平伯、袁水拍、苗培时、陈微明、徐迟、冯至、黄药眠、贺敬之、邹荻帆、张志民、端木蕻良、臧克家、萧三、严辰。

7月　发表短文《敌人不滚出去，就消灭它！》，《人民日报》1950

① 国图藏笔记17#之004#图片。

年7月23日第5版。

10月　电影《武训传》拍摄完成。

12月　文教处工作：在1951年5月1日前必须出一些计划帮助部门内的人；感到创作慢了，需要会批评和创作的人才。提到文艺政策与理论要与实际生活相适应。

12月13日　参加戏曲工作会议华北代表座谈会。察哈尔代表批评各地领导对戏改工作不注意，要求建立组织，重视这个工作。剧本《拳打镇关西》送省宣传部一个月未答复；河北代表认为会议偏重了大城市，对经省上同意带来的提案未答复，对工作无甚帮助；抱怨戏改干部为人看不起。

12月　本月创作《人民的呼声》组诗共十二首。分别是《和平的心愿》《我们的祖国》《我们的时代》《东方人民》《孩子们的呼声》《不能忍耐》《百年仇恨》《人民的声音》《战斗的友情》《复仇战歌》《前进前进再前进》《渡过鸭绿江去帮助打》。

按：组诗完整发表于1951年3月25日出刊的《华北人民》创刊号。当时华北局宣传部在中共中央发布了建立宣传网的决定后，为指导辖区内的中下级干部和群众，创办了通俗刊物《华北人民》杂志。组诗由金风配画。其中《渡过鸭绿江去帮助打》发表在《抗美援朝诗·歌·画》杂志第二期，人民出版社1950年12月20日出刊。

12月　新华书店《赤叶河》修订二版再版。

本年　写《山村小景》组诗四首：《早晨》《英雄垴上送人行》《小桥》《一铺滩滩的杨柳树》。

1951年 37岁

年初 任华北局文教处副处长。

1月 召集文教处内部会议。讨论华北局宣传部贯彻爱国主义思想的工作及1951年文艺科工作计划、回顾1950年下半年文艺工作情况。提出了文工团文化水平不高，思想紊乱问题；写了些创作指导通俗文章；工作笔记记录了山西文艺新闻、文艺颁奖大会情况。

1月3日 女儿阮援朝出生。

2月 写了华北局文教处1950年工作总结与1951年工作方针。

【2月】**按**：本月笔记总结了2月会议的缺点：时事政治理论强调不够；没有讨论在工矿、商业中进行宣传的问题；抗美援朝宣传工作仍不深入。成果：克服了把理论学习当政治待遇，把小组讨论变为请教员、顾问的问题；编写了党员课本；学文化的工农数量增加。制定今年工作的方针任务：继续开展抗美援朝运动；进行大量的训练工作，训练宣传员、教员等；开展农业丰产运动；解决城乡物资交流问题；镇压反革命；结合技术宣传工业，调查依靠工人阶级思想问题。

本月工作笔记记录了一个剧本的创作思路。记录了华北局1951年春节文艺活动、天津文艺活动开展情况、塘大剧团文艺活动开展情况、工厂文艺工作情况、青年文艺工作情况等内容。

2月4日 写作《谈文艺创作中的几种倾向》，发表在当日《人民日报》。

2月13日 本日笔记记录天津市委宣传部汇报工厂文艺活动情况。

2月21日　到天津调研。

2月22日　看劳军曲艺会等，了解基层文艺活动、创作和场所情况。到永利碱厂和久大精盐厂的剧团调研，参加天津市团委春节文艺活动等。

3月1日　听取察哈尔、河北春节文艺活动情况汇报。

3月6日　参加华北局宣传部部务会议。部长张磐石提出当年重要工作。本月制订了文艺处的年度工作计划：参加研究文艺刊物的调查；检查一次旧剧创作；每季检查一次文艺创作。本月参加了华北局工业工作会议，并有关于胡乔木、刘澜涛谈宣传工作问题的记录。

3月25日　《华北人民》杂志发表阮章竞《人民的呼声》组诗十二首。

4月上旬　计划接母亲到京，阮章竞携三子凯鹰经汉口、武昌、广州回家乡中山。在汉口停留一日与晋冀鲁豫南下的战友聚会。到石岐后，家乡政府热情接待，武装护卫。因母亲重迁，执意留在老家，祭奠父亲后回京。

4月11日　途经广州时，与文化界人士见面并合影留念。

4月20日　本日笔记记录新闻出版工作的报告，包括《河北农村》《山西农民报》《河北文艺》《山西文艺》的发行数量、阅读对象，从创刊到当时的变化，刊物内容的评价，通讯员情况，投稿数量，存在的问题，改进的意见和方案等。制订5月工作计划：做出山西教模，后半月到工厂、区察看文化学习情况。

4月29日　本日笔记有李哲人关于互助组的讨论，包括互助组的类型问题；目前互助运动中存在最重要的问题是发展不平衡、不普遍；巩固提高问题——发展互助组，发展丰产运动，由农业厅来管这些问题。

5月7日　参加第一次全国宣传工作会议，刘少奇作工作报告，阐述了国际国内形势和党的宣传工作的重要性。指出：对于群众宣传，对于党员的教育，思想的批判工作，都是党的工作，各级党委要领导这个工作。

按：第一次全国宣传工作会议于5月7日—23日在北京召开。

5月12日　撰写华北各地刊物思想动向研究报告。提及的刊物有:《河北农村》《教育杂志》《河北教育》；涉及农业、教育、抗美援朝、苏联、篇幅长短等方面问题。

5月14日　听陈伯达在宣传工作会议上作报告。笔记记录陈阐述当前学术动向：党员干部作的思想工作和毛主席的思想不相称。认为学术界最重要的问题是不学无术。要求各个部门要有学有术。而且要研究靠近自己时代的学术。指出学术界存在假马克思问题；要为毛主席的选集出版作思想准备，作宣传工作，宣传工作中主要是思想领导工作。

5月15日　周扬在宣传工作会议上作关于当前文艺思想的报告。强调党要注意文艺工作；要宣传毛主席的文艺报告和实践论。彭真作报告指出：政府的旧官僚主义要改变，司法需要独立于政府之外、要更加考虑农民的现实情况。

5月23日　听刘少奇作《党的宣传战线上的任务》的总结报告。笔记记录刘提出对党的宣传工作的估计、现在的宣传情况、宣传工作问题及建议、中心工作与宣传工作的关系、建立经常的宣传工作的机构、思想斗争问题等六个问题。

5月下旬，华北局宣传部开展学习贯彻第一次全国宣传工作会议精神的系列工作安排。

5月20日,《人民日报》发表毛泽东审定文章《应当重视电影〈武训传〉的讨论》。5月26日导演孙瑜写了检讨短文刊登在《人民日报》。

5月26日　参加华北局宣传部学习贯彻宣传工作会议精神的讨论。讨论内容包括：宣传原子弹、各地要配置好幻灯、农村剧团发展情况、出版工作情况等。

5月29日　参加华北局宣传工作会议，宣传部长张磐石作总结报告，总结了华北局进行思想工作取得的成绩，指出了缺点，提出改进意见。

按： 阮章竞作为华北局文艺处处长，此阶段工作笔记中对华北局文艺工作作了整理：文艺工作的直接对象是广大的工农群众，一切文艺活动要为其服务；发展通俗的文艺作品、文艺刊物；培养新作家；华北应建立人民出版社，以统一华北的出版工作；华北文联出版一个文艺刊物；制定各地文联的任务；各级党的宣传部门，应和文联建立经常制度以研究艺术思想的各种问题。并提出关于华北各地文艺工作的要求：如何加强领导，提高文学艺术工作思想水平；文联的工作任务；戏剧方面的，戏改要合作轮流训练演员，修改与创作唱本；文工团问题。

5月30日　参加华北局宣传工作会议。中央人民政府华北事务部部长、党组书记刘澜涛作报告，强调文艺工作的政治领导问题。把《武训传》问题，作为思想上的自由主义的例子提出来。

6月初　《向广大农村开展宣传工作的轻骑队——山西各县的文化宣传小组》发表在《人民日报》1951年6月5日第3版。

6月5日　河北省委宣传部报来《关于武训的材料》，有武训的言行、社会影响、临清县部分群众的反映和以武训命名的县镇、学校等。

6月6日　文艺处内部对武训问题进行了讨论，提出各种不同意见。

6月13日　总结处室工作的会上，有人认为武训赤手空拳办学很了不起，孙瑜主观上无意反动。

6月19日　作诗《光荣颂——纪念党的三十周年》，改于1953年6月。

按： 此诗发表在1951年第四卷第三期《人民文学》时，题名为《光荣归于伟大的毛泽东》。

6月20日　文艺处继续研究《武训传》和孙瑜问题。有人认为是统战问题。

6月28日　文艺处讨论河北省委宣传部报来对于本省武训纪念物的处理意见。阮章竞在笔记（18#）中写下的草稿，成为华北局宣传部向中宣部报告的基本框架。

按：关于武训纪念文物、学校处置办法[①]：

一、武训是不值得纪念的。因此，在原则上，我们认为纪念他的学校、文物应改换和拆除。我们同意河北办法。

二、办法：

但因过去反动派和其他人对武训的宣传，现在这个问题正在讨论，我们认为在时间上应稍迟一步。

在报章上讨论已成熟时，以武训命名的学校，在他们提出要求更名，应答应。可以指导他们，他们自己改组，变为私立或公助。如北京武训小学可用此办法。

河北、平原的武训出生办学地方，同意河北做法。但应事先在群众中进行教育宣传，由群众自觉地去除掉，以免造成不好印象。

武训林的石碑、小石柱拔除，免将来剥落又现出武训的名字。

不要掘墓。武训墓不必管，以免留下不好影响。

6月29日　参加全国文工团工作会议。会议代表座谈，提出中心应贯彻为政治服务的问题，具体为文化宣传小组的建立问题、创作问题、学习问题、加强领导。

按：1951年6月16日—29日文化部在北京召开全国文工团工作会议。参会代表二百余人。文化部长沈雁冰作关于文工团的方针、任务和分工的报告，老舍、田汉、李伯钊等人作业务学习专题发言，文化部副部长周扬作总结报告。

6月　应大众文艺创作研究会的邀请，开始构思一篇创作谈。后以《我怎样学习写作》为题，在《文汇报副页》1951年11月26日—

① 编者注：此处置办法是谱主为华北局宣传部给中共中央宣传部请示报告写的初稿。

28日第三版连载。

7月2日　华北局宣传部就武训纪念物处理意见，向中宣部提交请示报告。

按：7月7日，毛泽东在这份报告上批示："可予同意。但应着重教育解释，其余可以从容处理。"①

7月4日　撰写上半年的工作总结：宗教问题、工人文化教育和干部文化学习情况、小人书即将出版、党史学习计划等。

7月8日　参加支部小组学习，汇报并记录组员的学习感想、学习方法、总结的分享。

7月9日　在个人笔记中针对工作问题提出六个方法：发言前做好调查工作、总结经验、坚持真理，修正错误、做工作要有重点重心，戒骄戒躁，谨慎谦虚、实事求是，不偷，不吹，不装；反帝抗美保家卫国是长期斗争；经济建设、政权建设，贯彻组、宣会议精神，整党要制订计划。

7月16日　为"八一"纪念作准备，抓紧优军工作。

7月23日　工作笔记中总结下半年六项重点工作，要求抓主要问题，提出下半年工作方法。

7月24日　听取兴县专区②文化会汇报：概述该区文化情况，分述文艺脱离政治的倾向；半年回顾等。

8月　本月阮章竞工作主要围绕整党学习和华北文艺工作会议的筹备和召开来开展。

8月2日—10日　华北局开展整党整风学习，以支部为单位，每人对照党纲，自我检查。从3日到10日，阮章竞所在支部的成员分别发言，从自身历史经历、社会关系等出发，反思思想上与党性要求的距离。几个家庭成分比较复杂的干部多次发言和自我反思。

按：华北局此次整风，是按照中央统一部署进行的。1951—1954

① 袁晞：《〈武训传〉批判纪事》，长江文艺出版社，2000年，第174—175页。

② 编者注：兴县专区大约是现吕梁市范围。

年是中国共产党在成为执政党之后的又一个思想整风阶段。1951年2月,《中共中央政治局扩大会议决议要点》对“整党及建党”作出部署,强调要向各级干部讲明白,我们的党是伟大、光荣、正确的,这是主要方面,必须加以肯定,但是存在着问题,必须加以整理。根据中央精神,1951年3月28日至4月9日,第一次全国组织工作会议召开。刘少奇作报告和结论,会议重点讨论了整理党的原来组织和发展新党员问题,通过了《关于整顿党的基层组织的决议》和《关于发展新党员的决议》。1950年5月1日《中共中央关于在全党全军开展整风运动的指示》:此次要进行的全党全军的大规模整风运动,“要严格地整顿全党作风”,而“首先是整顿干部作风”。此后,各地开展整党建党工作。同年10月,中央作出《关于接收党员的规定》,指出接收新党员是党的经常性工作之一,各级党委对于接收新党员的工作,必须有计划、有准备、有领导地进行。整党工作从1951年下半年开始有步骤展开。

8月下旬 组织筹备华北文艺工作会议。阮章竞撰写新中国成立两年来华北文艺工作总结及华北文艺工作会议的会议策划案。21日会议正式召开,山西芦梦、天津阿英、河北远千里、内蒙古尹瘦石、平原刘衍洲、察哈尔东波、绥远王炜等代表作了发言和小组讨论。各地代表对当地文艺发展状况、文艺工作者中的文艺思想问题作分析、提问题、做计划。25日各位代表重点讨论了对成立华北文联的意见建议。会议最后由华北局宣传部长张磐石作总结发言,张磐石围绕文艺工作的思想问题和文艺工作者的作风问题进行论述,强调“政治是一切工作的根本”,“大众化也是一个政治问题”。

8月25日 参加华北文联成立大会。

9月3日 召集华北局文艺处处务会。会上提出“工作过于小心,如成立华北文联预算”,“工作被动,不能发挥思想能动性”等问题。传达了中宣部关于“整党教育”的文件精神。文件指出“整党教育”应重视培养骨干、典型试验,应解决好教材问题和宣传问题。

9月14日　召集文艺处处务会。讨论了后半年经费预算、剪报工作如何开展、处内工作分工及《河北文艺》副刊、曲艺剧团等问题。

9月下旬　参加华北局召开的第一次县长会议。23日，华北局第一书记薄一波作华北农业问题的专题报告：阐述了土改后农民的情况、在新情况下提出的新问题、组织互助组问题。并指出1952年的十项任务：抗美援友；土改；镇反；城市工作；整党建党；干部整风；救灾；农业生产；反对贪污浪费、厉行节约等。中央人民政府政务委员、重工业部部长李富春作工业生产中的节约问题的报告。

按：1951年10月3日《人民日报》发表消息《华北第一次县长会议闭幕》。

10月　制订华北局文艺整风学习计划。提出组织学习小组，每天集中学习两小时。本月至年底主要在华北局文艺战线推动文艺整风学习。并组织各地代表开会讨论1952年春季宣传文艺工作、为厉行节约执行合署办公等问题。

12月15日之后，华北局"全机关以'三反'为中心"开展工作。（笔记18#—153图片）

按：1951年11月30日，中共中央根据同年秋季全国工农业战线开展的爱国增产运动中揭发出的大量贪污、浪费现象和官僚主义问题，向全党指出：必须严重地注意干部的贪污行为，注意发现、揭发和惩处。12月1日，中共中央作出《关于实行精兵简政、增产节约、反对贪污、反对浪费和反对官僚主义的决定》，把反贪污、反浪费、反官僚主义作为贯彻精兵简政、增产节约这一中心任务的重大措施，要求普遍地检查贪污、浪费和官僚主义问题。12月8日，中共中央又发出《关于反贪污斗争必须大张旗鼓地去进行的指示》。此后，一个全国规模的"三反"运动普遍地开展起来。

按：本年，作诗《婚礼新曲》《甜麦酒》。

1952年　38岁

1月2日　笔记撰写对文艺处工作的自我反思：一、计划性不足；二、对下检查提问题不够尖锐。

1月7日　开会讨论华北局文艺战线如何开展思想整风工作。提出学好文件、不必每人都写报告，但有影响力的人物做检查写成文章、深入发扬批评等原则。本日作家萧也牧做检查发言。

1月10日　参加华北局文艺整风会议，赵枫川、古一舟、王玉堂等检查发言。

1月13日　参加北京市文艺整风汇报会。王亚平等作家做检查发言。

按：本日阮章竞在工作笔记中起草了华北局文艺整风报告提纲：

（一）情况。如何传达布置，现在开展得如何？

（二）问题。主要是什么？什么思想？什么人什么事？

（三）今后如何？

1月14日　参加华北局各省市文艺整风情况讨论会。来自中宣部文艺处文艺科的任桂林，平原省的白桦，天津的芦甸、方纪做了个人及各地情况汇报。

按：1月14日—20日前后，阮章竞在工作笔记中记录了一段工作反思：

（一）对处的使用，与领导上的研究不足。六月宣传会议，事先叫准备，但最后各搞，而又不能用。原因是未共同研究。

（二）民主作风与分工问题。部长、秘书长、办公室、处长的分工问题。现在是不放手，层层不放手，一脉相传，转来转去。如春节指示，应确定任务范围。如与各地处长写封信，从前是不许可的，现在则不必秘书长过目。

部长作风，已成了妨害政治积极性的大问题。为了我们的工作与生活更健康，应提到思想原则上去解决。部的领导，有群众观点，但是不够的。

（三）关于干部生活问题。对华北局的，应严格教育秘书及首长左右人员，不正派的作风应加纠正。如看戏、如汽车进胡同。

对公务人员的解决，生活是要解决的。群团办公室在生活上应注意，因是由党所成立起来的。

1月22日　此日阮章竞工作笔记中有一段记录，应为华北局主要领导会议讲话。主要反思华北局宣传部“三反”工作表现。“层层带头，晚了一点，但也是有成绩的。民主运动在机关是第一次，特别是对领导的批评，对大家都有教育意义”，强调“今后党内民主制度，要定期地召开一定的会议，严格小组生活”。今后工作：一、召集处长以上会议，归纳分析研究大家意见；二、对机关同志反映出来的问题，要进行处理；三、拟召开二次机关全体大会及党员大会；四、捉打老虎，“一千万元以上就算大老虎。26日（除夕）正午前说的均算自动坦白，从轻处理，都可减罪免罪；以后发现的，不算自动坦白”，“过年就出去一批人抓打老虎”，“请假回家不准，好好休息几天”；五、政治待遇需要划分；六、重视各地党委民主会议。

1月25日　临近春节，做了文艺处工作安排：“留二人在家，连白桦共三人，可以出一个人到各地视察。主要是了解情况，组织研究，不一定要全懂文艺。因为有了文联与政府文艺处。”

2月初　拟订了1952年华北局文艺工作重点。上半年：贯彻整风；组织作家下厂、下乡；总结1951年下半年创作计划的完成。下半年：要求各地订出一年创作计划。华北局文艺处根据去年创作提出一两个要求；进行普遍的创作运动；派一两个同志到各地了解文艺整风与下半年创作情况；关注妇女工作、思想、婚姻、参政情况；农村主要情况等。

按：1952年2月10日，河北省人民政府举行公审大会，随后河北省人民法院报请最高人民法院批准，公开处决了天津市前后两任地委书记刘青山、张子善。二人是“三反”运动中发现的党的领导干部严重贪污盗窃国家资财案件典型。天津也因此成为“三反”工作重地。

2月18日　接到上级通知被派到北京石景山发电厂参加“三反”运动，此日在办公室清理资料，并作了外出时文艺处工作的人事安排。

2月24日—3月9日　在石景山发电厂参加“三反”运动，深入到工人和家属中，调查内外勾结偷煤的情况，包括偷煤方法、数量以及工人家属宣传员揭发偷盗情况；美国在东北散布毒菌情况以及群众反映。也记录了韩伯勤、路增之等工人党员学习提高认识的情况。

3月10日　在石景山发电厂收到江青来信。

按：信如下：

阮章竞同志：

你九日的来信收到了。最近组织了廿几位作家到上海去参加“五反”，我以为你已去天津参加“三反”和“五反”，因此，当有的同志向我建议请你来参加时，我粗枝大叶地说你已经参加去了。现在请你见到这封信就回来一下，因为我们已请下彭真同志为去上海的同志们做一次报告，就是这一两天。你最好能来听一下。此外，我建议你马上去上海，四月去就迟了，而石景山的工作你回来还是可以再去的。

你如今晚或明晨回来，请找默涵同志谈一下。如果有需要我解决的问题，明天下午二时半至四时半可来北京医院一谈。

敬礼

江青

三月十日

3月12日　派人去天津看“三反”运动展览，准备带京津“三反”运动材料，以便去上海时进行汇报。准备给薄一波写信汇报工作，考虑“哪个角度，哪个材料最好”。

3月13日　启程往上海参加“五反”工作。

按：“五反”是1952年新中国成立初期，我国为了打击不法资本家为牟取暴利大肆进行严重腐蚀干部，破坏抗美援朝和国家的经济建设的活动，在全国工商业中开展的反行贿、反偷税漏税、反盗骗国家财产、反偷工减料和反盗窃经济情报的运动。

据杨奎松研究：

上海，因其特殊的经济金融中心地位，在1952年全国范围的“五反”运动中，受到了毛泽东和中共中央的高度重视。中央政府特派薄一波亲来上海坐镇指挥。在薄一波的主持下，上海的“五反”运动在前期群众性揭发检举和坦白交代的基础上，通过三个阶段有组织有计划的“战役”行动，将全市16万余工商户，从行贿、偷税漏税、盗窃国家资财、偷工减料和盗窃国家经济情报五个方面，灵活运用“面对面”的群众批斗形式和“背靠背”的资本家互助互评与自报公议形式，进行了全面的清查。上海市大中小工商业者在此运动中均受到了极大的冲击。[①]

关于派中央工作组到上海指挥“五反”工作的背景：

上海作为当时中国工业、商业和金融中心，其生产与税收对整个国家的经济影响极大。再加上上海是中国资产阶级的大本营，集中了当时中国最大数量的统战对象，“五反”运动的成败，对中共的统战效果也影响重大。仅仅依靠上海市委，包括华东局来指导这场以整个上海私营工商界为斗争对象的“五反”运动，毛泽东显然不能放心。为此，他不仅明确提出“上海迟一点发动‘五反’对整个经济有利”，而且专门派遣中央政府节约检查委员会主任委员薄一波亲自去上海负责指导和掌握这场运动。由此不难了解，上海的这场“五反”运动，

① 杨奎松：《1952年上海“五反”运动始末》，《社会科学》2006年第4期。

在很大程度上其实也是中共中央与中国最具实力的工商业资本家之间的一场直接的较量。[①]

3月18日　参加上海“五反”工作动员大会。薄一波作工作报告，陈毅讲话。同日，参加上海文艺界“五反”动员大会，薄一波、陈毅、潘汉年都讲了话。(笔记19#)

按：据谱主笔记记录，薄一波阐明了上海“五反”工作的背景和原则、策略和阶段性安排。范围既不扩大也不缩小，坚持宽大和严惩相结合。划分方法：“根据中央划成五类：守法户15%左右，基本守法户45%左右。界限：北京非法所得200万以下的就是，上海的是1000万元以下的仍为基本守法户。200万的免退，如1000万只退800万。通知书就是‘基本守法户’。以上两种占总户数60%。半守法户半违法户35%，既退又补，不罚。如能自动坦白，真诚悔过，多少立功，虽超过1000万，可以上升为基本守法户。严重违法户，和完全违法户，5%以下，退补，还加以处罚。并对严重的有刑事处分和死刑。”工作方法：“组织广泛的五反统战，利用矛盾，实行分化，团结多数，孤立少数”。“发动工人店员，特别要争取高级职员、会计等”；强调“充分发动群众与严密控制相结合”，“各区召开工人、高级职员、老板的各种会议，号召斗争”。时间安排：“3月20日至30日止，为第一个战役时间”。第一期战役以“150户严重和完全违法的工商户为对象，作典型示范”，“组织150个检查组，一组检查一个违法工商户”。

3月20日—30日　阮章竞按照布置参加检查组，进驻上海庄子记五金号，广泛发动伙计、店员、会计、推销员、货管员、跑街、文牍、杂工、拆货、老板亲戚等人员调查取证，摸清老板庄子屏、余文清夫妇行贿、偷税漏税、盗窃国资财、谩骂政府等事实。工作过程中采用了发动工人揭发、团结高级职员、举行集体交代等方式。

3月31日　参加第一阶段战役总结会。上海市委汇报“第一战役检查74户，前天为止，已经胜利完成59户，还有15户今天上午可

① 杨奎松:《1952年上海“五反”运动始末》,《社会科学》2006年第4期。

以结束”。薄一波作工作总结，指出第一阶段战役产生了上海的新经验：“五反”和成产兼顾，“三月份税收80%，这成绩很好。其他地方五反中税收20%。”宣传政策、发动工人诉苦运动、利用矛盾、团结分化等。同时定下第二阶段战役任务，第二阶段时间从4月1日—19日，“第二战役任务大，户多”，采用点面结合方式，“预备把前三类在十天内解决20000户以上，重点户是2000户”，发动重点户自报互评，以期“不战而胜”。

4月1日　进入“五反”第二阶段战役，到新业机器工厂和正泰橡胶厂工作。发动职工控诉正泰老板袁树森的压迫。参加正泰橡胶厂暂时解除袁树森管制会议。

4月2日—12日　阮章竞所在检查组，对新业机器工厂、正泰橡胶厂进行调查。继续发挥第一阶段战役经验，充分发动工会、群众、高级员工，清查资方李泰云、袁树森的违法行为。

4月13日　参加第二阶段战役总结会。薄一波指出：“第二战役是上海‘五反’带有决定性的战役，要求同志更好地做好，很好运用第一战役的十条经验。上海的党是英明的，同志们是勇敢的，完全达到了目的。第二阶段重点2100户，到12号1500户彻底打透，还有20户在13、14号解决。大概有20000户左右的中小户已得到解决，做出结论，有一部分发出通知书。”薄一波总结第二战役的成功经验是：“检查少数，俘虏多数，严阵以待，不战而胜”，“上海店员的40万封检举信，全国各地检举，橱窗宣传，资本家的子女、妻子等的反对，不和他讲话，资本家恐慌”；同时“充分运用起义资本家，曾号召100个人出来。这个经验是成功的，不是一百而是几百人。第三战役中要更多运用他们。这是新式武器”。薄一波同时进行第三阶段战役部署：“为了总结传达，休整一星期。19日看匈牙利文工团，20日开第三战役。”“彻底全部解决一万大户问题。彻底解决68400小户，在第二战役中已解决了20000户。如能做到，上海‘五反’基本上解决了。五月份第四战役是扫荡战。”

按：据阮章竞笔记："十个人左右的商店叫大户，四五十个人以上的叫大工厂。通通采取小组面对面，大会背靠背的斗争。必要时采取检查组的方法解决。"

4月14日—18日　阮章竞所在工作组继续对正泰橡胶厂的"五反"材料进行调查、整理。

4月21日　举行正泰橡胶厂"五反"材料展览。

4月24日　查清榆林五金厂行贿2703.2万；偷漏税2714万。

4月25日　到榆林五金厂。

4月25日—26日　清查上海精艺机器厂。

4月27日—29日　清查大达电机厂。查出资方盗窃23亿；偷漏4.7亿；行贿3900万；总数约28亿。

5月　继续按照统一部署进行"五反"清查工作。

5月17日—6月中旬　进入包福记钢铁建筑厂工作组。

按：包福记属于上海大户，据阮章竞笔记，"'五反'中包瑞麟承认了在三年中，盗窃国资产一百三十一亿元"。运动进入到这一阶段，主要进行材料整理、组织工人座谈、宣传共产主义思想、进行前途教育等工作。

5月20日　阮章竞所在包福记工作组举行关于对工人进行前途教育的讨论。

5月31日　组织九个工人座谈，谈新中国成立前后生活变化。

6月3日　组织工人座谈，宣传共产主义思想。

6月4日　参加第四阶段战役检查报告。上海市委书记陈丕显指出："第四期有很大的成绩，完成了工商户的检查工作，169000户，基本上告一段落。结束阶段的工作主要抓几个问题：（一）五类户的比例问题；（二）退赃补税工作；（三）严重与完全违法户法律处理问题；（四）漏户问题；（五）'三反'材料[①]的核对问题；（六）结束

① 陈丕显报告指出"上海资本家行贿有900多亿，盗窃情报2000多亿"，这属于"三反"工作内容，必须继续核对。

工作，从思想上组织上巩固职工群众工作。在私营厂中进行共产党与共产主义教育。今年要吸取几万、十万党员。”

6月5日—7月10日　参加进驻包福记工作组工作。

6月10日夜，作诗《把抗议书向比内政府递送》。

按：诗首节“‘杜克洛在危险中！’/北京的无线电波，在天空中震动。”写作的背景是：1952年美军驻远东司令李奇微被任命为北约组织美国武装力量司令抵达巴黎时，雅克·杜克洛（Jacques Duclos，1896—1975，法国共产党前总书记，法共创建人之一，1946—1952年任法国国民议会副议长）于5月28日组织了声势浩大的示威游行。当晚警察搜查了杜克洛的轿车，借口车内有两只死鸽（被指控为进行情报活动的信鸽）将他逮捕入狱，并搜查了法共党部及一些省委，引起各国共产党及进步人士的抗议。7月初法国议会以证据不足通过决议释放了他。

6月12日　撰写包福记钢铁建筑厂“五反”材料报告。

7月9日上午　听钟明作关于私营工厂民主改革辅课的指示传达报告：首先是解决“五反”中未解决的问题，其次是针对问题提出的方针和要求，最后是提出详细的运动步骤和进程。

7月底　“五反”工作结束，回到华北局文艺处。

【7月】**按：**本月作《工厂里来了位客人》（诗歌）。

8月12日　参加华北局宣传部组织的年画会议。张磐石讲话，指出文艺工作者继续思想改造的必要性。首先是自我检查，并深入实际问题，提出“画，不能主观主义，也不能客观主义，艺术家应该是个政治家”，把谈话上升到了政治思想问题。

8月中旬　在中宣部电影处参加江青召集的“五反剧本”讨论。副处长袁水拍也在座。江青提出：写“五反”应结合“三反”；要表现资本家工作人员好的一面，因为要团结并教育他们；表现群众在党的领导下斗争，但个别是坏的；表现资本家要表现多个方面，“他则易服气”。“如荣毅仁问题，两千八百亿，去掉两千亿”；“不要光写工业资产阶级，要写商业”；应“组织个创作组”，可不走弯路。

按：在此后阮章竞开始构思“五反”题材话剧《在时代的列车上》，希望写出资产阶级的两面性，使干部群众看出其丑恶本质，又要使资产阶级受到教育，不觉得是“赤裸裸地在刺激他”。作品如何产生“戏剧的高潮”，工人阶级在作品中的地位等问题让阮章竞颇费踌躇。

8月29日　参加华北行政委员会会议。张磐石传达刘澜涛对当前华北局八项中心工作的布置。强调克服困难，发展工业特别是重工业；要发动群众，加强群众的思想领导；要弄清政策，改善劳资关系等。

8月30日　参加中宣部关于劳动就业的宣传工作会议。9月、10月集中宣传，动员各种宣传力量；有计划有步骤地解决就业问题。薄一波发言谈如何写资产阶级的问题：要暴露他们的黑暗面，要写他们有进步的一面，写他们的动摇性，让大家普遍了解资产阶级的面目。

8月31日　整理记录了一些上海“五反”期间资本家的素材，以为写作之用。其中有薄一波谈如何写资产阶级问题。

9月3日　召集文艺处处务会议，张磐石及华北宣传口人士阿英、白桦参加。主要内容：一、半年处的工作汇报；二、下半年工作打算；三、丁玲在天津的讲演；四、“五反”剧本情况。

9月6日　参加新闻干部学习会。周扬在会上作讲话，重点指出文艺如何与群众结合问题和文艺遗产问题。

【9月】按：本月，作《胜利的三年，伟大的明天》（诗歌）。

10月22日　参加华北局宣传部部务会。

10月27日　参加华北文艺创作会议：河北张璞、钟玲、尼尼、李刚、韩文洲谈创作与实践生活的关系；不能取消作家的想象，但是想象必须来源于现实生活。端木、谷峪、鲁黎、尼尼、万力、李刚、燕军、张璞等作家发言谈创作过程中存在的问题。

按：10月27日—11月3日华北文艺创作会议召开。

11月3日　张磐石出席华北文艺创作会议并作总结发言。张磐石强调社会活动都有政治意义，政治就在实际之中，愈是典型愈有政治意义；创作中的主要问题是人的思想、情感习惯和语言，并对创作提出许多建议。张磐石还谈到文艺工作者要注意宣传反贪污浪费，反强迫命令，反剥削思想；暴露黑暗要掌握尺度，要着重反映成熟的整党经验。

11月上旬至12月下旬　阮章竞的工作主要围绕三个方面：一、处理文艺处业务工作，如华北文联领导机构、戏改如何展开等；二、参加各类学习，如听刘澜涛作关于朝鲜战争及国内外形势报告；三、构思《在时代的列车上》，在笔记上有很多素材片段。

12月20日　参加华北连环画会议。田辛甫、程曼、王昌华、佟波、金力吾等人谈连环画创作目前存在的不足、领导问题，提出未来的方法、下厂下乡的意义。

12月26日　参加中央宣传处长会议。会上传达了为生产服务、把抗美援朝教育作为生产宣传重点的精神。

按：12月阮章竞工作笔记记录了一点个人感受：目前工作是安心的，剧本任务压得重；领导与下属的关系如何处理；身体不好。

【1952年】**按**：本年，作《红色故乡土改歌（四首）》：《月亮儿爬上竹林来》《穷兄弟们站成队》《土地解放歌》《山野的新歌》。

1953 年 39 岁

1 月 12 日 参加中央直属机关总党委、中央宣传部主办的学习苏共十九大文件专题报告会，周恩来作《关于国际形势》的专题报告。

1 月 15 日之后，阮章竞写了“文艺处工作方法与安排”，明确分工到人和自己必要的工作时间，以期把自己从日常事务中解脱出来，集中精力写话剧：

甲、（一）审阅作品。各方面与下面的联系，要确定。

（二）日常的门市工作。

（三）业务学习。

乙、计划：

①各方面工作安排好之后，一月份召开一次文化局、文联、我们三方会谈：计划文艺团体的办法，分工关系，春节下去。

②上半年每组要写一篇工作总结或两篇文章（最少一篇），春节要有一篇。

共同性和大的问题，共同决定，指定人执笔。

③订出个人计划，包括下去，学习计划。

丙、会议：星期六上午处务会，两星期一次业务讨论研究会（学习）。

有较好或重要的文章或社论、或作品临时抽时讨论。召集人小丘。

我与处的工作：参加会议，传达问题，部务会如无重大关系，可以由代理者参加。我参加讨论研究性的会，我可以出题我作解答，还可请部长。

日常事务我不参加，但每天有情况可以五—六时告我，或晚上告我。

处的工作方法：一般性的少管，或可放弃。不要想面面堵口。

每年做好一两件有意义的东西。

会议、审阅、研究业务都在上午，下午处理门市工作。不是重要的来往谈话，都在下午。有关谁的谁谈。作家来往，代理者谈或庄谈。

订出管理事务的工作，办法，资料工作。每人要有工作日记。

丁、加强工作钻研精神，分工有责，要材料就问有关者要，一定要提出问题。①

1月19日—21日　参加华北局蒙绥分局宣传部召开的党的文艺工作会议。

1月19日　蒙绥分局宣传部负责人胡昭恒作报告，谈内蒙古文艺发展现状和问题；陈清漳发言，总结下乡经验；下午小组讨论关于内蒙古文艺剧团活动等问题。

1月20日　参加小组讨论，内容包括：党对创作如何指导、文艺方针如何跟内蒙古实际相结合、小型文艺队的任务是什么等。

1月21日　上午，参加小组讨论蒙绥地区文艺创作问题。下午小组讨论后，胡昭恒总结讲话。

1月27日　参加华北局宣传部部务会。宣传部副部长马适安总结了1952年主要开展的工作。从中可以看到阮章竞的主要工作内容：

1. 配合“三反”“五反”，进（行）了资产阶级划清界限的一系列工作。

2. 开展了党史和毛泽东思想的学习。

3. 从“三反”“五反”宣传工作转到生产建设，学习工业生产上的东西。强调农业上互助合作。

4. 加强报纸的战斗性思想性，后半年提出深入实际。

① 国图藏笔记20#，088—089#图片。

5. 进行了中等学校的思想改造、清理工作。

6. 进行了文艺整风，下厂下乡。

7. 开展了扫盲运动，2000000人。准备婚姻法的宣传。

马适安还对1953年的主要工作作了布置。宣传部部长张磐石作补充发言。

1月29日晚　听林默涵同志谈关于胡风的文艺思想。林默涵认为胡风“在国民党地区做了长期工作，政治上是进步的，文艺思想也有正确之处，但根本上是错误的。他的思想是错误的，是无产阶级思想和非无产阶级思想作斗争”，并从对现实主义的看法、对中国革命文艺的看法、对理论和生活的看法、对五四和民族遗产的看法四个方面批判了胡风的“非无产阶级思想”的“反马克思主义”思想。

按： 由于坚持“主观战斗性”等文艺思想，胡风在思想立场上跟共产党领导的左翼文艺阵营存在着不少分歧，二十世纪四十年代就有过不少论争。1952年5月25日，在延安文艺讲话十周年纪念不久，胡风的思想战友舒芜在《长江日报》上发表了文章《从头学习〈在延安文艺座谈会上的讲话〉》，对照《讲话》，反思自己1945年发表于重庆《希望》杂志上的文章《论主观》的“错误思想”。文章发表后，《人民日报》于6月8日转载，并加了按语表示“欢迎”，引起胡风及其思想战友的震动。

2月4日　参加宣传部部务会议。马适安讲话，对现有工作存在的问题和1953年的工作计划作了布置。着重强调五方面工作：时事政治宣传，抗援，民主建政、生产建设，理论教育、学校教育，文艺工作反映生产建设等。

2月6日　学习中央财政委员会文件。

2月14日是春节，因为集中时间写作，本年下半年的工作笔记没有记录。

11月30日夜　作诗《虹桥》。

年底　完成话剧《在时代的列车上》。

1954年　40岁

2月6日—10日　中共中央七届四中全会召开，会上，中央书记处书记刘少奇代表中央政治局作了《中共中央政治局向第七届第四次中央全会的报告》，揭露和批判了高岗、饶漱石的反党分裂活动。

4月　中央政治局扩大会议决定撤销各大局。

按：解放初期，全国划为东北、华北、华东、中南、西南、西北六个大行政区；各大区设立中共中央的代表机关中央局；除华北外，其他五个大区都设有大区行政机构。1952年8月以后，各大区的一些主要领导人上调到中央，有所谓“五马进京”之说。1954年，由于高饶事件的出现，中央随即撤销了各大区，令各省直接对中央负责。

由于中央局机构调整，没有上半年的工作记录。

7月23日　中共中央华北局批准的《包钢党委委员名单及党委机关人员的职务名单》中任命阮章竞为包钢党委委员，宣传部长，并明确他列席包钢党委常委会。

【7月】**按：**《在时代的列车上》发表在《剧本》月刊1954年7期。此剧由华北人民话剧团首演，导演郑天键，主要演员杜澎、梅熹、王春元、章欣、起元等。该剧引起了一定反响。1954年7月22日《北京日报》发表赵鼎新《祝贺〈在时代的列车上〉的公演》及郭一峰《试谈话剧〈在时代的列车上〉》。《新民晚报》1954年9月7日发表周文《“在时代的列车上”》；《文汇报》1954年9月11日发表张骏生《话剧〈在时代的列车上〉》；《大公报》1954年9月23日发表王亦放《话剧〈在时代的列车上〉》。该剧单行本由作家出版社1955年3月出

版。1956年中国青年艺术剧院将该剧改成五幕十场赴津演出。

9月　华北局正式撤销。阮章竞准备到包头钢铁公司任职，因包钢建设尚在厂址勘测阶段，故暂在中国作家协会为驻会作家。

本月作政治抒情诗《光辉灿烂的五年》，热情歌唱新中国成立五年来的成就。

按：中国作协秘书长张僖在《只言片语》一书中写到驻会作家的待遇：

作协的驻会作家在进行创作期间，包括游历、旅行、体验生活、搜集材料以至写作、修改作品等期间，如果生活上遇到困难，都有权利向文学基金管理委员会要求无息贷款或津贴。这种帮助一般可以持续到三年甚至三年以上，直到作家完成他的作品为止。……驻会作家开会学习的时候来，没有事情的时候就不来了。作家出差或者深入生活的一切费用，都由作家协会报销。

作家协会还有一项为作家提供聚会地点和服务的工作。因此，每个星期六晚饭以后，许多作家和艺术家就到东总布胡同22号院来。没有什么预先规定的题目，也没有什么具体的组织和引导，只是随便进行文学艺术交谈，讨论一下最近的新闻时事，而大多数时间则是游乐活动，演唱、文艺表演、打麻将、下棋、聊天等等。

当时的作家中，丁玲、茅盾、老舍、郭沫若、罗烽、白朗、舒群、李季、阮章竞、谢冰心、赵树理、张天翼、周立波；艺术家中，梅兰芳、程砚秋、洪深、田汉、侯宝林、李波、王昆；北大的教授游国恩、何其芳、吴组缃，北师大的教授钟敬文、吕叔湘；翻译家冯至、曹靖华、纳迅等等，都是这里的常客。大家都很愿意来，还经常无拘无束地开玩笑。[①]

驻会专业作家以创作成果作为工作指标，跟阮章竞之前一直从事的那种在行政事务工作之余搞创作大不相同，这是阮章竞梦寐以求

① 张僖：《只言片语》，北京十月文艺出版社，2002年，第37页。

的。可能也是他在这一行政工作的空窗期，欣然留在中国作协的主要原因。

10月1日　应邀参加在天安门举行共和国成立五周年庆祝典礼及当夜的国庆民众庆祝活动。归来，作诗《欢乐舞曲——观天安门国庆狂欢之夜》。

按： 10月1日在天安门举行了国庆阅兵仪式，国防部长彭德怀检阅了部队。阮章竞此诗反映了全国各族人民在国庆之夜载歌载舞，在困难中斗志弥坚的庆祝场景。《人民文学》10月号发表了阮章竞组诗《祖国的早晨》，还有他从1952年以来创作的六首诗：《光辉灿烂的五年》《欢乐舞曲——观天安门国庆狂欢之夜》《胜利的三年伟大的明天》《工厂里来了位客人》《光荣颂》《虹桥》。

10月28日　《人民日报》发表袁水拍《质问〈文艺报〉编者》文章；10月31日在中国文联主席团和中国作协主席团扩大会上冯雪峰做检查；12月8日两个主席团通过《关于〈文艺报〉的决议》。阮章竞与严文井、张僖三人被指定为检查工作小组成员，协助主席团具体研究与掌握全盘检查工作。

11月8日　开始撰写《太行山不倒》的提纲及作史实考证的案头工作。整理编录了《解放战争太行区大事纪要》之一、之二两册，各约两万三千字和四万字。

1954年11月至1955年4月半年间，阮章竞着手改写1947年已经动笔的长篇小说《太行山不倒》。完成了二十七章，计十七万字。

11月9日　写评论《我看了一个好戏——话剧〈万水千山〉》发表在当日《北京日报》。

12月28日　幼子阮幼鹰出生。

1955年 41岁

1月26日，中共中央以（55）018号文件批转了中宣部的报告。一场全国性的胡风文艺思想批判运动全面展开。

2月5日、7日，中国作家协会主席团召开了扩大会议，决定开展对胡风文艺思想的批判。各地许多作家、艺术家、理论家纷纷拿起笔投入批判，写了许多文章。《人民日报》等各个报刊先后发表了郭沫若、茅盾、夏衍等人的文章。[①]

3月 《在时代的列车上》由中国戏剧家协会编辑，作家出版社出版。

3月 任中国作协党总支书记。从驻会作家转做机关党务工作，是因为阮章竞有长期参加基层革命实践的资格和阅历，但也打乱了他的长篇小说创作计划。

按：阮章竞在1956年4月20日提交中国作协的《干部自传》中写道：

华北局结束准备到包头钢铁公司党委会工作。后因工作需要，与胡风反革命集团作斗争，留在作协任党总支书记（1955年3月—1956年3月）。现仍在作协作以下的工作：工作委员会委员、青年作家委员会主任，并参加党组工作。目前在结束肃反工作。

当时的背景是：1954年7月，胡风写出了《关于几年来文艺实践情况的报告》（即三十万言书），经国务院文教委员会转呈中央政治局

---

① 林默涵：《胡风事件的前前后后》，《新文学史料》1989年第3期。

毛泽东主席、刘少奇副主席和周恩来总理。信件引起了文艺界领导以至毛泽东的警觉。

4月　在全国文艺界大规模开展批判胡风文艺思想的同时，中央在全国各个领域展开了旨在肃清国民党留在大陆的军、警、宪、特等反革命分子的全国性的"肃清反革命分子的运动"，简称"肃反"。公安部成立了领导肃反运动的五人小组，组长是公安部部长罗瑞卿。在中国作协也成立了一个领导肃反的五人小组，组长是刘白羽，组员是严文井、阮章竞（总支书记）、张僖和康濯。

按：据张僖回忆，作协五人领导小组的分工是这样的：

刘白羽同志总抓。严文井负责所有从作协"出去"的"文字"——文井、文井，他这口井里都是文化！他在文字上抠得很细，遣词造句，字斟句酌。那时候，严文井许多事不愿出头，有时还给人胆小的感觉。阮章竞负责主持作协内部的各种批斗会（当然，大型的批判会还要由周扬和刘白羽同志来主持）。康濯负责《文艺报》、讲习所和作家支部。我负责抓日常工作。这些工作和我在行政上担任副秘书长的工作也就结合起来了。①

曾任作协文学讲习所副所长的作家公木谈及那个时代时说："冲击波往往来自中国作协党组，尤其是五人组。"②

4月　写完《太行山不会倒》第二稿共二十七章，十七万字。

4月中旬　舒芜交出四十年代与胡风的通信后，刘白羽到公安部去研究整理材料，邵荃麟在养病，中国作协的工作基本上就是由党总支负责。③

4月30日　完成儿童诗《金色的海螺》。

按：此诗发表在《人民文学》1955年11期。单行本有中国少年儿童出版社1956年陈旭插图、米谷插图等的多个版本；外文出版社

---

① 张僖：《只言片语》，北京十月文艺出版社，2002年，第63页。

② 公木：《丁力诗文选·序》，中国国际广播出版社，2001年。

③ 张僖：《只言片语》，北京十月文艺出版社，2002年，第64页。

1961年米谷插图版；外文出版社1986年侵权出版的多种外国文字姜渭渔插图版等。以《金色的海螺》为书名的儿童文学选集有花山文艺出版社《中国儿童文学名家精品文库》（阮章竞专辑）1998年版；湖北少年儿童出版社《百年百部中国儿童文学经典书系·诗歌卷》2007年版；湖北教育出版社《中国儿童文学经典100部》（诗歌卷）2010年版等。

本日作《胡风集团的家谱查出来了》（诗歌）。

按：载1955年6月19日《工人日报》。

5月中旬　发生田间跳后海自杀事件。五人小组分工阮章竞和严文井负责田间问题。总支商定：在胡风主办的刊物上发表过作品的同志，都不算问题。田间“跳海”，也不算问题。因此驻会作家都解脱出来。[①]

5月25日　参加中国文联主席团和中国作协主席团举行联席扩大会议，会议通过开除胡风会籍，撤销其中国作协理事、《人民文学》编委等职务的决定。

6月　在中国作协一次行政十二级以上的干部学习会上，时任作协文学讲习所副秘书长的康濯提出了作协“两个独立王国”的问题，矛头指向前文研所所长丁玲和《文艺报》副主编陈企霞。会后康濯写了材料，交给了刘白羽。这份材料，由刘白羽和阮章竞签名，送交中宣部部长陆定一，直接导致了《中共中央宣传部关于中国作家协会党组准备对丁玲等人的错误思想作风进行批判的报告》的出台。

按：1999年2月25日徐庆全采访张僖：

丁、陈集团的事情，主要是康濯的揭发。这个会议以后，康濯写了一份材料说丁、陈搞独立王国，并把材料送给了刘白羽。去年（指1998年——引者）刘白羽找我去回忆时，我说，我听说有这么个材料，但是当时你没有给我们看。当时，刘白羽看了材料后对阮章竞

① 张僖：《只言片语》，北京十月文艺出版社，2002年，第69页。

说：康濯有一个材料，要转给陆定一部长，你在上面签个名。也是去年，我与阮章竞回忆这件事时，老阮说，当时也没有看这材料是什么内容，当时刘白羽让签名，我就签名了。这个材料，就直接送给定一同志（记录）。[①]

张僖在《只言片语》中说：

按那个时期（肃反时期）的程序，刘白羽应该让肃反五人小组传阅讨论一下，然后上报，但他只让阮章竞签了名。1998年，我见到阮章竞同志，他告诉我刘白羽让他签名的时候，他并没有看材料的内容，就签了。阮章竞说："是有这么个事儿，但是没有给我看呀！他说，康濯写了个材料，你不用看了，签个名吧。我没看，我也不知道里面是什么内容。"[②]

阮章竞的女儿阮援朝记得："1999年10月间的一天，父亲对我聊过一些五十年代在中国作家协会工作时的情况。谈到康濯写的信，父亲说刘白羽叫他到办公室，只让他签字，没让他看信，他也没要求看。"

6月30日　写《政治嗅觉必须放灵些》，发表在《文艺报》第12期。

7月　作《"永远大吃一惊"》。

按：这是批判胡风的诗歌。收入《把奸细消灭干净　肃清胡风反革命集团讽刺诗选》，作家出版社1955年8月。此诗塑造了一个对胡风集团麻痹大意，反对斗争，主张一团和气，等到胡风集团被"揭露"时就"大吃一惊"的单位领导形象，意在批评这种麻痹的不斗争主义。

8月3日—9月6日　中国作协一共召开十六次党组扩大会议，批判"丁玲、陈企霞反党小集团"。五人小组分工阮章竞负责联系陈企霞。因冯雪峰揭发陈企霞存有手枪和子弹，公安部搜查了陈家。随

---

① 转引自徐庆全：《康濯何以揭发丁玲》，《炎黄春秋》，2009年第9期

② 张僖：《只言片语》，北京十月文艺出版社，2002年，第75页。

后陈企霞的问题仍在中国作协内部解决，陈被隔离反省。

9月　开始写作童话诗《牛仔王》。

按：1957年4月整理后发表在《作品》1957年6月号；单行本于1958年7月由中国少年儿童出版社出版；收入《木棉树下的童话》，广东人民出版社1980年11月版；1996年5月为花山文艺出版童话诗集时，重改写。

12月27日—30日　中宣部召开关于“丁、陈反党集团”的传达报告会。

本年　写童话诗《马猴祖先的故事》，时间不详。

按：发表于《人民文学》1956年4期。单行本有少年儿童出版社1962年严折西绘图的连环画。

1956 年　42 岁

2 月 27 日—3 月 6 日　中国作协举行第二次理事扩大会议。周扬在会上作《建设社会主义文学的任务》的报告。会议通过《中国作家协会 1956—1957 年工作纲要》，并决定成立书记处。

3 月　卸任中国作协党总支书记（由中宣部文艺处黎辛接任），仍担任党组成员、工作委员会委员、青年作家委员会主任。

4 月 20 日　撰写《干部自传》交中国作协。

5 月 11 日　中央批准对陈企霞解除隔离反省。

5 月 24 日　参加由李之琏主持的听取陈企霞申诉的会议。

5 月 26 日　陆定一在中南海怀仁堂作报告，题为《百花齐放，百家争鸣》。

按：1956 年—1957 年短暂的"百花时代"由此报告拉开。

5 月 31 日　陈企霞提交《陈述书》，阮章竞继续参与处理陈案。

6 月 28 日　列席中宣部部长办公会议。

按：黎辛在回忆文章中说：

5 月 31 日陈企霞交出的《陈述书》中，要求参加党的组织生活。6 月 28 日中宣部部长办公会讨论丁（玲）、陈（企霞）问题时，张磐石、张子意、张际春三位副部长提出，现在查清陈（企霞）、李（又然）不是反革命，要向他们赔礼道歉，立即开除党籍和给予处分不合适，应让他先参加党的组织生活，这与作协党组向中央的报告做法不同，但作协肃反领导列席会议的人表示同意。在部长办公会议以后，阮章竞起草报告，经中宣部转邓小平总书记，总书记批示“同意”。[①]

7月　中国作协党组改组，阮章竞、张僖离开党组。但二人都仍是肃反领导小组成员[②]。

10月　阮章竞向中宣部提出申请，落实原定去包钢工作的安排。

11月6日　作《寄松巴泰》。

按：此诗的写作背景：1956年10月23日至11月4日匈牙利发生由群众游行而引发的武装暴动。在苏联的两次军事干预下，事件被平息。

11月　经中宣部常务副部长张际春批准，阮章竞赴包钢，担任包钢党委宣传部长。

按：据包钢厂史办工作人员燕歌（张宗耀）回忆：

1982年，我调到包钢厂史办公室工作，开始接触大量建厂时期的档案，我这才知道原来阮章竞先生不但曾长期生活在包钢，甚至是包钢的奠基人之一！因为，早在1954年8月1日经中共中央华北局批准的包钢党委成员名单中就赫然有他的名字，任命他担任中共包钢党委宣传部部长。我这才恍然大悟，怪不得他对包钢如此熟悉！1956年初冬，包钢的筹建工作全面铺开，他卸掉了中共中央华北局宣传部文艺处处长和中国作家协会党总支书记的职务，从北京来到包头，全力以赴地投入到包钢建设前期的各项工作，协助当时包钢的主要领导人搞矿石原料试验、调集干部、招收员工、挑选出国实习人员、进行设计审查等一系列工作。

12月5日　作《塞上重逢》。为喜逢太行战友、包钢首任经理杨维而写。

【12月】**按：**本月作诗《新塞上行》。后阮章竞将1957年创作的包钢题材作品的组诗也统一题名“新塞上行”。

12月10日　本日使用红色“首都”笔记本（22#）开始记录包

---

① 黎辛：《我也说说不该发生的故事·七》，《新文学史料》1995年第1期。

② 张僖：《只言片语》，北京十月文艺出版社，2002年，第80页。

钢工作。到 1957 年 12 月 7 日，共三万四千字。其中有 1957 年中宣部创作规划会（22#023—043 图）、中国作协党组扩大会（22#060—069 图）、丁玲陈企霞定性会（22#073—084 图）的记录。

12 月 14 日晚　听包钢的杨维谈包钢三年来选择厂址的过程。

12 月 25 日　采访白云鄂博矿区卫生所医生李治。李治 1954 年医学院毕业，响应国家号召到边地，参加正在筹建的包钢工作。阮章竞以此为素材，撰写了人物特写《矿山医生》。

12 月 28 日　参加冶金工业部副部长夏云到包钢视察的座谈会，了解了包钢筹建的过程及目前存在的困难。

1957年　43岁

1月　作《早晨的礼炮》《雪海中的宝岛》《登白云鄂博》《富丽的宝山》《富丽泉之歌》《百灵》等诗。

按：以上六首诗的写作日期并未标注到日，本月他共写了九首诗，十分高产。茅盾眉批本点评《早晨的礼炮》"好诗"。《富丽泉之歌》发表于《人民文学》1957年第2期；《富丽的宝山》发表于《人民文学》1957年第3期。1958年2月，阮章竞为《百灵》一诗追写了一篇序，如下：

1957年1月，在白云鄂博看见矿工们喂着一种草绿色的鸟儿——百灵。在我的想象中，百灵是一种能歌善唱的鸣禽。但很奇怪，我所见的都是哑巴鸟儿。一位老矿工对我说："百灵没有自己的歌声，只能学别的鸟儿叫。"他发现我不相信，就给我讲了他认识百灵的故事。

老矿工讲的故事，使我想起文艺界里的一种人来。这种人，在革命风暴时期，随着人民的浪音，曾高声伴唱过，似乎也很迷人动听；但每逢要过一座关隘时，他们总是唱出把关人的声音。这是常见不鲜的事情。1956年10月，国际工人运动遇到了几级风浪，这些人随着资产阶级的反共叫嚣，也大声疾呼起来，要修改、取消马克思列宁主义的文学原则，赞美腐朽的资产阶级思想立场。当时听了老矿工的故事，很有感触，曾把他讲的写成这首诗。

1月5日夜　作诗《冬天里的春天》。

按：此诗最后一节"宝宝睡吧，睡得又香又甜。/人人都说这里很寒冷，/妈妈说这里没有冬天，/因为我的花朵呀，来到草原。"茅盾批注“也好，因为新鲜”。

1月12日晚　听包钢计划处处长谈徐总工程师受苏联专家影响，深入基层的事迹。

1月15日夜　作《风雪夜里的狼嚎》，描写内蒙古恶劣自然环境中青年工人的战斗豪情。

1月30日　作诗《风砂》。

按：此诗描写包钢艰苦的工作环境。茅盾眉批“还可以精练些”。当年的包钢宣传部干事李汀回忆说：“阮章竞来包钢挂职深入生活，担任包钢党委宣传部部长，是我的直接领导。他很少在办公室，多半在深入工地，走进车间，熟悉工厂，熟悉工人。偶尔相邀，我们一同到周边地区走走。一次我们去看昆都仑召，返回的路上突遭风沙袭击。沙粒打在脸上麻酥酥地痛，不得已，我们躲在一块残垣断壁的短墙下躲风沙。没过几天，他就写了一首诗《风砂》。”

1月31日　本日为旧历除夕。

2月　春节假期，于北京第四次改写《赤叶河》。

【2月】**按：**此月由中央实验歌剧院排演。此版本于1959年11月由人民文学出版社出版。

2月20日　作诗《我的同代人》。

按：这是此阶段阮诗中较长的一首，共十四节八十四行。

此月　作诗《青春之歌》《要选择的是什么？》《序歌》《鹿的地方》《黄河春汛》《蓝天碧野上的乐章》《黄河渡口》等。

按：后五首以《新塞上行·组诗5首》为题，发表在《收获》1958年第1期。茅盾对《序歌》有“豪放”“好”的批注。批注《鹿的地方》“第一章有词的味儿”，最后一节“用字，炼句，兀突不群，色彩鲜艳”；批注《黄河春汛》“此诗有气魄，想象瑰丽”；《黄河渡口》“用字新鲜”“好诗！自铸新词”。

3月　先后回北京参加全国宣传工作会议和中宣部主办的创作规划会议。会后即回包钢。

按： 全国宣传工作会议于3月6日—13日举行。参加会议的有中共中央和省、市、自治区党委的宣传文教等部门的负责人二百八十多人，并吸收了科学、教育、文艺、新闻、出版、卫生、体育等部门的中共党员负责干部以及上述七部门的非党人士参加。会议的主要内容是学习和讨论同年2月27日毛泽东在最高国务院会议第十一次（扩大）会议上所作《关于正确处理人民内部矛盾的问题》的讲话。

3月8日　与一同参加全国宣传工作会议的诗人郭小川在会后于大同饭馆用晚餐。

3月12日　毛泽东作《在中国共产党全国宣传工作会议上的讲话》，重点讲了知识分子问题、整党整风问题和加强思想政治工作问题。

3月13日　康生、陆定一分别在会议上作总结发言。

3月15日　参加中国作协创作规划会议，周扬讲话。

按： 会后阮章竟写了自己的“写作五年规划”。如下：

（一）1957，完成《太行山不倒》的第一、二部

（二）五年中，准备写一部长诗

主题是：大革命前后的农村破产，帝国主义、地主、军阀、官僚的紊乱统治与压迫下，以及大革命所给予人民的希望。党领导下的农会和工会活动，教育了劳动人民，树立起推翻反动制度，打倒帝国主义的理想。写一个渔民家庭的子弟的命运。他如何从学徒、工人、失业、流浪，找到了革命真理，参加了革命活动，抗日战争到解放战争所经历的每个革命时期，以及胜利后的情形。

（三）写一部关于经济建设的诗集子。准备在这些诗中，写如何克服困难，在难以想象的条件下，最后改善了人民的生活，奠定了祖国工业化的强大基础。

5月　作诗《昆都仑河桥》《招魂》《乌拉山麓下》。

按：《招魂》发表于《诗刊》1957年第8期。

5月15日　毛泽东撰文《事情正在起变化》，6月12日在党内一

定范围印发。

按：文中，毛泽东指出："几个月以来，人们都在批判教条主义，却放过了修正主义"，"现在应当开始注意批评修正主义"。此后，反右派斗争展开。

5月27日　笔记写下了包钢当前遇到的民族矛盾和矿山占地对牧民的经济补偿问题，及整风工作组织落实的具体方法。

按：此处提到的"整风"的背景：1957年4月27日，中共中央发布了《关于整风运动的指示》指出："几年以来，在我们党内，脱离群众和脱离实际的官僚主义、宗派主义和主观主义，有了新的滋长。因此，中央认为有必要按照'从团结的愿望出发，经过批评和自我批评，在新的基础上达到新的团结'的方针，在全党重新进行一次普遍的、深入的反官僚主义、反宗派主义、反主观主义的整风运动"；"这次整风运动，应该是一次既严肃认真又和风细雨的思想教育运动，应该是一个恰如其分的批评和自我批评的运动。开会应该只限于人数不多的座谈会和小组会，应该多采用同志间谈心的方式，即个别地交谈，而不要开批评大会，或者斗争大会。不论在座谈会、小组会上，进行批评的时候，或者个别交谈的时候，都应该放手鼓励批评，坚决实行'知无不言，言无不尽；言者无罪，闻者足戒；有则改之，无则加勉'的原则"；"这次整风运动，应该首先从县级以上、军队团级以上的党的组织以及大的厂矿和大专学校的党的组织开始，并且应该首先从检查领导干部的思想作风开始"。

5月30日　与包钢水文分队工程师易泰恒谈话，主要谈到黄河水源地的工作概况和肃反在技术人员中的遗留问题，如何调动技术人员积极性等。有现场笔记。

【5月】**按：**本月《诗刊》发表阮诗《风砂》三章，即《风砂》《冬天里的春天》《风雪夜里的狼嚎》。

6月　作诗《大街的早晨》。

按：1958年收入《虹霓集》时，作者将《乌拉山麓下》《大街的早晨》《昆都仑河桥》三首编为一组，副题为“钢铁大街之一、之二、之三”。

夏　作《千古初开向日葵》。

按：此诗五节，每节四行，大部分每行七言，风格类似古风。茅盾旁批此诗“浑厚雄壮”。

6月6日　中国作协召开党组扩大会。第一到第三次会议讨论为丁玲陈企霞平反问题。

按：从7月25日党组扩大会第四次会议开始，对丁玲、陈企霞、冯雪峰“反党集团”转为再揭发和批判。至9月16日召开总结大会，系列批判才告一段落。

7月5日　写完通俗文艺版《漳河水后记》。

7月8日　主持召开包钢整风座谈会，邀请大专学生及专业技术人员发言，揭露干部和工人中的积弊。

按：此次整风座谈会，是包钢落实中共中央4月27日《关于整风运动的指示》的行动。根据阮章竞的会议笔记，是包钢各级干部和工人、技术人员之间的互动交流，提出问题和解决问题的过程。

7月14日　回北京参加中国作协党组扩大会议。会议笔记中有康濯、丁玲、冰心的发言。①

按：1957年中国作协党组扩大会议是中国文坛的一件大事。“6月6日，中国作协召开党组扩大会第一次会议。从本月起至9月，连续举行多次会议，批判丁玲、陈企霞等。”（白烨《中国当代文学大事记：1957年》）会议次数多达二十五次。

8月8日　在作协党组扩大会议上发言。分别对他在作协期间肃反五人小组成员提出批评：“刘白羽对五人小组负责的，但具体的问题少，亲自动手的东西少。但肃反，上面下面叫得很厉害。文井不管事，康濯是看形势。张僖无主见。工作困难，表现在大家不好好工

① 国图藏笔记22#，060—069#图片。

作，票定不下来。”并检讨了自己的错误方面。

8月15日　作长诗《向右公列传》。本日是作协党组扩大会议的休会日。

按：这是当时反右派背景下的一首政治批判诗，没有指向个体，而是批判作为群体的“向右公”；和1955年批判胡风时写《“永远大吃一惊”》的策略相似。此诗发表于《人民文学》1957年第10期。

8月23、24、28日　和李季、郭小川一起，在郭小川办公室准备关于艾青的批判发言。

9月15日　作政治抒情长诗《时代需要多少歌手》。从9月5日到本日，作协党组扩大会议休会。

按：此诗发表于《诗刊》1957年第10期。此月另作讽刺诗《“宇宙歌王”》，讽刺自由主义“右派分子”。

9月16日　在首都剧院参加中国作协党组扩大会议的总结大会，党组书记邵荃麟作总结发言，陆定一、周扬到会讲话。中国作协党组扩大会结束。

9月21日—10月4日　乘火车去西安探亲。妻子赵迪之时任西安仪表厂厂长兼党委书记。

10月4日　乘火车回京。

10月11日　乘车到包头。

10月21日　参加包钢冶金建筑公司家属代表会。应该八点开，九点还在讨论主席团人选。“家属会议是个别开生面的会议，家属们都带着孩子，有的一人带好几个。台上作报告，台下是小孩声，真是群众性的会。”（笔记22#070图）

10月下旬—11月上旬　回京。一是听中共八届三中全会精神传达；二是作了收集包钢建厂资料计划；三是听对丁玲、陈企霞、冯雪峰问题的结论。均有会议记录。（笔记22#，073—084#图片）

11月　作诗《寄莫斯科》《坐在一本书上的“女王”》二首。

按：《坐在一本书上的“女王”》是批判丁玲的诗歌，作者在诗后标注“重写”。

11月10日　再次听杨维谈开辟情况。

11月中旬　到白云矿区了解矿山的鸣放、整改情况。

11月27日　完成报告文学《矿山医生》。

按：发表于《人民文学》1958年第2期。

12月　作长诗《草原的风雪》。素材来自对矿山垦荒队韩德文的采访。

按：这是一首长诗，共分《神住的地方》《勇士们的队伍》《草原的风雪》《迷路的人都回来了》《勇士不会流泪》《胜利属于勇士》六部分，长达二百多行。从内蒙古的历史传说写到五十年代的工业建设。

12月6日　笔记记录了高泽民谈包头市文艺新闻界情况。从本日起，使用绿色“青年”笔记本（23#）。至1958年10月6日，共三万八千字。其中有1957年7月中宣部批判李之琏、黎辛等人的一段记录（23#046—047图）。

12月17日　完成散文《张开翅膀的草原》。

按：发表于《诗刊》1958年第2期。

12月　本月采访铁路运输部党委副书记裴森（笔记29#），以此为材料创作报告文学《他们只有一把铁钳》。

按：发表于《人民日报》1958年1月8日第3版。

12月26日　作长诗《钢铁的誓词》。

按：作者为诗写了一个小序：

刘少奇同志在中国工会第八次全国代表大会上代表党中央号召：“在十五年后，苏联的工农业在重要的产品方面可能赶上或者超过美国，我们应该争取在同一时期，在钢铁和其他重要工业产品的产量方面赶上或者超过英国，那样，社会主义世界就将把帝国主义国家远远地抛在后面。”

1958 年　44 岁

1 月　包钢按照中央整风指示，开始组织各种形式的座谈会、小组会，进行“鸣放”，开展批评和自我批评。这项工作成为宣传部上半年的重点工作。

1 月 5 日　主持召开包钢先进小组座谈会。

1 月 20 日　将收集到的基层职工意见反映给行政处。如经理和副书记“上班才走一条街，也要坐车”等。

春天　应作家出版社邀约，将新中国成立以来的诗歌编成诗集，即后来的《虹霓集》，但此时尚未定名。

按: 1958 年 8 月，作者为诗集取名《虹霓集》，并写了“代序”。此集共分“祖国的早晨”“山野的新歌”“新塞上行”“青春之歌”“我们的心溶合在一起”“净街外篇”六辑，收录了阮章竞自新中国成立以来所写的五十二首诗歌。诗集于 1958 年 10 月由作家出版社出版。

4—5 月　作《春长在》《采春歌》《回寄镜铁山》《中流砥柱头上歌》《石油喜讯》五首。

按: 作者将此五诗合题为《春歌集 5 首》发表在《诗刊》1958 年第 6 期上。这些诗在写作上明显借用了民歌和古典诗词的形式。这跟当时的新民歌运动背景有关: 1958 年 3 月 22 日，毛泽东在成都会议上指出:“中国诗的出路，第一条民歌，第二条古典，在这个基础上产生出新诗来，形式是民族的，内容应是现实主义和浪漫主义的对立统一。太现实了就不能写诗了。”4 月 14 日《人民日报》发表社论《大规模地收集全国民歌》，宣告了新民歌运动的全面展开。

5月 《漳河水》英译绘本由宋庆龄创办的CHINA RECONSTRUC-TION（《中国建设》）编辑发行。

7月　回北京参加中宣部关于中国共产党第八次全国代表大会第二次会议精神的传达。重点传达学习了毛泽东在5月8日、17日、20日、23日（闭幕式上）的四次讲话以及邓小平的报告。阮章竞笔记做了详细记录。

按：八届二次会议于1958年5月5日—23日在北京召开，会议听取并通过了刘少奇代表中央所作的《工作报告》及邓小平《关于各国共产党和工人党的莫斯科会议的报告》、谭震林《关于农业发展纲要（第二次修正草案）的说明》。会议对国内主要矛盾作了新的分析，正式改变了八大一次会议关于国内主要矛盾的正确提法；并根据毛泽东的倡议制定了鼓足干劲、多快好省地建设社会主义的总路线及其基本点。

本月　回京后还参加了中宣部批判李之琏、崔毅、黎辛等人的会议。

按：李之琏时任中宣部机关党委书记；崔毅、黎辛时任副书记。在调查“丁玲、陈企霞反党小集团”事件中，李之琏等人被认为有为丁、陈翻案的嫌疑，从1958年5月3日开始受到了中宣部组织的连续会议批判。7月14日中宣部向中央呈交《关于李之琏、黎辛、张海、崔毅反党集团处理意见的报告》，7月25日，中央书记处批准了这个报告。8月14日李之琏等人的批斗总结大会在中央军委三座门大礼堂举行。会上张子意宣布了李之琏、黎辛、张海、崔毅等人是反党集团结论，划李之琏为极右分子，黎辛为右派分子，崔毅为反党分子，张海待再检讨后定性。

黎辛文章回忆了当时几人的任职情况：

1958年初，中宣部结束了肃反、审干与反右工作，二届机关党委的工作告一段落。2月份进行换届改选，李之琏秘书长继续当选为党委书记，张海、童大林、袁靳当选为副书记，崔毅仍任专职副书记。

二届党委三位副书记中，只有我不再连任，我当时认为这是我坚决辞职的结果。我当时任作协党组成员兼秘书，行政职务为副秘书长（管业务与人事）。[①]

据李之琏回忆文章：

批判我们的大小会议开了三个多月。从“八大”二次会召开的前夜开始，“八大”二次会开始后，就与“八大”平行召开，周扬同我还有其他几人都是“八大”代表，“八大”开会，我们就参加“八大”；“八大”休会，周扬就主持批判我们；“八大”完毕，我们继续被批判；直到八月中旬才告结束。[②]

7月20日　访问太行山老同志高宗智，谈太行四分区情况。

按：创作以太行山抗战为题材的长篇历史小说是阮章竞从1947年就开始的写作项目，这里的访问是为创作收集素材。

7月22日　作诗《“上帝保佑”不了你们》。

按：写作背景是1958年5月，黎巴嫩爆发了反对亲美政权的武装起义。7月15日，美国军队以维护黎巴嫩独立和保护美国侨民安全为借口，在黎巴嫩登陆。

7月27日　为搜集创作素材到高等军事学院集体采访向守志、张显扬、李宗玄、任映、崔星等原四分区九纵队的老同志。

7月28日　访问太行山老战士秦基伟，谈九纵队的战斗历史。

7月　作诗《准备给放火者还以大火葬》和《伊拉克共和国万岁》。

按：《准》诗写作背景是1958年3月，约旦政府废除《英约同盟条约》，要求英军全部撤出约旦。7月北京部分群众在英国代办处外举行大规模游行，支持约旦和阿拉伯人民争取独立自由的运动。《伊》诗写作背景：1958年7月14日以阿卜杜勒·卡里姆·卡赛姆为首的“自

① 黎辛：《李之琏、张海、崔毅与我被打成“反党集团”与改正始末》，《新文学史料》2011年第2期。

② 李之琏：《一场是非颠倒的批判闹剧——一九五八年中宣部批判处理机关党委几个领导人的经过》，《新文学史料》1994年第3期。

由军官组织”推翻费萨尔王朝，成立伊拉克共和国。中国立刻表示支持，并在同年8月与其建交。此诗发表在《人民日报》1958年7月19日第8版。

8月3日　参加《诗刊》座谈会。

按：阮章竞会议发言整理成文章《群众对诗人的要求是什么》，刊登在《诗刊》1958年第8期上。

8月初　作长诗《照亮历史的巨光》。

按：《照》诗写作背景：1958年7月31日—8月3日苏联共产党总书记赫鲁晓夫率苏共代表团访华。赫鲁晓夫与毛泽东进行了最高级会谈，会后发表了《中苏联合公报》。这次会谈中苏两党的分歧加剧，以致赫鲁晓夫原定一周的访问提前结束，但未向党内传达。《诗刊》组织了一批作品发表在1958年8月号上。此诗为其中之一。

8月上旬　在北京访问杨国平、倪光华、张向一等太行山老同志。

按：三位被采访者都是在太行焦作参加革命的老同志，张向一时任中国人民大学国民经济系主任。其他不详。

9月10日　作诗《最后的警告》。

按：写作背景：1958年夏，美英出兵干涉阿拉伯地区事务；美国重申不承认中国，支持台湾当局进行战争挑衅。8月23日，解放军炮击金门，美军从部署中东的第6舰队调出两艘航空母舰加强台湾海峡的第7舰队。此诗发表于《诗刊》1957年第9期。

9月13日—20日　参加中宣部召开的文艺创作座谈会。会议重点传达学习了8月北戴河会议精神。20日由周扬作总结发言。

按：8月17日—30日中共中央政治局在北戴河举行政治局扩大会议和最高国务会议。会议提出“以钢为纲，全国跃进”的方针，号召1958年为生产一千零七十万吨钢而奋斗。会议通过了《中共中央政治局扩大会议号召全党全民为生产一千零七十万吨钢而奋斗》《关于在农村建立人民公社问题的决议》等四十项决议。会后，全国很快形成大炼钢铁和人民公社运动高潮。

1958年9月13日至20日，根据8月北戴河会议搞“大跃进”的精神，中共中央宣传部召开了文艺创作座谈会，提出要像生产一千零七十万吨钢一样，在文学、电影、印刷、美术、理论研究等方面放“卫星”，文艺要表现社会主义建设中的共产主义萌芽，创作和批评要靠群众，都要搞群众运动。掀起了“文艺大跃进”。

9月14日　写诗《包钢给武钢唱凯歌》，发表在当日《人民日报》。

9月17日　作诗《英雄母亲大点名》。

按：阮章竞为此诗写了小序如下：

闻河北建屏县下盘松村“子弟兵的母亲”戎冠秀，在拥护周恩来总理的反对美帝国主义增兵侵略我国领土台湾声明的示威大会上，组织领导全村一百七十多个青壮年，掀起练兵、生产高潮，有感而作。

10月《虹霓集》由作家出版社出版。

10月4日　参加包钢党委扩大会议。讨论包钢一号高炉建设面临的气候不利、原材料供应不足的困难。

10月6日　参加包钢党委扩大会议。会上高炉队代理经理黄文涛作了汇报：“9月24日开始建炉，现已上了9圈，还有12圈。鞍山九号炉安装是75天，本溪最快是50多天，但都没有这高炉大。他们原提出45天干成，现又提出减少7天，要38天建成。支柱经过辩论，现不等设备来，先想法装最后几层。”

10月7日　到黄河水源地考察水资源开采情况。从本日起，使用绿色“友谊”笔记本（24#）。至1958年10月23日，共20000字。

10月8日　与高炉工地党总支书记王炳宽细谈高炉工地的工作进展，包括工人成功解决安装、争取吊塔、发动群众等问题。

10月11日　同包钢矿山党委书记李一夫、肖经理、夏同志和一位达斡尔族同志到白云鄂博矿山，讨论完成45吨—50吨矿石和破碎场建设任务。途中看到雨中排成一字飞行的群鸟，成为诗歌素材。

按：1958年，全国上下高举“总路线、大跃进、人民公社三面红旗”，各地都在大炼钢铁，大写民歌。“放卫星”成了当时的现实。当时的包钢正承担着国家炼钢的最重要任务。阮章竞此日笔记记录：

我到李一夫的办公室去，他们正在开会，讨论这次市委要他们完成45吨—50吨矿石任务和破碎场建设的任务。任务看来很重，党委已受了批评。主要是因保守，本位主义，不公平。各小炉都谈他们给贫矿，这看来是误会，大家都在炼铁，乱抓。矿一到包头即不知到哪里去。

10月12日　早上到工地、矿山前走一趟，到党委办公室听开干部会。下午和办公室主任谈关于压力灌浆问题和一些工作琐事，一起到矿山看工作进程。

10月13日　访谈车永章（行车组长，团书记）、李桂林（工长）、吴保华（行车组长），了解到红车班积极参与工作，努力克服车辆各种问题，保证任务完成甚至超出。

10月14日　与宝音同志谈矿山历史情况和现在开矿情况，包括工人工作、民族工作、民族工人的成长等。晚上到白云鄂博矿山，记录到矿山一路上的见闻以及矿山的劳动情况。

10月15日　与白云区委书记巴音都龙同志谈话。谈白云鄂博名字来由，白云勘探的历史，以及共产党队伍来之后的变化。晚上听矿山公司党委组织部副部长沙那同志讲1945年8月15日前后发生的事，成为诗歌素材。

10月16日　上午，矿山公司地质测量科副科长蒋中元谈关于从1927年丁道衡带瑞典考察队，到阎锡山、日本人等都来此地勘探的情况，成为诗歌素材。

10月17日　到矿山水源地，考察了沉井工程、加压站和高水池等情况。

10月18日　到矿山东南的草原果山，白云鄂博的迁移地。参观了百灵庙。

10月23日　笔记记下了金属结构公司青年钢铁突击队在一号高炉工地安装热风炉情况。

10月25日　完成了特写《最红的光速》。并作诗《升起红旗迎朝阳——祝宁夏回族自治区成立》。

按： 特写《最红的光速》选入1959年9月包头市文艺献礼办公室编《最红的光速》。《升》诗阮章竞于本月底修改诗补记一段话："1958年10月25日凌晨，从白云鄂博跟夜班采矿回工棚，看到一封银川来的电报，要我做首诗，祝贺宁夏回族自治区成立。当时，朝阳初升，白云鄂博的炮声，响彻云霄。欣然提笔，写了这首小诗。"

秋末　作诗《雁群》。

按： 此诗仿七言古风，共四节，每节四句。发表于《人民文学》1959年第4期。茅盾批注"此诗好，造句浑脱，无雕琢痕"。

11月8日晚　参加送别铁道兵团一军干部宴会。从本日起，使用绛色"学习"笔记本（25#）。至1959年1月22日，共两万一千字。

12月13日　到行车组了解红车班材料。

12月　任第一号高炉指挥部成员，自此阮章竞坚持深入高炉工地，与基层干部工人密切互动。开始长篇工业叙事诗《白云鄂博交响诗》的创作。

12月30日　召开"两参一改三结合[①]——工业宪法"老工人座谈会。

12月　写成通讯《将以凯歌报祖国——建设中的包钢》。

人民文学出版社再版《漳河水》精装本。

作中国画"黑非青年"一幅。

按：《将以凯歌报祖国》发表于《人民日报》1959年1月19日第2版；人民文学出版社再版《漳河水》印数"10001—27000"本，并于1959年5月第二次印刷。

---

① 两参：干部参加生产劳动、工人参加企业管理。一改：改革企业中不合理的规章制度。三结合：在技术改革中实行企业领导干部、技术人员、工人三结合的原则。1958年5月7日，李立三主持起草的《人民日报》社论发表，正式推出了这个提法。

1959年　45岁

1月1日　包钢举行元旦酒会，席间应邀作敬酒诗《进军酒》。

按： 阮章竞为此诗写了一个后记：

一九五九年元旦，包头钢铁公司举行酒会，庆祝大跃进胜利、迎接一九五九年元旦。建设塞外钢城的先进生产者，和领导同志在一起，上下一体，水乳交融，热情洋溢，思想风发，很多人即席做起诗来。

1962年10月1日，作者在编辑诗集《勘探者之歌》时为此诗再次补记道：

这是一个从胜利向胜利进军的诗酒会。我接受党委领导同志的建议，在向建设者们敬酒时，做了这首诗。

会后，大家恋恋不舍。有两位老师傅，说酒足言未尽，跟我一起回宿舍来。他们向我详细诉说了在旧时代所受的痛苦之后，说："你看，我们过去，人家不把你当人看，今天，虽然做出了一点成绩，那算什么？可是党的领导同志亲自给我们敬酒。我们过去，遇见资本家的一个小科长还不能呢！我们在吃酒的时候，就合计好了，一九五九年，拿更足的干劲，叫包钢提前出铁，来报答毛主席、共产党！"谈话不知不觉到零时，钢铁大街响起中央人民广播电台的《东方红》钟声，职工俱乐部放起迎春鞭炮，才停止。

包钢一号高炉，早已提前一年建成了。建设者在诗酒会上的豪言壮语，已经变成千吨万吨钢铁，支援祖国的工农业生产建设。

我虽然已经离开了包钢，但那个不寻常的元旦，使我永远忘不了，因此，把这首小诗留在集子里。

1月7日　到黄河水源地现场蹲点。党委书记张焕臣详细介绍了水源地的工作情况。

1月8日　在二号零次泵站视察水底灌浆。晚采访水源地工程师梁伟祥、萧福荣。

1月9日　在黄河水源工地视察。陈世才（海员出身）、交通部工程队总支书记郑道发谈水源地潜水作业、洪水救灾等情况。查看北京号吸泥船，工地组织百人配合凿冰，解决封冻问题。

按：此日，《人民日报》在第一版发出了“包钢为全国，全国为包钢”的口号，同时登载了《保证重点，支援包钢》的社论。社论说：“包钢是全国建设的重点项目，是全国一盘棋的重要一着。包钢的建设，关系到国家工业化进程和改变内蒙古经济面貌有其重大的意义。”在全国上下掀起一个全国支援包钢的热潮。

1月9日—12日　交谈记录：

炼铁厂一队长王景福，去年4月带队来水源工地。（9日）

二连工会副主席、排长、瓦工庞兆谦，去年5月来水源工地；苏联专家哈米科夫。（10日）

哈尔滨土木学校毕业两年的青年女工胡桂芝。（10日）

排水工长、革新能手高希亭，解决了技术专家都棘手的流沙问题。（12日）

笔记还记录了工地失火、小偷、洪水中护桥溺水事故、态度恶劣的电话员等社情。

1月16日　参加包钢党委会，会议传达六中全会精神。从本日起，使用红色“百花”笔记本（26#）。至1959年4月1日，共四万六千字。

按：中国共产党第八届中央委员会第六次全体会议于1958年11月28日—12月10日在湖北武昌举行，毛泽东主持会议并作重要讲话。邓小平作了《关于人民公社若干问题的决议的说明》，李富春作了《关于1959年国民经济计划安排的说明》。全会通过了由毛泽东主持起草的《关于人民公社若干问题的决议》，通过了《关于改进农村财政贸易管理体制的决议》《关于1959年国民经济计划的决议》和《同意毛泽东同志提出的关于他不作下届中华人民共和国主席候选人的建议的决定》。会议注意到了1958年国民经济出现比例失调的问题，初步总结了“大跃进”运动的经验教训，降低了1958年8月北戴河会议所确定的1959年工业生产的高指标。是中国共产党自“大跃进”运动开展以来，主动纠正工作中“左”的错误的一次重要会议。

1月22日　旁听高炉工地金结二队的评奖会议。工人们在《人民日报》上看到自己的团队出现在《将以凯歌报祖国》文章中，都很高兴。

1月24日—25日　继续深入高炉工地。下班遇到架子工彭云长（五十三岁），于是不坐班车和他一路聊天回生活区。这是阮章竞时常用来和工人交流的时间段。

按：据谱主1月25日笔记中记录：

在焊洗涤塔旁边，看见一位青年女学徒。崔国华告我她是老刘头的二女儿。说老子英雄儿好汉，她学了两月不到，已经很好。老崔敲着焊缝告诉我。旁边站李师傅（47岁），青年们告诉我李师傅是这里的老把式，头等。李头说，女学徒的焊缝质量已到了二级工。

在指导刘玉梅工作的，还有两个青年工人，一姓谢（27岁），一姓黄（20岁）。崔告我他们现在是骨干，都干了三几年了。青年们都挺有精神。黄说，一会就没有氧气。现在老是停停干干。

我在这里看见连指导员老杜，和调度姓陈。

我在出铁口，帮油工漆了一回红油。那个同志说你漆得很好。我告他我干过这种工作。油工都是新培养的二级工。主要是在配油上。只有一个是七级工。

1月26日　参加包钢老工人培养学徒座谈会。

1月28日　与西卓子山矿矿长赵书润谈矿山开辟工作。

按：据《郭小川日记》记录：1959 年 1 月 28 日中午，郭小川与韦君宜、叶峰及阮章竞在东来顺午餐。根据阮章竞当时的工作实际，这条记录涉及阮章竞可能有误。

1 月 30 日　与塞胜阿谈包建公司情况。

1 月　完成诗歌《丙班》《战黄河——战黄河之一》《炸黄河——战黄河之二》《镇流沙——战黄河之三》《凯歌飞报毛主席——战黄河之四》《迎春橘颂》及《乌兰察布 · 组诗 4 首》，包括《乌兰察布》《银河》《光环》《紫微星》和报告文学《假小子——胡桂芝》。

按：诗歌《丙班》发表在《人民文学》1959 年第 4 期；《乌兰察布 · 组诗 4 首》发表在《诗刊》1959 年第 7 期；《迎春橘颂》发表于《人民日报》1959 年 2 月 21 日；《乌兰察布 · 组诗 4 首》收入诗集《迎春橘颂》（人民文学出版社 1959 年 9 月版）时，在此组诗中增加了《雁群》《丙班》；《假小子胡桂芝》发表于《中国妇女》1959 年第 4 期。

2 月 2 日　参加包钢党委会，刘力子谈队伍建设。春节假日留在包头，没有回京过年

2 月 7 日　除夕。过年聚餐后，老工人周芝春和温克海来宿舍畅谈。

2 月 9 日　年初二。走访工人于长玉、史俊山、刘贵兴家。

2 月 10 日　年初三。走访工人刘国贤、石连柱、崔国华家。

2 月 11 日　年初四。走访技术革新能手工人刘志祥家。

2 月 18 日　作诗《万里东风古塞红——1959 年 2 月 18 日参加包钢跃进誓师大会有感》。

2 月　作诗《二月龙抬头》《红旗飘飘点将台》《擂响跃进鼓》。

按：这三首诗作者并未标注写作时间，但这三首诗都收入 1959 年出版的诗集《迎春橘颂》，该诗集 1959 年 5 月前已经整理完毕；根据诗写作的内容，推断这三首诗作于 1959 年 2 月。

3 月　应人民文学出版社之邀为新版《赤叶河》写后记。

按：新版《赤叶河》由人民文学出版社 1959 年 11 月出版。

3月6日　参加包钢团委召开的青年积极分子座谈会。

3月10日　记录了对五位一线工人的采访。工人刘志祥来宿舍夜访，拉家常。

3月12日　参加包钢电器、机械、炼铁进度情况汇报会。

3月16日—18日　参加总公司出铁会议及鼓风机站专题会。

3月20日　作诗《冶炼》。

3月19日—23日　此几日工作笔记记录了工地发现的安全和其他问题。

【3月】**按：**本月阮章竞还参加了包钢的卫生工作会及炼铁一队专题会，没有具体日期。

4月1日　参加包钢“两参一改”经验介绍会。

本月中国新闻纪录电影制片厂摄制组进驻包钢，阮章竞参与创作并负责组织、协调工作。

按：包钢是新中国“一五计划”重点建设项目，中国新闻纪录电影制片厂派出摄制组到包钢拍摄。包钢宣传部负责具体协助此事。谱主为纪录片撰写了一万五千字的文学脚本《绿野红珠——包钢》。

4月4日　组织541地质勘探队人员刘流、赵国栋、刘玉维、陈淑增，向摄制组介绍包钢初创时的选址等情况。

4月5日—6日　组织召开包钢纪录片座谈会。了解轧钢厂情况。

4月7日—12日　组织包钢相关部门同志邓晋诗、鲁书记、曹处长、供应部门赵凤译、高书记、张佩青、苏书记、曹秘书长、张佩光部长、史星三院长等人为摄制组介绍包钢建设史。

4月13日　摄制组向宋书记、王子春等人访谈方位测绘和外省支援情况。以上专题座谈记录在30#笔记中，共两万字。

5月1日　为已经编完的诗集《迎春橘颂》写了自序。

按：此诗集共分“从胜利走向胜利”“山野的新歌”“新塞外行”“乌兰察布”“万里东风古塞红”“童话”六辑，收入了四十五首诗。此集较多呈现阮章竞到包钢工作之后记录的塞外风光和工业战线的工作激情。诗集于1959年9月由人民文学出版社出版。

5月　作长诗《雪海风吹牧歌来》。素材来自1958年10月中旬在白云鄂博矿区的工作见闻。

按：此诗收入《勘探者之歌》（作家出版社1963年8月版）。作者于1972年6月修改过此诗，并收入童话诗集《金色的海螺》（花山文艺出版社1998年3月版；湖北教育出版社2010年7月版）。

6月2日　参加一号高炉指挥部会议，高炉各部门汇报进展。从本日起，使用灰色“红星”笔记本（27#）。至1959年10月15日，共两万字。

6月6日　参加筑炉质量检查会。熊工程师、张科长、阎主任在关于筑炉质量问题的检查会议上谈质量不合格，出现意见不合现象。

6月15日　参加一号高炉工作检查会议。

6月19日　参加一号高炉指挥部会议，高炉各部门汇报进展。

6月26日　参加一号高炉指挥部会议，高炉各部门汇报进展。

7月2日　一号高炉各部分工作汇报。

7月13日　一号高炉砌砖，实地考察煤气净洗设备问题等。此日复信《诗刊》徐迟、丁力，从信约略可见彼时生活：

徐迟、丁力同志：

给我的信都收到了。只是7月《诗刊》到今未见，不知是何缘故，望补寄。近来常下雨，京包路常断。一号高炉紧用的设备，来不了，急得如蚂蚁落热锅。工程很紧，简直整天围炉团团转。今年少写东西，胜比读十年书，不要嫌我手慢。

写矿山故事的组诗，看来9月无空整理出来，别“抓紧”不放。

外行，加上工作重，一切都从“山、水、牛、羊”学起。最近运气不好，患了痢疾，已十多天不能工作。这两天有起色，勿念。如此这般，黄河通水的诗，一延再延。这两天，硬支着改了两下，托小刘抄清。但越看越不敢寄，觉得下不了决心。但如不寄，怕信、怕电报，使心不安宁，只好硬着头皮寄出。请代拿主意，别勉强，不用留下，作为“教员”或课本，反是好事。

出铁困难重重，多得中央反右情绪文件，真是拍手叫好，可促进行动。

祝好！

代候克家同志。

阮章竞

1959年7月13日

7月14日　参加一号高炉指挥部总进度会议。

7月15日　高炉各队谈工作进展。

7月中下旬至8月中旬　回京治病。

7月24日　与刘白羽、严文井、郭小川、沙鸥在大同饭馆吃饭（据郭小川日记）。

按：此段时间阮章竞包钢工作笔记没有相关内容记录。据相关材料看，这次聚餐，应与阮章竞调回北京到《诗刊》任职有关。从郭小川1959年写给邵荃麟、刘白羽、严文井的信，可观细节：

白羽同志提出调阮章竞的意见后，荃麟同志也叫我考虑。至今想不出个好办法。下述的几个方案，均极不成熟，写出仅供参考：

1. 把阮章竞调来，当然好，但恐怕他自己已十分勉强。

2. 比起阮章竞来，田间更长于编辑工作一些，河北可能同意，要考虑的是克家问题。最近，他已□好了，并对《诗刊》经常表示热心。

3. 调李季也可以，但我了解，李季的缺点是不长于做组织工作，软弱一些（只是有时尖锐），有一种独善其身的倾向，这当然是可以改正的，只是估计甘肃决不肯放手。

4. 我还大胆地想了一个意见，只对你们说说，我想，你们不会认为我还有什么情绪。我的方案是：调阮章竞代替我原来的工作，我着重去搞《诗刊》，也可兼副秘书长，为党组做些起草工作和文字工作。我这个想法不是消极。我两个月来的检查即使还不能说已深刻地认识错误，也已经至少发觉了自己的严重错误，心中充满了向党赎罪的愿望，无论叫我做什么工作，都将积极以赴，这是不成问题的。但我现在更了解到，阮章竞在政治上比我强，而我们的工作又首先是政治挂帅，他代替我一定对党组有更大的帮助，他起草东西稍慢些，我可以辅助他。

5. 李季曾再三向我提议：把《诗刊》下放四川，与《星星》合并，我当时就表示不同意。看来，克家还得团结他做工作，这种变相取消的办法是不可取的，但，李季的这个建议也请你们考虑。

总之，《诗刊》的现状是不能再保持下去了。由我兼管，实在解决不了问题（即使我用了全部精力，参加他们的具体工作，未必搞好），但无论如何可以努力，较准确地执行党的决议，把《诗刊》改进一下。我这样说，绝不是否认我以前在《诗刊》工作上的错误，我过去的错误主要是由于我的个人主义品质引起的，这就不详述了。[①]

《郭小川全集》编辑者将此信日期标注为“1959 年 × 月 29 日”。当时担任中国作协秘书长，兼管《诗刊》的郭小川“政治上”受到了批评，作协党组动了把阮章竞调到《诗刊》的心思。7 月 24 日的饭局，谈话的重点应该是阮章竞回京工作安排问题。由此推断，郭小川写上述信件时间，可能是 1959 年 6 月 29 日。从后面的工作变动看，应该是这次谈话，阮章竞答应了到《诗刊》任职。由于当时包钢正如火如荼推进一号高炉出铁，阮章竞等到 10 月 15 日包钢一号高炉剪彩之后，才回到北京。

7 月　作诗《一枝马兰花》。

按： 此诗发表在《新港》1959 年第 10 期。

7 月 2 日至 8 月 16 日中共中央在江西庐山召开了中共中央政治局扩大会议和中共八届八中全会。会议期间彭德怀因为对“大跃进”提出批评受到批判。

---

① 郭小川：《郭小川全集》第 7 卷，广西师范大学出版社，2000 年，第 205—206 页。

8月作《新黄河赞（组诗）》。包括《新黄河赞》《时代的大门开》《齐唱欢歌向太阳》《黄河水，不再黄》《鲤鱼母亲之歌》五首，发表在《诗刊》9月号。作诗《灯海》。

按：组诗曾以《新黄河赞》为题收入诗集《勘探者之歌》；《灯海》发表于《解放军文艺》1960年第11期。《齐唱欢歌向太阳》一诗编入《中国人民的诗人》，法语译者 Michelle Loi。法国巴黎 P.J. 奥斯瓦尔德出版社，1969年版。

8月下旬　返回包钢。

8月31日　专家验收一号高炉

9月4日　参加一号高炉指挥部会议。

9月5日　参加包钢工委会会议。

9月7日　一号高炉烘炉。

9月15日　一号高炉装配调试。

9月25日　一号高炉开始炼铁。

9月26日　早上五点五十五分，一号高炉第一炉铁水出炉。

9月　作诗《钢都颂》《献祖国——钢铁黄河第一支凯歌》。

按：《钢都颂》，发表在《人民文学》1959年第10期；《献祖国——钢铁黄河第一支凯歌》，发表在《人民日报》1959年9月30日。

本月，包钢纪录片《草原钢城》杀青，此片编剧阮章竞；导演张庆鸿；摄影阿尔杜沁、范后勤。片长十分钟。

10月12日　作诗《寄鞍山》。

按：此诗发表在《文艺红旗》1960年第1期。

10月15日　周恩来到包钢为一号高炉剪彩。笔记追记了周恩来在宴会上的讲话。

按：1985年阮章竞在《阮章竞诗选·序》中回忆了这一天的情景：

一号高炉出铁，是总理剪彩。从这个时刻起，多少世代没有生产过一斤铁的内蒙古，一个巨大的钢铁基地诞生了。提前一年出铁，绝不是靠发动采风——人人做诗做出来的，而是靠全国人民支援和钢铁基地的建设者们为了党和祖国的荣誉，以赤子之心凝聚的成果。晚上，在庆祝出铁的宴会上，总理向每个国内外专家、技术人员、工人代表，都流露出感激的笑容，走遍每张宴桌，向大家祝酒。总理讲话，简洁亲切。他说："包克图"（包头）蒙古语义是鹿的地方。鹿是善于跳跃的动物。包头建设得很快，包头是个大飞跃的城市。总理非常关怀内蒙古人民的经济文化发展，语重心长地说：内蒙古，汉族要帮助，要多来些女青年，多送些今天的王昭君来。过去写王昭君是悲悲啼啼来塞外；今天的王昭君要欢欢喜喜来塞外。总理殷切期望内蒙古人民繁荣昌盛。总理的讲话，感人肺腑。二十三年过去了，但当时的总理的风神笑貌，现在仍然浮现在我的眼前。①

10月下旬　返京。

按：阮章竞工作笔记中关于包钢的最后记录是10月15日周恩来为一号高炉剪彩的记录。推断10月下旬返京后，他同时办理好调动手续，留京工作。

10月30日　到北京市第六医院治疗慢性腹泻。

10月　上旬作诗《勘探者之歌》；周恩来为一号高炉剪彩后作诗《周总理从北京来》《欢欢喜喜来塞外》《跃进城》。

按：《周总理从北京来》发表在《诗刊》1960年第1期。

11月2日　到西安探亲。

11月16日　致信丁力。谈诗歌《周总理从太阳的家乡来》，诗发表在《光明日报·东风副刊》。

11月27日　致信丁力。就即将在《诗刊》发表的诗进行校对和沟通。

12月初　从西安返回北京。

12月8日—12月底　参加全国文化工作会议。记录了周扬、钱俊瑞、张子意、林默涵、邵荃麟、许立群、云南袁渤、李何林发言；

① 阮章竞：《〈阮章竞诗选〉·序》，人民文学出版社，1985年。

陈毅和陆定一的报告、作者本人的发言提纲等。

从8日起，使用“保密手册”笔记本（28#）。至1960年1月4日，共四万两千字。

【1959年】**按：**此年阮章竞作中国画作一幅，题字“琪木达和巴格查”。

1960 年　46 岁

1 月 3 日　全国文化工作会议结束时，周扬作总结发言，周恩来总理讲话。

1 月 4 日　访问原河南修武县委副书记杜希唐。

2 月　开始担任中国作协党组成员、《诗刊》副主编。

按：关于《诗刊》的工作，谱主在 1996 年回忆：

我从未做过编辑工作，故在受任之时，请教侯金镜同志。金镜笑道："你准备每年做几次检讨就行。"当时做个编辑，谁不战战兢兢，如履薄冰。闻捷同志写了首纪念列宁的诗，听到议论，很紧张地找我。我说："诗是我审查签发的，事大事小，都由我负责。你放心工作，吃饭睡觉。"

当时的编辑部只有 10 个工作人员，人人不分昼夜，拜访诗人、画家，组稿出刊，跑工厂，参加游行，多次组织大小朗诵会，诗人、朗诵家、演唱家，都进入"奔腾急，万马战犹酣"的境界。我每回想此光景，人生几何？

《诗刊》是遵循"诗当然应以新诗为主体"的方针在办刊的。但每期发表的诗作，都做到作者高兴，读者满意，领导放心，实在不容易。[①]

本月人民文学出版社再版了 1957 年版《赤叶河》(精装本)。

按：4 月起阮章竞担任《诗刊》第一副主编，到 1961 年 12 月。

---

① 阮章竞：《在〈诗刊〉工作的日子里》，《诗刊》1997 年第 1 期。

5月　完成《白云鄂博交响诗》。

按：此诗从1958年12月开始创作，至本月完成，后发表于《人民文学》1960年第9期。“全诗将近一千六百行，除《序诗》和《尾曲》外，共有五章，分别是：第一章《白云巴特尔》、第二章《阿尔斯朗》、第三章《红泉歌》、第四章《今天的清晨真迷人》和第五章《春天的歌》。内容上描述了传说中保卫草原的蒙古英雄白云巴特尔，又叙述了从阿尔斯朗到其子海日巴尔，再到其孙辈布尔固德和乌兰托娅三代人的故事。将蒙古英雄传说和现实中三代英雄故事与包钢建设共和国钢铁工业的理想情怀结合在一起，充满着雄浑的风格追求和强烈的英雄主义气概。”①

此月另作诗《日本人民干得好——欢迎日本文学家代表团》。

按：1960年5月19日，岸信介内阁在只有执政党参加的国会上强行通过了新的日美安保条约。此后日本全国掀起了罢工、游行、围困美国访日代表团等的反对浪潮。此诗发表于《解放军文艺》1960年第7期。

6月4日　作长诗《风暴颂》。

按：这是一首国际政治主题的政治诗，在当时的政治背景下发表在《诗刊》1960年第6期，抒发了中国人民对抗外部风暴的豪情。

6月17日　作诗《日本人民站立起来》和《向“瘟神”开炮》。

按：《日本人民站立起来》写作背景：1960年6月15日，有十三万人参加的反安保统一行动中，约一千五百名示威者冲进了日本国会。东京大学学生桦美智子在冲突中死亡。此诗发表于《人民日报》1960年6月20日第8版。

《向“瘟神”开炮》写作背景：为了表示反对美国总统艾森豪威尔1960年6月18日“访问”台湾，中央军委决定：按照单日打炮的惯例，于6月17日艾森豪威尔抵台前夕，和6月19日离台的时候，

---

① 陈培浩、阮援朝：《阮章竞评传》，漓江出版社，2013年，第172页。

在福建前线举行超过平时力度的大规模炮击示威。

6月18日 《诗刊》编辑部与中国音协、中央人民广播电台、北京市文联、北京图书馆等单位，在中山公园音乐堂联合举办支持亚非拉人民民族民主运动的反帝诗歌朗诵演唱会。阮章竞登台朗诵了前一晚刚刚写成的诗歌《向“瘟神”开炮》。

7月20日 致信徐迟、丁力。谈对《诗刊》来稿《爱情的颂歌》的意见。信如下：

丁力、徐迟同志：

评论部分已看完。我最不放心是《爱情的颂歌》。虽经再三修改，但每次看，总有一些不放心。主要是作者把爱情谈得有点俗气。如爱情也要政治挂帅，余味无穷，精彩结语，把诗中的已表现的东西（作者说是含而不露），但他的论述倒露而不含，觉得庸俗。因此，我又作了一些修改。

题目，总感到不妥。我记得“谣”编者语，并未如此提法，“颂”只有一组。觉得有点问题。

我意写爱情和评述都要干净，否则仍会陷在爱情至上之中。也许我满脑“封建”。

你们再细看一次，用是可以用的，但我不认为它是好文章，仅能次等文章。经过最近的学习，我是较肯定我过去对此文的怀疑。要用，最好再看一下，把有此类的东西去掉或许会好些。

7月24日 茅盾在中国文联第三次代表大会上作《反映社会主义跃进的时代，推动社会主义时代的跃进》的报告。其中以六千字的篇幅总结了新诗产生四十年，特别是新诗民族化和群众化方面的成就，提到阮章竞诗歌占十分之一（六百字）。

8月8日 致信丁力。谈某次发言的修改意见。

按： 此发言后以《英雄的时代需要英雄的诗篇》为题，发表于《诗刊》1960年第9期。此月另有一信致葛洛、丁力，谈对力扬民族化意见的看法。力扬意见整理文章同刊于《诗刊》1960年第9期。

9月9日　致信丁力、尹一之。谈对《诗刊》来稿长诗《傣家人之歌》的意见，此作品后刊于《诗刊》1960年第10期。信如下：

丁力、尹一之同志：

《傣家人之歌》我看完了。写点感想在下面。

看作品，需有冷静的态度。对我们的同代人的作品，很需要有耐心去看，思考。

看作品，需有阶级和时代的感情，正如我曾看过一些资产阶级思想、修正主义的作品，总是看不下去。但我每读到有人民、时代的音响，我是那样的激动。

《傣家人之歌》，我看前两支歌之时，觉得有好的地方，也有抓不住人的地方。但当读到第三支歌之后，我一口气看完了，并且随着诗的情绪很激动。我们的一个勤劳的兄弟民族，怎样在熬过无数苦难，而在党的领导下排除一切旧的东西，站起来，大步进入公社时代。

诗中充满了民族的希望，特点，但在旧时代中也仅是希望，而在今天强烈地对照展示在我们的面前。

我看到诗人和伟大的时代完全融合在一起。一首这样长的献歌，它并不是个离奇曲折的叙事诗，而是抒情夹叙（基本是抒情），能如此，是不容易写的。它可贵之处，是写人民、时代重大的翻天覆地的事情，而不是个人的事情。我想起宋代孙莘老和王平甫对杜甫《北征》诗的争论，孙说杜诗比韩愈的《南山》诗好，王说《北征》不如《南山》，谁都不服。黄山谷当时很年青，黄说论工巧则《南山》，论写一代之高则《南山》不如《北征》。我认为黄山谷是真正的读诗人。他首先是抓时代。而王平甫，不过是迷信大家的庸人耳！

此诗我认为确是很有特色的好诗，能否算巨大，这不必勉强，就是唐代的杜甫《北征》仍在经受时间的考验。何况刚出现的一个被多少朝代鄙视而今天站起来的少数民族诗人作品，问世才满周年，历史将会留下这首长诗的。

诗仍有缺点，这是很难免的。《欧涅金》也不无读不下去之处。

“风急浪高猿啸哀，渚清沙白鸟飞回，无边落木萧萧下，不尽长江滚滚来”是压倒千古写三峡的名句。但我此回两过三峡，看到“渚”并不清，但我深为此诗的雄壮、逼真而感动。它的缺点是掩不住真诗的。

此诗有些不精炼，字句不完全，标点不明，个别意境不恰当都存在，也露了“橡胶”。如再加工是会更好的。结尾那章弱了些，开头即沉闷、疏散。可以转告作者，再斟酌一下。

我也很易有“偏爱”，凡是写了人民时代的东西，容易喜欢。结论是：我也难逃不冷静。

葛洛同志有无看此诗，很有看看之需要。

11月7日　蒙茅盾先生书赠条幅：“漳河水唱翻身调，出塞新诗颂有成，指点江山抽彩笔，阮郎风骨剧峥嵘。书赠章竞同志惠正。茅盾1960年11月7日北京。”

12月　受中国作协主席茅盾委托，陪同波兰作协主席伊瓦什凯维奇夫妇在国内访问。行程从东北沈阳到岭南广东，最后到杭州、上海，行程近一个月。

此月作中国画作一幅，题字“观鱼鹰捕鱼”。

按：谱主在1960年作《无题》诗一首：“欲觅强音震九天，/形式风格语声喧，/无才始觉为诗苦，/顿悟何如种瓜甜。”1986年，诗人书法一幅“无才做诗苦，何似种瓜甜”，并题记道：

大跃进失败，庐山会议后，调余主持诗刊。一忧教训之不悟，二忧生活之困难。为奋进，我主张应该昂首唱战（歌），而不应低头唱哀歌。有人曰：自由风月诗死矣。余曰：否。如有健康爱情诗，余敢登。在史无前例中，则批余提倡爱情诗。谁敢言中国做诗之不难乎？故刻方“无才做诗苦　何似种瓜甜”以自嘲。时，余正在院中种瓜菜度荒。南瓜确比诗甜，此乃从生活中体验来。友人见石章，恫吓吾曰：君发牢骚，对现实不满。可见做诗难，抒怀也难极矣。

1961年　47岁

1月　本月《诗刊》发表阮诗《高歌团结到明天》。

1月30日　作诗《悼亚凡》。

按：此诗发表在《人民日报》1961年1月31日第8版。王亚凡（1914—1961），河南内乡人。1960年秋下乡到宁夏灵武，因煤气中毒辞世。谱主参与了《王亚凡诗抄》（作家出版社1962年8月版）的编辑工作。

2月12日　致信葛洛、丁力。谈关于陈友琴谈古诗的文章，请校对文章引诗出处。

按：陈文刊于《诗刊》1961年第3期。

2月18日　作诗《刚果，踏着血泊前进！》。

按：1960年6月30日刚果在卢蒙巴领导下从比利时殖民统治下独立，卢蒙巴出任首任总理。随后比利时殖民军、加丹加省和军队先后发动叛乱。1960年10月卢蒙巴被联合国军软禁，1961年1月17日他和两位同事被叛乱分子残酷杀害，引起全世界的愤怒。此诗发表在《人民日报》1961年2月22日。

2月26日　与周而复、蔡翻译三人组成中国作家代表团（周为团长），出发赴墨西哥参加拉丁美洲保卫世界和平大会，楚图南、李季、任映林、郑森禹到机场送行。在候机时遇到刘白羽、张光年。

按：谱主在出访日记中说："我把对书记处讨论重点作家名单，向他和光年、李季提出我的看法。我早考虑到他不会考虑我的意见的。果然如此。因为安排创作的做法，使我觉得很不痛快。"三十六年后，谱主在《我为什么要写〈霜天〉》一文中，仍对这次谈话念念不忘：“我参加过一次中国作家协会的关于创作的谈话，有两位领导人听了我仍想写战争题材之后，一位厌烦地说：‘又是写战争！’但我不动摇，仍要写这部包括人民解放战争在内的长篇小说。”

上午出发飞往莫斯科。降落后发现护照没打钢印。

2月28日　上午十点五十分，出发前往瑞士苏黎世。下午二时到达，我使馆派车接到伯尔尼，在使馆解决了护照问题。办好后到墨西哥驻瑞士使馆办签证。晚上在使馆与原华北局老同事王建邦相遇。

3月1日　上午十时由王建邦同志陪同前往苏黎世机场，十三点四十五分起飞，十七点五十分到里斯本换乘。十八点三十五分从里斯本机场起飞，二十点二十五分到亚速尔群岛的圣塔玛丽亚，短暂停留后，二十一点十分起飞，横渡大西洋。

3月2日　到库拉索岛换机，经停哥伦比亚、巴拿马、哥斯达黎加、危地马拉，于傍晚到达墨西哥，受到当地热情接待。在墨西哥的访问到3月26日，写日记约三万七千字（31–1#）。

3月3日　早上《政治报》的记者过来和阮章竞补拍照片。吃了早饭之后，代表团一行坐车去墨西哥城市内，参观了墨西哥的雕刻纪念碑、蚂蚱公园和博物馆等地。阮章竞在博物馆门口花了十二比索买了一本当地介绍资料。

3月4日　上午，与墨西哥一华侨会面。在当地人员陪同下，探望了古巴作家纪廉和智利作家何塞·万徒勒里夫妇。阮章竞赠送纪廉中国出版的《纪廉诗选》以及自己的《迎春橘颂》和英文版的《漳河水》《风暴颂》。下午，兰卡将军派来的青年开车带领代表团，参观了总统府的墨西哥革命展览会。

3月5日　应邀出席预备会，并和与会各国代表见面，在开幕会上见到一小部分受美国指使的拉美反动代表在台下搞破坏。下午三时到英雄广场献花，参观独立区，天黑时离开，并到当地广州饭店用晚餐。

3月6日　上午参加全体会议，原定于九时开会，由于阿根廷少数人的反对，经过各国代表协商在十一时才开成会。

3月7日　上午先到秘书处取了《新华通讯》；收到荷兰航空公司订的飞机票；到古巴大使馆办签证；到墨西哥大学见校长，并与墨西哥教育部分管文化的副部长见面。晚餐时送了六七本英文版《漳河水》给墨西哥文化部门的朋友，还把一本西班牙文版的《毛泽东诗词》送给世界记者协会主席。晚饭后顺路参观了墨西哥著名画家里维拉的壁画。

3月8日　参加最后一天会议。上午，代表团收到一封西班牙文印的反革命信件。当天是国际妇女节，于是到花市给卡帕夫人和维拉夫人买鲜花。墨西哥前总统拉萨罗·卡德纳斯在休息室中接见了参会代表，中国代表向他赠送了象牙人。卡德纳斯告诉他们将会把签证延长到三月底，表示要一起到外地参观。下午，阮章竞一人参加大会，两位华侨朋友为他作翻译。晚餐时阮章竞朗诵了一段《漳河水》的诗句和毛泽东的词作《娄山关》。

3月9日　代表团与其他各国代表去参观金字塔，阮章竞用六个比索买了一套照片。中午由卡德纳斯夫妇主持，在金字塔的一个地洞餐馆午餐，观看了墨西哥古代民间舞蹈和民歌表演。晚上七时与墨西哥贸易部长会面，谈了中墨的贸易问题，后参加了墨中友协的宴会。

3月10日　早上，一名叫冯保的华侨来找代表团，阮章竞接待。下午，到墨西哥画家维拉家里听讲当地的政治情况。

3月11日　上午七时许乘坐墨西哥石油公司的专机到波萨利卡石油区去，三刻钟到达。了解了墨西哥石油产业的历史和现状。

3月12日　约当地华侨老陈叔侄俩在屋顶露天餐厅谈话。得知国民党使馆已通知国民党头目，恐吓侨民说如果有人再跟着中国代表上街或吃饭，会被驱逐出境。中午到哈拉将军女儿家吃午饭。下午四时，在哥拉和维拉夫人的陪同下，到斗牛场看斗牛。

3月13日　上午墨西哥前总统卡德纳斯陪同各国代表团到中部

（墨西哥称为“地理中心”）游览参观，在车上亲自向大家介绍墨西哥历史和现状。下午五时参观炼油厂、住宅区以及医院。晚上十时到产银地——瓜纳华托。

3月14日　早上八时离开饭店，在一大学生陪同下去参观银矿，由当地工程师和一位工人带路进了总矿坑道。后又参观了当地的选矿工厂，午后离开银矿城。

3月15日　上午十一时到达墨西哥第二大城市瓜达拉哈拉。

3月16日　上午参观瓜达拉哈拉大学的壁画和当地博物馆。后参加该市组织的欢迎午宴，中国代表的发言受到热烈欢迎。会后乘车在市里闲逛。晚上九时到卡德纳斯将军的弟弟家参加宴会。

3月17日　上午十时离开瓜达拉哈拉，沿途经过湖区卡帕拉湖，中午到达墨西哥前总统卡德纳斯的故乡——米巧儿干（即米却肯州）。卡德纳斯陪同参观了图书馆并参加了午宴。夜11时在乌鲁胖，到领导反迪亚斯独裁的自由党人马特罗的塑像前献花。

3月18日　上午到马特罗广场参加庆祝墨西哥石油国有化二十三周年的纪念活动，活动结束后到卡德纳斯当政时建立的国家公园参观。晚上七时在广场看印第安人的歌舞。

3月19日　参观了灌溉渠道工程，再到安东瑞斯公社。离开乌鲁胖后又到一个农业技术学校参观，卡德纳斯陪同各国代表们一起检阅学生列队，中午宴会后到斗牛场观看斗牛。

3月20日　回墨西哥城，途中看了1530年印第安人皇帝——坦加珊二世最后抵抗西班牙人的地方和他的纪念像。经过将军的别墅。后经过了莫拉里城，在广场旁的旅馆休息。

3月21日　凌晨一时半，回到墨西哥城。与卡德纳斯约好在23日五时参加中国代表团的告别酒会。下午，为告别酒会订不到场地，大费周章。阮章竞出面登门向卡德纳斯解释，酒会推迟一天。同时应卡德纳斯夫人之邀，讲解她从中国带回的齐白石《公鸡牡丹图》。

3月22日　遇到电话业罢工。

3月23日　参观天文台、金字塔。

3月24日　代表团举行告别酒会，卡德纳斯发言。

3月25日　上午到美术宫，参观墨西哥三大画家——里维拉、奥罗斯科、希盖罗斯的壁画。中午和周而复一起与前副总统吃饭。饭后为李季和刘白羽到商店买了一些当地的手工艺品。晚上八时，墨中友好协会的总统顾问来谈国家的棉花问题。把要留给将军夫人的《迎春橘颂》送给了当地作家阿珂士达。

3月26日　准备前往古巴哈瓦那。九点五十分飞机起飞，下午二时到达古巴首都哈瓦那，古巴各国友协的主任和中国大使馆文化处四个同志在机场欢迎。到使馆去，在那里和申健大使夫妇等人吃午餐。七点钟参加早几天到古巴的几个国家代表团的告别晚宴。在古巴的访问到4月20日，写日记约三万八千字（31–2#）。

3月27日　由古巴友协的朋友陪同到工人住宅新区参观。晚上参加当地青年委员会召开的学生会议最后的大会，代表团被邀上主席台。卡斯特罗演讲三小时。

3月28日　准备前往东方省圣地亚哥，做三天访问。因昨夜睡得太晚，贻误了乘坐飞机的时间，七张机票全作废，再订下午六时机票。回旅馆后，准备了一首诗。九时到了圣地亚哥城，住在克沙格兰达旅馆。

3月29日　上午参观了学校城，听学校高中部的主任讲述卡斯特罗领导起义军攻城失败被捕的故事。后去参观新工人住宅区，又看了何塞·马蒂的坟墓以及7·26的烈士墓。下午三时多去参观古迹和风景，先后参观了哥伦布海峡、民兵营、炮台等等。晚饭后逛夜街，看到群众参加扫盲活动，用的是中国制造的煤气灯。

3月30日　上午九时出发，车程两个多钟头到马埃斯特腊山脚的学校城，这是一所革命子弟学校。回来的路上在一名参加山区斗争的女干部的介绍下去参观了女兵营。天快黑的时候，赶到Manzanillo（曼萨里约），住在一个叫CASA BLANCA（白宫）的饭店里。晚饭后到街上走了一个钟头。在广场的俱乐部楼上，看了中国民间艺术展览，纠正一幅被倒挂的齐白石《莲花图》。

3月31日　早上写了一首关于民兵的诗。八时去附近的渔民村参观。十一时改乘大车去看卡斯特罗兄弟、格瓦拉等率领的八十二人1956年登陆的地点 Belu。同日，作诗《光明灯》。

按：此诗发表在《作品》1963年2月号。

4月1日　上午去看卡斯特罗等登陆所乘之游艇——格拉玛号。然后回圣地亚哥，阮章竞提出要参观人民农场，于是去参观了何塞·马蒂农场。晚上回到圣地亚哥，看见许多工人、青年在广场集会，并喊着“毛主席万岁”的口号。当晚作诗《歌赞古巴民兵》。

4月2日　下午一时乘飞机回哈瓦那。七时以后，到大使馆去。到厄瓜多尔访问的安排还无消息。

4月3日　白天没有参观节目。晚上到大使馆电影院看美国电影。同日，作诗《马埃斯特腊山麓下》和《自由古巴诞生地》。

按：《马埃斯特腊山麓下》发表在《解放军文艺》1963年2月号；《自由古巴诞生地》发表在《人民日报》1961年9月23日第8版。

4月4日　由阿基亚尔陪同去参观松树农场，这是一个以养鸡、养猪、种西红柿为主的农场。参观了包装西红柿的工厂，游览了泉水风景区，并在那里吃了午饭。下午准备去参观合作社，但走到半路，遇到车队小车说因为上尉不在，不能参观。于是又返回哈瓦那，去看了水产馆，看到很多从未见过的热带海洋鱼类。从水产馆出来后，游览了何塞·马蒂纪念塔。

4月5日　上午到使馆开会，研究拉美统一战线是否形成问题。下午大使馆安排参观西班牙时代的海边炮台。后到厄瓜多尔使馆去办理签证，秘书告知，五月要开泛美会议，签证很严格，必须打电报向国内请示。从厄大使馆出来后，即乘出租车到美术宫的中国展览馆，晚上参加申健大使为冯基平副市长举行的告别酒会，又在使馆文化处看台湾电影《奔》，一时多才回来睡觉。

4月6日　上午是由黑人姑娘陪同去参观哈瓦那大学。下午三时，参加古中友协的招待会。

4月7日　上午八时出发，到拉斯委拉斯省海滨的沼地改良田地区旅行。沿着新修的公路前进，中午到了多宝湖。没有船不能进湖去，于是改变计划坐车去看合作社。晚上到公共食堂吃饭，同时认识了两个从事扫盲工作的女学生。晚上，一些在休假的人，和农民在弹六弦琴，唱古巴和墨西哥民歌，忘了带安眠药，到三时还不能入睡。作诗《古巴沼地行》

按：多宝湖位于古巴南部的拉斯委拉斯省，是一处旅游胜地。《古巴沼地行》发表在《北京文艺》1963年2月号。

4月8日　六时起来，到海边走了一阵。等大家都起来后，决定上午出发去看合作社。下午二时半回到哈瓦那，三时与对外协会的人见面谈话。

4月9日　中午哈瓦那大学电影系教授罗德里格斯在1830饭店请吃午饭。饭后到何塞·马蒂纪念塔照相。下午游泳。晚间到古巴文化局长维森蒂纳·奥托尼亚家里吃饭，作陪的有她的丈夫和到过中国的古巴图书馆副馆长。

4月10日　上午由驻古参赞陪同到琉璃河国家公园参观。同日，作诗《多宝湖边花》。

4月11日　中午，古巴工会专门招待中国作家代表团，中国工会代表团作陪，阮章竟简短致辞。下午去看望中国政府代表团团长南汉宸，进行了深入交谈。晚上七时，参加使馆为中国经济成就展览会闭幕举行的告别宴会，地点在“自由哈瓦那”饭店。

4月12日　下午把东西送到美术宫中国展览会，请他们代运回国。晚上参加由文化局长维森蒂纳·奥托尼亚等举办的文化界宴会，在那里看到了《今日报》社长、《革命报》社长，并受到热情接待。晚上，陪翻译老蔡送新闻稿到新华社，才知他们刚刚遭炸弹袭击。

4月13日　上午没有出去。下午三时到古巴国立图书馆参观，大约在那里逗留一个钟头。

4月14日早　乘飞机到松树岛访问（PINES），使馆参赞常晓随行。当地长官加尔维斯少校到机场迎接，全程陪同。参观了民兵集训的军营、地下办公室、地洞医院、何塞·马蒂放逐旧居。在黑沙滩休息时，主客唱歌尽欢，阮章竞与常晓合唱了《在太行山上》《东方红》和《游击军歌》。返程参观了反动政府监禁菲德尔·卡斯特罗的模范监狱。

4月15日　由于美机早晨轰炸了哈瓦那机场，原应八时起飞的飞机不能按时到来，于是回旅馆休息。到了下午少校派人来，安排代表团乘船返回哈瓦那，晚上十一时多到Batabano码头，凌晨一时回到哈瓦那。了解到早上是美B–26式轰炸了圣地亚哥、哈瓦那附近的空军基地，导致七人死亡，五十三人负伤。

4月16日　早上申大使要代表团到使馆，介绍了情况。十二时去哈瓦那大学参加追悼死难者仪式。下午在卡德纳斯广场参加大会，听卡斯特罗等领导人讲话。亲眼见证了菲德尔·卡斯特罗宣布古巴选择社会主义，十万民兵举枪高呼"赞成"的历史场面。卡斯特罗讲了三个小时，有人来报告雇佣军登陆，会议匆匆结束。

4月17日　18日飞危地马拉的计划中断，整个古巴处于战时状态。古巴对外友协会长在旅馆召集会议。阮章竞发言表示，中国作家代表团坚决支持古巴人民！下午五点之后，大使叫代表团考虑搬到使馆住。阮章竞认为不能搬，因为现在搬影响不好。申健和南汉宸支持他的意见，决定留在对外友协旅馆。

4月18日　形势紧张，但阮章竞睡得很好。到离哈瓦那二十多公里（南部）的一个轧钢厂去参观。晚上由于住的旅馆实行灯火管制，所以早早就睡觉了。

4月19日　继续关注着古巴时局。雇佣军二千人在吉隆滩登陆。古巴人的情绪很安定。哈瓦那在打击囤积居奇的不法商人。

4月20日　在友协的带领下到吉隆滩前线，采访了军官、民兵，

看到俘虏和飞机残骸。作了三千字的笔记。同日，作诗《椰林挺立烈火中》《母亲呐喊遍丛林》

按：二诗的素材来自作者在吉隆滩事件尚未结束时的战地采访。

4月下旬　作《四月的哈瓦那（组诗6首）》《科奇诺斯湾颂（组诗9首）》。

按：《四月的哈瓦那（组诗6首）》1961年10月改于北京，发表在《人民文学》1961年第12期。《科奇诺斯湾颂（组诗9首）》1962年9月改于北京，发表在《人民文学》1962年第10期。该诗写作背景：1961年4月16日，美国支持的雇佣军在吉隆滩登陆，古巴人民奋勇抗击侵略。17日作者在下榻招待所古巴对外友协组织的情况通报会上，代表中国发言，以"让敌人活着进来，不让敌人活着出去！古巴万岁！"结束发言；并在20日前往战地采访。

5月　作诗《阿托埃依祭》。

按：此诗发表在《人民日报》1961年8月20日第7版。

5月3日　离开哈瓦那飞往布拉格。

5月4日　抵达布拉格，转机回国。

6月　作工笔画一幅，题字"向日葵与蜜蜂"。

8月　作中国画一幅，题字"卡斯特罗等八十二人登陆处"，赠给老友郭小川。

10月　作诗《题黄胄〈春燕归牧图〉》。

按：《春燕归牧图》为黄胄当场挥笔赠予作者的一幅国画，毁于"文革"中。

10月10日　致信《诗刊》编辑部主任丁力，信如下：

丁力同志：

因为陶铸同志来京，因此为节约起见，暂免先去广州一趟之行。近来太多人知我调广，望大家"保点密"，我意以不声张为妙。

送上本月党费。祝好

11月29日　应江西省省长邵式平邀请，中国作协安排，阮章竞携幼子幼鹰与华山、周钢鸣、蔡天心江帆夫妇、戈壁舟安旗夫妇、沈从文到达南昌市。先后参观访问了八一起义纪念馆、江西省博物馆、青云谱八大山人纪念馆。其间，拜访了江西省党政负责同志和老干部作家，会见了在市的本省业余作者。

12月9日　在中苏友谊馆与江西当地作家座谈。

12月15日　赴井冈山，参观了多处革命遗存，参加了山区建设四周年庆祝会和青年干部下乡四周年晚会。作诗《井冈山》。

12月26日　再游黄洋界。作诗《金星槲树》。

按：《金星槲树》发表在1962年2月11日《江西日报》。

12月29日，返回南昌。

【12月】**按：**此月阮章竞创作中国画五幅，分别是：《井冈山道上》《汪洋云海》《松间屋》《翠岗冬雨》《水仙》。

1962年　48岁

1月11日—2月7日　中共中央在北京召开的扩大的工作会议，又称七千人大会。会上，发扬了民主，开展了批评与自我批评，初步总结了1958年以来“大跃进”的经验教训。

1月15日　前往瑞金，参观了沙洲坝及其周边的纪念馆舍。

1月17日　在南昌致信丁力，委托代交党费事宜。

1月20日　赴赣州，游了通天岩、八境台等胜迹。

1月27日　返回南昌。

2月初　江西省作协、剧协邀请阮章竞一行观看赣剧青阳腔《西厢记》和弋阳腔《西域行》，并进行座谈。回京后写散文《遗音三日绕屋梁》，发表在《人民日报》1962年5月29日第6版。

2月12日—18日　写诗《赣南行》《瑞金道上》《过宁都》《瑞金好》《云龙桥》《谒叶坪》《红军桥》《梅坑》。同时绘彩色粉笔画瑞金云龙桥、长征出发点、赣南道上两幅、章江贡江合流处、叶坪中央和毛主席办公处、叶坪、兴国杨枚岗、兴国潋江红军桥等九幅。这是阮章竞“诗画共生”的开端。

按：此八首以“沿着历史的长河走（组诗8首）”为题发表在《诗刊》1962年第4期。

同期写诗《访沙洲坝感怀》《不老的樟树》《祖国黎明的钟鼓楼》

按：《祖国黎明的钟鼓楼》发表于《人民日报》1962年7月2日第4版。1—2月绘《梅坑、黄洋界、赣南道上》等国画十七幅。同行的沈从文赠诗一首并古宣纸十封。

2月底　回到北京。

3月8日　致信丁力，委托代交党费事宜。

4月19日　参加《诗刊》召开的诗歌座谈会，朱德、陈毅、郭沫若、周扬等人出席。

4月下旬　调离《诗刊》，到中共中央华北局宣传部任副秘书长。

按：新中国成立以后，中央设置大区制，中间曾于1954年9月解散，1960年中央决定重新恢复大区设置。

6月6日参加《诗刊》和北京市劳动人民文化宫联合举办的端午诗歌朗诵会。作者登台朗诵了《红军桥》。

7月　中央北戴河会议，毛泽东提出“千万不要忘记阶级斗争”。

8月　着手编诗集《勘探者之歌》。

按：此诗集于1962年年底编完。次年8月，由作家出版社出版。

9月　参加华北局传达北戴河会议和八届十中全会领导讲话。有会议记录（笔记29#）。

9月　受作家出版社之邀，为雁翼的诗集《白杨颂》写序。

按：以《读〈白杨颂〉》为题，发表于《诗刊》1962年第6期。笔记34#有：三读《雁翼诗选》稿。

11月6日夜　改定《要视察么？请到美国去！》一诗。

12月1日　在北京政协礼堂举行了《国际歌》作词者欧仁·鲍狄埃逝世七十五周年和作曲者比尔·狄盖特逝世三十周年的纪念大会，陆定一、康生出席，周扬致开幕词。阮章竞为此写的诗《高唱〈国际歌〉挺进》是朗诵节目之一。

1963年　49岁

1月8日　致信《作品》，寄送诗作一首。并致信纪鹏，谈约稿事。信透露了未来打算：

我过了春节就重回太行老革命故乡去，打算把关于那里革命斗争的长篇，重新动手。因此，不想写诗了，写不好，也顾不过来。祝大家在新的一年快乐！

1月9日　复信华中师范学院青年学者刘守华，谈创作《白云鄂博交响诗》的想法。

按： 阮章竞与刘守华自1963至1982年间有过多次书信往来。复信后来由刘整理发表于《长江学术》2007年第2期，标题为《阮章竞与友人论诗的信》，2014年又发表于《新文学评论》第3期，标题为《阮章竞致刘守华论诗书简（1963—1982）》。

本月　写《学习人民战争思想笔记》17页。

2月　修改完成《白云鄂博交响诗》第二稿。购《昭和法帖大系》《支那南画大成》等金石画帖多部，在笔记35#中，记有读帖随记。

2月17日　致信美术家贺艺民，“遵嘱写了几个字”交流。

3月11日—5月18日　阮章竞为完成太行抗日主题长篇小说，自1949年之后第一次重返太行山访问。做了十二万字的笔记。（37#、36#、13#090—163#图片）

3月11日　上午抵达太原。

3月16日　访问长治军区副司令蒲志奋、参谋长和侯喜泰。

3月18日　在晋城县委召开座谈会。县委副书记李世元主持，抗日老干部成斌、魏世才、李和平等参加。谈十二月政变后的情况。

3月19日　听魏风义回忆抗战；记录了游击小组唱的歌。

3月20日　访问卫生模范村东四义大队。在任庄水库画了四张速写。到府城玉皇庙看宋元时二十八宿塑像，急需保护。

3月21日　参观泽州丹江铁路大桥。画了六张铅笔速写。

3月22日　到柳树口参观。画了三张铅笔速写。

3月23日　与晋城专区六县部分师范、中学语文教师进行诗歌座谈。

3月26日—27日　在陵川召集座谈会。27日晚上参观集市文化活动。收集《陵川民间资料》（手抄十二页）：陵川干板秧歌唱腔四种、山歌四种、民歌九种。

3月28日—30日　接连去了赤叶河大队、黑山底大队参观访问。应邀为黑山底大队支部书记写《古绝·题黑山底》。

4月1日　参加陵川县诗歌座谈会。

4月3日　夜里与陵川县武装部第二政委崔保富谈解放战争初期情况。

4月4日　见到1945年在陵川县赤叶河调研时的旧友宋文孝。

按：陵川之行，曾与画家邹雅、作家赵树理同登“太行第一山”棋子山，写《绿化太行第一峰——题陵川民兵植树》。

4月12日　白天访问上党战役的襄垣老爷山走马背现场，并与徐金虎、乔启元谈当年战争情况。晚上到屯留召集座谈。西村供销社主任张学森、副县长李次路、法院副院长李晓岚等参加。

4月15日—16日　在长治访问刘三年、李仁魁。

4月17日　到壶关，访问河蓇煤矿支书璩玉发、粮食局长靳松保、县社主任马存有。

4月18日　上午在壶关召集座谈，常行村徐发贵谈窑洞保卫战。下午参观常行窑洞保卫战纪念室，详细记录了战斗经过，绘有草图。

4月19日　与壶关县委第一书记陈明广谈上党战役。

4月23日　上午武乡县委委员武三友、县工会主席张林春、副县长任海生访谈；下午与县监委书记任汉忠谈当地的革命历史故事。

4月24日　下午与当地少女射手冯风英、兵役局副政委郝绪赤谈全民抗战；与县监委书记任汉忠谈武西民兵三宝、三虎的革命事迹。

4月28日　到左权县访问。与当地民政局席光华、红军幸福院支书赵永怀、于文光、副县长连子伦，谈及左权小花戏。

4月29日　与左权东黄漳村袁广顺访谈川口杀敌英雄巨贵如及民兵陈炳昌抗战事迹。

5月2日　在黎城召集座谈会。黎城中学史亭北、东旺村副书记王殿臣、县监委书记康礼耕等参加。

5月3日　到黎城东崖底公社访谈公社副书记高文举。

5月4日　到潞城与原富龙、冯胖虎访谈。

5月5日　在潞城与漫流河村魏成魁、黄窑武装部黄小旦访谈。

5月6日　到潞城神头岭实地考察。

5月7日　在平顺召集座谈会。商业局王喜悦、工业局张建、教育局王德考、服务公司王金方、文化馆李俊杰等参加。

5月8日　在西沟村访问申纪兰。

5月10日　在襄垣，上午召集座谈，东关大队郎福顺、刘兴喜谈抗战。下午到五阴山战地现场，与公社监委郝福堂访谈。

5月12日　在长治，访谈刘三年。

5月13日　在长治，与高平武装部赵智学谈1947年8月战斗和朝鲜战场；晋东南军区副政委刘凤皋谈昔阳无人区和王居仁、赵亨德二烈士事迹。

5月17日　上午召集涉县座谈会，王堡村支书樊赞先、偏城西郊支书曹水堂、涉县河南店大队保管吴其福、北关支委郝景明、七十七岁退伍老兵高海清等谈抗战历史。下午实地访问响堂铺战斗现场。

5月18日　过林县，到安阳。准备开始豫北访问计划。值雨天，尚未安排日程，接电话回京参加会议。第一次重返太行结束。

5月27日—6月11日　参加华北局农村工作汇报会。华北局书记李雪峰主持会议。有会议记录（笔记38#、36-3#、42#）。

6月下旬　阮章竞第二次重返太行山地区访问，为长篇小说积累素材。做了八万多字的笔记（13#164—190#图片、39#、40#）。

6月26日　在太原，上午与魏名扬谈抗战前武乡斗争；下午与刘二白访谈。

6月27日　上午，与魏名扬第二次谈武乡早期共产党的革命活动。

6月28日　与刘世兴访谈八路军六旅1938—1939年的革命情况；与贾书林访谈抗战情况。

7月2日　与榆次监委副书记王忠海访谈和顺抗战情况；与王荣访谈寿阳抗战情况。

7月3日　与太原地委秘书长苗枫访谈；晚上工业部副部长侯玉阶、赵亨德战友李德玉、吕连访谈。

7月5日　到东旺荣军疗养院召集座谈。崔忠厚谈抗战后期情况、上党战役；陈震山、谭和庆、王瑞祥讲电话班长俘敌故事。写诗《七亘故战场》。

按：《七亘故战场》1982年6月29日以《老区行（3首）》为题，配同题油画棒速写，发表在《北京日报》第3版。另两首是《茅津渡》（1979年秋）、《吕梁山周柏》（1980年夏）。

7月6日　与晋中文化局长王文韶谈二分区抗战和日寇清水利一的罪行。

7月8日　与昔阳县人委李贵元访谈昔阳1940—1941年革命情况；与当地粮食局长路世亭谈马坊地下武装；粮食局赵中盛谈斜峪沟惨案和赵友仁烈士；农林局傅贵祥谈昔西和清水革命历史；监委书记瞿治让谈民兵张二狗、铺沟战斗、三烈乡及赵友仁烈士事迹。

7月9日　到沾尚公社采访黄岩底战斗情况、看龙门口战地和沾尚的炮楼。访谈沾尚公社书记李千周，请他谈自己战斗经历。

7 月 10 日—16 日　参加晋祠华北局农村工作汇报会。

7 月 11 日　访问大寨。

7 月 18 日—8 月 2 日　会后与长治地委书记赵军一同回长治。赵军提议阮章竞写一个剧本配合四清运动。在长治，开始酝酿四清主题剧本《红松山》。

7 月 19 日　在长治，与李旺光同志访谈五阴山斗争情况。

7 月 20 日—21 日　参加晋东南地委工作汇报会。

7 月　记录民谚、群众语言一册两千多字（笔记 41#）。

7 月 28 日—8 月 2 日　听各公社汇报关于干部参加劳动等问题。

8 月上旬　赴豫北继续访问。

8 月 5 日　在博爱县召开座谈会。参加者有县疗养院支书刘聚恒、界沟公社党委书记林法长、县宣传部长皇甫正璧、医院支书赵本仁、高庙公社副书记张国蕃。

8 月 6 日　到济源，访问二野渡河外线作战情况。受访者有公安局陈振生、铁路局吕坤海、交通局卢施学、商业局卢汉山。

8 月 9 日—10 日　到焦作调查访问。受访者有当地副市长张方来、上白作公社农业技术站长赵桂英、许河公社妇联连启英、原武工队长王启富。

8 月 11 日　到修武访问。受访者有县武装部张敬民、原二区武委会主任张喜泽。

8 月 12 日　访谈原三区社会部冯天忠、丁来海、葛庄公社侯怀银、钓台营夏国祥、刘志学等人。

8 月 13 日　访谈大南坡村队长赵尊荣、甲板创村治安主任周国明。

8 月 14 日　到长泉村访问老民兵、船工：李振，当年民兵，现任大队副支书；崔仲法，老船工；卢施信，民兵；陈国华，船长。

8 月 15 日—17 日　到新乡，遇华北平原水灾，滞留两天后回京。

按：谱主在笔记 40# 写下重读批注：

太行访问到此为止。这是个一生遗憾的中止。济源访问后，拟即再到安阳。但63年水灾正吃紧，到新乡已十分费事。住了一天，刘建勋同志有电话，叫到新乡。一到，他正急于处理水灾问题，住了两天。看来不可能继续访问，哪里都是正发大水，情况严重，交通全断，只好飞回北京。想等水退后第二年再去。四清开始，又没有时间。再想66年后去，以后未找到机会。

8月　诗集《勘探者之歌》由作家出版社出版。

按：诗集的内容说明写道："这部诗集是作者近年来的新作，共分四辑：《新黄河赞》是歌颂黄河的水利建设的；《钢都颂》描绘了包钢的跃进风貌；《沿着历史的长河行》是作者访问江西革命根据地后所写的内心感受；《风暴颂》是声援各国人民反帝斗争的诗篇。这些作品富有昂扬的革命激情，表现了中国人民崇高的国际主义精神。"诗集共收入诗歌三十八首。

9月10日　华北局机关传达中苏论战会议记录（43#笔记）。

11月　六幕歌剧《红松山》初稿在北京完成。

12月　写笔记《毛诗十首感想》。

本年　蒙郭沫若先生赠书法两幅。一为毛泽东《满江红　和郭沫若同志》"书为章竞同志"，另一为郭沫若原词《满江红　沧海横流》"章竞同志嘱书"。

本年　以太行山之行沿途所见，作《大狼梯》《上赤峪》《陵川》《麻田》《神头岭》《响堂铺》《百里湖》等国画二十七幅。

1964 年　50 岁

本年，除参加必要会议外，集中精力写长篇小说《八年烽火太行山》。

2 月　诗集《四月的哈瓦那》由作家出版社出版。

按：诗集内容说明写道："这是作者访问古巴的诗集，共收二十余首诗，其中有些是一九六一年在古巴时写的，大部分为近两年来所作。这些作品，热烈地歌颂了英雄的古巴人民反对美帝国主义、保卫祖国的大无畏斗争，歌颂了他们一手执枪、一手执砍刀，进行着光辉的劳动，歌颂了古巴的美丽国土、斗争历史和灿烂的未来。"

2 月 24 日—3 月 11 日参加华北局内蒙古会议。有会议记录（40# 笔记，038–081# 图片），两万三千字。

4 月　根据中央歌剧舞剧院意见修改八场说唱剧《红松山》并完成，出了油印本。

按：谱主在《红松山》油印本上批注："此稿是中央歌舞剧院刘裕民和一个忘了名的领导人阅后提意见，并提出作为他们的重点本，而改成这个样子的。后来就有不少与原意不同的意见。"

7 月　包钢首任经理杨维病逝。写挽诗《送杨维同志》。

9 月　以毛诗《十六字令 · 山》为题，作国画三幅。

10 月　参加四清工作团到山西省洪洞县白石公社，驻南段村，至次年 5 月结束。留有笔记五册十六万字（44#—48#）。

按：四清运动是指 1963 年至 1966 年，中共中央在全国城乡开展的社会主义教育运动。运动的内容，一开始在农村中是“清工分、清账目、清仓库和清财物”，后期在城乡中表现为“清思想、清政治、清组织和清经济”。运动中数百万干部下乡下厂，中央为此发出多个指导文件。

1965年　51岁

1月20日—3月18日　在南段村蹲点。

2月　写《抗战人物志》赵亨德、姬银宝、冯胖虎、贾书林、刘三年、白丹红，共四万七千字。

3月下旬—5月　继续随四清工作团留驻南段村。从1月至5月搜集并记录了民间语言一册。

按：据当时与谱主同在白石公社驻点的山西省委党校青年干部孙铭有回忆：

工作队召开全村贫下中农大会分生产队讨论时，有一位老干部模样的同志参加我们五队讨论，年过半百，身体魁梧，花白头发，四方脸，神情专注地倾听社员的发言，听不明白的地方插话询问，特别是对一些方言俗语，他总是要问个一清二楚记到笔记本上才罢休。过了几天，他分配到我们队，才知道是著名诗人阮章竞。[①]

5月　到中条山矿区访问，写诗《矿工之歌》。发表于《中国煤炭报》1984年7月11日第4版。

7月　回京后继续写《八年烽火太行山》，此为太行山抗战题材长篇小说一部分，当时计划写八十章。小说《清晨的凯歌》发表在《人民文学》1965年第9期。

8月17日　参加华北局宣传部部务会议。

12月27日　参加华北文化宣传工作会议，华北局宣传部部长黄志刚作总结。

【1965年】**按**：本年记录群众语言一册，一万一千字（笔记49#）。

① 孙铭有：《在可笑的战役中结识》，《山西文学》2005年7期。

1966年　52岁

3—4月　写完《八年烽火太行山》最后的79、80两章。

按：创作太行山抗日题材长篇小说是阮章竞自新中国成立后一直的夙愿，好事多磨，直到1997年才由大众文艺出版社出版了长篇小说《霜天：山魂第一卷》，阮章竞于1997年10月31日写成了《我为什么要写〈霜天〉》一文，回忆涉及了这段时间的创作波折：

1965年夏天，参加了半年“四清”运动之后，我总算可以开始草拟这三部长篇的提纲了。但我总有“树欲静而风不止”的预感，当看见《评〈海瑞罢官〉》时，我想到风又起了。我急急忙忙把第二卷提纲，改用铅笔匆匆赶写到一半时，“文化大革命”来了，我不得不停笔了。不久，机关造反派头头要我交代书中写了什么领导人？他点了好几个晋冀鲁豫最高领导人名字，我回答没有。他们不信。我曾想过活着的不敢写，为革命献身的总可以写吧？头头跟我谈话之后，我觉得死了的也有可能开坟鞭尸，我连夜把1942年日寇大扫荡时，在指挥作战中牺牲的左权同志的有关章节，全部删剪掉。不出所料，第二天晚上造反派来抄家了，指定要交出全部原稿，送到红得发紫的“北大公社”聂元梓、孙蓬一那里邀功。过了一年多，机关造反派实现了大联合，同情我的一个造反组织向“北大公社”要回这部提纲稿，交到我手里时，此提纲虽然有墨污和某些损失，基本还算完好。但我不敢写了。等到拨乱反正后，我又想起许下留给后人的诺言来。

5月4日—26日　中共中央召开政治局扩大会议，并于5月16日通过《中国共产党中央委员会通知》，会议决定成立中央文化革命小组，此后，“文化大革命”迅速发动起来。

按：谱主在笔记53#记录宣传部工作：“文化革命形势开展情况：5月13日黄带工作组到北京，留家11人，5人接待来访。17日晚黄森同志作了动员，18日第一批贴出去。5月20日到5月底，学习通知及附件，边讨论边揭了些问题。”

6月—8月　到北京新市委，担任理论组党支部书记，驻西直门外畅观楼。理论组成员是从北京大学、人民大学等高校抽调的青年党员。理论组参加过京棉二厂群众关于怎样理解“一分为二”的讨论、中央文革小组在北京大学组织对工作组和张承先的批判等活动。

6月20日　参加华北局解决内蒙古问题的前门饭店会议。53#笔记018—021图片。

8月—9月　在机关接待来访群众。笔记53#记录了：8月22日接待河北大学化学系学生上访；8月29日接待河北农大普及兽医系学生上访。

10月下旬　《太行山不会倒》27章本手稿，被华北局机关“革命造反联络总部”到家抄走，由何群光经手交给“新北大”孙蓬一、胡静之。一年后由机关文艺处北大毕业的研究生王宝生到北大找回来。万幸的是，手稿基本无损。

按：“文革”爆发后，阮章竞在华北局宣传部工作的情况，当年的同事黄道霞回忆道：

“文革”中，他不出头露面，比较谨慎。尽管机关很热闹，有冤的报冤，有仇的报仇，他和谁都无冤无仇，也没有贴过大字报。后来，副部长一级的干部贴出来四人大字报、十人大字报，他也没有签字。争论时他表过态，是说公道话吧，也不明显包庇走资派。[①]

阮章竞在“文革”中基本没有受到批斗，据当年的同事杜荣泉看来“老阮人缘非常好，对一般干部很好，群众组织不批斗他，也不吸收他参加”。还有级别原因：

---

① 据阮援朝对黄道霞的采访，时间：2011年12月3日。材料据陈培浩、阮援朝：《阮章竞评传》，漓江出版社，2013年，第206页。

宣传部内部主要是对黄志刚，从秘书长以下只是靠边站。因为单位的级别高，干部素质和修养也比较高，上面还有部长和副部长作为斗争对象，老阮这一级就幸免于难了。①

10月30日—11月7日　到山西运城地区绛县组织学毛著现场会。当年的同事黄道霞对此有一段回忆：

在林彪倡导大学毛著的背景下，华北局不能落后。1966年10月30日至11月7日，在山西绛县召开了一个学毛著现场会，推广华北局的一个老典型周明山的经验。章竞同志因为1963年就参与过抓这一典型的工作，加上运动中其他领导干部处境艰难，他作为坚持工作的班子成员，参加了那次会议。②

阮章竞负责了此次学毛著现场会的秘书工作：起草了《学习毛主席著作绛县现场会汇报提纲》和领导讲话稿以及会议的报道、会后经验推广等文件。

按：谱主在笔记50#中，记录了“学习毛主席著作绛县现场会”（006—062图片）。

11月11日　从绛县回京路过太原。在太原宾馆，省委书记王谦与阮章竞长谈，要他代向华北局书记李雪峰、解学恭汇报山西省委常委工作近况。

按：王谦向华北局的汇报在50#笔记（063—071图片）。

11月18日　参加华北局布置接待进京学生的会议。传达了周总理关于毛主席最后一次接见进京学生。11月20日停止免费坐车；12月12日停止免费火车。

11月21日　华北局近期工作布置：总的是抓革命促生产，运动、工作都要搞，还有大量接待任务。运动不是短期，是很长，工作还是要抓。特别是工农业财贸要抓，机关运动要搞好。（笔记50#）

---

① 据阮援朝对杜荣泉的采访，时间：2011年12月22日。材料据陈培浩、阮援朝：《阮章竞评传》，漓江出版社，2013年，第206页。

② 据阮援朝对黄道霞的电话采访，时间：2012年3月1日。材料据陈培浩、阮援朝：《阮章竞评传》，漓江出版社，2013年，第207页。

1967 年　53 岁

本年，继续在华北局宣传部工作，工作内容有时是接待红卫兵，有时则是在机关抄大字报。杜荣泉回忆道：

当时宣传部有两个人字写得好，一个是老阮，一个是文艺处长孙福田，以前只是听说（写字好）没有看过，这回都是长篇，看个痛快。写的时候在会议室，大家就围观，指指点点；有时抄落了字，就七嘴八舌，要他俩重抄。写好贴到院子里，不是看内容，是欣赏老阮和孙福田的书法。他每天按时上下班，在机关食堂吃饭，一直干这个事。他们不贴大字报，没有自己的创作，只是抄。[①]

洪洞四清工作队的孙铭有回忆了“文革”期间和阮章竞的一次相遇：

1967 年秋天，省委党校工宣队派我和同事王金鹏赴京到华北局外调时，顺便看望了诗人。“文革”前，诗人任中共中央华北局副秘书长（挂职，主要搞创作），未被打成“走资派”。“革命大串联”期间，让他管接待红卫兵工作。在办公室一见面，我就觉得他精神不佳。坐下问起近况，他就历诉在接待红卫兵过程中遇到的种种不可理喻的事情，越说越激动，最后气愤地说：“红卫兵太野蛮！”我出于他的安全计，忙劝他在别人面前可不敢这样说。[②]

夏天　清华大学红卫兵“井冈山”一行四人来到阮章竞家，有过

① 据阮援朝对杜荣泉的采访，时间：2011 年 12 月 22 日。材料据陈培浩、阮援朝：《阮章竞评传》，漓江出版社，2013 年，第 207—208 页。

② 孙铭有：《在可笑的战役中结识》，《山西文学》2005 年 7 期。

一番交锋。阮章竞儿子阮凯鹰回忆道：

一九六七年夏天某日，清华“井冈山”一行四人闯入家中，向父亲调查某人的历史情况。进门一打量就喝道：“你家里还敢挂着‘四旧’！”父亲回答：“你们看看清楚，是谁的诗词！”四人定睛细看，方知是郭沫若先生手书的两卷条幅。一是毛泽东的《满江红　和郭沫若同志》，一是郭老原作，气焰顿挫，塞口无语。大概是进门便受当头棒喝，时间不长，四人就客气地告辞离去。

我即问父亲：“是否会有麻烦？”

答曰：不会！我已有对付这些人的办法。他们对着我念语录，我就背语录。无非是：凡是反动的东西你不打，他就不倒。天下的顽固分子……之类。他们问什么，我就讲什么，实话实说。他们如果说，不老实、包庇什么人之类的话，我就问他们：“你们是想把事情搞清楚还是想把事情搞乱？想把事情搞清楚就要听真话。我讲的都是真话！想把事情搞乱就听假话。想听假话你去找其他人。我，不说假话！[①]

本年，阮章竞在51#笔记中写了思想检查和作品梳理（未完成），一千六百字。

① 陈培浩、阮援朝：《阮章竞评传》，漓江出版社，2013年，第221页。

1968 年 54 岁

1 月 调任河北省革委会政治部干事。

按：1968 年 1 月，中央要在河北省试验省委机关小机构化，将原来河北省委、省政府几千人的编制压缩成 100 人，由华北局具体执行，李雪峰兼任河北省革命委员会主任。100 人的来源是华北局 30 人、原省委省政府 30 人、河北省军区和北京军区各 20 人。关于 1968 年的这次调动，和他一起从新华北局调到河北革委会的黄道霞回忆说：

华北局有干部上千人，挑 30 个。由群众组织和军管会提名。开始的名单没有章竞同志。他来找我向雪峰同志反映。雪峰说："行啊，他的小说不是没写完嘛，河北离太行山更近，还可以写。"

雪峰同意后，我告诉他，叫他去跟宣传部的群众组织去提出来。这个群众组织是保皇派。军管也听雪峰的话，因为雪峰是北京军区的第一政委，领导军管。他就先和宣传部准备去河北的几个人沟通好，手续做得让大家都没有意见。

到了河北，章竞是在政治部。一共不到 10 个人，管过去组织部和宣传部两个部门的事。[①]

阮章竞是李雪峰的老部下，工作中多蒙关照，为他提供了尽量宽松的创作环境。李雪峰调河北，阮章竞希望跟随顺理成章。当时和他一起从宣传部到河北省革委会的有杜荣泉和田毅，省革委会的机构有生产指挥部、政治部、办事组、保卫组，三个老同事都被分配在政治

① 据阮援朝对黄道霞的采访，时间：2011 年 12 月 3 日。材料据陈培浩、阮援朝：《阮章竞评传》，漓江出版社，2013 年，第 215 页。

部下属的文教组，政治部主任是省军区政委谷奇峰，副主任是省军区政治部主任曾美。阮章竞于1972年开始任文教组副组长，据杜荣泉说“组长是部队的，老换”。

6月　阮章竞通过省革委会帮助地方处理了一件浮夸事件。据阮章竞儿子阮凯鹰回忆：

1968年6月，阮凯鹰就读的中国科技大学几个学生，随河北固安籍的同学回乡参加夏收劳动。正遇县革委会下发通知说：虽然今春大旱，麦收预计减产三成，但是，广大贫下中农为了向党中央、毛主席献忠心，主动要求上交小麦的数量比去年要翻一番。这实际上是1958年浮夸风的重演。

通知一经传达，村干部和农民都叫苦不迭，怨声载道。百姓们面临的困境是：去年秋粮即将吃光，小麦减产还要上交翻番，家中口粮无论如何也吃不到秋收。科大的几个学生为农民说了几句话，被县革委会派民兵抓了起来，校方介入后才被释放。

适逢阮章竞回京休假，阮凯鹰对父亲讲了这个事情。阮章竞听后，在屋里踱步思索。片刻后，说：“这样吧。你们写一个简要的材料。文字不要太多，一两页纸，三五百字就可以了。抬头写河北省革命委员会。写好用挂号信寄给我。我帮你们递上去。”

儿子问：“会有用吗？”

阮章竞答：“省革委不会像县革委这么胡闹，水平会高一些，应当会起作用。”

次日返校，阮凯鹰组织了五名同学写好材料，当日发出。后来固安籍的同学告诉阮凯鹰说：县革委会收回成命，老百姓分到的口粮紧一紧可以吃到秋粮下来了。村里的乡亲叫我转告，谢谢你父亲，谢谢科技大学的同学们。[①]

阮章竞在河北省革委会期间的生活，杜荣泉有几段回忆：

---

① 陈培浩、阮援朝：《阮章竞评传》，漓江出版社，2013年，第220—221页。

老阮豪爽好客，我们几个从华北局来的，有时就上饭馆，都是老阮请客。石家庄的名菜猪肉炖粉条、红烧排骨，这两样每次都是不可少的，一开始我们还笑话石家庄土。吃了几顿以后，确实是别有风味。

平常相处时，知道了老阮中国古典文学的根底很深厚。文教组里并不极“左”，唐诗宋词照样地说。有时我们只能记住其中一联，几句。老阮能够张口就说，像七律，八句一句不差，让我们很佩服。

老阮经常提起冼星海，他多次说到冼先生是自己的革命引路人。

平常他这个人人际关系很好，当时要和各个不同部队的解放军相处，他处理得都很好。没有架子，也没有文人气息。①

---

① 据阮援朝对杜荣泉的采访，时间：2011 年 12 月 22 日。材料据陈培浩、阮援朝：《阮章竞评传》，漓江出版社，2013 年，第 216 页。

1969年　55岁

继续在河北省革委会文教组任干事。

文教组要管全省十个地区和省直的各个文艺团体、各类学校和文化单位，事务繁多，派性斗争复杂，杜荣泉回忆道：

那时的日子，现在想起来都不知道是怎么应付过来的。当时有句顺口溜："北京军区三大难，保定、太原、文工团。"最头疼的是四个剧团：京剧、河北梆子、歌舞剧团、话剧团。年轻好动、打派仗。一派是38军支持，在石家庄；一派是省军区支持，在保定。保定的不肯到石家庄来。派工宣队，派军宣队都解决不了，总是派仗打来打去打不完。①

如何为这些剧团找"正事"呢？阮章竞提出因势利导，从具体情况出发，让剧团排演样板戏。

京剧学《红灯记》，河北梆子移植《沙家浜》，歌舞剧学《白毛女》。谁也不许用派性来干扰样板戏。这一下还挺灵，本来打派仗，现在两派谁也离不开谁了。②

阮章竞在太行山干过十几年的剧团工作，深谙剧团的"生态"和"心态"，也一直起带头作用：

要演好样板戏，基本功不能丢，剧团开始"天天练"，每天早上练基本功，叫嗓子，翻跟头。又决定到北京学《红灯记》，到上海学

---

① 据阮援朝对杜荣泉的采访，时间：2011年12月22日。材料据陈培浩、阮援朝：《阮章竞评传》，漓江出版社，2013年，第217页。

② 同上。

《白毛女》，成立了两个小组，老阮带歌舞团小分队去上海，我带京剧团和梆子团小分队去北京。

学的过程中，剧团的积极性很高，按照样板团的要求，传授是北京军区批准的，那时各个省还都没有人去学。

以前从来没有到北京上海学习过，学好回来，剧团里面排练的情绪很高涨。李雪峰、刘子厚两位首长很重视，很快三个剧团的节目都相继演出了，在八一俱乐部演的。

当时和其他地方作横向比较，河北的几个剧团都没有下放劳动，还保住了一批艺术人才。在天津从河北分家时，有个天津艺术学校，三届毕业生一锅端过来，在当时真是有点气魄。三届毕业生首先充实到省直剧团，比如歌舞团就力量大增，可以排演交响乐伴奏《沙家浜》了，士气很盛。1968、1969 年那么乱的情况下，但河北这几个剧团，没有伤了元气，就是因为出了这个点子，领导支持，中间环节老阮也是远见卓识，身先士卒。他可以不去的，但他亲自带队，影响比较大，效果也很好。

现在想起来，在一线坚持工作的日子也实在不容易过，根本没个休息时间。老阮说咱们就抓这了，闹派性成瘾的，那还是少数人，大多数剧团人还是要搞事业的。[①]

---

① 据阮援朝对杜荣泉的采访，时间：2011 年 12 月 22 日。材料据陈培浩、阮援朝：《阮章竞评传》，漓江出版社，2013 年，第 217—218 页。

1970年　56岁

8月23日—9月6日　中共九届二中全会在庐山召开。会后，河北省革委会主任李雪峰调离。

秋天　文教组处理了一件《河北日报》女工错排字险被打成反革命事件。

按：据《阮章竞评传》：

河北日报一女工在排版时，将“打倒党内最大的走资本主义道路的当权派”错排为“打倒毛泽东”。

这是工作中极少发生的失误。当时，排字车间把常用词都固定成一条，放在相邻的地方，便于快捷取用。这位女工是个公家养大的孤儿，工作努力。在近二十小时连续工作的情况下，过度疲劳，拿错了铅字。被关押了三天，她吃不下饭，整天痛哭流涕。说：“对不起毛主席，对不起救我养我的共产党！”

事情汇报到省里，有领导就表态了：“这是现行反革命事件，是阶级斗争的新动向！”有些人随声附和，有人不吭气。阮章竞说：“不会吧？就是过分疲劳拿错了嘛！哪里会是什么反革命！”李雪峰表态说：“这件事就交给文教组去处理。”

阮凯鹰见证了父亲对这件事的处理：

那是1970年秋，阮凯鹰出差到石家庄。进父亲的宿舍时，见父亲正在对两个人发火，说话的声音很大，口气坚定，带有命令意味。见儿子进来，阮章竞对二人说：“你们回去马上放人！叫她写个检查。

就行了！”二人唯唯应声，退出门外。阮凯鹰很纳闷，说：“来的是什么人？你为什么发火？”阮章竞说：二人中一个是河北日报负责人，一个是报社印刷厂负责人，是向省革委核心组汇报女工错排事件。至于为何发那么大的火，似乎跟他平素性格不符，阮章竞是这么回答儿子的：

“你懂什么！我如果不这样（声色俱厉）的话，他们回去就很可能不敢放人。再关下去，会出人命的！”[①]

10月　开始读《文史资料》，记有摘录卡片七千字，笔记58#。

12月　重新开始长篇小说的写作，据作者手稿笔记：“70年12月改到仙翁岭战斗。”

【1970年】**按：**本年谱主作抒怀诗《卵石》，后收入《晚号集》（人民文学出版社，2001年）。

谱主此前多作政治抒情诗、工业题材诗等都有鲜明政治特点。此首《卵石》是谱主此前少有的抒怀诗，借物抒怀，写出“不看看我的资格，/我的成分，我的出身？/小心把自己的脚砸疼。”的感慨。

冬，动笔撰写《故乡岁月》。谱主在笔记中写道：“长夜难眠，做什么呢？回顾半个世纪，人民虽有壮丽的斗争岁月，但都不敢写了。于是想起童年，百感交集。人民总是要前进的，但后代对旧中国是不了解的。于是想把儿时所遇记录下来，故分了几个小题，以便写下去。”

谱主在1972年构思《海河行》时，曾在札记中写下一首无题，宣泄在“三突出”写作桎梏下的苦闷和迷茫：

无眠清夜逐寒星，
偶闻微笛送远行。

---

① 陈培浩、阮援朝：《阮章竞评传》，漓江出版社，2013年，第219—220页。

落叶尚思童年泪，
奔焰何减暮岁情。（笔记 56#018 图）

本年留下一方篆刻，内容为“不破不立”。

1971年　57岁

本年继续在河北省革委会文教组任干事。

2月　华北局书记李雪峰被撤职，11月到安徽农场劳动。

【1971年】**按：**本年留下篆刻名章一方，内容是“为革命读书”。

1972 年　58 岁

本年任河北省革委会文教组副组长。[①]

5 月　人民文学出版社散文诗歌组提出再版《勘探者之歌》，修改时拟改名为《长河之歌》，后搁置。

6 月　修改了诗歌《雪海风吹牧歌来》。

11 月 20 日　四川省文化局来信，告知将 1951 年 6 月的阮诗《光荣颂》谱曲，编入《四川革命歌曲选》，阮章竞动笔修改了这首诗。

12 月　为纪念毛题词"一定要根治海河"十周年（1973 年），河北省革委会于本月召开筹备会议。阮章竞所在政治部文教组除了要负责组织参加海河治理工程的先进模范人物发言之外，还安排了一系列的文艺创作，包括电影、小说、诗歌、丛书、报告文学、美术、摄影、戏剧、展览等。阮章竞受命负责创作一首治理海河主题的长诗，并于本月开始构思《海河行》。做了材料摘录，笔记 55#，七千字；笔记 56#，一万字。

按：河北省在此之前围绕治理海河这一政治主题，已成立了各种写作组，出版了大量的作品，譬如《红日照海河：诗歌选》（红日照海河编辑组，河北人民出版社，1972 年）、《战海河：报告文学》（战海河编写组，河北人民出版社，1972 年）。作为纪念"一定要根治海河"题词十周年成果，1973 年出版了《美术作品选：纪念毛主席"一定要根治海河"题词十周年》（河北省纪念毛主席"一定要根治海河"题词十周年画册编辑组，河北人民出版社，1973 年）等。

① 据阮章竞 1999 年提交中组部《干部履历表》。

1973 年　59 岁

1 月 7 日　收到林涛来信，附遵嘱所作国画《赤叶河人物——燕燕》。

按：此画题款为《赤叶河》第一部第三曲："滚好米汤蒸好窝，瞧瞧南山坡。有心要叫声俺的哥，新媳妇脸皮薄。"

3 月　在 56# 笔记《海河劄记》中，写了第二个情节设计。

6 月 21 日　再理《海河行》第二、三部。

11 月　完成长诗《海河行》初稿。

按：谱主在 1980 年 3 月回忆《海河行》创作时写道："1970 年秋，奉河北革命委员会核心小组之命，组织了两个创作小组。一个是以根治海河为题材的。当时是'四人帮'横行天地的时候，创作思想都被'三突出'所控制。创作中，无法打开道路，组内争以'三突出'为荣，几稿都是枯燥乏味的。但这样，河北省核心小组也不肯点头，生怕他们自己卷进去。写作停顿了。我原想创作组能搞出个初稿，即提出离开河北。可是出现了九届二中全会的问题，也较难立即提出。"

本年阮章竞仍在河北省革委会任文教组副组长。

本年 8 月 20 日　李雪峰被开除党籍。

本年　收到唐任均同志七言诗《悼陈毅》。

1974年　60岁

本年，河北省革委会任命阮章竞为省文化局副局长，他坚辞不肯就任，留在北京治疗冠心病。为所藏《四库全书》做封套，读帖刻章，联系调回北京。

1月13日　又开始构思长篇小说，在台历纸上记下一则材料：

武三友说他当农会主席时，彭涛来召开会讲减租减息。下大雨，群众不来。彭叫武去叫人。大家来了，披着被单，麻包片，因无穿的。彭见落下泪。宋文孝同我在赤叶河时，去找全会，他起不来，因下了雨，没有裤子穿。他和老婆只有一条裤子。

1月25日　是日正月初三，心绞痛。随后笔记中有：拓印款识材料与方法、书法理论典籍和二十四史目录等记录。（笔记54#）

2月—3月　修改长诗《海河行》，完成二稿。

4月13日　作诗《画鹗祸》。

按：1984年春，谱主为此诗作一补记：

1974年4月12日晚间访邹雅，催他为一朋友作画。他苦笑对我说："作画，过个时候再画。美术馆有个展览，叫黑画画展，你先去看看就知道我为什么现在不画。"我第二天去了，观众多得水泄不通，但展室静悄悄，每个人都笑不像笑，哭不像哭。回来后写下这首诗，但早已忘记了。去年粉刷房子，被翻出来，自己也吓了一大跳：我怎敢如此"狗胆包天"！但现在是春天了，晾出给人看看，说不定可以消闷解疲劳，助消化哩。

另，谱主的太行战友画家邹雅于1974年4月20日因煤矿缆车事故遇难。

10月　本月提笔继续长篇小说的写作，共二十三章。

【1974年】按：本年阮章竞完成二对名章篆刻，内容为“珠江人也”“老阮、阿竞”，另二方篆刻“工间操”“补知贫室”。

1975年　61岁

1—8月　继续写作抗日题材长篇小说，将书改名为《群山》，并决定增加章前词。完成章前词六首：《南乡子》《渔家傲》《山中谣》《酒泉子》《调笑令》《谢春池》。

5月　本月调动至北京市文化局创评组。

7月30日　写完长篇小说“河山阁”一节写后记一篇。

按：此篇后记如下：

三月春山到河山阁共十七万五千字，写得最辛苦。

一是初稿时，只是个很不具体的大概部署。

二是时间搁下又十二年了，当时的细节打算，都忘了。幸好，这三个战斗在记忆中是深的。

三，正在春节前后各种病一下都发了。到了五月，仍是思想、体力集中不起来，写写就不行。

四，到了六七月，天气又热了，七月又连发了三四次时间长的心绞痛。曾想，这三个战斗印象较深，却写不成，很伤脑筋。今天虽然很粗，但总算搞成了。

9月15日　闻刘白羽住院，写信问候，告自己的身体状况。

9月24日　收到刘白羽复信，谈健康。

9月底　一批文艺界人士出席国庆招待会的消息见报。

10月10日　参加会议，听《诗刊》复刊传达。

10月26日　在笔记55#写了“海河构思”。

11月上旬　到前门大栅栏抓药，路遇要去补衣服的郭小川，未及深谈而别。竟成永诀。

12月　写《七五年回顾》。本月花很多时间研究古典诗词。(笔记54#)

12月底　《北京文艺》张志民和市文化局主管领导石敬野登门约《海河行》稿。

【1975年】**按：**本年留下篆刻名章一方。

1976年　62岁

1月1日　接《诗刊》约稿，请作诗一首。

按：《诗刊》1976年第1期发毛主席词两首——《水调歌头·重上井冈山》《念奴娇·鸟儿问答》，当期已配二篇评论文章。拟在本年《诗刊》Z1期再发相关诗文予以配合。谱主完成诗《攀登高路入云端》，发表在《诗刊》1976年Z1期。

1月8日　周恩来总理逝世。

1月11日　参加周恩来遗体告别仪式归来，作长篇《悼诗》一首。

按：此诗从未发表，此年3月阮章竟对诗进行了修改，并于诗下附记如下：

周总理去世，在瞻仰和遗体告别的那天晚上，万分悲痛地写下《悼诗》。我知道，这只能表示对总理的哀思和崇敬的心情而已，发表是不可能的。但完全未想到，总理骨灰未冷，总理的名字再不容易见到了，悼念活动的影片始终未见到。

难道跟毛主席为无产阶级、中国人民、世界人民战斗毕生的总理，如此就可以使人忘记了么？实在叫人更悲愤！

人民是不会忘记总理的，永远不会忘记！

在这种心情下，把悼念总理的诗，又改了一下。

2月10日　修改《攀登高路入云端》。

2月17日　改定《攀登高路入云端》。

按：阮章竟后在手稿上批注：

内乱后期，《诗刊》重新出版，第一期登毛词两首，要我写一首诗，此是原稿。光年审看后来，说毛的东西，开头太弱，应是雷鸣闪电。我根本不想写也不想改。我求不发，张也不好说不发。两人沉思了将一个钟头，找不到合适。后张凑成“雷鸣闪电”放在开头，代替了“海云……”

2月　参加北京市文学界座谈会并发言谈学习毛主席词感受，后成文《伟大的诗篇光辉的典范——学习毛主席词二首的体会》。

按：此文发表在《北京文艺》1976年第3期和《中国新闻》第7667期（1976年3月2日），阮章竞八十年代重读此文，回想此次座谈会时随手记下如下文字：

奉命表态。

曹禺的发言是马联玉[①]代拟的。在会上我问曹：“说得还不错。”曹悠悠地对我说：“还好哩？这算啥！”在那个时候做诗难，发言也难。要想平安，智者只好“滑头”而不敢说实话。

春　又写了一个“海河构思”。

3月27日　着手对长篇小说第一部第三部分的审阅修改。

4月6日　策杖行天安门广场，归来作七绝《无声之晨》。

按：此诗编入《冬夜吟》。作者附跋如下：

昨夜——1976年4月5日夜，天安门前重演了1927年3月18日事件。今天早晨，我策杖天安门广场，只见偌大的一块庄严圣地，却是晨鸟不飞，空无一人。处理是迅速的，真是用心良苦，但积水犹膻，石缝依稀可见淡淡的血色。固然高压水龙，力大无比，能冲刷汉白玉石板，使人有眼看不见，但却无能冲洗净腥风，使人有鼻闻不到！我落脚踌躇，忍泪低吟。

6月13日　《海河行》决定不发表。

夏　研究诗词格律，有59#笔记一册，五万三千字。研究气功，有60#笔记一册，九千字。

---

① 马联玉是当时北京市文化局创作评论组组长。曹禺和阮章竞都在创评组的编制内。

9月9日　毛泽东逝世。

按： 谱主“于哀思泪雨中”完成悼念长诗《缅怀毛主席，长江万古流》初稿。

9月18日　毛泽东主席追悼会在天安门广场举行，首都百万群众参加。

10月6日　当晚，中央决定对“四人帮”隔离审查。

10月18日　中共中央将对“四人帮”进行隔离审查及他们的问题通知至全党各级组织。

10月21日　中央人民广播电台播发粉碎“四人帮”消息，北京一百五十万民众上街游行庆祝。

10月22日　参加《北京文艺》组织的讨论会。《北京文艺》主编张志民约写庆祝粉碎“四人帮”诗歌《十月红》，希望24日交稿。阮章竞答：只有三天，怕来不及。

10月22日—24日　完成了诗歌《十月红》。

按： 阮章竞笔记注道：

此是捉了“四人帮”公布后，《北京文艺》主编张志民同志在小组会讨论后约写的。我当时说廿四日交稿来不及，只有三天。不知怎的，回来却写了。交了给他们，未敢用，写的也不理想，只是庆祝、泄愤。编辑嫌长，拿来一个压缩稿，只要了开头和尾巴，中全砍去。我未同意发。

11月初　与夫人赵迪之手抄了《10月8日中央领导同志讲话》《10月28日粟裕在军科院党委扩大会上的讲话》《对〈红都女皇〉的批示》《耿飚关于宣传工作的讲话》等文章。

11月　开始写时政主题长诗《〈东方红〉颂》。12月下旬完成。

按： 作者在诗原稿注道：

此诗，当时因病和家事烦恼，勉强写成。但已到12月下旬。《人民日报》说已挤不下。《解放军文艺》说此诗碰到的都是很大的事情，不好登。

后编诗选时又注："没意思"。

此年秋，写了《关于〈红松山〉歌剧稿》：这个稿子是刚提出"四清"时，太行山一些地方同志提议搞这样一个剧以配合"四清"运动。于是就将当时在太行山和别的地方看到、听到的一些材料而写的。当时对"四清"的意义还不理解，以为是地富复辟、渗透等夺取社会主义农村政权。直接参加"四清"之后，才明确整党内资产阶级当权派。

这样，当然距离太远了。我也不打算写成了，当时的热烈支持也不再怎么看见了。但由于写这个东西，占了半年多时间，大大影响《群山》的进行。当时，认为自己尚有不少时间，半年一年问题还不太大。谁能估计后十年的情况呢？

这个废品中，尚有一些剧诗，是可取的。很想找个时间，把一些可留的摘出来。但一直没有工夫去做。自己终感未能从半年酷暑、沥尽心血的劳动中，收回一点东西。

谱主从此歌剧中，选出《山林即景（3首）》：《山松山花》《鹰泉蒲公英》《练长矛》纪念这部歌剧。

本年留下篆刻名章一方。

1977年　64岁

本年以小说《群山》创作为主。写出二十六章，增写章前词十六首。

1月10日　在《北京日报》发表诗歌《缅怀周总理》。

3月　为人民文学出版社再版的《漳河水》写后记。1977版《漳河水》不顾作者的反对，删去了长诗《圈套》，令阮章竞耿耿于怀。

按：1982年谱主说：出生三十多年的《圈套》已被宣判过两次“死刑”，头一次是在老区土改中期，第二次是在“四人帮”倒台之后。故1977年再版的《漳河水》，同时把第二次处死的《圈套》掩埋了。(《漫忆咿呀学语时》)

1991年1月7日作者写道：“文革”后，人民文学出版社决定重新出版，但诗歌组编辑要我，一要遵守工农兵审查原则，二要把“大总统妇女也能做”改掉。我说是列宁说的，但没有取得同意。为了能重新出版，只好改了。(为《解放区文学书系》重校《漳河水》笔记)

4月　作文《五月山花红似火》。

按：此文发表在《人民文学》1977年第5期。

6月21日　作诗《怀念朱总司令》。寄给《人民日报》文艺部袁鹰。

7月7日　中共中央十届三中全会决定恢复邓小平职务。

7月22日　于医院中作诗《题四蟹图》。

按：此诗后收入《晚号集》，有一跋如下：

1977年7月22日，在卧病的医院中，喜闻十届三中全会做出永远开除王洪文、张春桥、江青和姚文元出党，并撤销群丑党内外职务的决定，人心大快。临窗眺望，红旗似海，锣鼓喧天，诚是此生一最大快事，爰填《西江月》题于《四蟹图》上。

8月　修改诗作《缅怀毛主席，长江万古流》。

按：该诗发表在《人民文学》1977年9月号。

8月4日—8日　全国科学、教育工作座谈会召开，决定恢复高考。

8月12日—18日　中共第十一次全国代表大会召开。

11月　作文《叛徒的屠刀》。

按：此文发表在《诗刊》1977年12期，未经作者同意大幅修改。作者在责编寄回的抄稿上批注："这是一桩公案。《诗刊》应当（原文如此）无法表态，要求写一篇。我病，葛洛叫封敏来，我口述。后见她不易完成，我同意我自己写。但太仓促，要求看小样才能发。后她违诺，而且乱改动，文理不通。葛告就如此，来不及，请谅。这样不严肃地违诺，我向封提出质询时，抄寄我的。我的原稿是毛边稿纸。"

12月14日　参加《诗刊》学习毛泽东致陈毅信座谈会，并发言。

按：发表时题目《航灯》，《光明日报》1977年12月31日摘登。

12月15日　批注《人民日报》"阴谋文艺的一股狂澜"。

12月21日—25日　参加中宣部、文化部召开的文艺界座谈会，并发言。

12月28日—31日　参加《人民文学》编辑部百人座谈会并发言。

按：发表时题目为《在华主席的指挥下战斗》，发表在1978年1月17日《人民日报》。

12月　阮章竞被提名推荐担任中国人民政治协商会议第五届委员。

【1977年】**按：**本年谱主留下篆刻一方，内容"故人情"。

1978年　64岁

1月　为长篇小说创作的不顺利，陷入深度焦虑。

按：19日写："夜未寤偶悟——每天最严格，分秒无误地付足八小时劳动而想取得科学、技术、文学、艺术的较好成果，我老实告诉你：天地从来不诞生这种天才。"

24日写："梦中呐喊——留给我的时间已经不多了，让我把工作做完！1978年1月24日为家事所扰而梦中呐喊。"

2月18日—23日　中共十一届二中全会召开。

2月　写诗《昨日的雷霆》（未发表）。

2月24日—3月8日　参加全国政协第五届第一次会议。

按：全国政协第五届委员共1988名，阮章竞作为文学艺术界65名代表之一。任期到1983年6月。

3月　写《战歌颂》。

按：作者附有后记："全国重新改写《义勇军进行曲》歌词的活动，可谓'壮举'。谁不知道这是违反历史真实的。参加市专业与业余诗歌讨论之后，有感于怀而作。"

本月　开列书目回答北京语言学院（现北京语言大学）的作家情况调查提纲。

按：此提纲是复北京语言学院1978年1月20日为编辑《中国文学家辞典》所发约稿信写的。

3月5日夜　作《江城子·新长征——庆祝五届人大胜利闭幕》。

按：发表于《人民文学》1978年第4期。

3月16日　致信丁力，为友人亲戚平反查找典故。信如下：

丁力同志：

最近怎样？有一事托你，长春警备区副政委崔家骏同志，托我为他的小叔周在远，从前上课给中学生说："细羽家禽砖后死，粗毛野兽石先生"。"文化大革命"一开始就停止工作。说"粗毛"是指主席，"石先生"是指蒋匪。现要查到出处就能平反。

我现将崔家骏信给你看看。你有无办法查一下？我已叫路工去查，他回信说此联是辛亥革命的人写的，说是好人死了，坏人生了，但未弄出个出处。报纸太多，要查得要当地公安系统来公函给北京图书馆党委，太麻烦了。你在历史博物馆工作时，有些人懂旧东西，看看能知道出处，救人一命？

祝好！

3月18日　全国科学大会召开。

按：1978年3月18—31日，中共中央、国务院在北京隆重召开了全国科学大会。时任中共中央副主席、国务院副总理邓小平在大会开幕式上作了重要讲话，他阐述了"科学技术是生产力"的著名论断。

3月20日　致信北京市文化局钱小惠，韦君宜托阮章竞为人民文学出版社推荐编审，请钱考虑去否。

4月19日　新改了抗日题材长篇小说《群山》之《序曲》。

4月28日　修改了抗日题材长篇小说《群山》第一章《东渡黄河》。

按：本月谱主收到茅盾先生手书《读稼轩词》条幅："浮沉湖海词千首，老去牢骚岂偶然，漫忆纵横穿敌垒，剧怜容与过江船。美芹荩谋空传世，京口壮猷只匝年，扰扰鱼虾豪杰尽，放翁同甫共婵娟。读稼轩词，72年旧作。章竞同志两正　茅盾　1978年4月于北京"

本月继续修改长篇小说《群山》，第八章手稿上附言："八章、九章都是78年4月新写时分成的。八九两章未抄清。"至年底，此番修改后的规模是二十六章，填章前词十三首。

5月11日　《光明日报》发表《实践是检验真理的唯一标准》。

5月28日　请人誊抄长篇小说《群山》“序曲、一、二、三、四章”。

5月27日—6月5日　参加全国文联第三次全委扩大会，发言题目《从一期刊物想起来的话》。

6月10日　修改了抗日长篇小说《群山》第二章《南天台》。

6月22日　参加柳青追悼会。出门发心绞痛，会后找老中医赵智武诊脉开方。赵大夫告明代大医李东垣写医书的励志语。回家即写下来“与其书不成而死，不如书成而死”。

7月　接徐州师范学院当代文学史编写组请求，写了一个小传。

7月3日　在去年诗稿《怀念朱总司令》上批注：“七八年六月三十日袁鹰来电话，说今年准备发去年此诗。七月一日回袁电话，因长篇放不下，暂不修改，不发。但袁说还是要，星期一（三日）能给他即可。此稿是一月初改了一部分的。现在此基础上改成。二日寄袁，三日晨又有改动，又送去一稿。三日记”。

7月6日　《怀念朱总司令》发表在《人民日报》第3版。

7月14日　参加北京市作协作家座谈会并发言。

按：发言主要观点有：一、北京要做应有贡献；二、组织队伍，提出浩然问题；三、创作上去，作家下去；四、办好《北京文学》。

7月下旬　到北戴河作家创作基地，集中精力写作长篇小说《群山》。从此时到1979年2月，摘录了相关战史材料四册（63#、64#、56#、65#），共十三万七千字。

按：此次在北戴河一直待到此年9月。

8月26日　改写长篇小说《群山》之《邯长大道》。

8月30日—9月5日　改写长篇小说《群山》之《浊漳南北》。

9月　收集抗战歌曲，尤其是抗日将士出征歌歌词的历史演变。

9月9日　改定《群山》之《仙翁岴》。

按：本月返京参加人民文学出版社举办的儿童文学座谈会并发言。发言整理为文章《为了我们的明天》。

10月　联系李达秘书张胜。

10月15日　从李达副总长处借《运动战战例选编》一本、一二九师战史初稿、一二九师战史附件三一、三二各一卷；二七师战例选编一本。

10月20日　参加《人民文学》《诗刊》《文艺报》联席编委会。

10月下旬　笔记中写《偶然想到　我们有什么权利》。（64#017图）

11月2日　《解放军文艺》胡奇带黄辰华来访未遇。

11月5日　访刘备耕同志请谈抗日战史。

按：本年11、12月多次访问各位抗战时期老将军，为长篇小说积累素材。存有笔记（66#、67#）两种，分别为三万六千字和两万五千字。

11月6日　访李树槐同志请谈朱德总司令。

11月13日　访周桓同志请谈朱德总司令。

11月14日　摘抄张香山《战斗着的日子》。

11月16日　访林海云同志请谈朱德总司令。

11月20日　作文《丰碑与血》。

按：谱主还为此文作一后记：

此文是中央批准北京市委新领导为天安门事件平反昭雪后几天，《北京日报》两名记者同志来，约我为此事写篇文章。我深深知道该报是不可能登直言文章的，不想浪费时间，未答应写。但在记者同志的再三要求下，我答应看看。

他们走后，我回想了天安门事件那个悲愤的一周，写下这篇文章。我知道，他们不会登的。记者来取稿时，我认真告诉他：“文不可改，因为我不想说违心之言。”他边看边踟蹰，说回去看看，明天一早回话。

第二天他上午未来。下午去听了中央的紧急传达，我了解了。

第三天，他来了。我告诉他：中央的意见，听明白了。照办就是。

11月27日　访周桓同志，请对前一次访问作订正补充。

11月30日　整理《群山》赵丽丽抄稿。在信封写："此是1977年的抄本。共：序曲、第一章到二十六章止。1978年9月止已抄出一至十八章"。

12月5日　夜修信与臧克家，赠画事。

克家同志：

近况如何？念念！

你要我画帧小品，几年都未画，实因这十多年，画具什么都收起来，无心去翻出来。今天形势大好，这次重整书室，把画具都弄出来了，又寻出一张63年到王屋山时画的太行九纵队强渡黄河天险的速写稿，一时高兴涂了两张，选了一张算向你还了愿。十多年不画，手生的很，我又不是个画家，只是冒充风雅而已，勿笑！

祝全家好

12月6日　下午到解放军总参谋部，李达副总参谋长请来部分老同志一起谈抗战历史。

12月10日　上午访李新农同志，请谈战争时代的刘伯承邓小平。

12月12日　上午访卢耀武同志，请谈战争时代的刘伯承邓小平。

12月12日　下午访何正文副总长，请谈战争时代的刘伯承。

12月14日　访原二野政治部宣传部长陈斐琴同志，请谈抗战中的朱德、刘伯承、邓小平业绩。

12月15日　再访李新农同志，请谈鹿钟麟、朱怀冰问题。

12月18日—22日　中国共产党十一届三中全会召开。

12月21日　访曾绍山同志，请谈抗战时期的二分区。

12月26日　访林桂森同志，请谈红军渡黄河历史。

12月27日　再访陈斐琴同志，请谈彭德怀总司令。

1978年收到的友朋和读者来信：

3月1日　太行战友、中央广播事业局无线总处张继周信（1938年初在陵川同住三个月）。

3月10日　福建邵武金坑公社学诗者廖琨来信，收到谱主复信后，于4月23日再次来信。谱主5月4日再复信。

3月10日　四川巴中县平梁学诗者陈顺元，寄诗乞改。3月29日再次来信。谱主5月4日复信。

4月13日　上海文艺出版社来信，纪念“讲话”35周年约稿，因宣传口径变化未能出版致歉、赠书。4月20日责编陈朝华再次来信致歉；5月2日来信，代购了《李贺诗歌集注》。谱主注：“6日款信已复寄”。

4月20日　胞妹阮惠霞来信，看了谱主给《广东文艺》黄宁婴的几封信，贺六哥焕发青春。

4月26日　太行战友、天津文化局长黎砂收到谱主复信，感谢谱主写信给天津市委第二书记黄志刚，催促落实政策安排工作。

5月6日　部队战士、叙事诗爱好者王镇海索《漳河水》。谱主5月9日复信寄书。

5月13日　山西人民出版社高鲁来信，关于和人民文学出版社同出长篇小说《群山》的协调问题。

6月4日　中国作协沈季平来信为谱主借《白香词谱》，要当专业作家。6月22日在河北涿鹿体验生活，抱怨六十年代张光年、郭小川不放他搞创作。

6月25日　中央美术学院彦涵来信，赠画《鱼》一幅。

7月11日　浙江龙泉城郊中学学诗者毛江南收到谱主半年前的复信，再请指导。

夏　北师大钟敬文寄诗六首《丙辰清明过天安门口占》《读周总理少作言志感赋》《重礼柳亚子先生墓》《读叶帅八十抒怀敬赋》

《七七年一月八日天安门书事》《沁园春 1976 年岁暮》。

7 月 25 日　太行老友、山西省政协副主席高沐鸿来信，将近作寄来，托联系发表；12 月 14 日再来一信，自我评论前诗。

7 月 29 日　黎砂来信告落实政策情况，准备去天津文联主持工作。

按： 谱主 6 月 27 日有信给黎砂。

8 月 30 日　湖南师院零陵分院来信索要作家小传。谱主 9 月 26 日回复。

12 月 27 日　天津歌舞团张明权来信，1957 年在北京文联被打成“右派”，正在申诉。

1979年　65岁

1月1日　《北京日报·广场》开刊，读茅盾先生题字，作诗《歌茅公为〈广场〉题刊名》。

按：此诗为当日见茅盾题字而写。1981年3月27日，茅盾逝世。为悼念茅盾，此诗发表在1981年3月29日《北京日报》上。并应编辑要求作一小序：

惊悉茅盾同志不幸逝世，悲怆揪心，潸然泪下。己未元旦，读茅公为北京日报社《广场》题刊名，曾欣然歌之。现敬献于革命文学先驱者灵前，以志深切之悼念。

1月8日　作诗《难道生活是这样的吗？》。

按：此诗副标题“旅途中想起的一些现象”，后编入《晚号集》之“冬夜吟”。

1月9日　访海军副司令杨国宇同志，请谈抗战中的刘伯承将军。

1月14日—19日　出席在北京西苑饭店召开的全国诗歌座谈会。胡耀邦出席并讲话，终结了李剑《歌德与缺德》引起的争论。

【1月】**按：**本月修改长篇小说《群山》之《娘子关》《南天台》；第一期《汾水》发表《群山》选载《乡村》《官家人》。本月写笔记《苦文旨要》《江青调动武元衡》。

2月11日　再访海军杨国宇副司令，请其继续讲刘伯承将军。（笔记64#001—005图）

【2月】**按：**本月作诗《赠刘章》。附记道：“刘章同志索字，久忘了，今天见《诗刊》登了他的发言，写了这首诗寄赠。”

2—3 月　修改《群山》之《黄河》交誊抄。写《炉边话春秋》。

3 月　修改《群山》之《雁门关》《冬晨》《沁水山间》（二稿章题改为“进太行”）；并改定《冬晨》。

4 月　改《群山》之《晋东道上》《娘子关南》《进太行》交誊抄；定稿《交锋》《鏖战》。

4 月 12 日　复信青年作者高桦。读其有关“四五运动”的文章《浸血的白花》，予以鼓励。

5 月 3 日　写笔记《读托尔斯泰晚年有感》。

5 月 5 日　继续写《炉边话春秋》。

5 月 16 日　定稿《春雁南来》。

5 月 18 日　定稿《松山怒云》。

5 月 19 日　定稿《旋风》。

5 月 21 日　复信高桦，为其去了美协高兴。

5 月 24 日　定稿《三月春山》。

按：《三月春山》于《北京文艺》1979 年 8 月号单独发表。

本月改定《山城》；改《雁门关》题为《五台山间》。

6 月　继续改《炉边话春秋》。

6 月 2 日　作诗《悼李琪同志》。

按：此诗收入《晚号集》。李琪 1961—1966 年任中共北京市委常委会委员、宣传部部长。坚持传统戏、新编历史戏、现代戏不可偏废，反对禁演传统戏。1966 年 1 月 8 日，在《北京日报》发表了《评吴晗同志的历史观》一文，希望将对吴晗的批判引向学术。中共中央五一六通知后遭到残酷斗争，自杀。

6 月 8 日　参加李琪追悼会。

6 月 9 日　夜不能寐，由李琪想起邓拓，凌晨二时作诗《悲怆悼邓拓》。

按：邓拓（1912 年—1966 年 5 月 18 日），福建闽县人。新闻家、政论家。1966 年 4 月在华北局书记处候补书记、北京市委文教书记任上，被诬为反党集团，自杀。

6月15日—7月2日　参加全国政协第五届第二次会议。（笔记68#）

7月6日　采访原太岳军区南进支队司令员周希汉。（笔记61#）

7月7日　采访原八路军总部作战科长王政柱，13日再访。（笔记61#）

7月10日　从1977年手抄稿中取出《群山》第四章《乡村》、第五章《官家人》修改。

7月中旬　改《乡村》。

7月21日　作诗《题赤峪石雷故战场》。

按：此诗发表在《星星》1979年12月号，后收入《晚号集》。作者附一小记：

1941年秋，日本侵略军第二次进攻我黄烟洞兵工厂。赤峪民兵沿河大布石雷阵，与我朱德警卫团相配合，炸得侵略军人仰马翻，尸骸狼藉。我随警卫团一个连在桃花寨（一个独户的山窝铺）山头观炸，煞是好看。

7月22日　改《官家人》。

7月26日　作短文《马寅初平反》。

7月30日　改定《乡村》《官家人》交誊抄。

8月3日　将《春雁南来》寄广东《作品》杂志。写笔记《偶然求索》。

8月7日—16日　改定《炉边话春秋》。

8月19日　复华中师范学院教师刘守华7月21日来信。谈《漳河水》。

按：刘守华1963年1月与谱主有过通信。

8月20日　校对《进太行》。

8月23日　致信市文化局江风、小惠、雷加、朱虹：计划外出考察一个月，路线是北京—安阳—汤阴（平汉战役战场）—洛阳—新安渡口（以上均在河南）—侯马—河津渡口—安泽—太原—五台—雁门关—大同（以上山西）—北京。“因‘文化革命’运动后人事变化，过去认识的人现仍未打听出来，因此需要组织帮助联系。”需请当地解决用车和介绍知情人或研究者访谈。

8月24日　下午秘书转达李达同志建议，看孙口渡口和定陶附近歼敌处。

8月26日　改定《进太行》。

8月27日　改定《群山》序曲交誊抄。

8月30日　改定《黄河》交誊抄。将其分成二、三章，即《雁门关》《五台山间》。

8月31日　改定《南天台》。

本月　重改《冬晨》；作扇面——国画《太行山松》、录离骚句。

9月2日　笔记记道：“得到通知：邓拓同志追悼会在九日开。因我已定好九日出行河南山西，不能参加。翻出今年六月八日参加李琪同志追悼会回来，想起邓拓同志之死写的一首诗，作了修改，抄作挽幛以献死者之灵。诗发表困难，姑寄袁鹰同志，试试看，估计不可能。悲乎我代！”

9月1日　改《娘子关南》，未重看。改定《诉衷情》。

9月5日—8日　校对《山城》《除夕》。

9月9日—10月中旬　去河南、山西，考察刘邓大军外线作战经过的黄河渡口和战场，于旅途中作诗《雨中访孙口》《共产主义渠》《南无阿弥陀》；长诗《溯河千里行》，诗共十四章，二百多行。

按：《南无阿弥陀》发表在《北京日报》1980年8月17日。

9月10日—12日　参观临漳曹魏孔雀台、汤阴羑里演易坊、岳飞庙。听汤阴张庆君同志讲1947年2月打汤阴的豫北战役。

9月13日　先后在范县和台前县召集座谈会，了解当年刘邓大军过河历史。途中与地方派车的司机聊天，听到群众对原河南省革委会主要领导的议论和反映（笔记62#）。绘油画棒速写《李桥渡口》两幅。

9月13日晚　住安阳县招待所，到101房凭吊郭小川。作诗《过安阳哭小川》(笔记62#016图)，后更名《郭小川十三年祭》。

按：发表在《华夏诗报》1989年总38期。1980年10月于山西晋祠客舍，追忆郭小川写道：

1979年9月13日，晚宿安阳，随即凭吊郭小川同志不幸逝世的101号房间。据当时看过现场的同志告我，房间一边的地面和墙根，就是留下的火烧烟熏痕迹，更增痛楚。是夜秋蛩喊喊，辗转难眠，小川的声音风貌，一直浮现在眼前。

1959年底，我回北京开会，小川一见我就说他写了《望星空》犯了错误。我同情地说你犯的错误，可使我们警惕而少犯错误。我同时听到人们对他的长诗《白雪赞歌》，也议论纷纷，说此诗反映不健康、不正当的爱情思想。在当时的中国，当个诗人、作家太难了。小川离开中国作家协会不久，曾得意地告诉我决定到人民日报社任特约记者，能到各地观察生活，每年写几篇报道之类的文章，有很多时间可以写诗。我为他高兴。果然不负报社的希望，写了好几篇报道，他的名诗《青纱帐——甘蔗林》就是这段时间诗作中的一首。有一次，我到煤渣胡同看他。他的小小斗室里放着一张行军床，看来他刚起来。他兴致勃勃地跟我说："不叫我写诗怎么行呢？不叫我写诗，太难了。"小川就是在这两个"太难"中碰到"史无前例"的命运。

1973年春，听说小川在咸宁"干校"时，曾为一部电影纪录片写了说明词，送审时，江青一见便撇嘴冷笑道："哦嗬，郭小川不甘寂寞了！"我听了十分为他耽(担)心，同时感到理解者如此之少。后来小川到我家来，我问这桩公案时，小川气愤地说："一个共产党员要求工作有什么错误，难道共产党员可以不工作吗？"说得理直气壮。讴歌祖国，讴歌人民，他从来是不甘心寂寞的。就在身处逆境的当时，小川跟我说过许多渴望工作而又近乎天真的想法，或根本不应该他去做的事情。他说外国有人写了当时中国红得发紫的一个运动员的传记，书中不少地方与事实不符，他接受了一个什么人物的建议，要去了解这位运动员写一本书。我听了很不安，感到像我们这些上了年纪的人，怎么好意思去写这样一个当世宠儿呢？劝他不要接受。但小川是那么渴望马上有工作，说北京有家报纸要他，外地有家电影制片厂要他，问我去哪里好。我考虑在北京对他不利，就主张他去那家电影制片厂，因为我听人说他去看什么人，"四人帮"都知道，说是有人"跟踪"。

……

我凭吊了101号房间的第二天，沿着卫河来去的路上，一直想着小川：他为什么早逝？什么原因使他早逝？谁使他早逝？这些，我怎能不知道呢？是不能说真话啊！！！天黑了，又下着雨，好不容易找到个地方住下，这天偏偏断电。秋雨潇潇，如泣如诉，心情悲凉，于是点起蜡烛，痛苦地草写下这首诗。

1989年5月，又记："近日整理旧稿，翻出这首，原题为《来去卫河哭小川》，就以这首小诗作为小川的十三年祭吧。"

绘油画棒速写《安阳天宁寺塔　后周》，题款："此是十年大动乱后的第二幅画"。

9月18日　下午抵达洛阳。

9月19日　参观洛阳蒋介石行辕。

9月20日　参观登封，开母阁、少林寺、白马寺等。绘油画棒速写《洛阳香山》。

9月21日　参观三门峡、龙门、伊川、伊阳等地。绘油画棒速写《洛阳龙门口》。

9月22日　孟县横水白头山渡口。给山西打电话，改在茅津渡过黄河。

9月22日　作短文《报应》。讽刺中非帝国暴君博卡萨下台事。

9月25日　过潼关。绘油画棒速写《风陵渡口望潼关》。

9月26日　离洛阳再赴三门峡。绘油画棒速写《三门峡》《三门峡排淤口》。

9月27日　中午到河津县茅津渡。见到当年在南段四清的老朋友肖理斌，时为该县县委书记。作诗《蒙蒙小雨茅津渡》；绘油画棒速写《茅津渡》两幅，同题炭笔速写两幅。

9月28日　雨中绘油画棒速写《禹门口后》

9月29日　来到山西万荣县后土庙前的秋风楼渡口，与荣河公社和庙前渡口船工座谈。归宿处作诗《秋风楼渡口》。绘油画棒速写《庙前渡口》两幅。

按：此诗于1979年10月修改完成。诗发表在《诗刊》1980年第6期。作者于1980年3月整理诗并补序如下：

秋风楼，在山西万荣县后土庙前。据碑石记载，汉武帝刘彻祠后土，与群臣欢饮中流，乐甚而作《秋风辞》。后人建秋风楼在此渡口。但此楼曾多次毁于黄河，清嘉庆时，迁移至现在的地方。

庙前渡口，是我军1937年九月十月间，在朱德总司令和彭德怀副总司令指挥下，从陕西芝川镇东渡黄河，开进华北抗日的渡口。我早就有意，要追寻我军东渡和南征的各个黄河渡口，但因十年内乱而中断了。此次，我从台前和范县，沿黄河西行，于去年9月29日寻到庙前渡口。几千年来，这里是山西、陕西交通的重要渡口，自禹门口大桥建成后，渡河方便了，此处变得冷冷清清了。为了体会当年的气氛，我特意选在我军东渡时节来这里。当我登上了秋风楼最高层，凭栏远眺，四顾茫茫，只觉秋风萧索，秋汛澎湃，路不见行人，河不见舟楫，这个曾经是我军东渡抗日，具有重要历史意义的渡口，现在已看不见有任何标志，也许很少人想得起它来了，青年一代，恐怕更是知者寥寥了。回溯当年的紧急形势，再看今日的萧索情景，心潮汹涌，缅怀东征将士，为了中华民族的解放，热血洒沙场，忠骨埋青山，能见到人民共和国建立的同志，都是人不解甲，马不卸鞍，又迅猛地投入社会主义革命和社会主义建设。可是，他们之中，不少人，特别如彭总和贺总，曾指挥东征的几位高级指挥员，他们不是捐躯于敌我激战的沙场，而是死于今天的监狱、牛棚与放逐地。他们，再不能来看看黄河了，怎么会这样啊？我徘徊渡口，百思而不能解，回到住所，写下这首《秋风楼渡口》。

9月30日—10月1日　到安泽，上“三不管岭”，1938年八路军总部曾在此驻扎过。绘油画棒速写《太岳山中　沁河初秋》。

10月2日　到洪洞，下午到马牧村看朱德进太行前期的驻地，访问房东。

10月3日—5日　到雁北怀仁、应县、代县、五台等地。在山西雁北怀仁县金沙滩写下长诗《“旗手勇士”歌》，于五台山中作诗《十月秋山》《骆驼道》《晚晴》《我问——五台山缅怀彭总》，又作《山西好》。绘油画棒速写《云冈道上》《武周山道》《代县滹沱河边的小寨》《代县滹沱河》《雁门关前》《浑源悬空寺水库》等六幅。

按：其中《“旗手勇士”歌》发表在《北京文艺》1980年第9期；《十月秋山》《骆驼道》《晚晴》发表在《作品》1980年8期；《我问》发表在《解放军文艺》1980年8期。音乐家王洛宾1986年7月曾为此诗谱曲，词曲发表在《中国文化报》1998年9月22日。

10月6日　从旧关到娘子关，是曾万钟的滇军在忻口会战时的战败之地。绘油画棒速写《从娘子关望桃河》《苇泽关飞瀑》。

10月7日　从马山村过七亘村到测鱼镇，过七亘访问老乡。绘油画棒速写《七亘西口》。

10月9日　到五台南茹村，1937年八路军总部曾在此驻扎四十天。绘油画棒速写《五台豆村道上》《五台白求恩模范病房之连理杨》。

10月10日　参观五台山佛教建筑群。到雁门关下太和岑口，此地1937年曾是阎锡山的前线司令部，有窑洞改造的防空洞。绘油画棒速写《五台山台怀山下》。

10月17日　回到北京。处理的信件中有河南信阳市统一街梁荣桐（当年初中学生）来信，因抄阮章竞1957年5月诗《招魂》冤枉入狱十二年，要求证明。阮章竞注：“冤案，必复。”1980年8月5日梁再来信，阮章竞的回信帮助他平反了，但生活仍没有出路。

10月20日　收到刘守华9月9日、10月19日两次寄来论文《论阮章竞的叙事诗》及信件后，复一短简。此信对最近的河南、山西之旅有较具体描述：

守华同志：

你写的文章收到了。因今年身体较往年略好，我沿着黄河刘邓大军的战场、渡口从安阳地区到洛阳地区，又两渡黄河从风陵渡、茅津渡沿朱总司令率领我军东渡抗日，上五台，下晋南，又进入太行山的足迹，访问了抗日战争及解放战争的历史实地。因为生怕往后不易实现，故冒险地进行一个多月旅行，十七日才由雁北回到北京。因此，你的文章和信，看到很迟了。

回来后，事又多些，故只匆匆地略看了一遍，感到你对我的工作试探，找到共同语言。似乎我心中的秘密，让你窥见了，有些心慌。这样地，再留下几天，再读一遍才正式给你写意见，故先写此短信告诉你。祝你好！

10月20日　致信江风、钱小惠，要求解决一间办公室。

10月23日　完成致刘守华长信。结合刘守华文章谈《圈套》《漳河水》《白云鄂博交响诗》《金色的海螺》等代表作品。信长约五千字。

10月25日　再致信刘守华。告以“我足足花了两个整天的时间，对你的文章边读边写，记下我的感想”，“是从未示人的‘心中的信’”。刘收到后11月6日复信感谢。

10月26日　安阳地区文化局孙德萱来信，已将打汤阴、消灭第二快速纵队、李桥、孙口等材料寄出，当地整理史料派人进京，请帮助。

10月30日　参加第四次文代会。

按：第四次文代会1979年10月20日开幕，11月16日闭幕。

10月31日　校对《炉边话春秋》。

11月3日　又部分重改《冬晨》，需要重抄。

11月4日　参加中国作协第三次会员代表大会。

11月5日　重阅《炉边话春秋》。

11月7日　重校《山城》，旁批“这一章（山城）再看了看，感到还是可以的”。重读《除夕》章，批“重读，可”。阅《元旦》章。

11月8日　校对《怒云》章。回忆山西旅途，写下《难道生活是这样的吗？——旅途中想起的一些现象》。

11月9日　校对《旋风》章。收到刘守华随信赠送的《圈套》（1949年5月新华书店版，中国人民文艺丛书）。

按：谱主在扉页批注：“这是《圈套》发表后的第一个版本。解放后有读者提个别文字意见，做了些改动，但不多。参看《漳河水》或后来的版本便可知。‘文革’中此书已不见，这是守华同志送我的，故更珍贵。珠江老人”。

11月10日　校对《阴阳界》《交锋》章。

11月12日　校对《鏖战》章。

11月14日　整理了1977—1978年的《群山》手稿。夜记：“七八年于北戴河修改到骆驼谷止；七九年到九月止，主要是增补老一辈的章节。”

11月20日　改定《仙翁山》章。

11月23日　复信刘守华。主要谈《白云鄂博交响诗》的创作意图和遇到的问题。信也透露了本年身体状况：

因今夏工作过于紧张，八九月血压高到230以上，出现眩晕，头重脚轻现象。遵医嘱（医生见我的工作环境，说是不可能真正休息的），这多个月，都在出现不好现象时，就外出旅行一二天，到山村，看看，画画速写，作为休息。但一回来写作，又很快出现血压升高，低不下来。故十月底又到中条山和吕梁部分地区作九日之行，途中感冒，回来后，一直挨到现在未好，加上想马上继续行前的工作，故此信回迟。

12月　作诗《赠朱琳同志》。

按：朱琳是北京人艺演员，曾在郭沫若的历史剧《虎符》《蔡文姬》中饰演重要角色。作者为此诗附记曰：

从十年大动乱始，未见朱琳同志演戏。10月底从雁北回来，劫后重逢，感慨万千。她要去日本，向我要字要画。我画了一幅《塞上秋林》和这首诗送行。最后一句，为后来改成。

另跋：

余于画道，乃饭后信步，工间操事耳。此般俗物，其可登堂乎？怎每念十年凄风，十年苦雨，虎符影逝，胡笳声渺，叹山河之浩劫，悲艺坛之巨祸，而劫后幸逢，又屡面索画，互庆重相见。十月从塞外回来，移寒林速写酬赠。

冬天　作诗《谱一支最新最美的序曲》。

12月14日　当选为中国作家协会第三届理事会理事。

12月20日　访问一二九师部参谋崔培民和交际处长李新农，请谈关于打朱怀冰和高树勋。（笔记64#006—014图）

12月24日　长篇小说《骆驼谷》章请人誊抄毕，未校。

本月　被选为北京市第七届（1978—1983）人大常委会委员。致信《作品》,《春雁南来》撤回不发。

本年　长篇小说《群山》章次大幅调整，修改为二十八章，增填章前词六首。

天津新蕾出版社约稿“作家的童年”丛书，阮章竞同意写一部十万字左右的童年回忆录。

本年　作太行山题材国画《黄崖洞》《鹰嘴岩》《禹门口》等十一幅。

1980 年　66 岁

1 月 16 日　笔记摘录胡耀邦主持，邓小平讲话《关于三年来的工作》。

1 月 22 日　晨改毕《峡谷急袭》章；取出 1978 年旧稿中的四章《捉鳖池》《乍暖还寒》《南方来客》《审判》阅读，准备重改。

1 月 24 日　改完原稿《饮马滩》章，改题为《峡谷急袭》。

1 月 26 日　改定《捉鳖池》章。

1 月 29 日　改定《乍暖还寒》章。

2 月 2 日　改定《南方来客》章。

2 月 7 日　致信钱小惠，在抄稿字样中选了两位做誊写助手。

2 月 13 日　改定《审批》章。

2 月 16 日　凌晨作诗《春在奔行》。

按：此诗于 24 日修改，发表在《北京日报》1980 年 2 月 21 日第 3 版。

2 月 20 日　作《六十六书怀》，后附跋记："《群山》一卷稿，春节前已告段落。"

按：跋记如下：

余十三离家，自来不识过生日。迎春爆竹满城，凌晨奋笔写下《春在奔行》。又在元旦新春茶会上，一时兴起，请人代为朗诵。诵毕即被领导宣传部门工作之同志扣下，送市报发表。余近两年，强攻《群山》，早已不近诗矣。但是连日文坛，常有喜忧之交杂感，抑压于心，已非一日，故有抒发之冲激感。《群山》一卷，春节前已告段落。

何不趁此良辰，抒一通以明志？自知撞针一扣，当待回声。岂料正理笔盖砚，又复发病，日夜酣睡，此等清福，不谙病中之昧者，定所难解。

初五日晚，家人问曰：翌，为汝生日，知否？人说六十六一大关，七十一大关，汝能过此关乎？余笑曰：能。又酣睡矣。余此两年，因病，改晚睡为早起工作。三时梦中闹钟闹醒，望窗外，罕雪霏霏。自去冬至今，水雪不降，旱象已成。故见雪大喜。但开门伫望，雪小，只可略舒农心。回室拥衾独坐，思天思地，想江想河。六十六岁四字，如深壑回波，澎湃心间，隐隐惊震：去日九成，来日无多，此近时时所想，更觉心惊！乃研墨展纸，搦管书性。

庚申正月初六日，章竞病中跋

2 月 26 日　凌晨写笔记《莫名之烦》。

2 月下旬　参加北京市第七届人代会，选为北京市人大常委会委员。

2 月 29 日　记录人代会上徐汉涛报告、陆羽和林乎加讲话。（笔记 69#）

3 月 8 日　闻友人李季辞世噩耗，悲痛不已，作《哭李季》悼念亡友。

按：此作发表在《人民日报》1980 年 3 月 20 日第 8 版，诗题为《哭李季同志》。

3 月 15 日　收到刘白羽的信，为《昆仑》约稿，拟寄长篇节选。

3 月 16 日　致钱小惠信。“遵嘱送此照片给你留念，是去年到河南前，新华社河南分社的陆轲同志为我拍的。”机关里工作繁杂，体制未安排好，工作也很难。要多起作用。

3 月 18 日　访王政柱同志，请谈抗战时期总部情况。

3 月 19 日　朱子奇来信。

按：朱信说：“章竞同志：读了《春在奔行》，想到诗的思想启示性与语言简练性的重要，这也是我辉煌古诗的特点，故多写了几句，我想是必要的。看见伤痕，更看见治伤痕的医生，他的心，他的手，……你这首不长的诗做了及时的回答，这是中国当代诗人头脑清醒敏感的代表。可悲的是，当今乃短视者、哗众取宠者在做‘代表’，也许要很长的时期才能正常，说不定。

祝你全家春安，愉快！”

3月22日　随彭总写作小组在浦安修同志家访问。

3月29日　收到上海师院中文系办秘书阮文兵的信，读《春在奔行》的感想。阮章竞3月2日曾复长信，谈诗歌（此信未征集到）。

本月　作诗《樱与松》，寄《人民日报》文艺部。向尹世霖口述故乡岁月，并草拟了几部人生回忆录的题目。本月写《秋风楼渡口序》。

4月1日　履职北京市人大常委会，听取市公安局报告1978、1979两年来的刑事案情况。

4月4日　参加北京市第四次人大会议。提出关于环保问题的议案：禁止随地吐痰、配用无烟煤、管理噪声。

4月9日夜　写打油诗《祈雷息》。

4月10日　在刘伯承元帅家，听汪荣华同志谈刘伯承。

4月16日晚　访问秦基伟同志，谈八路军开辟一分区等抗战史事。

4月20日　致信钱小惠：山西来信欢迎去写作，五月就走。要带走长篇小说第一卷的誊抄稿，请帮助。

4月21日　访问马方晓（师部医生）、吴仲昆（师敌工部）同志谈抗战中的刘伯承、邓小平。

4月30日　收到安阳市文化局长孙德萱的信，回答阮章竞对少林寺、登封、洛阳白马寺的询问。

5月　履职北京市人大常委会，考察昌平县、东沙家禽总厂、四季青公社。市政府农林部副部长常浦陪同。

5月3日　读河南青年诗人张庆明寄来的诗，并回信。

按：此信由张庆明收入其诗集《路就该这样走》作为序，该书为河南人民出版社1982年8月版。

5月15日晨 作《揾泪报君看海昕》。此诗是得知原河北省副省长李子光同志昭雪平反而作，遥慰李子光之妻吕瑛同志的。吕瑛是赵迪之的闺蜜，两人一同入党，一同赴延安。

5月25日 到晋祠写作。

【5月】按：本月在晋祠客舍作中国画《夜阑无事画青松》；油画棒速写《周柏》。

5月29日 读到《樱与松》被加“送华国锋同志访日”副题，发表在《人民日报》1980年5月27日第8版。心中不安。写跋如下：

关于《樱与松》的副标题

在抗日战争时期，我们在日本的“樱花节”，给日军送宣传品，祝贺日本人民的节日，同时告诉日本士兵，中日两国人民应当友好，不应为日本财阀、军阀卖命。

从此时起，樱花是日本国花的观念，常浮在想象中，总想亲自看看美丽的樱花。中日关系正常化，日本送来樱，很想看看。近三年，每天早晨，我都到日坛公园锻炼身体，只在活动的角落，但未游遍全园。去年春天，偶在公园示意图上，见到有樱花园，要去看时，花期早过。所以今年早早就去看樱花。可今年又过早了，直去了七八次才见到樱花盛开。见同园有青松，就写了《樱与松》，给人民日报八版的袁鹰同志。诗，自己也不满意，但不知怎地，对中日友好，总是很有感情。告他不能用就退我。许久了，既不来电话，也不见用。渐渐，我也忘了。到晋祠住了两天，见五月二十七日人民日报刊出此诗，为我加了个“送华国锋同志访日”副标题，我愕然。

我写此小诗，根本与华访日无干，即使是留在此时用，也不必加，因为不是写诗的真意。历史的教训太深了。我从不企图，在即使是我尊敬的领导同志活动中，捞点什么光彩。这个副标题，使我不敢读自己写的这首小诗！

为什么要作假呢？作假，多是大人物的事，我等小人物，怎能做？太叫人难过了，彻夜难眠，想不通。更正是不肯的，只好留下这些话，暗中为自己辩白。

1983年9月5日，《人民日报》总编胡绩伟来信为此事致歉。

5月30日　中国人民保卫儿童全国委员会、共青团中央、中国文联、中国作家协会、文化部、教育部、全国科协、国家出版局联合举办第二次全国少年儿童文艺创作评奖（1954—1979年）活动。阮章竞的童话诗《金色的海螺》在此次活动中获一等奖。阮章竞缺席。

6月23日—30日　回京参加北京市文学艺术工作者第四次代表大会，当选市文联副主席。接着在中国作协北京分会第一次代表大会上当选北京作协主席。

按：谱主在6月27日记录了周扬来参会的讲话。（笔记70#）

本月　安排重新誊抄长篇小说《群山》；作歌词《我正走在北京的大街上》，同月发表在《北京日报》。

7月初　回到山西晋祠写作。路过太原，听当地环保局谈严峻的工业污染情况。

7月18日　复信沈季平。谈自己被推选为北京市作协主席原因，并复沈想来北京作协当专业作家的要求。

按：信件部分内容如下：

原来的老工作关系被市错看上，但最重要是我被视为合于在马戏团节目中演钢丝绳的演员。老的，运动中关系错综复杂；新人中，似乎担心离经。故牵一匹无用的老马出山。本人，根本对此毫无热情，而视为最糟糕的事。我声明不当政，会一完即溜之乎也。

按：本月绘油画棒速写《夏之晨》《雨中玄中寺塔》。

8月8日　为邹雅纪念画展，作文《忆邹雅》。

8月　本月作《夏日山村（组诗10首）》：《山村大道》《山间》《野桥》《小学门前》《布谷》《枣坡人家》《钟声》《庙会》《风雷》《清晨》。

本月绘油画棒速写《文峪河南崖山》《文峪河上游》《文峪河东社

村前》《五台县骆驼道》。

8月26日　收到中山杂志社李正思的约稿信。

按：谱主于1981年4月16日复信。

8月26日—9月12日　回京参加全国政协第五届第三次会议。

9月3日　批注长篇小说《群山》原始稿。在《崔斗山回家探母》（1964稿）第6页批："想到此情节可接上《审判》"。

9月7日　今日白露，作诗《题寄杏花村酒厂》。

按：谱主为此诗题一小札如下：

1949年晚秋，应诸友约会，在太原初饮"竹叶青"烂醉如泥，醒来衾枕狼藉。深感此物，迷人易醉，从此不敢轻视，但仍以未到杏花村为憾。1980年9月过杏花村，向酒厂主人提出学者们长期争论不休的杜牧《清明》诗地点问题。主人大笑说："这有点像《西厢记》的'拷红'那样。让学者们去拷问清明雨吧。"说罢便领我去酿制现场参观，未揭棉帘便有一股醉人的芬芳，沁入脾肺。饭中，我只喝一两小盅，顿觉醉意飘飘。应主人请，写了这首诗。这是寄出后修改过的。

9月16日　作《向徐义达同志求赵树理遗墨》。写感想《人塑的泥神》。（笔记62#070图）

9月18日　批注《群山》1964年稿第29章："这场面有引号处，已在一卷三十二章用了。"

【9月】**按：**本月绘油画棒速写：《五台山间》《十月秋山》《交城卦山古柏山道》《卦山天宁寺古柏》《交城天宁寺远望》。

按：作诗《悲古柏》（发表在《太原日报》1980年11月6日第4版）。作诗《雨中过浊漳河》。

10月8日　复刘守华信。

按：信中主要谈论诗歌，后完整刊于《新文学评论》2014年第3期。信件详细内容：

刘守华同志：

由复旦、山东、安师、甘师大等二十五所院校协作编辑《中国当代文学研究资料》丛书，正在紧张进行。甘肃师大承担《当代诗歌评论集》，来信要我提供新撰写的这方面的文章。评论丛书中提到我写的《漳河水》《金色的海螺》《迎春橘颂》。因我未注意各方面的评论，除了他们提到的：《阮章竞诗歌的思想性和艺术性》（山东师院学报，61年1期），《漳诗的语言艺术》（河北师院天津日报，61年8月19日），《漳诗的故事、写景与抒情》（工人日报，63年3月10日），《谈阮的叙事诗》（丁力），《就〈金色的海螺〉谈几个童话的特殊问题》（贺宜），《谈金诗的思想意义》（光明日报，56年12月23日），我提到最早评漳诗是闻山。去年《北京文艺》刊了谢冕文章后，特别提到你的文章，介绍他们跟你联系，也提到你与丁文的相反意见，并要求注意一下《圈套》的遭遇。

现已寄信给甘师，你可将你的文章寄去，说明不用退回给你。

近几个月，我在山西太原晋祠宾馆养病和整理东西，身体不大好，还要住一些时日。你近况如何？祝好！

10月14日　收到刘守华的信，告知拿到中国社科院文研所“现代文学资料丛刊”项目。

10月21日　血压高得不能工作，到交城卦山作画休息。绘油画棒速写：《交城卦山大殿（天宁寺　唐）院内周柏之一》《天宁寺牛头古柏》《柏山古道秋光》等共三幅。

【10月】按：本月谱主为《来去卫河哭小川》写后记；写创作谈《苦闷者与苦闷者谈诗——与几位朋友谈心》一文，是在1979年所写笔记《苦文旨要》的基础上作的；作《秋色》《题〈解州关羽庙古柏〉》。

10月底到11月上旬　到中条山和吕梁部分地区做九日行，经临汾、运城、芮城、垣曲、吉县，沿途作画。有油画棒速写七幅：《大禹渡神柏峪之古柏》《多云的汾河上空》《中条山下柿林》《秋天的王屋山》《垣曲山口》《王屋山道写生》《吕梁山周柏》。速写本上有炭笔写生二十余张。作《太行松》《大禹渡白日》《壶口》等国画数幅。

11月5日　到吉县看壶口瀑布，县委宣传部长王笃、县文化馆长霍盈洲陪同。绘油画棒速写《黄河壶口东瀑》《壶口晴虹》。

11月9日　回到晋祠，收到李佩琳10月29日寄来太行山剧团团史草稿。第二天复信。“收到即粗读。边读边注，今天一整天就做了这件事”，对团史编撰提出意见建议。

收到刘守华11月3日的信，是对《白云》《海螺》诗的评论。

11月20日　致信沈季平，谈身体近况和近年外出作画，对王之涣的“白日依山尽”有了现场体验。问画作能否在《文艺研究》发表。

11月26日　对《群山》1964年稿第43章做批注。

【11月】**按：**本月作《酬樊温和梁玉明二同志陪送晋南之行》《读诗有感》及《大禹渡》。其中《大禹渡》改于1981年8月，作者绘有同题中国画数幅。

12月27日　收到北京市史家胡同小学少先队的信，感谢阮章竞托北京市教育局长韩作黎转赠的《金色的海螺》奖金二百元。

12月28日　收到吴静波的信，《漳河水》画册再版补画；收到刘守华的信，寄论文《探索者的足迹》。

本月　完成《群山》第38—41章；作文《人们心目中的刘伯承将军》。

按：本年秋作诗《题壶口速写》。身后发表于《大众诗歌》2010年第1期（诗配画）。

本年　长篇小说《群山》修改为三十二章，增填章前词八首。

1981年 67岁

1月16日　收到刘守华的信。

按：中国文学研究丛刊对刘守华的《漳河水》评论文章提出修改意见，“他们认为《漳河水》艺术成就是杰出的，在艺术上业已超出《王贵与李香香》，希望以它为主进行论述，不要面面俱到”。

1月20日　复刘守华1月16日信。

按：阮章竞认为无需将《漳河水》与《王贵与李香香》作比较，“开国之前，华北联大一位研究民歌的同志谈过《王》诗中的不雅处；另一位延安来的诗人，把他们搜集《顺天游》翻给人看。但我没有看。我认为，第一首采用民歌形式的长诗，作者是初露头角的青年，这种尝试，不宜苛求，倒应肯定”“如你已决定专写《漳》诗，你就写吧，大概我写此诗的东西都跟你写过。评《漳》诗就评《漳》诗，不需去比《王》诗就是了，她的历史价值是不容减弱的”。

1月28日　刘守华来信：肯定阮章竞对《王贵与李香香》历史价值的判断，但认为评论者比较《王》《漳》也是可以的。同意阮章竞发表往来信件的提议，告知个人简历。论文已交《中国文学研究》。

1月30日　返京。临近春节，晋祠人员都放假，从晋祠回北京过春节，途经太原，《山西日报》社的陈墨章帮忙复印了手稿。

【1月】在山西晋祠写作，作七言古体诗《元旦》；长篇小说《群山》写到第36章《雪夜》。

2月上旬　在京参加了北京市人民代表大会。笔记70#记录了贾庭三、段君毅的讲话。

2月12日　参加中宣部召开的文艺部门党员骨干学习会，此会历时三个月（不住会）。

2月14日　为《北京文艺》组稿事致张光年并转周扬、贺敬之、林默涵、夏衍、陈荒煤、刘白羽、冯牧、陆石等同志。

按：信件大致内容是：1975年12月底，《北京文艺》主编张志民登门约稿。谱主犹豫再三，给了《海河行》诗，至六月还是说不发为上。

“……当时从在北京市的老作家名单中，只圈了我可以写东西‘优待’，我是感到有种可怕的压力，故写好之后，先给光年同志看，再给《北京文艺》。即使一个韵脚，我都是认真对待的。生怕连累他们。从石、张十二月约稿，直到七六年六月十三日前，张志民同志对《海》诗的态度是诚恳真挚的，是在想方设法能发表出来。到现在，我仍认为他是个诚实的好同志。

“就是在六月十三日张志民同志持石敬野同志（当时北京市文化局负责人）审批件到我家退稿时，我还是感激他。但是在退稿之后志民同志连续三次叫我写批邓诗表态时，我感到有种说不出来的心情，只好说有病，医生不叫写东西，情况不了解，无态可表。志民同志又说：现在写不出来，七月行不行？我仍说病。志民同志说他了解情况，第三次说七月不行，八月发行不行？我仍说不行。志民同志说：标语口号凑几句也行。我说不行，没有感情怎能写诗？张说他自己凑几句也不是凑不出来，只是不想写，此话我不喜欢。临行时张说我太固执，又说十月十九日要纪念鲁迅，问我写首纪念鲁迅的行不行，我说写纪念鲁迅的可以考虑。

“以上是《北京文艺》第一次从约写《海河行》到约写批邓诗的过程。我一直同情志民同志当时的处境，抱谅解的态度。……”

按：本月有诗作《忆岐江——为故乡〈中山〉题》，发表于《中山》（时为中山县文化局刊物）1981年第2期。

3月2日　中宣部骨干学习会组织电影观摩。

3月3日　准备了在“文艺部门党员骨干学习会”的发言提纲。（笔记71#065图）

3月4日　向单位及“文艺部门党员骨干学习会”请假回晋祠，安排结束旅居写作。

3月5日　写信给刘守华，告知生活及创作近况。

3月27日　闻茅盾先生去世，悲痛作《哀悼茅盾长者》。

按：此诗发表在《人民日报》1981年4月7日第8版。此诗收入《晚号集》时，诗后面标注时间“1981年4月7日”应为发表时间。

【3月】本月《十月》杂志第二期选载《群山》；阮章竞作诗《别邢子亨大夫留句》；于太原阅旧作《审判审判者》作批语：“此未定稿是用了一个老女革命家的生活片断创造的。写后未敢肯定，故考虑重写。81年3月太原回京时。”

4月9日　参加人民文学出版社座谈会，作《尽收万卉满园开——题人民文学出版社三十周年纪念》。

按：在题词后附书法家启功同志和诗：

嘉宾济济一堂来，
桃李芬芳艺苑栽，
回首卅年春不老，
更看红紫出墙开。

次阮章竞同志韵，奉贺人民文学出版社三十周年纪念

4月27日　与市委宣传部副部长赵鼎新谈关于1938年赵所了解的鹿钟麟情况。

5月3日　复张庆明的信。5月18日张收到后再回信。

按：点评了张庆明的诗和当时的诗坛：“时代变了，时时刻刻在前进。诗，当然要前进。外国好的东西，不要拒绝，但不能照搬，如现在有的诗作那样。现代派的诗歌，早已批判过的，这会儿拣起来，已不新鲜了，现在有人写一些，也不必反对，但都写得朦朦胧胧叫人看不懂，总是不好吧？中国诗歌有悠久的光荣传统，要发展要创新，

但要民族化。现在，很需要振兴中华。”

5月12日—15日　履职北京市人大常委会会议，通报旱情。到延庆两拨子公社东唐营大队、珍珠泉公社庙梁大队、大榆树公社、西二道河公社调研，听取了延庆县农办主任的汇报，在庙梁听复员老兵村支书介绍抗旱情况。

按： 视察后，5月19日谱主作散文诗《水》，对延庆群众抗旱有感而发。

5月17日　阮章竞笔记提及当天胡耀邦对文艺界的讲话。（笔记70#）

按： 白桦《我所见到的胡耀邦》一文提道：“5月17日，胡耀邦有一个讲话，希望了解并考虑知识分子的情绪。”

6月11日—12日　履职北京市人大常委会，公安局长安林报告治安情况，贾庭三讲治安措施。（笔记71#）

6月15日晨　作《借债》一首。

6月19日　作《欢迎日本诗人、作家歌》。

6月28日　作《壶口》。

按：《壶口》发表在《旅伴》1981年第5期。作者在此诗前附一小记：

1980年10月末，遵照医生嘱咐，作数日休息，故到中条山和吕梁山一些地方走了一趟，11月5日到了壶口。黄河中游下游，我横渡多次，还没有见到像壶口这样的奇观：急流直立，惊雷潜地，给人以无穷无尽、强大无比的生命力。看后至今，仍萦绕脑际。今年3月写下这首诗。

1981年6月28日记

7月　《十月》杂志1981年第3期选载《群山》一章。

本月履职北京市人大常委会，重点学习十一届六中全会新中国成立后历史问题的决议等中央文件。

7月17日　履职北京市人大常委会，听段君毅传达六中全会详细

情况。（笔记70#）

7月30日　作诗《祝兰州诗词学会成立》。

8月3日—8日　参加全国思想战线问题座谈会。（笔记71#）

按： 3日胡耀邦讲话，5—7日小组会，8日上午周扬、朱穆之讲话；下午胡乔木、习仲勋讲话。谱主5日发言，后整理为《在全国思想战线问题座谈会上的发言提纲》，收入《阮章竞文存》。

8月13日夜　作短文《为“胜利者”录像》。

按： 本文发表于《北京日报》1981年9月1日。

8月20日—25日　参加文化部、全国文联老作家文艺家座谈会。（笔记71#）

按： 记录20日朱穆之讲话，21日姚雪垠发言，24日林默涵讲话。

8月26日—28日　参加北京市思想战线问题座谈会。

按： 会议于8月24日开始，谱主在会上发言。

按： 本月作诗《黄山松树》，具体时间不详。

9月4日　收到阮关伟的信。三天后阮关伟登门探望。此次见面后，阮章竞写诗《与故乡人谈饮》《画虾酬君报喜功》。

按： 阮关伟是象角乡亲、中山财税局干部。

9月16日　收到洪涛的信，告收到《夏日山村》稿。（《河北文艺》当年第12期发表）

按： 洪涛是《河北文艺》编辑。

9月15日—18日、10月4日—6日两次参加北京作协驻会作家的学习座谈会。

10月12日—11月9日　赴豫东和皖西南二野故战场，为长篇收集素材，进行现场体验。记有68#（后半部）和72#笔记，分别为两万三千字和一万二千字。

按： 此次行程途经郑州、开封、鹿邑、淮阳、汝南埠、光山等地。

10月12日　晨到河南。下午到郑州北郊四十里外的花园口考察。听治黄委会修防组张国福介绍花园口决堤的历史变迁。作诗《过花园口》。

到开封，作短诗《开封》。

到周口市淮阳区，作诗《过伏羲陵》。

到鹿邑县，作诗《神仙劫——观老子升仙台》。

10月17日　河南周口地区鹿邑县为阮章竞召集座谈会。下午从鹿邑去沈丘（槐店）。道上在郸城西，向拾粪老人了解黄泛区破堤、复堤和恢复农业的情况。绘油画棒速写《大军之路之槐店道上晨光》。

10月18日　上午听沈丘县委副书记李荣建同志介绍大军渡沙河情况。

10月19日　上午过上蔡县杨埠，看洪河。绘油画棒速写《洪河古桥》。

10月20日—21日　从息县出发，访汝南埠的大小雷岗搭浮桥过河处和彭店。在正阳县，路遇油坊店公社建筑队长杨万喜，热情地杀鸡留客，介绍历史情况。绘油画棒速写《刘邓大军强渡汝河处》。

10月22日　参加息县为阮章竞召集的座谈会。绘油画棒速写《刘邓大军徒涉淮河处》《刘帅执竿探水处》。

10月23日　在光山县调查，路遇百姓，谈战时家里住过大军指挥员。作诗《秋菊》。

青年林场许维龙等谈斛山寨战斗所闻和现状。

10月24日　在光山县与宋玉玺谈1944年太行区党校第三期整风。绘油画棒速写《光山净居寺》《净居寺道上之古松》。

10月27日　参加商城县为阮章竞召集的座谈会。

10月28日　下午访谈安徽金寨县政协主席。

10月30日　六安地区为阮章竞召集座谈会。写诗《梅山湖待渡》《梅山湖怀古》；绘油画棒速写《梅山湖》。

11月2日　在合肥，由刘祖慈、公刘陪去看包公祠、廉泉、教弩场、逍遥津。妻子赵迪之到合肥与阮章竞会合。

11月3日—4日　芜湖市委书记、太行老战友傅大章，为阮章竞夫妇安排游览黄山。

绘油画棒速写九幅：《黄山始信峰观北海》《从仙女峰口画云海》《人字瀑》《黄山蓬莱三岛》《排云亭前观西海》《后山所见的佛掌峰》《出鳌鱼所见之莲花山道》《白龙桥前》《雪中登始信峰》。写题画诗《题始信、仙女峰松群》。

11月5日　在芜湖市。参观铁花工艺厂、丝绸厂。下午看了针织厂和迎宾阁。

11月8日　到歙县，参观宣纸、歙砚的制作工艺。

11月9日　从合肥返京。

按：回京收到陈斐琴9月13日的信：转达李达总长意见和陈本人在大别山经历。

11月11日　致信纪鹏，问胡奇联系办法。

11月16日　作《别歙县太白楼》《观歙砚厂制砚》，寄歙县博物馆。

11月18日　作《参观宣纸制作》。

【11月】**按：**10月至11月，谱主在豫鄂旅行途中作《大军之路（组诗9首）》。1982年在京整理完毕全组诗。作题画诗《黄山松树》《玉屏落日》；另有《黄山西海写生》，后编入《桑影集题画》。作中国画一幅《鳌鱼拖金龟》，题字："黄山鳌鱼拖金龟峰前头引路的是两个螺蛳。远望之，非常之像。1981年11月。"

本月谱主作中国画四幅，有《黄山清凉台》《仙女峰》及《蓬莱三岛》（两幅）。

11月28日—12月14日参加全国政协第五届第四次会议。72#笔记有29日发言提纲。

12月7日　作《谢王存瑞、刘永龙同志》。

按：王、刘两位是当地陪同的工作人员，在黄山、皖南时给予谱主夫妇多方照顾。

12月21日　出席中国作协三届二次理事会。胡乔木讲话、作协书记处改组。笔记69#有记录。

12月23日　在北京市人大常委会上提出北京不一定是经济中心等意见。

本月作诗《赠徐慎同志》。徐慎是河南省《奔流》杂志编辑，诗人。

【1981年】**按：**本年谱主作诗歌三十五首；9—11月油画棒速写十五幅、国画七幅。

1981年收到的友朋和读者来信：

1月8日　收到沈季平的信。

按：复大禹渡画稿发表，光年有联系，郁风、老蔡都在创作刊物上发过诗配画。"但愿你按张弛规律慢悠悠干活，别拼老命，则幸甚矣！"（寄山西晋祠）。

1月22日　收到孙克恒的信：未查到《圈套》评论（附中国当代文学研究资料诗歌专集目录）。

按：孙克恒是甘肃师大教师。

2月13日　收到李佩琳的信，太行山剧团通信摘录。

2月16日　收到聪聪的信，告知奖金已遵嘱转赠史家胡同少先队。中国少年报社记者采写了短文发表在《贵阳晚报》。

3月10日　收到王伟明的信，香港《诗风》社约诗函，该刊1972年6月创刊，要出百期特刊。

4月1日　收到李源实的信，《北京文学》诗歌组编辑，发表组诗事。

4月2日　收到寒声的信，太行战友，在雁北地委宣传部工作。正在排演《晋水咽》。

4月4日　收到刘煊的信。

按：刘煊是北京大学中文系教师，计划写《阮章竞评传》。（刘煊1966年6—9月曾在北京市委写作班子，阮章竞是支部书记）

4月5日 收到河南安阳文联张庆明的信，希望拜师。

4月6日 收到沈雁冰治丧委员会讣告。

5月4日 收到夏洪飞的信。

按：写太行山剧团史遇到的困难：工作难脱手，如能做顾问就可以多些时间写团史。

5月9日 收到吴静波的信。

按：告知谱主人民美术出版社将再版《漳河水》。

5月17日 收到曹松华的信。

按：曹松华是泰县文化馆学诗者，谈《漳河水》）并批评当今诗坛写些让人看不懂的东西。曹写道："长期以来，作为一个文化工作者和习作者，我多次拜读过您的著名诗作《漳河水》，虽然时间上相隔30多年，地域上山西和江苏相距千里，但是我发现我、我的同志们、我经常接触的业余作者和读者们，对《漳河水》可算是一往情深的。那扑面的生活气息，浓郁的画意诗情，清新明快的旋律，销魂动魄的人物命运，那幽默隽永的戏剧性，那'老妪能解'的群众性，那跃动着时代脉搏的战斗性，都对中国诗坛留下了久远的影响，为我们树立了效法的楷模。"

5月17日 收到张尚忍的信，太行山剧团老战友失联多年，送头道春茶（湖北宜昌地区卫校）。

按：张尚忍是太行山剧团小战士，现在宜昌地区卫生学校工作。1980年12月因收到李佩琳关于团史的信，才知团长洪荒就是作家阮章竞。

5月25日 收到夏洪飞的信。

按：写太行山剧团史遇到的困难：开座谈会的费用、团员们写回忆录难落实。

6月1日 收到荆雪艳的信。

按：荆雪艳是山西永济县法院原四清工作队员，通报情况，"文革"中，卫化民等人上访住在阮家。（其丈夫李文元在永济县委工作）

6月16日　收到舞蹈家资华筠的信。告知央视专场演出时间。

按： 她的爱人王寿印曾来抄过《赤叶河》。

6月17日　收到苏予的信。

按： 苏予是《十月》编辑。信中有样书及感谢谱主对田增翔的关切。（注：田因路上批评警察野蛮执法，被打受伤。）

6月23日　收到雷加的信，编《世界文学佳作百篇》二十五万字。阮章竞主推荐给出版社。

按： 谱主6月28日寄给山西人民出版社社长罗继长。罗继长7月17日复信：商量后联系雷加。

6月26日收到太行战友林火的信，读《秋风楼渡口》后抄录旧作。（大连市委宣传部副部长）

10月1日　收到助手尹世霖的信。

按： 尹世霖是北京二中特级历史教师、诗人，暂借到北京作协做谱主助手，请谱主介绍参加中国作协并准备作品目录。

同日，收到刘夜烽的信，刘是合肥《清明》编辑，书赠七绝一首。

11月30日收到侯桂树的信。

按： 侯桂树是山西翼城县委干部，也是业余文学作者，1979年曾陪谱主在临汾地区访问。信中汇报了几年来作品的发表情况。信中回忆1979年看到的谱主工作情况："您前年从豫入晋，后来到临汾，正值国庆佳节。考虑到您年高体弱，沿途劳累，本想让您在临汾稍作休息的，但您安排的日程已定，我作为一个向导，相随您去安泽，去古县，去洪洞，看旧地，访故人，寻找朱总司令当年战斗过的踪迹，在老人们的记忆海洋中寻觅，寻觅……每个地方仅有一天时间，您巴不得当作两天用，上午，下午，晚上。街不转，戏不看，日程满满，竟没有一点空闲。"

12月12日　收到吴伏喜的信。

按： 吴伏喜是徽州地委宣传部干部，信中介绍漆砂砚复活工艺，求教叙事诗。

12月17日　收到白鲁克的信。

按：白鲁克是徽州地委书记。信中托带俞金海制漆砂砚，希望为这传统工艺大喊大叫一下。

12月18日　收到胡承恩的信。

按：胡承恩是歙县博物馆馆长，信中说收到谱主题字。歙砚厂的题字也已送去。

12月23日　收到周申明的信。

按：周申明是河北省委宣传部副部长，1968—1973年与谱主同在省革委文教组工作。为纪念《讲话》四十年，周写了《论〈漳河水〉的历史地位》一文，收入作者文集《双花赏评》，花山文艺出版社1987年9月版。12月26日晨谱主复信周申明。

12月24日　收到刘祖慈的信，《安徽文艺》发表诗作，三期先发旧体诗三首，《梅山湖》提出修改意见。

1982 年　68 岁

1 月 10 日　应北京作协诗歌组、民研组安排而作专题讲座，主要讲述自己的民歌体叙事诗创作经验。

按： 1982 年 2 月中旬根据此讲座内容整理而成《漫忆咿呀学语时》，发表在《文艺研究》1982 年第 2 期。发表后作者注："《文艺研究》发表时因安排不下去，做了删改。我看过，但时间只有半天，就要排版，最后一段未阅。准备出刊后恢复原稿。" 收入《北京作家谈创作》，北京十月文艺出版社 1985 年 6 月版。原稿现存国家图书馆善本部，全文刊登在该馆出版的《文津流觞》2002 年总第 5 期。

1 月 18 日　主持北京作协第一届理事会第三次会议。

1 月 20 日　在北京作协和《北京文学》月刊社举办的迎春联谊会上发言。

1 月 23 日晨　作诗《寄〈东方少年〉》。

按： 该诗发表在《东方少年》1982 年第 2 期，诗题改为《希望》。

1 月 25 日　本日为 1982 年春节。

按： 1982 年春节，谱主写有《向科技工作者贺春节》《舞赞》二诗。其中《舞赞》是观罢电视节目资华筠、王堃、姚珠珠三人舞蹈，书此酬资华筠同志索书。资华筠为著名舞蹈家，曾任中国舞蹈家协会副主席。与谱主同为第五届全国政协委员。

本月　阮章竞应《北京科技报》约，作《向科技工作者贺新春》，发表在该报 1982 年 1 月 29 日。

1 月 31 日　收到臧克家的信：昨日畅谈意见一致，希望大胆发表。

【1月】**按：**本月作中国画作三幅，《鳌鱼拖金龟》（彩稿一，未成稿二）。彩稿题字："鳌鱼拖乌龟此乃黄山一奇景1981年秋曾游从铅笔稿脱下。竞。游黄山时画了好多张速写，但回来后始终未能表现出黄山的韵味，现在用刘海粟的画似乎有点意思，八二春"。

2月2日　致信臧克家。

按：信中特别提到"有些老同志忘却了如何正确帮助青年作者的问题，我甚至怀疑有的人是想靠青年而不是靠党吃饭。忘却一个共产主义者的神圣责任"。

3月1日　致信西北师大季成家。

按：由其准备出版的《中国当代诗歌研究资料》篇目谈及对新中国成立以来诗歌的看法。

3月6日　参加《诗刊》为纪念讲话四十周年召开的老诗人座谈会，发言摘要发表在《诗刊》1982年第5期《漫忆四十年前的诗歌运动》。

3月9日　履职北京市人大常委会第18次会议。（笔记72#）

3月10日　《文艺研究》主编林远向阮章竞邀谈《漳河水》创作的文章。

按：要求20号交稿（1981年中宣部会议上约稿）。此后谱主将本年1月10日所作民歌体叙事诗创作讲座内容整理修改成文《漫忆咿呀学语时》以酬。

3月12日—19日　参加北京市人民代表大会会议。准备了"关于城市管理的议案"。

4月1日　致信王玉堂。帮韩冰野联系在山西的同志协助他的旧作出版。

4月27日　致信李昌陟，谈《漳河水》创作。

4月28日—29日　参加全国政协讨论宪法草案的会议。

按：此草案于1982年12月4日第五届全国人民代表大会第五次会议通过。

【4月】**按：**本月写作上主要在阅改长篇小说《群山》1978—1980年稿，删改了《群山》第一章《黄河》，现有删余稿三十一页；另作诗《永不熄灭的矿灯》，歌颂在矿难抢险中牺牲的北京矿务局工人王庆，5月1日在《北京日报》发表。

5月4日　作文《文学要以共产主义思想武装自己》。

按：本文为纪念毛泽东《在延安文艺座谈会上的讲话》发表四十周年而作，谱主参加当年北京市文联、作家协会、社科所举行的学术讨论会做过发言。发表于1982年5月22日《北京日报》，编辑改题为《是共产主义思想哺育着当代英雄》。

5月22日　林默涵来信，谈读《北京日报》上阮文《是共产主义思想哺育着当代英雄》感受。

5月23日　复信林默涵。

按：问候林，并诉说愤懑："那些吃过劳动人民奶汁的人，现在的一些所作所为，实在令人气愤。"

5月25日　收到沈季平的信。戏称要阮章竞这人大代表为群众服务，解决自己的煤气罐问题，并邀看盆景。

【5月】**按：**本月翻阅旧作《红松山》油印本。另有学习延安文艺讲话文章《抚今追昔》。写扇面《别歙县太白楼》。

6月13日复刘守华的信。

按：后完整刊于《新文学评论》2014年第3期。谈刘的《漳河水》研究，"读后总感到是过奖了"，谈写作《漫忆咿呀学语时》的经过。

6月29日　作《写给孩子们的话》，是为儿童诗集《金色的海螺及其它》写的序言。

【6月】**按：**作歌词《我正走在北京的大街上》。本月在《全国政协学习参考资料》第10期上做了八条批注。

7月6日　履职北京市人大常委会，视察大兴黄村、房山窦店、怀柔汤河口等处，提出意见。（笔记72#）

7月8日　收到田间的信。

7 月 9 日　致信包钢史志办章妥、刘静波、张宗耀，感谢寄来包钢照片。

7 月 10 日　北京文联、作协 5—10 日组织驻会作家学习中国文联四届二次全委会精神。阮章竞在会议结束时讲话。（笔记 73#）

7 月中旬　为筹备出版的《阮章竞诗选》写序。

按：《阮章竞诗选》于 1985 年 4 月由人民文学出版社出版。

7 月 19 日　履职北京市人大常委会，审议《北京城市建设总体规划方案（草案）》，做了发言。

【7 月】**按：**本月《阮章竞诗选》开始编目。

8 月 1 日　启程参加中国作协庐山文艺之家活动（1—10 日）。

8 月 5 日　与田间游庐山，避雨文化馆，参观了小书画家李丛的书画展。

8 月 6 日　参观中央会议纪念堂和毛泽东住所，晚回住所记笔记（笔记 73#011 图）。

8 月 7 日　李丛父女来访，作七言古诗《坎坷风雨庐山松——赠小书画家李丛》鼓励。

8 月 9 日　作诗《三宝树写生》并跋，于庐山。

按：十日庐山之行，作者绘油画棒速写六幅：《庐山锦绣谷上望长江》《庐山黑龙潭》《庐山三宝树之银杏柳杉》《庐山黄龙潭瀑布》《含鄱口》《湖光山色　从含鄱口观鄱阳湖》；作水彩画一幅《庐山含鄱口》。作诗《题锦绣谷扇面》《黄龙潭》《乌龙潭前》《云溪漫步》。

8 月 15 日　致信西北师范学院孙克恒，感谢寄来著作《现代诗话》。

【8 月】**按：**本月致孙克恒信，谈现代诗话。

中共十二大于 1982 年 9 月 1 日至 11 日在北京召开。十二大结束之后，谱主参加宣传系统干部学习十二大会议，写有《学习中共十二大文件的发言》。十二大结束后，北京市作协组织的庆祝十二大成功召开的朗诵会上，谱主作了致辞发言。

9月7日　诗歌《〈向新纪元起飞〉——庆祝党的十二大胜利召开》，发表在《北京日报》1982年9月7日第4版。

9月13日　致信刘守华。

按：谈《金色的海螺》及《白云鄂博交响诗》创作。后完整刊于《新文学评论》2014年第3期。

9月22日　在中国美术馆参加访意行前介绍会，外交部相关处长参加。

9月26日　作《留献女排一束花》，作于访意出行前。

按：该诗发表于《人民日报》1982年10月15日第8版，诗题改为《献给女排一束花》。

9月30日—10月15日　参加中国出版工作者代表团到意大利访问。团长华君武，副团长李凌，团员阮章竞、江晓天、杜高、邱守全、陈德章、袁华清。

【9月】**按：**本月应开封翰园碑林征字，书1981年所作《开封》以赠。本月绘扇面一幅，题字"1982年10月买蟹放于大盆中，攀出盆外横行奔跑。取早存之扇面画下。珠江老人志之画后空白处"。

10月1日　到罗马。游览市容，晚在中国使馆参加活动。

10月2日　参观梵蒂冈西斯廷博物馆。

按：2日凌晨作诗《中秋》。11月修改于北京。此诗在访问期间，被翻译成意大利文发表在意大利《作家总会》双月刊1982年第6期。谱主为此诗作一小序："1982年10月1日，既是我国的中秋佳节，又是建国33周年纪念日。正在这天，我们来到了罗马。在晚餐会上，我们和意大利艺术界的朋友们，海阔天空，畅谈各自国家的山川景物，风土人情，远至古代，近及今天，随想随谈，友情洋溢。中夜，写了这首诗，以酬谢意大利朋友索稿要求。"

10月3日　到巴尼耶纳、维特堡、兰特庄园参观。

10月4日　上午随访意代表团出席意大利作者、出版者协会成立百年纪念暨国际作者作曲者联合会第33届大会开幕式；下午看木偶

100年展览。

10月5日　代表团与罗马省政府主席会见，下午参观罗马现代艺术馆，晚上在罗马歌剧院观看音乐会。

10月6日　代表团与意大利作者、出版者协会主席、知名人士等会见。下午拜访协会总部。

按：本日谱主作诗《半开的蓓蕾——在兰特听少女吹奏乐队演奏》《过维特堡》二首，另有《古斗兽场》一首为本月参观罗马古斗兽场后所作，具体时间不详。《古斗兽场》与《半开的蓓蕾》一起以《访意诗草》为题，发表在《诗刊》1983年第9期。《过维特堡》与《威尼斯向维罗纳》一起以《访意诗二首》为题，发表在《作品》1984年第1期。

10月7日　代表团抵达佛罗伦萨，参观桥上画廊、但丁之家等地。

10月8日　代表团与佛罗伦萨副市长、知名人士会见。下午到米兰，观看斯卡拉剧院音乐会。

10月9日　代表团与米兰市文化局长会见。中午赶去参观名画《最后的晚餐》，下午参观了米兰大教堂。

10月10日　代表团抵达威尼斯，参观了威尼斯剧院。

10月11日　代表团与威尼斯市长、知名人士会见，观看威尼斯音乐学院音乐会。

10月12日　代表团抵达维罗纳，参观茱丽叶之家。

10月13日　在威尼斯归途中作《威尼斯组诗八首》。

按：包括《序诗》《晨》《水乡》《小街》《鸽》《晚钟》《夜》《叹息桥》八首。其中《序诗》《晨》《水乡》三首，发表在《延河》1983年第12期；《小街》《鸽》《晚钟》《夜》四首，发表在《长城》1984年第2期；《叹息桥》发表在《江城》1984年第2期。

10月14日　回罗马途中作《威尼斯向维罗纳》。

按：《威尼斯向维罗纳》与《过维特堡》一起以《访意诗二首》

为题，发表在《作品》1984年第1期。

10月15日　代表团启程返京。途中作诗《过卡拉奇》。

10月23日　收到全国政协办公厅对阮章竞与魏传统、林默涵、王朝闻联合提交的276号提案的办理答复。

按：案由是"建议成立有关重点名胜古迹或风景区建设规划的专家委员会"。

【10月】**按：**本月还写了旅意散文《访意散记》《抢救中的〈最后的晚餐〉》，后者发表于《人民日报》1983年1月7日。

11月2日　在北京出版社诗歌出版座谈会上发言。（笔记73#）

11月7日　参加袁水拍追悼会。袁的子女怀雨、刚健将其父9月20日写给阮章竞的信面呈。

按：谱主在袁信信封上写："袁水拍同志在解放战争时和建国之后写了不少好诗。在十年大内乱中，吃了很多苦头。可惜从流逐地回来之后，误入歧途，主要是看不见人民终究不能许可横暴者这样横行下去的力量，结果深陷下去。为之哀叹可惜！告别遗体后记。"

11月19日　履职北京市人大常委会，视察北京市少年犯管教所。

11月24日—12月11日　参加全国政协第五届第五次会议。发言提纲在笔记73#。

按：中国人民政治协商会议第五届全国委员会第五次会议是第五届政协召开的最后一次会议。会议期间，谱主在西苑饭店选定了中国少年儿童出版社再版《金色的海螺》的封面，此版本封面设计余秉楠，插图米谷。

【11月】**按：**作文《观看皮诺乔生日展览》，此文为旅意见闻录，发表于《东方少年》1983年1期。

12月1日　致信林默涵，"送去诗稿，阅后是什么感受，就请说什么。"

按：林12月20日回信："章竞同志：今天一早起来，重读您的两首诗，仍然觉得是非常有气势的好诗，令人精神一振。但这样的诗，竟然无处可登，这局面恐怕一时是改变不了的。说什么好呢？祝健！”（谱主注：林指《大军之路》，他看了“渡沙河”和“强渡汝河”）

以《老区行（3首）》为题，配油画棒速写发表在6月29日《北京日报》第3版；作《我的故乡》回忆故乡岁月。

12月15日　参加在人民大会堂小礼堂举行的首届茅盾文学奖颁奖大会。

【12月】**按：**本月继续进行《阮章竞诗选》编选工作，并写了编辑设想；下旬整理旅意诗歌；本月阮妻赵迪之离休。

【1982年】**按：**1982年夏作扇面一幅，题字“古柏　1982年夏日　章竞画　此柏曾于1980年见于晋南”。

1982年收到的友朋和读者来信：

1月1日　收到诗歌爱好者毛江南的信，油印诗稿。

1月2日　收到画家黄霞川的信。

按：黄霞川是谱主同乡，黄家龙头环村祖屋二楼板壁上，留有谱主做油漆画匠时的油漆壁画。

1月3日　收到黑龙江克山师专中文科的信，编印笔名索引，征询笔名。

1月4日　收到徐慎的信。告知收到谱主赠诗和题字。

1月5日　收到西北师院中文系季成家的信，为该单位中国当代文学研究收集资料。

1月7日　收到山西运城地区文联干部张旭林的信，请求荐稿。1月18日收到张旭林第二封信，请求荐稿。8月18日第三次来信。8月31日《诗刊》吴家瑾回信收到张的稿件。

1月20日　收到太行山剧团团友夏洪飞的信，请帮助调京工作。

1月27日　夏洪飞来信，寄来运城地区写的《太行山剧团战斗历程》，运城邀夏参加，要开座谈会，讨论经费问题。

1月29日　收到工艺美术家雷圭元的信，介绍中央工艺美院副院长、书籍装潢美术家余秉楠为阮章竞设计《阮章竞诗选》《金色的海螺》封面。

2月6日　收到《文学报》“作家书画”栏目编辑谢春彦的约稿信。

2月23日　收到业余学诗者牟小白的求教信。

3月11日　收到《文学报》编辑谢春彦的信，见画稿称赞，索字。

3月20日　收到太行老战友韩冰野的信，托办旧作入选书集。韩冰野原名林火，在大连市委任宣传部副部长。22日再收到韩冰野的信，抄来旧作。

3月20日　收到延安大学（联系人梁相斌）的信，为《第一朵花》名家处女作集征稿；同日，收到北京西山八大处的信，为《咏八大处诗选》征稿。

4月4日　收到黄苗子的信：政协会上欠画债，今还。

4月5日　收到李昌陟的信，李是四川大学现代文学研究者，正在写《漳》诗论文，后发表在《中国现代文学研究丛刊》1983年第4辑。

4月10日　收到刘煊的信和著作目录，得知正在写故乡回忆录。

4月14日　收到韩冰野的信，邀去大连写作，可安排住处。

4月18日　收到傅大章的信，赠敬亭绿雪茶。

4月20日　收到武乡县志办的信，县志编辑约稿。

4月28日　收到新加坡吴天才的信，称欲翻译中国现代诗，请阮章竞自选诗。

5月8日　收到包钢史办的信，包钢选征史料选编。

5月11日　收到河南人民出版社的信，关于使用阮章竞信件为张庆明诗集序言征求意见。

6月6日　收到韩冰野（林火）的信，写作安排大连疗养院不顺利。

6月9日　收到黄苗子的信，答辨认阮章竞所得一枚清末印章字义。

6月10日　收到华中师院张永健的信，编短诗萃。（阮章竞注：自荐《瑞金好》《风砂》）。

6月10日　收到雷加的信，外国文学百篇拟向山西人民出版社将稿子要回。

6月12日　收到杜荣泉的信，根治海河已不提，现状是连年大旱。

6月28日　收到少儿基金会的捐赠证书；同日收到洪涛的信。为阮章竞5月31日信（想在河北出版诗画集），了解到的情况告知。希望给自己的诗集写个序。

7月1日　收到湖北潜江县水泥厂冯锦新的求教信。

7月22日　收到河北定兴县委的信，征集张秀中烈士资料。

7月23日　收到《摇篮》编辑部的信，约稿事。

7月23日　收到康濯的信，约明年到湖南。

7月24日　收到骆宾基的信，出行南昌事。

7月28日　收到《山西文学》的信，刊登诗作事。

7月30日　收到河北省委宣传部副部长周申明的信，涿县文艺评论会议情况。

8月1日　收到北京广播电台陈志昂的信，对评诗信的复信；同日收到北师大黄药眠的信，详述诗集出版状况及香港重印诗集，正写自传。

8月7日《延河》来信，阮诗《姜四娘》将刊发在11月号。阮章竞15日回信。

8月23日　收到云南临沧县阮志宽的信，称阮章竞伯父，回忆自己1951年排演过《赤叶河》。

8月26日　收到《河北文艺》洪涛的信，画稿下期发两幅，原稿不用担心，必妥善保存，用后归还。

8月28日　收到安阳文化局孙德萱的信，汤阴岳飞庙诗画展求作品。

8月31日　收到《诗刊》吴家瑾信：转来运城文联张旭林诗稿已交有关编辑慎处，请释念。邹荻帆早就让我联系您，有新作请赐稿。

按：吴家瑾，原《诗刊》年轻同事。

9月2日　收到昆明市委宣传部长袁靳的信，谈回太行根据地之行及太行山剧团史。

9月6日　收到华中师范学院刘守华的信，刘正在参加编写《中国当代文学》。

9月8日　收到《雨花》杂志孙友田的信。

按：孙友田，原《诗刊》年轻同事，后在南京工作。

9月9日　收到天津《新港》金梅的信，收到稿子，谈到文学杂志的困境。

9月18日　收到江西《百花洲》编辑吴灌的信。

9月20日　九江市文联工作人员李延生给阮章竞来信。阮去庐山时认识。

9月21日　田间给阮章竞来信，谈庐山之行和办诗歌刊物的想法。

10月27日　收到武汉钢铁公司雷新泉的信，送无花果并询大学同学阮凯鹰近况。

10月29日　收到诗歌爱好者江西余干镇中学义龙的信。

11月12日　黑龙江密山诗歌爱好者耿建勋来信。

11月23日　中山阮炳昭来信，家乡联产承包成效显著，海南区党委同志欢迎赴岛。

12月1日　收到安徽诗歌爱好者刘劲华的信，请评诗作。

12月2日　收到河南师大王文金的信，采访提纲共十一页。

12月2日　收到河北文联洪涛的信，称问了河北美术出版社出版阮章竞诗画集，有希望。

12月5日　收到广东连山县委宣传部陈云清的信，询作家之路。

按：同日收到《星星》诗刊编辑部的约稿信。

12月9日　收到河南师大学报编辑部张如法的信，张曾在友谊宾馆采访阮章竞。

12月15日　收到《星星》诗刊叶延滨的信，为“诗人的青年时代”专栏约稿。复信后，叶于24日回信感谢阮章竞的应允。

12月16日　收到《人民文学》编辑韩作荣的信，为沈阳市文联刊物《芒种》索字。

12月21日　收到臧克家夫人郑曼的信，转徐州四中王庆雨信谈阮诗的论文。阮章竞26日即转《诗刊》吴家瑾。

12月22日　收到河南遂平县玉山公社柴庄四队诗歌爱好者肖罗钧的信。

1983年　69岁

1月9日　作中国画《学齐白石　虾》。多日内连画数幅。

1月14日　修改旅意诗歌《半开的蓓蕾》。

1月18日　出席《诗刊》在新侨饭店举办的老诗人谈心茶会，亲自朗诵了诗歌《赠友》。谱主将结句“剑老无芒莫认账，余年当学大江流”刻成和田玉闲章，晚年经常钤于书画作品。

按：此诗发表在《诗刊》1983年3期。

1月20日　修改旅意诗歌《古斗兽场》。

1月26日　主持召开了北京作协第一届理事会第四次（扩大）会议。

【1月】**按：**本月为诗歌《漳水河》二次增订本作自序。

2月3日　收到《文学报》谢春彦的信，为该报百期纪念书画专版约稿。

2月1日　当选北京市第八届人大代表。（门头沟区第七届人大三次会议选举）

2月9日　作《寄〈文学报〉百期纪念》。

2月13日　本日为1983年春节。

按：春节前谱主主持了北京作家协会的迎春茶话会并致辞。

2月底　主持北京市作协理事（扩大）会，并发言。

【2月】**按：**本月作诗《观画鸣》，具体日期不详。收到《文学报》百期纪念版。

3月1日　被选为第八届北京市人大常委会委员后，履职听取关于经营责任制的汇报，讨论卢沟桥规划。

3月14日　助手尹世霖离京去广州，为阮章竞的童年回忆录收集资料。

3月16日　本日《人民日报》发表了周扬纪念马克思百年的文章《关于马克思主义的几个理论问题的探讨》。

3月19日—24日　在中山，高永、阮关伟全程陪同。到圣狮、象角、冲头，还开了一个座谈会。

3月27日　作童话诗《小姑娘与乌猿婆》。

按：谱主在此诗后注“1983年3月27日写于同仁医院465病房；6月1日修改”。此作刊于《巨人》1984年4期。

【3月】**按：**本月北京市民间文艺家协会成立，谱主当选主席。作诗《〈广州文艺〉创刊十周年》，发表在《广州文艺》1983年第4期。

4月15日　本日笔记记“脑供血住院后稍好”。

按：谱主于1983年3月2日查出冠心病和脑供血不足，随后一段时间没有参加公开活动记录。此段时间至4月上旬在北京市同仁医院住院治疗。

4月16日　参加第八届市人大常委会第一次会议。

4月23日　作《新花——贺北京朗诵艺术团建团》。

4月27日　为编选《阮章竞诗选》，写了“编集子的打算”。

【4月】**按：**本月为编选《阮章竞诗选》重阅《虹霓集》，并做了修改、批注和取舍。拟将这部诗选以《漳河水》为题，后没有使用。

4月30日　履职北京市人大常委会，视察二轻局和门头沟区工作。

5月4日—12日　履职全国政协，参加政协办公厅组织的政协委员视察葛洲坝和宜昌活动。此行写了一组诗歌《忆旧游》《葛洲坝》《力之歌》《莫让长江白白流》《智慧》《欢腾的长江》《高峡出平湖》《过南津关》《望峡》《过襄樊》《访隆中》《戏题张飞擂鼓台》共十二首。有视察笔记74#。

5月6日—7日　视察葛洲坝。

5月8日—9日　视察宜昌。

5月10日　参观三游洞。

5月11日　参观襄樊、隆中。

5月12日　随考察团返京。

5月18日　重写了《阮章竞诗选》编目。

5月24日　履职北京市人大常委会，视察北京市食品厂。

5月27日　再编《阮章竞诗选》目录。

按：本月谱主多次斟酌考虑《阮章竞诗选》编选事情，为诗集拟了《石缝草》之名（后未采用），并写了序言。

5月28日　寄送诗歌选集新稿给责编莫文征。

【5月】**按：**本月作一文，猛烈抨击朦胧诗代表的现代诗潮，并以徐敬亚《崛起的诗群》、杨炼《朗日诺》为例进行批判，将这些新出现的艺术探索斥为“精神污染”。文章未具标题，未发表。

6月1日　此日前后改定童话诗《小姑娘与乌猿婆》。

6月5日　致信陈伯吹，关于童话诗《小姑娘与乌猿婆》发表事；同日，收到青岛师专教师桑林（范杰）的信，询《漳河水》之“上‘社’去说理”诗句的社会学意思。

按：谱主回信后，桑林于同年7月12日又来信讨论，10月28日的来信是为征求谱主意见，欲将6月回信发表在《青岛师专学报》（谱主原信未能征集到）。据7月来信的引用谱主的意见是这样的：

阮章竞同志：

收到复信，多谢！

关于“社”字的解释，具体详尽，受益匪浅，今后讲课我们可以略加解释发挥了，不至于因闹不清楚，避而不谈或一提而过。

这个“社”字确是古老的，甚至有着某种民族性、人民性的字汇，它的感情色彩浓重，我们似乎体味到了。

您说“在战争年代的解放区的村公所，从政权上支持了减租减息，土改，领导了生产，支援了战争。当时群众沿用古称，带有相当的感情因素，所以我采用了这个富有感情色彩的称谓，以表群众对革命政权的信赖。”

又说：“村政府、乡政府，群众总在感情上认为是官家，说社就带有怀旧的感情成分，表现出一种信任感……”

这是非常对的，是这样的。

……

您在《我怎样学习写作怎样取得生活》中曾说：“如我写《漳河水》中的两句：种谷要种稀留稠，娶妻要娶个剪发头。开头误写成‘种谷要种细密稠’。我把作品念给我的房东听，他给我改正的。而且，他把这句话的意思分析给我听，为什么要稀留稠，使我增加了生产知识。”

7月7日　寄《访意诗草》给《诗刊》邹荻帆。

7月14日　阅过“渡黄河”的片断。

7月27日　为《迈进更广阔的天地——幼儿朗诵诗选》作序。

按：此文发表在《北京日报》1984年7月27日第3版。《幼儿朗诵诗选》由北京少年儿童出版社1984年出版。

【7月】**按：**本月谱主写有《学习邓选发言提纲》。

8月7日　履职北京市人大常委会，赵鹏飞报告打击刑事犯罪问题。

8月16日　致信钱小惠，关于抄稿助手的安排。

8月17日　作诗《观罗工柳画展》，寄《人民日报》文艺部。

8月19日　写《申请离休报告》。

按：谱主时任北京市文联副主席、北京市作家协会主席，还有已当选但未正式公布的北京市民间艺术研究会会长等职务。谱主时年六十九岁，由于感到精力大不如前，又有创作上的目标未了，向组织申请卸下上述职务。未得批准。

8月23日　参加中国作协在京作家学习邓选座谈会并发言。发言整理成文《革命的旗帜要鲜明》。

按：1983 年第 17 期《新观察》半月刊以“读邓小平文选　谈心得体会”为题，刊登了中国作家协会这次在京作家学习邓小平文选座谈会的发言摘要。

8 月 28 日　作儿童诗《我要学好》。

按：此诗发表在《中国少年报》1983 年 1331 期。“要学好”是谱主母亲对他的儿时教诲（见《故乡岁月》二卷 15 章 172 页）。

8 月 30 日—9 月 8 日　飞新疆参加“石河子绿风诗会”。（笔记 75#）

赴石河子车上作诗《我来到了新疆》。

按：此诗发表在《绿风》1984 年第 2 期。

8 月 31 日　夜作《绿风诗会赞》。

按：此诗发表在《绿风》1984 年第 1 期。

9 月 1 日　参加绿风诗会开幕式。谱主当日笔记写：“1. 原要我讲开幕词，我推获帆做，因他比我了解诗歌情况。2. 任友光做了石河子情况介绍。3. 王辛笛讲了话。”（笔记 69#052—060 图）

9 月 2 日　参观石河子。

9 月 2 日　作七言古诗《甘雨》。

按：一同参会的作曲家王洛宾拿去此诗和《我问——五台山缅怀彭总》谱曲。《我问》1986 年谱成，1998 年发表。

9 月 3 日　上午到大泉沟水库参观，回程谒总理纪念碑。下午谱主做了发言。晚上儿童歌舞晚会。本日完成自由体诗《青春之城感怀》。

按：在 9 月 8 日的“振兴中华，开拓绿洲”诗歌朗诵会上，谱主朗诵这首新作，后将此诗交大会，发表在《新疆日报》9 月，具体日期待考。

9 月 4 日　上午到紫泥泉种羊场，下午看叼羊、姑娘追、歌舞。于紫泥泉归途作诗《叼羊》。

按：《叨羊》诗1984年2月整理修改，《新疆文学》1984年8期发表。发表时因编辑未经作者同意修改，作者在剪报上批注“改得乱七八糟”，1986年重新整理修改。

1984年3月整理了《牧场欢舞》（发《绿洲》1984年3—4月号）、《姑娘追》（发《文学月刊》1984年6期）、《观哈萨克民族摔跤》未发。

绘油画棒速写《八师紫泥泉牧场》《紫泥泉牧场天山雪水》《紫泥泉 天山雪水》三幅。

9月5日　在绿风诗会上发言，后整理为《诗与时代、人民》。

9月6日　在绿风诗会上，应邀题词。谱主笔记写下：“122团及123团联合举行舞蹈会，但123团未去。题字（122团中学）。下午到下野地，看沙漠，吃大西瓜。题字。”

按：为兰州《金城》编辑傅金城题：“时代需要诗人，人民需要诗；诗，应歌唱时代，诗，应歌唱人民。诗，应该随着时代脉搏而跳动；诗，应该是时代的心音。”

为时任中国社科院文学研究所助理研究员刘士杰题：“我主张：诗应是时代脉搏的频率；诗应是时代心音的奏鸣。”

为8师122团题句：“瓜果飘香，来到新疆，一二二团，永葆荣光”。

为8师122团15连题句：“军垦战士建奇功，战败黄沙打败风，长驱直入下野地，年年炮台红，代代‘满堂红’。”“满堂红”是该连培植的西瓜名，个大、有上20斤的，瓜甜。

9月7日　前一天观看新疆生产建设兵团8师122、123团的青年、儿童歌舞，今日完成诗作《绿杨歌舞场》。

9月8日晚　参加“振兴中华，开拓绿洲”音乐诗歌朗诵会。阮章竞即席朗诵前几天创作的《青春之城》。

9月9日—16日　赴北疆伊犁哈萨克自治州。同行有晏明、高缨和新疆军区政治部萨拉提等。（笔记69#061—113图片）

9月9日上午九时离开石河子，夜宿精河。

9月10日　路过赛里木湖（三台海子），画了两幅油画棒速写《赛里木湖》《北疆赛里木湖》，三幅圆珠笔速写。过靖海寺、二台、果子沟、清水河、霍城到伊宁。在新二台，遇一群维吾尔族小学生，中间有两个都叫阿依古丽。作诗《赛里木湖》。

按：《赛》诗于1985年9月修改于北京，发表在香港《文汇报》1985年10月12日。

9月11日　主人安排访问察布查尔锡伯族自治县。作诗《特殊的恒星》。

按：《特》诗发表在《解放军文艺》1984年第11期。

9月12日　在伊宁参观五烈士纪念公园。访问乌孜别克老诗人帕拉哈提。

9月13日　晨练看伊宁街景。到霍尔果斯哨所、伊犁九城之一的惠远古城、将军府。

9月14日　离开伊宁，沿伊犁河源之一的巩乃斯河进入天山深处，去访问开筑天山公路的部队，在巩乃斯种羊场打尖。到达筑路部队师部，师政委张志明，副政委赵承业，副师长刘玉棋、乔俊卿陪同参观营房。晚上到某团部。政治部主任柳玉德介绍情况。写诗《天山路之歌》四首，绘油画棒速写《伊犁河源》。

9月15日　登雪线，过大坂，到巴音布鲁克。州共青团委女副书记，自愿当向导去看天鹅湖。绘油画棒速写《阿拉图拜》《巴音布鲁克之天鹅湖》。

9月16日　回乌鲁木齐市，等待联系南疆行程。

按：这次天山之行写诗《天山雪溪》（发在江西《摇篮》），《两个阿依古丽》（发在《中国少年报》），《剑阵、荷花、迁场》（发在《作品》1987年11期）。

按：谱主于1985年10月1日为《天山路之歌、风雪、新北斗、晚晴（4首）》写了后记，诗发表在《诗刊》1986年第1期。后记可窥此次赴南疆行程：

1983年9月中旬（14日），开筑天山公路的某师，热情地赏给我们一个机会，从北疆伊犁河源，沿天山雪线，观察了新筑成的独库公路。登山前，看不出天气会有什么大变化。但与天山风雪战斗了许多年的部队同志，为我们带上了棉大衣。不出所料，我们一登上半山，云迷漫，雪迷漫，一场风雪，像千万张扯开了口的鸭绒被子那样，漫天抖下来。右边是战士切开的陡岩，左边是万丈深谷，山陡岭沉，只好停车估量天气，大风吹雪，打得吉普帆篷砰砰响。司机不能不考虑安全了。那年，我已七十岁了，怎么可能有再来的机会呢?

老天不负有心人。忽然见一位战士驾车北来，说过了前头的大坂，天已放晴。可以说是天公恩典。如果不遇上这次大风雪，此生怎能领略天山的脾气？去时风雪，回时雪晴，天山的壮丽，我真正看见了：她的美，天下无与伦比！

当然，我能领略这神奇美景的条件，完全是筑路部队创造的。我怀着感激的心情，抬眼望见大坂一侧的险岩上，矗立着几座烈士墓碑！他们这样年轻，但是打通了天山，把路留给后人！他们的墓碑，比天山更高。

下山当晚，草草写下这几首诗。回京整理时，忽患大面积心肌梗塞而中断。

今年10月1日，是新疆的大喜日。我找到了原稿，重新整理修改出来，以祝贺新疆维吾尔自治区成立三十周年。

9月20日　在乌鲁木齐向晏明借了一百元。

按：回京后10月27日派女儿阮援朝去还。

9月22日　从乌鲁木齐经停阿克苏飞喀什。驻军某团副政委周明跃接机，到疏勒城外驻地。这支部队是1950年进军阿里地区的独立骑兵师一团一连，担任进军西藏阿里地区先遣队先遣连，在团史展览室借阅资料。

9月23日—24日　由喀什文化局接待两天，参观艾提尕清真寺等名胜。

9月25日　由军区派车，接阮章竞从喀什过英吉沙到莎车。得知可上喀喇昆仑山，决定先到驻军某团，推迟一天去和田。

9月26日　早上先到叶城，下午上喀喇昆仑山，只到三千四百米的阿卡子大坂。途中于车上绘油画棒速写《二十八里桥远望昆仑雪峰》《进入昆仑山口远望雪峰》《昆仑山道进到此处只有草山草坡》《昆仑山道过了此处就再看不见树木》《新藏公路阿卡子大坂道上》《新藏公路道班》《新藏公路阿卡子大坂》等七幅和钢笔速写三幅。

9月27日　从叶城沿着塔克拉玛干沙漠，经墨玉到和田。

9月28日　从和田到策勒午餐。下午开始闹肚子。过黑龙河到努日尔牧场，见到被分配来解决老兵婚姻问题的女兵。傍晚绘油画棒速写《牙门牧场望昆仑雪峰》。

9月29日　上牙门大坂。沿途在车上绘钢笔速写《和田策勒衙门铁矿（此处已接近雪线）》《牙门大坂在策勒的昆仑山上此处已到了雪线海拔3400多远方是小铁矿我到了左方靠近雪峰之下》。回努日尔，晚饭后回和田。

同年秋作《寄阮年春》。

按：谱主到南疆时，和田36121部队司机阮年春一路随行。这位年轻战士随时满足停车作画。从喀什送他上阿卡子大坂，沿塔克拉玛干南回和田。临别时阮年春要谱主给他写幅字，当时无纸笔，答应回京写好寄给他。遂有此诗。

9月30日　从和田经阿克苏飞回乌鲁木齐。酝酿诗歌《胡杨泪》《昆仑》《塔克拉玛干》。

10月6日　由新疆自治区文联安排，与闻山一起去吐鲁番访问三天。下午三点到吐鲁番。参观了葡萄沟，还进了一个维吾尔族老乡家拉家常。晚上在宾馆看了歌舞表演。笔记76#（10月7—21日）。

10月7日　参观交河、火焰山、千佛洞后，到五星公社卫星大队，买瓜时维吾尔族人乌波·阿卜杜勒·阿乌祖邀请阮章竞一行到他家做客，他靠种瓜卖给附近沙疗站的游客，生活不错。又看了苏公塔。绘油画棒速写《吐鲁番交河古城遗址》《吐鲁番之火焰山（单色）》。

10月8日　考察吐鲁番治沙站，站长沙飞，江苏邳县人，四十九岁，1959年初中毕业支边。下午乘火车去柳园。绘油画棒速写《吐鲁番之火焰山》。

10月9日—23日　在甘肃旅行。到敦煌、兰州、天水参观古迹。

10月9日　早七点半到柳园站。敦煌县委宣传部接待。下午参观了县博物馆，应邀写了《秋晨》留下，此诗是9月2日在石河子写下的《甘雨》。阮章竞自注："到石河子朝逢甘雨，到敦煌又逢甘雨。书此以留敦煌县博物馆"。

10月10日　参观敦煌莫高窟壁画。参观时作炭笔速写若干幅。（笔记76#）

按：谱主在游莫高窟时与画家汪刃锋、吴衍休和杨达林相遇，在三位画家的鼓励下，当晚写下《中国的微笑》，诗发表在《人民文学》1985年第12期。1984年2月谱主为此诗写了一后记：

1983年10月13日，与画家汪刃锋、吴衍休和杨达林，相遇于敦煌莫高窟。在参观第259洞"释迦禅定"像时，忽然听到有人说：这就是中国的《蒙娜丽莎》！我仔细重看了佛像问世说明，是公元474年前北魏时期的作品，比达·芬奇的《蒙娜丽莎》早一千多年。在世界艺术史里，许多作品，创造于各国的不同历史时期，先后遥相辉映，同是人类文明瑰宝。争先后，论资格，排座位，都是无聊的。但在中国却很特殊，常听到什么"中国的威尼斯""中国的高尔基""中国的保尔"等等，从来没有听到过有"×国的苏州""某国的鲁迅"。比拟是可以的，但妄自菲薄就不好。因有同感，在三位画家的鼓励下，当天晚上写下这首诗。今天偶然翻出来。有鉴于"什么都是外国好"的现象仍然存在，这诗聊作抒发愚怀吧。

据谱主所存资料中，留有1983年10月11日飞兰州的机票，因此后记所言10月13日游莫高窟当为笔误。

10 月 11 日　上午敦煌研究所李家宁介绍艺术历史。下午三时，飞到兰州。休整一周。绘画棒速写《敦煌之藏经洞在此窟内》《敦煌之九层楼》。

10 月 19 日　由甘肃师大党委书记刘竹溪陪同到天水，下午参观伏羲庙、玉泉观。为玉泉观留字“玉泉并映辉　辫柏特常青”，又到马坪看李广墓。作诗《辫柏》。辫柏是玉泉寺的著名古树，树龄八百年至一千年，因根茎交织，形若女人发辫得名。

10 月 20 日　到麦积山石窟。地区文联、文化馆陪同。看甘泉寺、西崖和仙人崖。绘油画棒速写《麦积山石窟》。

10 月 21 日　礼县祁山堡，看地区文物馆和雕漆厂。晚上天水师专来访，邀请去讲座。本以为是业余作者座谈，其实是专场讲座。绘油画棒速写《甘肃礼县之祁山堡，传说诸葛亮在此住过》。

10 月 22 日　在天水师专作讲座。作诗《常藏欢乐石窟中》。

按：谱主指出：一、文学艺术为人民的旗帜必须鲜明；二、文学阅读和写作水平，关系到一个民族的文化素质；三、文学写作要联系人民，提高观察社会的能力。讲话整理为《在天水师专讲话提纲》。

10 月 23 日　参观秦安县大地湾遗址（新石器时代），街亭因时间不够没去成。

10 月 24 日　从新疆返京。

10 月 26 日　参加《诗刊》会议，传达重庆诗歌会议内容，主要是批判社会主义异化论。

10 月 29 日　参加北京作协党支部会议，讨论整党文件，谈到异化问题。（笔记 76#）

【10 月】**按：**作《北京作协学习总结》。

11 月 9 日　收到尹世霖信，和韩作黎介绍尹加入中国作协进展不顺利。仍愿意继续做阮章竞助手。

11 月 10 日　主持北京文联学习十二届二中全会座谈会，在开场致辞中批评孙绍振和徐敬亚的诗歌主张。会上作《涣散软弱与自由化倾向》发言，跟谱主进入新时期以来反对文学上的现代派立场一脉相承。

11月16日　复信中宣部，对《作协领导班子选配安排征求意见表》提出个人意见。

11月16日　写了《群山》分章发表计划。

【11月】**按**：本月构思长诗《漫漫幽林路》腹稿。

12月10日　履职市人大常委会第七次会议。

12月19日　参加中国作协理事会，笔记69#记录了曹禺、萧军、孙谦、张庆田、王蒙、刘心武、焦祖尧、邓友梅、蒋子龙、西戎等人的发言。

12月24日　为1984年迎春诗会所作《贺新春》，发表在《北京日报》。

12月26日　给晋东南地区文联韩文洲信，请帮助查寻散失作品。

【1983年】**按**：本年11月谱主妻子赵迪之分得汽车局宿舍23号楼307室。

1983年收到的友朋和读者来信：

1月　收到宝鸡师范中文系弓弦、杨宏科等寄来诗稿，无信。

1月3日　收到晋东南地委韩文洲的信，愿意帮助寻找散失作品。

1月6日　收到全总文工团何玉锁（北京作协会员）的信，抱怨北京诗人出诗集难。

1月9日　收到胞妹阮惠霞的家信，为回中山作准备。后3月9日、5月8日又有两信。

1月10日　收到阮炳昭的信，索画。

1月20日　收到华中师范中文系刘守华的信，《中国当代文学（一）》已通过，将出版，谱主的一节，用刘稿。向大百科全书推荐了《金色的海螺》。有写阮章竞评传的想法。

1月29日　收到黎焕颐的信，为《文学报》"诗苑"约稿。

1月30日　收到长春电影厂李季达的信，忆写出《咱们的好政府》曲谱，说桐峪麻田的民兵都会唱。李伯钊处可能有资料。

2月3日　收到《文学报》谢春彦的信，为该报百期纪念书画专版约稿。

2月14日　收到新华社赵逊的信，复制了李苦禅的《秋色》，告本人诗歌发表出版情况，附诗请阅。

2月22日　收到尹世霖的信，愿意协助阮章竞整理“作家童年”，商量工作日程。

2月28日　收到歙县县委书记程喜娣的信，收信感谢，歙砚和木料事正在办。

3月8日　收到中国少年儿童出版社世铎的信，对阮章竞催问《金色的海螺》出版问题做了解释（团代会、经济效益的不同看法），出版虽拖延但一定会出。

3月11日　收到首钢李少南（原包钢技术人员）的信，谈创作。1984年1月31日再来信，感谢指点。遭遇退稿继续努力。

3月12日　收到江苏栗阳百家塘王云娟的信，王原在吕瑛处当家庭服务员。感谢阮爷爷来信，诉说家中的情况。

3月14日　收到《金色的海螺》书封面设计者余秉楠的信，介绍唐磊为《漳河水》作封面设计。

3月17日　收到尹世霖的信，阮惠霞提供住宿和购买车票帮助。19日到中山。

3月21日　收到中国作协转来安徽肥西县南岗公社南岗大队阮怀浦的信，反映农村通讯员生活艰难。

3月22日　收到广东人民出版社少儿编辑室何剑萍的信：如少儿社不出版《金色的海螺》，请给我社。

3月24日　收到中山文联主席高永的信，中山文联准备将阮章竞回乡探亲事向县委汇报，可由人大接待。

3月24日　收到阮关伟的信，叙尹世霖在中山访问情况。28日再来信，关于回乡照片。

3月29日　收到安徽财校诗歌爱好者刘劲华的信。

3月30日　中山圣狮阮炳昭来信，接待尹世霖情况。

4月5日　收到太行山剧团战友夏洪飞的信，剧团史事。

4月5日　收到广东省戏研室张云青的信，谈戏曲编剧事。

4月7日　收到集邮爱好者谭贤邦的信（四川万县地区肉联厂工会），请为邮票卡题字。回信题字“集此世之稀宝　当为中华自豪”。

4月15日　广东省戏研室张云青来信，改编《风雪夜归人》有吴祖光新凤霞张奇虹帮助，从未有过地顺利。回广东最好多换些外汇券。

4月28日　收到北京大学中文系刘烜的信。完成《闻一多评传》，准备写《阮章竞评传》。明年阮章竞七十寿，建议开学术研讨会。

同日　收到运城地区文联张旭林的信，为《河东文学》约稿。

5月8日　胞妹惠霞来信，关于阮章竞离家前为母亲画的像，被八弟章棣毁掉事劝慰六哥。并安排拍摄阮章竞早年留在家乡的作品。

5月18日　收到太行战友、昆明市委宣传部部长袁靳的信，正在写回忆录。记得1946年在长治第二届太行群英会上，阮章竞作大幅宣传油画“蒋军必败，我军必胜”及演出等。请阮章竞帮助回忆细节。

5月23日　收到西北师院中文系的信，当代文学研究资料诗集总目，请阮章竞审阅以免遗漏。联系人张明廉。阮章竞7月13日复。

同日　收到南昌儿童文学报社程维的信，约稿事。

5月28日　收到安徽傅大章、董瑞珍夫妇的信，托刘先义带新茶。

5月28日　收到宜昌卫校张尚忍的信，太行山剧团小战士。谈个人经历。7月23日再写一信，派女儿来京送茶。

5月30日　收到《北京文学》苏辛群的信，栏目约稿“北京作家谈创作”。

6月5日　青岛师专桑林来信，询问《漳》诗“上社去说理”的

“社”，是哪一级组织。7月12日收到阮章竞复信，再讨论。10月28日第三封信，问可否将复信发表在校刊上。

7月25日 《江城》美编姚伟生来信，寄《禹门口后、武冈山道》两幅画的制版片两张。

7月30日 原山西省委秘书长史纪言夫人范梅容来信，感谢为追悼会写挽联。

7月30日 收到西北师院中文系季成家的信，通报《阮章竞研究专集》计划1984年完成（后未落实）。9月5日再来信，准备10月下旬到京访问，按线索派人到各地收集资料。

8月13日 收到刘白羽的信。（信转李瑛，内容不详）

8月18日 收到陈伯吹的信，发表童话诗《小姑娘与乌猿婆》已在流程中。

8月20日 收到朱子奇的信，谈香港中文大学黄继持文章《中国新诗的行程》，香港《新晚报》1983年9月4日。

8月22日 收到运城文联张旭林的信，山西出版社“诗歌丛书”为他出了一本诗集，赠书。

9月3日 吉林《江城》编辑秋原来信，感谢赐稿，请阮章竞写标题和签字，制版用。

9月5日 收到《人民日报》主编胡绩伟的信，为《樱与松》擅加副标题致歉。同日，西北师院中文系季成家的信，询拜访安排事。

9月7日 人民日报社徐刚来信，称信中没有《观罗工柳画展》诗稿。

9月8日，吉林《江城》编辑部秋原来信，约写栏目标题。

9月9日 隆中王诗恒来信，寄赠岳飞书《前后出师表》拓本。

9月11日 陕西凤翔师范学院张志春来信（油印），征集《中国文学史联语资料》。

9月15日 胞妹阮惠霞来信，给香港诗稿，可直接给陈建平（外甥，在《文汇报》工作）；帮助在深圳买画笔；催为象角学校题字事。

9月24日　广西荔浦县大塘中学语文教师龚柱希寄来求教信。

9月25日　诗人张志民来信，曾去探望，因阮章竞住院未晤，再问候。

9月26日　新疆石河子文联柏华来信，约绿风诗会专栏约稿。10月14日又一信，告《青春之城感怀》已发《新疆日报》。

9月28日　晋东南文联韩文洲来信，回复查找太行时期作品，因整党未能亲自下去走走，没有新发现。附王稚纯信。

10月3日　甘肃兰州市工人李述来信（石河子诗会见过）。10月31日、11月22日、1984年1月4日、6月11日又来过信。阮章竞1984年2月、8月初两次回复。2月16日、8月7日李述两次来信感谢。

10月5日　《作品》杂志西彤来信，谈阮章竞访意诗二首将用在1984年1期。

10月27日　河北邢台陈全寿读《古斗兽场》后，寄诗给阮章竞求教。

10月31日　天山群艺馆王椒来信，求字事；甘肃兰州市诗歌爱好者李述来信。

11月2日　甘肃日报记者梁胜明来信，梁与阮章竞在石河子、兰州两遇，寄来潘玉君的报道和王胜利的照片。

11月3日　北京大学中文系刘烜来信，谈《阮章竞评传》的若干问题。

11月5日　河南永城诗歌爱好者付强寄来求教信。

11月9日　北京二中历史教师尹世霖来信，加入中国作协不顺利。仍愿做阮章竞助手。

11月10日　新疆喀什《丝路》编辑部陈圭来信约创作谈。

11月16日　收到《甘肃日报》潘玉君的信，访谈发表在11月2日《甘肃日报》第4版。找了洮砚，方便时着人送到北京。

11月16日　尹世霖来信，北京作协秘书长王淑珍电话谈了给谱主当助手，校方基本同意。12月1日，谈《阮章竞诗选》编辑、《童年》找出版社和阮章竞到上海以后的回忆录等问题。12月8日又来一信，收到援朝送来的《诗选》编目，年底前拿出编选宗旨。

11月28日　收到洪涛的信，《小街》《鸽》《晚钟》《夜》访意诗四首发《长城》1984第2期。

12月1日　收到海淀区委宣传部张宝章的信，感谢介绍入中国民研会。夫人严文珊是幼子阮幼鹰的老师，曾收到谱主长达十四页的家长信。

12月3日　收到百花文艺出版社于明夫的信，《创作经验丛书》约稿。

12月4日　收到和田地委宣传部蒲玉珍的问候信。

12月10日　收到潘寿川的信，托罗副专员带和田玉石两块。

同日，《山西文艺》诗歌组因版面有限，退稿。

12月19日　收到秦牧的信，告广东花城罗莎来京组稿，请多加协助。

12月24日　收到乌鲁木齐军区政治部周涛、泰莱提的信。之前曾写信感谢帮助。

12月25日　收到山西省文联郑笃的信，请帮助回忆太行时期文艺出版情况。1984年1月3日再来信，说《太行文艺》和《文艺杂志》没开过编委会，郑笃是主编。另问十三位老同志的工作单位。

12月27日　收到人民文学出版社老编辑刘岚山的信，21日阮章竞曾写信赞誉“编辑夜话”。

12月30日　收到北京电视台苏厚汾、王娟的信，迎春诗会播出通知。

1984 年　70 岁

1 月 5 日　作《献给路易 · 艾黎同志》。并致信朱子奇，信如下：

子奇同志：

我因心脏病复发，住进了医院，不能参加我们的伟大朋友——路易 · 艾黎同志八十六岁寿辰的祝贺诗会而深感可惜。我写了一首诗，感谢路易 · 艾黎同志对中国人民的深厚友情，并在这个美好的日子里，祝他健康长寿！

这首诗拜托你，或请一位同志为我诵读，不胜感谢！

1 月 17 日　履职北京市人大常委第八次会议。

1 月 27 日　读胡乔木《关于人道主义和异化问题》，见笔记 74#。

3 月 1 日　《塔克拉玛干》抄清稿寄邹荻帆。

按：《塔》诗发表在《诗刊》1984 年 6 期。

3 月 6 日　参加由北京市文联和作协举办的庆祝萧军文学创作五十年大会，在会上致辞。周扬、胡风、丁玲、冯牧等人到会发言。

按：会议在北京民族文化宫举行，文艺界三百余人莅会。主持人雷加，谱主作为北京市作协主席致辞。

3 月 10 日　写散文《灵魂的对话》。

按：《灵魂的对话》用笔名杨皎璁发表于《北京日报》1984 年 3 月 31 日。

3 月 15 日　参加在人民大会堂举行的首都文艺界纪念老舍先生诞辰 85 周年座谈会。

3 月 18 日　撰文《纪念舒舍予先生》。

4月上旬　太行战友夏洪飞夫人李娜从太原来访，谈关于歌剧《赤叶河》的创作过程。

4月17日—6月2日　阮章竞因心梗住院。

按：4月中旬谱主正在改《天山路之歌》时发病。

【4月】**按：**本月撰文《我与祖国共命运——答米兰〈人与书〉编者问》，发表于《文学报》1984年5月10日；撰文《编书秘诀》，以笔名杨皎璁发表于《北京日报》1984年5月22日。

5月18日　收到毕必成的信，言《清晨凯歌》改编，增加了情节，打印稿随后寄来。题名为“名将之花凋谢在太行山”。

按：1985年8月谱主在电影剧本打印稿上批注：“不宜用此题名。原晋察冀部队打死阿部中将的报道，名为《名将之花凋落在太行山上》。为什么只写白川女儿？”

6月2日　心梗治疗四十六天后出院。

按：因感激住院时常志文医生的医术医德，本月上旬作诗《赠常志文大夫》，并记：“1984年春，大面积心肌梗塞得以复生，返回人间，全仗大夫医术医德之力。复元后常志文大夫索字，书此以谢。”

8月4日　致信北京市文联党组并报市委组织部，申请改变个人参加革命时间事。

按：申请把时间从原来填写的1938年2月（以从十三军游击司令部转到中共山西陵川县县委组建的第二战区游击第一支队时的入伍时间为依据）变更为1934年在上海参加立信歌咏学会开始。

8月8日　致电音乐家孙慎。

按：回忆1934年参加上海立信歌咏学会及变更个人档案中参加革命时间。

8月10日　致信吕骥，回忆1935年在上海参加救亡歌咏活动的情况，呼吁将参加左联领导的抗日救亡歌咏活动视为参加革命工作。

8月上旬　作诗《紫霞——包钢建厂三十年纪念》。

按：1994年8月13日，谱主改此诗并作一后记：

1956年至1959年末，我主动要求参加包头钢铁基地的开拓工作。时常奔行于昭君坟、黄河渡口、昆都仑河与白云鄂博之间。白毛风怒，黄沙疯狂，工作生活非常艰苦。为了振奋因大炼钢铁运动失败而出现的颓唐情绪，包钢成千上万的建设者，奋不顾身，日夜拼搏，终于使第一号高炉提前一年出铁。此情此景，现仍然历历在目。但那年庐山会议一怒，使多少为提前出铁奋战的指挥员们留下难以平复的创伤。这也是使人难以理解的。迎风而歌而舞者上浮，逆风而战而拼者下沉，古今如此，何足怪哉。

1984年是包钢建厂三十周年，《铁花》要我写几句话。现在的辉煌是后来者的贡献，我未目睹，写来无据。但当年的惨淡经营，甘苦亲尝，可以写几句。

现在这首诗是《铁花》拿去之后，我改动过的，后语是改动后加的。

8月21日—30日　住院（根据尹世霖8月31日信）。

8月30日夜　为同仁医院常志文大夫作画《红梅》，并附诗《题红梅——常志文索画》。

9月15日　本日出版的《戏友》1984年2期，刊登了李娜私冒阮章竞署名的“《赤叶河》创作谈”。

【9月】**按：**本月中国作协四大筹备会在京西宾馆召开，谱主因心梗后休养没有参加。

10月2日　批改了山东莘县古云镇中学生岳春霞6月2日寄来的诗：

春霞同学：

我在患心肌梗塞才出医院，医生禁止我工作，望不要再来信、稿。你的诗，我还是看了，诗不好改的，但我仍是改了一下，你看看有没有道理。

写字要仔细。

用花草，就是说已经长成了，故为你改为种子。

为什么轻生？比如说升学考不上，只要正确认识，不离开人民（诗中的大地）仍是能为人民做点有益的工作。

为什么要叫蠢虾？

给别人写信，必须把地址、姓名用楷书写清楚，一定要写上省的名称，特别是给不相识的人写信。阮章竞　84 年 10 月 2 日。

10 月　开始写回忆录《故乡岁月》。

按：新蕾出版社 1979 年冬约稿。

10 月 11 日　收到上海人大常委会教科文卫委孟波的信，告知去年已为阮章竞给北京市文联写过材料，证明在上海立信音乐训练班、业余合唱团以及流动宣传团的情况。

11 月初　助手小李找出“天山路之歌”三首《剑阵》《荷花》《迁场》，寄《作品》发表。

11 月 28 日　下午在新侨饭店参加《中国文学》创刊招待会。日前丁玲、舒群送来请柬。

12 月 4 日　写信给北京市委组织部，要求根据中组通字（84）22 号文件精神更改参加革命时间。

12 月 9 日　致信《戏友》杂志，声明发表于该刊李娜写的文章《歌剧〈赤叶河〉创作前后》是冒名文章。

12 月 29 日　中国作协第四次代表大会开幕。

按：这次会议时间为 12 月 29 日—1 月 5 日，谱主任北京代表团团长。但因大病初愈未出席。

12 月 30 日　收到《人民日报》袁鹰的信，诗《昆仑》编辑做了改动，小样送阮章竞审。

按：《昆仑》诗发表在《人民日报》1984 年 1 月 11 日 8 版。

【1984 年】**按：**本年作诗《谢王树森大师》《赠常志文大夫》《昆仑秋月》，撰短文《女售票员心灵不美》，时间不详。

1984 年收到的友朋和读者来信：

1 月 4 日　收到聪聪的信，阮章竞亲笔抄稿，推荐乌孜别克十五岁少年伊力的诗，因作者超龄退稿。

1月10日　收到山东人民出版社郇玉华的信，为研究《金色的海螺》创作收集资料。

1月21日　收到新疆八师政委任友志的信，说到自己的文学爱好和工作情况。

2月7日　收到吉林昌邑区诗歌爱好者马鹏举的信。

2月9日　收到胞妹惠霞来信，在深圳买了阮章竞要的笔，希望回家乡走走。3月1日、6月19日也有来信。

2月16日　收到紫禁城刘北汜的信，约写故宫题材诗。

2月16日　收到乌鲁木齐军区政治部周涛的信，感谢来信，赠诗集。

2月27日　收到青岛市《海鸥》毕林的信，赐稿已留用。

2月29日　收到重庆作协儿童文学组张继楼的信，约儿童诗稿。

3月1日　收到河南永城县刘河中学付强的信，寄作品请教。

3月2日　晋驼（刘敏）来信，因萧军文学创作纪念会没有机会发言，无法澄清一些误解，故告假。

3月10日　收到黑龙江依安县铁路残疾青年邢继芳的信，评诗及自荐诗。

3月12日　收到南宁师范学院民间文学研究室过伟的信，约写“漳河民歌格律”专题。

3月15日　收到鲁迅博物馆的约稿信，“当代作家谈鲁迅”。

3月21日　收到四川人民出版社文艺编辑室龚明德的信，约稿“作家名字解说”。

3月22日　收到《十月》编辑部诗歌组晏明的信，收到《叼羊》稿，约写建国35周年稿。

3月23日　收到陵川县文化馆王长发的信，王1963年参加过阮章竞召集的座谈会，近几年陪客去过赤叶河村。《重返赤叶河》诗求荐。

3月29日　收到新蕾出版社远山眉的信，曾为“作家的童年丛书”来京面谈。约时间来拍照备用。

3月31日　收到湖南文联康濯的信，阮章竞诗《姑娘追》文学月报用。

4月5日　夏洪飞来信，见了霍泛和武光汤，推到省党史办。个人建议搞太行文艺史：剧团史（刊物）、文联史、艺术教育史、文艺活动及群众文艺活动史等，先搞团史。

4月11日　收到姚雪垠的信，赠字一幅。

4月16日　收到《人民日报》原太行文联战友赵培蓝的信，关于《江青野史》作者，社里有此书，只能阅览不外借。

4月24日　收到上海少儿出版社陈伯吹的信，复函告《小姑娘与乌猿婆》发《巨人》第3期。

4月25日　上海作协王辛笛来信，寄《诗稿》书，也发了香港新晚报《关于中国新诗的行程》复印件来。

5月2日　收到上海《文学报》庄稼的信，答米兰《人与书》一文5月24日前发表；约发画作。

5月4日　收到延安大学的信，名人座右铭约稿。

5月6日　收到西北师院中文系季成家的信，研究专集借用照片正在复制。

5月12日　收到浙江师院附中诗歌爱好者骆有法的信。

6月1日　收到鲁莘县古云镇诗歌爱好者岳春霞的信，信附诗请教。

6月15日　收到信阳地委张照发的信，《信阳报》创刊约稿。

6月27日　收到中山县象角乡校建委会的信，请题写乡校名。

7月13日　收到河北定兴县委的信，纪念张秀中烈士约稿。

7月16日　收到尹世霖的信，出院后问安，告知要去四川云南参加夏令营工作。

7月19日　收到山西武乡下司村阮牧鹰奶娘杜雪棠的信，要给孩子找工作。

7月20日　收到安徽省文联《诗歌报》信，为创刊约稿。

7月21日　收到河北文联阿西的信，正在灵寿县体验生活。没见过面，索字画。

7月30日　收到包头钢铁公司党委、工会、文协信，为厂庆约稿。

8月1日　收到花山文艺出版社戴砚田的信，为“神州诗卷”约小叙事诗。

8月6日　收到象角乡校建委会的信，收到题写的校名“象角乡校”，感谢病中题字，准备放大塑筑于学校外墙。

8月8日　收到陕西人民出版社冰萁的信，《悼李季》诗编入《石油和泥土的歌者》，为“作家文牍”约稿。

8月17日　收到“太行革命根据地史”编写组的信，征询对初稿的意见，征集图片手稿等。

按： 这部史料丛书在1987年5月由山西人民出版社出版，全套共十一种。中顾委委员张磐石主持，山西省党史办田酉如为主编，晋冀豫三省合作完成。

8月22日　收到人民日报社赵培蓝的信，病后慰问，正在帮助找阮章竞想看的书。

8月23日　收到对外友协的公函，聘阮章竞为对外友协拉美分会理事。

8月29日　收到河南大学中文系王文金的信，与刘增杰、赵明合作编写《阮章竞研究资料》和《阮章竞评传》。

8月29日　收到《作品》杂志西彤的信，告《天山之路》留下发在11期。

8月31日　尹世霖来信，北京二中准假半年，为阮章竞做助手。

9月7日　收到梁斌的信，赠水墨画《熊猫》。

10月17日　收到河南大学中文系王文金的信，为《阮章竞研究资料》来京核实校正年表。阮章竞注：“尽快办，以免老来信催要。”

10月26日　河南大学中文系王文金派人面见。27日收到王文金的信。王准备来京，问是否在。阮章竞注："10月22日已复。"

11月2日　收到河北美术出版社张庚的信，诗画作品结集可以出版。约时间来京看画稿。

11月16日　收到太行山剧团战友常甄华的信，回忆太行山剧团演出剧目。

11月17日　收到中山乡亲、画家黄霞川的信，论当年阮章竞作的壁画，自己让加了两株松树，现在看来有蛇足之嫌。

11月19日　收到太行山剧团战友夏洪飞的信，团史撰写组织情况。

11月28日　收到刘绍棠的信，代妻子致谢。

12月2日　收到王文金的信。派人到上海查阮章竞旧作没有进展；收到赠书《金色的海螺及其它》致谢。

12月4日　收到广东人民出版社少儿读物编辑室何剑萍的信，广东籍作家选辑、《小姑娘与乌猿婆》单行本或童话诗自选集都可作为选题。

12月19日　收到西彤的信，为《华夏诗报》创刊约贺信题辞等。

12月25日　收到广东人民出版社何剑萍的信，催稿。

12月28日　收到焦作市文联的信，称阮章竞是1946年焦作文联创始人，请为《月季》杂志改版约稿或题辞。

1985年　71岁

1月　作题词两则——《祝〈华夏诗报〉创刊》《酬〈北京文学〉诗歌专号索语》。

3月6日　致信象角乡校建校委员会，对象角乡校阮溢卿大楼胜利落成表示祝贺。

作《它应另取个标题——电视迎新晚会〈打靶归来〉》观后感。给《北京日报》文艺部赖林嵩寄《一首变质走味的兵歌》。

3月8日　北京市委组织部“京组干1985第12号”文件，确定阮章竞参加革命时间为1936年3月。

【3月】**按：**本月中组部批准谱主享受副市长级住房、医疗待遇；本月请辞北京市第八届人大常委会委员职务，提名刘绍棠接任，获得通过。继续当选北京市人大代表（门头沟区）。

4月　《阮章竞诗选》出版。

按：本书由人民文学出版社出版，新华书店发行，责编莫文征，本书印数8500册，字数230000，其中短诗共分一、故道拾零；二、山野的新歌；三、新塞外行；四、乌拉山麓下；五、杂诗；六、风暴颂；七、赣南行；八、溯河千里行；九、夏日山村；十、大军之路，共十辑。另有叙事诗一辑专收长诗。该集较全面地收录了谱主从四十年代到八十年代初的重要诗作。

4月17日　笔记记短文《整党收获和今后努力方向》。

4月26日　致沈季平信，本日出发去武汉参加黄鹤楼笔会。

按：《溯河千里行》《大军之路》收入陈斐琴和刘备耕主编的《刘

邓大军征战记·文学篇》，原拟每篇配评论，谱主约请沈季平评论。现取消评论设置，致信解释说明。

4月27日　抵达武汉，参加黄鹤楼笔会。

按：最后一座黄鹤楼建于同治七年（1868），毁于光绪十年（1884）。1957年建长江大桥武昌引桥时，占用了黄鹤楼旧址，1981年重建，1985年落成。1985年4月至5月，武汉市作协与《光明日报》《长江日报》《青年论坛》几家联合，在全国范围内发起了“黄鹤楼征文”，并主办了长达半月之久的“黄鹤楼笔会”，邀请全国各地著名老一辈文学艺术家参加，期望以诗文记胜。4月27日当日，萧乾、苏金伞、罗工柳、公木、阮章竞、邹荻帆、宗璞、秦兆阳、端木蕻良、严辰、荒芜等二十多人，与湖北省武汉文艺界的骆文、胡国瑞、曾卓、碧野、莎蕻、黄铁、管用和等齐聚武汉。谱主由于年事已高，由女儿阮援朝陪同赴会。

4月28日　参加黄鹤楼笔会活动，登上新黄鹤楼，有感而作七言古诗《登新黄鹤楼》二首。

按：诗的第一首发表在《江汉早报》1985年5月19日第4版；第二首发表在《长江日报》1985年5月18日第4版和《光明日报》1985年6月2日第4版。

4月29日　随黄鹤楼笔会在武汉市内参观。

4月30日　随黄鹤楼笔会人员乘“扬子江号”旅游船自武汉出发游长江三峡。

按：长江船行从武汉到重庆，沿途参观了三峡、葛洲坝等地，5月9日返武汉。1988年2月谱主为《酬王精忠同志索画索字》一诗的追记写道：“1985年5月，从‘扬子江号’换乘驳船赴白帝城，至夔门被一拖轮所撞，巨响一声，船上中外游客，大惊呼叫，真危矣哉！”王精忠是武汉作协秘书长，黄鹤楼笔会之后与谱主有书信往来，索画索字，诗写于1987年。

5月10日　参加黄鹤楼笔会主办方举办的“黄鹤楼诗文朗诵会”。

按：此次参加黄鹤楼笔会，谱主除作《登新黄鹤楼》二首外，还作《书赠李虹》《长江》两首诗；此外，三峡船游经湖北宜昌参观了张飞擂鼓台，谱主1983年曾参观过，并写有《戏题张飞擂鼓台》，重游“见原来的亭子已为新塑的张飞塑像代替。塑像生动，个性突出，刻削有力，刀法粗犷，颇有张飞已请回擂鼓台的真实感，回来后故将1983年写的这首诗作了重新修改”。

【5月】按：本月在轮船上作水墨速写《神女号》《扬子江号》《在长江上5月1日》三幅。

5月11日　黄鹤楼笔会活动结束，受家乡中山之邀还乡。

按：谱主妻子赵迪之由儿媳史燕宁陪同，于本日在武汉火车站与谱主会合，一同赴中山。此为赵迪之唯一一次回中山。

5月11日　下午五六点钟，由省文联接待，住广州香江饭店203房。

5月15日　下午应邀出席中山诗社召开的诗歌座谈会。

按：会上谱主谈到新诗的体裁沿革，民歌体的产生背景及局限，谈到诗坛现状，朦胧诗争论等。强调各种题材都应该可以写一点，但吟风弄月之作不宜多写。凡是能够震撼人心的作品，必然是敢于写矛盾、敢于碰社会存在问题的。杜甫的“三吏”“三别”便是这一类。

5月16日　重谒孙中山故居，并作诗《重谒孙中山先生故居》。

按：谱主为此诗题一后记写道：“1933年秋，从澳门做工回乡，特意去翠亨参观孙中山先生故居，只见小村寂寥萧索，不胜感慨之至。相隔五十一年后，1985年5月16日作第二次访问，只见满村花树，姹紫嫣红，环视故居内外，甚似隔世，故有万林春的感觉。”

5月16日　为长江乐园题字“人道去过长江乐园玩，快乐人忘返。我道尝过长江脆鱼，不食天下鲩。”作油画棒速写一幅《长江水库》。

5月17日　到中山港国际货柜码头参观。作油画棒速写一幅《中山港》。

5月19日—25日　在象角村住了一周，与沙溪区、村委会的干部座谈。当年送白兰花的女子来访，要求写几句话做纪念。阮章竞直到1986年5月才成诗《回乡见白兰花开》。

5月20日　作油画棒速写《岚霞回望象角》。

5月22日　作油画棒速写《圆山仔一侧》。

5月23日　作炭笔速写《圣狮村外大榕树》；同日作油画棒速写一幅《观音沙渡口》。

5月24日　作油画棒速写三幅：《龙瑞》（同题两幅）、《龙瑞望石岐烟墩山》。

按：未写明日期的油画棒速写有《大涌渡口》《龙头环洗鱼场》《外婆家申明亭》《沙溪港头》《港头村外》《港头望卓旗山》六幅，炭笔速写《新亨街村外》。

5月27日晚　深圳华仪公司同志陪游香蜜湖。

5月28日上午　深圳华仪谢同志陪去西丽湖。

5月29日　作油画棒速写《深圳大水库》；未具日期的油画棒速写有《深圳湖笔架山》《深圳湾，对面是香港》两幅。

【5月】**按：**本月作散文《广中道上》《孙中山故居》《中山纪念堂》，记叙回乡见闻。

6月4日　作油画棒速写《北江、西江汇合处》。

6月20日　重写回忆录《故乡岁月》完毕，共三卷：《童年》《少年》《夜茫茫》。

6月27日　写履历备忘，作诗《填表书怀》。

7月30日　作《祝〈北京诗苑〉创刊》。

【7月】**按：**本月完成了《民兵王小旦》文摘，1995年5月重新整理。

8月5日　致信北京市市长陈希同，要求解决工作室问题。

8月21日　读《忠义之志　壮烈之气——缅怀我的父亲张自忠将军》（人民日报1985年8月18日）文章后，写信给北京市人大常委会委员张廉云。

8月22日　作《应该对〈命运〉展开评论》。

按：《命运》是日本电视连续剧，1985年作为译制剧在中国热播，谱主冷眼旁观，希望社会展开评论。

8月30日　收到参加中国作家协会“纪念抗战胜利40周年座谈会”请柬，并被要求发言。夜，接田间夫人葛文电话，告田间去世。闻后辗转无眠，含泪写悼诗《秋宵揾泪送田间》。

按：诗发表于1985年9月11日《人民日报》。

9月2日　参加中国作家协会纪念抗战胜利40周年座谈会，会议时间不够没有发言，准备的提纲没有用上，在发言提纲上写下后记。

按：后记写道：“请柬写要我发言，我知这是陪绑，因文联，特别作协召开会迟了，交不了账。因是这个内容，故费了一天多准备此稿。却去到还是陪绑。夏衍前后长篇大论，其余的头面人物只有一二人念稿，其余都是海阔天空。此稿未念成，以后少上当，去为他们壮门面。”

9月8日　寄诗作《赛里木湖》给香港《文汇报》编辑陈建平。

按：此诗发表在香港《文汇报》1985年10月12日。

9月20日　致信出版社退休老编辑刘岚山。

按：寄去人民文学出版社出版的《阮章竞诗选》并诉与出版社打交道的苦恼，询：“向出版社要予以的书，与谁联系好？”

10月1日　作《天山路之歌》后记。

按：“1983年9月中旬，开筑天山公路的某师，热情地赏给我们一个机会，从北疆伊犁河源，沿天山雪线，观察了新筑成的独库公路”，谱主沿途作了《天山路之歌》组诗，于本日写成此后记。

10月4日　《故乡岁月》寄新蕾出版社。

10月12日　准备从东城区春雨二巷17号搬家到崇文门东大街20号楼2门701室。

10月13日　致信臧克家，告知正搬家及新住址。

10月15日 《与田间最后谈诗》发表在《北京日报》第3版。

10月30日 完成回忆散文《忆星海先生》。

按：本文连载于《北京音乐报》1986年4月25日、5月10日第3版；《新文化史料》1987年第1期。均有删节。

11月7日 致一机部部长何光远信。

按：主要内容为投诉该部行政处长李自忠同志在原仪表局副局长赵迪之宿舍撤电话事件中的推诿和官僚作风，致使赵迪之发生脑血栓。

11月26日 致信人民文学出版社编辑莫文征。

按：莫文征是《阮章竞诗选》责编，“样书、赠书和订购书（平装）收到，余下只等精装本了。谢谢你为此书所付出的辛勤劳动和多方帮助”，样书“总的是很满意。只有两三个字校错，我都用红笔改在样书上”。

12月6日 赴中山市参加《中国少年报》组织的儿童文学讨论会。

12月7日 在中山儿童文学讨论会上作发言。

按：后根据发言整理文章《与青年朋友讨论儿童文学》。文章第一部载上海《儿童文学研究》第25辑（1987年8月），第二、第三部分载《文艺报》1986年1月18日第2版。作者1996年5月18日注：“这两件文章都出在1985年12月在中山中少报召开的会上发言，后改成文章。但《文艺报》和另一家刊物上发的，都相同而又不全。如将来使用，还是回到北京作协稿纸写的原稿为好。”

12月8日 到南下乡三级石市场；联系到象角考察事宜；下午看中山市容。晚宗侄阮关伟的女儿、孙女来，要求指导书法。

12月9日 中山团委派车，到家乡沙溪镇，重游象角村、圣狮村、洪王殿、作新学校、庙前广场、圣狮小学（原彭氏祠堂）、团益公会（现卫生所）、阮氏大宗祠。中午在区政府吃饭，听大师傅杨润洪演唱百鹤歌；晚上考察迪斯科舞厅。

12月10日 到中山港，管委会接待。

12 月 11 日　参加《中国少年报》讨论。下午中山政协副主席黄华建和秘书长来访。

12 月 12 日　由黄联安陪同与中山诗社同仁早茶，赴小榄看菊展和包装胶黏纸厂。两位团干部陪同赴广州。晚上与阮惠霞家宴。

12 月 13 日　上午广州市文化局派车游览市容。

12 月 21 日　致信林默涵。

按：感慨当下思潮混乱，告以搬家及介绍其加入中华诗词协会。"在对民族传统文化肆无忌惮攻击下，在立意甚少的新诗独占下，应允许老年同志有赋诗的自由，爱好欣赏和抒怀的自由，因此希望你参加。"

12 月 22 日　下午作《在北京市青年业余文学作者会上的讲话稿》。

【12 月】按：本月作《对〈诗刊〉明年的希望》《在北京市青年文学创作会议上的发言》。

1985 年收到的友朋和读者来信：

1 月 6 日　收到胞妹阮惠霞的信，家事。8 日信告母亲大名为杨彩信。

1 月 15 日　收到人民日报社赵培蓝的信，寄挂历及表示问候。

2 月 5 日　收到西彤的信，告知收到阮章竞为《华夏诗报》的题词。

2 月 26 日　收到阮惠霞的信。收阮章竞信知决定回中山，她负责联络安排。

3 月 6 日　收到广东鹤山文化馆宋军的信，请填词。9 月 25 日复信。

3 月 15 日　收到象角乡校的信和学校开幕校刊。

3 月 19 日　收到陈斐琴的信，诗《大军之路》收进《刘邓大军征战记　文学编》，没收《过花园口》。对蒋介石不用"中正"。阮章竞复信。3 月 23 日又收陈斐琴的信，完全尊重阮章竞意见，劝多休息。

3月30日　收到上海立信会计专科学校分校校长周以录的信，帮助阮章竞证明1937年在上海参加上海职业界救国会的相关情况。

4月5日　收到田间的信，想办份诗歌刊物，以民歌化、革命化、大众化为目标。名《金果小枝》（短诗季刊）。阮章竞4月6日复信。

4月9日　收到田间复信，关于短诗季刊的组织架构，短诗要在二十五行左右，不拟在一个刊物上搞百花。还有登记问题。和高占祥谈过。

4月24日　收到同仁医院张树懿医生丈夫莫测的信和书票。阮章竞回信后，6月17日再来一信，“为您做一张书票，您写来如此热情洋溢的信，很受鼓舞，非常感谢”。

5月5日　高沐鸿之子高介云来信，寄太行民歌资料及其父遗作。

6月10日　收到刘大海的信，了解世界青年联欢节、《妇女自由歌》情况。7月13日再收到刘大海来信。

按：刘大海原在中国文联，五十年代划为“右派”下放，为写《郭兰英》一书（中国文联出版公司1986年10月版）收集资料。

6月21日　收到广东省戏研室张云青的信，问候近况。

6月23日　收到河南大学中文系刘增杰的信，学报在搞阮章竞著作年表。

6月30日　收到《刘邓大军征战记　文学编》目录和任白戈的序（油印稿）。

7月27日　收到北新桥办事处的信，调查华北局司机赵翔震（接收人员）工龄。

7月27日　收到人民画报社袁华清（1982年访意团员）的信，译介诗作给意大利的杂志。

7月28日　收到陈斐琴的信，《刘邓大军征战记　文学编》编辑事务。

8月23日　收到远山眉的信：“作家的童年”丛书稿已出二十种，告一段落。因是组稿，可考虑出单行本。请寄来。

8 月 26 日　收到张自忠女儿张廉云的信，说："读完您热情洋溢的信，使我非常感动和感谢。我要表达的思想感情，一下子就得到您的理解，认识和情感就沟通了，这一点是难得的。"

8 月 28 日　收到黑龙江省委党校读者前明（十九岁）的信，反对"崛起论"提到《向右公列传》。阮章竞旁批："向右公列传不是批冯，而是批文学右派。冯我是尊敬的。"

按：谱主 1985 年 9 月 14 日复信。

9 月 1 日　收到李瑛的信，收赠诗选，并送 1982 年作诗集。

9 月 18 日　收到南充师院中文系刘定淑的信，川浙皖粤四省九院校编《现代文学作品选》用作家简介稿，请审阅。

9 月 24 日　收到刘岚山的信，收赠书复信。

9 月 27 日　收到人民文学出版社莫文征的信，买《阮章竞诗选》，已问明情况。

10 月 21 日　收到北京读者孙明伦的信，《与田间最后谈诗》读后感，希望有为四化擂鼓的诗刊问世。

10 月 25 日　收到四川文艺出版社的信，对诗集出版可排 1987 年选题。

按：谱主 11 月 2 日复信同意。

10 月 31 日　收到山西省文化厅的信，为编山西根据地文化史料，提出《赤叶河》创作过程、音乐、首演、流传等问题。

11 月 2 日　收到老战友、农研室杜润生的信。

11 月 10 日　收到《河北文学》鲁守平的信，感谢为刊物题词。赠刊三本，寄还照片。

11 月 13 日　收到北京人民广播电台陈志昂的信，寄两首诗请教。

11 月 13 日　收到太行山剧团团友夏洪飞的信，带团参加蓉城音乐会，见了几位剧团老战友。

11 月 18 日　收到中国音协李焕之的信，音阶、音律的研讨。

11 月 20 日　收到中山诗社李炳芬的信。纪念孙中山的《翠亨诗集》选阮诗编列编首。赠样书和《榄山诗刊》。

按：谱主于 1985 年 12 月 28 日复信。

11 月 25 日　收到夏洪飞的信：《囚徒歌》可能是苏联的；《赤叶河》因为音乐没有为剧本插翅，没有飞起来，是事实。

11 月 26 日　收到陵川县志办的信，索题“陵川县史志资料”刊名。

按：1986 年 2 月 2 日复信。

11 月 26 日　胞妹阮惠霞信，称收到《阮章竞诗选》，珠海侨办欲聘阮章竞为南国诗社顾问。

11 月 30 日　收到陈志昂的信。

12 月 5 日　收到《河北文艺》洪涛的信，“夏日山村”清样和六幅画稿事。

12 月 24 日　收到八弟阮章棣的信，为《故乡岁月》查到阮达、阮天祥、阮有瑞、阮国武。

12 月 20 日　《作家生活报》和《中国妇女》杂志的两名编辑联名向阮章竞组稿，并附北京师范大学出版社编辑部公函。阮章竞 1986 年 1 月 6 日复信。

1986年　72岁

1月11日　作《题赠司机班》。

按： 谱主为诗小记："坐车多年，司机班诸同志日夜辛苦。近年屡索书未还，常以为憾。今凑四句，聊表谢忱。书题赠：喻国卿、陈晓明、刘伟民、段燕勤、熊素莲、傅新义、岳云君同志。"

1月14日　作《喜闻隆都医院落成》，并附"诗意解释"。

按： 此诗是应沙溪公社管委会索字，为家乡隆都医院落成而题。

1月16日　参加市委情况介绍会（民主党派群众团体），陈希同主持，王伯平讲经济、金鉴讲党风、李锡铭讲学生思想动态。（笔记77#）

【1月】**按：** 本月北京市作协为获得第二届茅盾文学奖的作家张洁、刘心武举行庆功会，谱主主持并讲话。留有《在张洁、刘心武荣获茅盾文学奖祝贺会上的发言提纲》。

本月应中山乡亲之邀，为中山市园林处逸仙湖公园作联题字。参加现代汉语规范化会议。

2月4日　参加北京市委宣传部会议，市委宣传部副部长李筠传达中央意见。（笔记77#）

2月13日　作《虎年夜书怀》。

按： 谱主为诗后记曰："丙寅正月初五日，梦见一衰年之虎临危岩欲纵跃过河，劝之不悟。始惜之，继思之，诚快哉也。"

2月14日　致信梵扬。

按： 感谢赠书刊，感慨"文学界已充满令人窒塞的怪现象"。

2月17日　完成约稿《与中学生谈写作》。阮章竞在底稿信封写："考虑为中学生写好文章的心情，易被一些胡编东西的人得逞，先未寄出。""稿子已在86年2月24日寄出，未给近照和小传。"

按：约稿时，要求5000—8000字。摘发在《中学生》1986年12期时只有700字。

3月19日　《文艺报》编辑朱晖3月12日来信，为"随感录"约稿，作《读性描写随感》。

按：文章发表于1986年10月18日《文艺报》第2版。

3月26日　应广东作协西彤邀，作《贺〈武林〉创刊五周年》。

4月1日　作诗《病中赠桃》，赠妻子赵迪之。

按：谱主为诗后记曰："迪之脑溢血长期住院，今天是她生日，我心脏病复发，故在病床画数桃于扇面赠她。"

4月9日　作《要个空气芬芳的未来》。

按：此诗为1986年6月5日"世界环境日"音乐会而作，金湘曲，中央歌剧院刘维维演唱。

【4月】**按：**本月为写回忆录《异乡岁月》收集资料。(笔记78#)

按：在团中央工作的贾柯夫和北京政法学院讲师方铭分别为"大上海"和"太行山"做了口述记录，并整理成文。这部回忆录于2014年1月作为中国现代文学馆钩沉丛书之一由文化艺术出版社出版。

5月8日　致信金鉴、李锡铭，要求解决工作室问题。

5月10日　作《赵一曼烈士五十周年祭》。

按：1986年4月7日赵一曼烈士纪念馆发征稿函来，作者写此诗寄去。发表在1986年7月5日《北京日报》第4版时，标题被改成《忆赵一曼烈士》。作者批注："编辑瞎改标题！"

【5月】**按：**本月为回忆录《大上海》写提纲。

1986年3月中山政协来信为"孙中山120诞辰纪念专辑"征稿，辗转收到时已4月中旬，本月遂作诗《孙中山先生一百二十诞辰纪念》。

本月，作诗《回乡见白兰花开》。

按： 谱主在诗后追记：“1985年初夏回乡见白兰花开。我已经五十一年未见此花了。晚餐时，阿蘋叫小孩来，想要见见我。人生易老，岁月蹉跎，有感于怀，写下此诗。曾许书写寄赠，返京后几次提笔凄迷，一年将过，今天写成。”

6月19日　作《昭示于历史面前》。

按： 此文是诗集《夏雨秋风录》的序言。发表在1994年11月26日《文艺报》第2版。

6月24日《夏雨秋风录》诗稿寄四川文艺出版社。

6月28日　本日完成新疆散文的北疆部分十五篇。

按：《在祖国的云天上》《乌鲁木齐》《绿城之晨》《地图上的新发现》《旱雨》五篇，发表在《绿风》1988年1—2期合刊；《大泉沟水库》《紫泥泉》两篇，发表在《钟山》1987年4期；《姑娘追·叼羊》《沼泽·沙漠·诗》两篇，发表在《奔流》1987年4期；《准噶尔道上》发表在《中国环境报》1987年4月9日4版；《伊宁》发表在《中国旅游报》1989年11月22日；《巩乃斯河谷》发表在《山西文学》1987年3期；《天山深处》发表在《中国旅游报》1989年12月20日；《雪线下的大兵》《登上天山望天山》发表在《人民日报》1987年5月17日。

7月13日　《诗刊》老同事刘钦贤来信，邀为《淮风》诗报创刊题字。

按： 1986年8月4日，《诗刊》老同事丁力也为此事来信催稿，谱主于1986年8月完成。谱主题曰：“对自己，凡是美的都应讴歌；对世界，凡是美的都应学习。但不应忘记：凡是丑的、恶的、落后的，诗都不应放弃批判的功能。”

7月26日　《余年赢得苦噪楼》发表于《光明日报》本日第2版。

按： 此文后被选入《我的书斋》，科学普及出版社1998年3月版。

7月28日　致信李白麟。

按： 信内容：“83年秋访新日记整理的《新疆纪行》北疆部分十一章（连序），寄给你看看。如《华声报》能连载，就太感谢了！如不能也感谢的，同时望提些意见！”

7月30日　复中山乡亲、小榄诗社李炳芬1月21日、6月14日两次来信。

【7月】**按：** 本月王洛宾委托闻山送来《我问——五台山缅怀彭总》曲谱。词曲发表在《中国文化报》1998年9月22日。

8月29日　致信《北京日报》《北京晚报》，对印刷质量低劣提出批评。该报总编室9月4日复信，表示感谢。

【8月】**按：** 本月为写上海回忆录《大上海》准备材料，谱主口述贾柯夫记录，完成了1934年7月到上海的时代背景、1934—1936年在上海时的回忆等。

本月根据谱主纪实作品《清晨的凯歌》改编的电影《密令截击》由长春电影制片厂出品。谱主写了对电影《密令截击》的意见：

为纪念反法西斯战争胜利四十周年，长影的编剧和导演找我，要改编《清晨的凯歌》。我见到反映太行山抗日战争的影片不多，同意并将《群山》的重要材料供参考。写出第一个本子《名将之花凋谢在太行山》，剧本已离《清》篇非常之远，不同意如此改法。导演又改出《密令截击》便匆匆开拍。我表示不能按此拍，未得尊重。

片成后，来京试演。我看后，比《名》本更远离原作，只说了一句话：“连我也看不懂！”便走了。

与青年编导合作，必须提高警惕！ 1986年8月

9月　整理散文“南疆纪行”十七篇，“吐鲁番”五篇。

按：《飞向南疆》《冰山上的脚踪》《两水泉》《谈判·比武》四篇，发表在《北京文学》1986年12期；《喀什》《香妃墓听辩》《盘橐城遗址》《疏勒古城》《班公泉》《克孜勒河的两个女儿》六篇游记，连载于《北京晚报》1986年10月29日—11月2日；《阿卡子大坂》

《从叶城向和田》《努日尔牧场》三篇，发表在《河北文学》1987年4期；《当年女兵话当年》《姐妹俩》《牙门大坂》三篇，发表在《作品》1987年12期；《高昌·交河遗址》《火焰山》《千佛洞》《沙疗地·苏公塔》发表在《中国旅游报》1989年9月23日、10月25日、11月8日；《吐鲁番治沙站》发表在《人民文学》1987年5期。

9月10日　本日为教师节题字二则。

按：内容为"教师是智慧之海的领航员。题赠高阳海同志"；"良师，直到暮年，我仍充满学子的怀念和崇敬"。

9月18日　赴太原参加太行山剧团团史编写座谈会。

按：会议从17日开始，28人出席。推选了编辑组成员：负责人阮章竞、赵子岳，执笔赵正晶、夏洪飞，成员鲁林、李佩琳、张尚忍。

9月20日　天津画院雕塑家、中山乡亲杨溢送玉石印章不遇，留给电梯工转交。

9月22日　作《同怀明月别并州——留别原太行山剧团诸友》。

按：谱主为诗作跋曰："今年是抗日战争时期原八路军太行山剧团建团四十八周年，剧团结束四十周年。9月17日来自全国十三个省、市和民族自治区的二十八位同志，相聚山西太原，座谈编写团史。我18日晨赶到。四十年阔别，与诸友握手相视，皆白头了！是日中秋，晚上共饮团圆酒，乐甚，写下此诗以赠别诸友。"

【9月】**按**：本月应《淮风》诗报索字，题写内容：

诗，绝不是个人享乐的工具，更不是与人民、时代不相干的个人感情游戏。如果诗的职能就是这样，那么为什么要发表，要出诗集，要人花钱去买来读呢？

如果生养我们的母亲语言，不如外国的好，那么诗干脆用外国文字来写，岂不更能表现一个思想叛逆者的真情实感？凡有能做到这样的诗人，我是十分敬佩的。

10月9日　寄南疆纪行四则给《北京文学》。

按：后发表在《北京文学》1986年12期。

10月10日　寄《夏雨秋风录序》给画家丁聪，请他设计封面。

寄南疆纪行六则给《北京晚报》。

按：后于《北京晚报》10月29日—11月2日连载。

10月14日　参加刘伯承遗体告别。

按：刘伯承于1986年10月7日去世。

10月16日　下午四时参加在人民大会堂北大厅举行的刘伯承追悼会。

10月23日　改定长篇小说《群山》《晋东道上》章。

【10月】**按：**本月诗集《夏雨秋风录》寄四川文艺出版社。并请老友画家丁聪（两人1949年曾同团参加中国青年代表团赴匈牙利世界青年联欢节）为此集设计了封面。

11月2日　北大中文系教授刘烜来访，谈作品出版状况。

11月6日　到医院体检发现心电图改变，住进同仁医院治疗休养。

按：此次住院到当年12月24日出院，其间写了诗剧《漫漫幽林路》幕前语。本年秋，谱主萌发写《漫漫幽林路》的强烈冲动。

11月11日　开始对散文集《新疆忆旅》的誊清稿进行修改。

12月16日　收到丁聪做的《夏雨秋风录》封面设计和正、侧两幅人像。20日挂号寄给四川文艺出版社张新泉。

按：后该社毁约并声称丢失了丁聪设计的封面。此后诗集延宕七年，于1993年10月由重庆出版社出版。后收入人民文学出版社2001年1月出版的《晚号集》。

12月24日　出院。

【1986年】**按：**本年谱主作有悼亡诗《题雪梅》，记一位痴情女子的抱恨终生死去，背景及具体时间不详。

本年作设色水墨国画飞越天山四幅、昆仑两幅。分别是：

题款：“群山飞舞1983年从和田飞往乌鲁木齐，见机下天山，群山飞舞。”

题款：“腾空崛起凌驾乾坤　熠熠飞舞在那蒸腾的云。二登昆仑诗首句。1983 年 9 月末又从和田二上昆仑至此台地尚见些少胡杨，再往上行则全无树木只有草山草坡，再上行则全是巍乎高哉的冰雪世界　章竞画后再志。”

题款：“莽昆仑。1983 年 9 月末二上昆仑雪峰下见诸山如狮如熊千姿万态　阮章竞年七十二。”

题款：“群山飞舞之草稿。”（均为正反两面画）

1986 年收到的友朋和读者来信：

1 月 5 日　北京师范学院中文系中国诗歌辞典来信，编诗歌辞典词条的当代诗人表格。

1 月 11 日　广东省作协梵扬来信，介绍自己在《圈套》启发下写诗的过程。

1 月 21 日　中山乡亲李炳芬来信。5 月 6 日、6 月 14 日再来信。阮章竞 7 月 30 日复信。

2 月 27 日　收到刘烜的信，参加闻一多研讨会事，附寄闻一多的书。

3 月 7 日　收到中山政协的信，纪念孙中山诞辰 120 年专集征稿。

3 月 12 日　收到文艺报社朱晖的信，“随感录”栏目约稿。

按：谱主 1986 年 3 月 21 日复并寄稿。

3 月 13 日　收到西彤的信，为广东科普出版社的《武林》月刊创刊五周年邀贺辞事。

3 月 14 日　北京文联王衍盈来信，感谢支持书画展，索字或画。

3 月 15 日参加丁玲遗体告别仪式。

按：后收到陈明率子女的卡片，感谢参加丁玲告别式。

3 月 18 日　收到中山市文化馆胡焕良的信，告知收到来信，筹办中山画展。

按：胡焕良为中山籍画家黄霞川学生。

3月21日　武汉市作家协会王精忠来信，索字。阮章竞注：88年1月3日已办。

3月22日　收到湖北红安中学教师阮龚的信，信附诗作。

3月30日　收到河北泊头市教育局李洪勉的信，求诗集，二人于中山笔会相识。阮章竞1986年4月11日寄书以酬。

4月5日　收到中山乡亲、天津画院雕塑家杨溢的信，玉石雕刻由阮章竞设计，杨溢的学生制作。往来信件共七封（4月19日、5月8日、7月18日、9月20日、10月23日、11月18日），作品六件。

4月16日　收到尹世霖的信，《故乡岁月》稿酬事及在乐亭情况。

4月17日　收到熊芳琳的信，收《要个空气芬芳的未来》歌词，交金湘作曲。附送世界环境日音乐会票。

4月21日　收到沈季平的信，约5月2日与王洛宾家宴。

4月28日　收到阮章棣的信，打听到龙聚环的流氓名叫刘宝祥。翻盖了新房，等阮章竞作画。

4月30日　收到夏洪飞的信，团史座谈会召开前后的组织联络，经费落实，请领导到会等。（6月9日、13日、15日、17日，7月10日、20日、24日，8月6日、16日，9月28日，10月3日）共十二封。

5月3日　收到中山沙溪冲头乡亲余克的信，1952年因“历史复杂”小学校长被撤职。请证明1937年同住私立文华小学情况。阮章竞记不得此人。

5月19日　收到（福州）海峡文艺出版社林秀平的信，书画集印编。谱主复信。

5月20日　收到涂尔同的信，送一起开会的照片。

5月25日　收到山西太谷县县志办的信，寄油印秧歌志调查提纲。

5月27日　收到中央工艺美术学院陈雅丹的信，为阮章竞制书票，介绍画展。

5月31日　收到中央美院李琦的信，去看张季纯，仍住陋室。

6月11日　收到中山市文化馆的信，寄来5月26日中山籍艺术家作品展开幕式请柬。

6月13日　收到《北京音乐报》李大成的信，感谢支持。奉还“忆星海先生”资料。

6月14日　收到李炳芬乡亲的信，附诗稿。

6月23日　收到堂侄阮关伟的信，索字画。

6月25日　收到李国英的信，在《北京晚报》见到创作报道，索书。

按：李国英1963年4月曾任陵川县委宣传部部长，藏有谱主1963年的国画。

6月28日　收到中央歌剧院方晓天的信，寄《歌剧故事集》目录，请审阅《赤叶河》样稿。

7月4日　收到陵川县志办王长法、赵垒全、徐景笑的信，谈《赤叶河》改编电视剧。

7月10日　收到沈季平的信，附王洛宾信及《我问》曲谱。

7月10日　收到武乡县党史办的信，选谱主诗四首入《巍巍太行山》诗文集，请撰写序言。

7月10日　收到浙江龙泉城中学毛江南的信，见到《登新黄鹤楼》诗，存有阮章竞十年前复信。

7月13日　收到《诗刊》老同事刘钦贤从安徽怀远来信，请为新办的《淮风》题字。

7月25日　收到中山政协文史办的信，诗稿刊印文集，请校对。阮章竞7月29日复信。

9月12日　收到中山乡亲李炳芬的信。

9月14日　收到作协广东分会的信，寄赠《少年文艺报》样报。

9月24日　收到李白麟的信，告《华声报》将发表阮章竞诗作三首。

9月30日　收到沙溪圣狮大队乡亲阮淑珍（丈夫代笔）的信：收

到来信和诗，乡下一切都好。

10月6日　收到少年儿童出版社鲁兵的诗，批评“几首称作当代诗的诗”。

10月14日　收到丁力代转张洪明的信，聘阮章竞为中国乡土诗人协会北京中心顾问。

10月23日　收到《人民政协报》鞠成的信，新疆散文准备刊发两篇。

10月25日　山西师范大学孙铭有来信，读《文艺报》“性描写随感”一文托转信。

按： 孙铭有与谱主是四清时的同事，由文艺报社转寄信附诗稿等。

10月30日　收到武乡八路军太行纪念馆的信，征集文物。

11月3日　收到焦作地方志编委刘观臣的信。录五位领导人题词原文。

阅《中国文学家辞典》才知洪荒是你笔名，故特专函联系。

记得你在1946年前往长治参加筹备太行二届群英会之前，曾到市教育科向赵乃光科长辞行，你说你丢了粮票若干斤……当时我只知你是洪荒，是“太行四分区烈士纪念塔”五位领导人题词的实际挥毫者。是否如此，请你回忆。

纪念塔于我们上山之后被敌破坏。1948年焦作第二次解放，迅即修复。（当时专署仍驻焦。）不过题词和杜专员撰之《豫北人民复活记》碑文，另请人书写罢了。“文革”中借口塔身倾斜，用水泥封住原题词和碑文，其用心是掩盖邓小平等领导名字。把五面题词全部改为毛泽东的人民英雄永垂不朽八个大字，没有一点地方色彩和纪念意义了。

按： 刘观臣1946年曾在焦作工作，1980年离休。

11月20日　收到臧克家的信。讲《中国旧诗词协会》开会的情况；姚雪垠在《红旗》杂志与刘再复辩论；帮女儿臧小平约稿。

11月21日　收到《文艺报》副刊部臧小平的信，约稿。

12月1日　收到花城出版社和上海文艺出版社的信，合作出版《中国诗人自赏诗选》。1988年2月8日，收到上海文艺出版社徐如麒的信，再次约稿。

12月14日　丁聪来信。寄来封面设计与人像。

12月16日　四川仁寿县教师进修学校高阳海来信，附教师节纪念邮品，请题词签名盖章。阮章竞1987年1月11日复。

12月　收到太行战友、文化部艺术局管平的信，邀请参观个人诗书展。

1987年　73岁

1月2日　因有感于上海学生请愿，给《北京日报》打电话。

按：1987年1月9日《北京日报》头版以《著名作家阮章竞给本报打电话寄语青年学生珍惜时光好好学习做有为一代》为题，加按语发表了电话记录。当天臧克家即写信来："在今日的《北京日报》上，读到你的发言，我很感动，并有同感。你和我一样，敢于直抒胸怀，无所顾忌。这几年来，文艺界里的不少名人鼓吹自由化，对青年影响甚大，甚坏。不但没受到责备，反而受到鼓励！真可悲。"

1月10日　复山西师大中文系孙铭有信。

按：信谈到"你10月25日信，前天才收到""现在的中国作协领导班子，从四次代表会上起，共产主义理想色彩，从桃红色到水红到白色了"。

1月15日　寄散文《吐鲁番治沙站》给《人民文学》编辑周明；寄《千佛洞》《高昌·交河遗址》给沈阳市《作家生活报》。

按：19日夜周明来电话，认为作品很好，拟刊用。文章后发表在《人民文学》1987年第5期。《千佛洞》发表在《作家生活报》1987年2月25日4版。《高昌·交河遗址》后发表在1989年9月23日《中国旅游报》。

1月16日　致臧克家，读《光明日报》东风副刊臧文《写给谁看》的感想。

1月19日　整理完成《新疆忆旅》北疆部分十五章。

1月21日　参加中宣部座谈会。见笔记79#。

按：本次会议于1月21—28日举行。谱主专门为此次座谈会准备了发言提纲。

1月28日　参加中宣部文艺局会议，记录了陆梅林、侯敏泽的发言，见笔记79#。

1月28日　是日为旧年除夕，作诗《除夕酬王精忠同志索画索字》。

按：画国画《三峡记游》题款："请精忠同志方家正　1987年除夕之夜追忆85年情景而绘　阮章竞"。

【1月】**按：**本月作《冬天跌进鱼塘》，发表在《中国儿童报》1987年2月23日第4版。

2月4日　本日笔记记录了杜丰、陈涌、陈漱渝、林柳圮发言。（笔记79#）

2月5日　寄新疆游记《天山深处》《雪线下的筑路大兵》《登上天山望天山》给《人民日报》编辑蓝翎。

按：《人民日报》1987年5月17日刊出《天山深处》，其余两篇1989年11月再投《中国旅游报》刊出。

2月21日　致信《中国环境报》副刊编辑高桦，诗歌交流。

2月23日　将新疆行关于石河子的六篇文章寄给《绿风》。

2月25日　太行旧友傅大章、岳岗来京，约与阮章竞见面。

2月27日　收到西彤的信，读《阮章竞诗选》的感想。

【2月】**按：**本月为写作在家门口贴出："近日因有紧急工作，来客请止步。希谅！"

3月19日　本日记录了徐惟诚报告北大情况。（笔记79#）

3月22日　讨论反对资产阶级自由化。

4月24日上午　参加北京市作协会议，讨论党代表问题。（笔记79#）

按：谱主的意见："要求代表能敢于反映党员意见，敢于反映社会对党的干部，特别高干及其子女的问题。应让党员敢于说有关党与国家内部和外交的大事问题。一定要坚持四项基本原则，但一定要排除个人迷信和终身制。该规定，首要干部只能连任两次。坚决实行职位薪金，不当政就是平民。党代表，应经常征求选举人的呼声、意见。是反映信息的通道，不是荣誉的台阶。”

4月25日　寄纪实文学《侦察英雄赵亨德》给《十月》主编张兴春。

按：发表于《十月》1987年第4期，发表时题目为《赵亨德》。

4月30日　重看写作多年的长篇小说《群山》的《晋东道上》章。

【4月】**按：**本月作《对改变人民代表制度的建议》。这是谱主任北京市第八届人民代表大会代表时（1983—1988年），所写的议案。

5月5日　重写长篇小说《群山》《晋东道上》章。

5月6日　考虑长篇小说改名。

按：“已发现两部长篇《沸腾的群山》《寂寞的群山》都以群山为名，我这部长篇由于迟迟不能写成，只好名为：黄河。凡原稿和发表过的章段均统在《黄河》中来。从黄河开始，林项命运结束也是黄河。”（笔记80#）

5月11日　作《赠官布》。

按：官布是著名蒙古族画家，谱主的老朋友。曾为《白云鄂博交响诗》（作家出版社1964年7月版）绘制封面和插图。1980年起两人同在北京市文联担任协会的领导工作。

5月13日　阮章竞记录了理论宣传会议的领导讲话。贺敬之讲体制改革问题和自己的发言提纲。（笔记79#）

5月30日　作《江城子——祝中华诗词学会成立》。

按：中华诗词学会成立于1987年5月31日，谱主受聘为学会顾问。

【5月】**按：**本月为写作在家门口贴出“来客止步”告示；本月作短文《纪念〈讲话〉45周年谈点感想》；开始通读1978版《现代汉语辞典》。

6月3日　寄新疆游记《吐鲁番》《姐妹俩》给《人民政协报》副

主编邹士方。

【6月】**按：**本月为写作在家门口贴出："近日因有紧要工作需限期完成，请来客止步，恳请原谅！如有要事，请晚上来电话。"

本月继续改长篇小说《群山》，拟将《群山》更名《火烬，还在冒烟》。

本月谱主参加会议，记录了杜导正的讲话。（笔记79#）

7月1日　致信《新民晚报》编辑部，声明《老诗人的金婚情》一文完全失实。

按：该报9月14日来信检讨致歉，已在9月13日在"来信照登"发表了谱主的声明。

7月8日　致信沈季平。"有事想与你商量，请来个电话对话。"

7月13日　应邀为纪念《中国诗坛》创刊五十周年、《华夏诗报》创刊两周年题字。（9日《作品》主编西彤来信，邀题词）

按：题字内容：

用诗用歌告诉人们：只有把侵略者打出去，把恶政府摧毁，中国才能看到晨阳。《中国诗坛》这样做了。因此，长留在华南人心中：她，是个好样！

用诗用歌告诉人们：只有改革，中国才能精神抖擞，阔步前进。《华夏诗报》肩负诗的希望，立在南国大门。我，祝愿她像木棉那样：风高枝红。

【7月】**按：**本月继续重写抗战长篇小说，上月拟将原定《群山》改名《火烬，还在冒烟》，本月拟将题目改为《余烬，仍在天边冒烟》。

【8月】**按：**8月继续重写抗战长篇小说；为八弟章棣作国画四扇屏《题解州关羽庙古柏》，并题诗四首。

9月18日　致沈季平信，向《华夏诗报》推荐沈季平写阮章竞的评论稿。

11月26日　作诗《早冬春雪》。

按：谱主为诗加后记："邹士方同志索字久应未酬，今日临窗研墨，大雪纷纷扬扬而不觉寒，定是丰年之兆。"

11月30日　致信市文联木工申世光，做画框木条事。

【11月】**按**：本月谱主写了长诗《漫漫幽林路》设想、开篇、分段。月初作为北京市人大代表参加讨论中共十三大报告，谈对体制改革的意见。

12月8日　王衍盈、谈谊等同志来，约参加老干部书画展活动。阮章竞当夜作诗《龙年——为不老松书画展题句》。

按：谱主为诗加后记曰："老有所托，闻之甚喜。夜，想到龙年更宜深化改革开放，故从石门颂临'龙门'二字，打油一首，以凑热闹。"

12月14日　为回忆录《故乡岁月》写了原始稿说明。

按："《故乡岁月》曾寄远山眉，后因《作家童年》不出，退回，赔我三百元稿酬。我全寄给尹世霖，作为帮助整理的劳动酬答。

"第二卷未抄清，看来是想修改。有一个稿子加纸修改；三卷只抄清未作修改。曾想加强当时社会政治背景，大概未完成。想不起来是什么原因。哦，想起一点，给远山眉的是以儿童口气，给孩子看的，后不出书了，想改回是大人看的。"

12月23日　作《小行星命名有感》。

12月26日　参观陈雅丹画展并作诗《观陈雅丹南极之行画展》。

按：陈雅丹，1942年出生，中国第一位赴南极写生进行艺术活动的画家，清华大学美术学院教授。曾为作者制有一套藏书票。

【12月】**按**：本月下旬为北京文联"不老松书画展"绘三宝树并题七言绝句《庐山三宝树》。本月作诗《谢王树森大师》，王树森是玉雕大师，与谱主同为北京市第八届人大常委。

1987年收到的友朋和读者来信：

1月4日　收到四川文艺出版社张新泉的信，收到封面设计和人像。诗集二季度编成。

1月12日　收到淮阴市文联赵恺的信，为中国诗人录音馆征集录音。

1月17日　孙铭有来信，告知存有阮章竞1965年写的毛词《采桑子·重阳》。

1月19日　牛汉来信，言“《中国》的结束，对于我是一种解脱”。

1月22日　李白麟转王学信来信，对遗失《群山》手稿致歉。

1月28日　怀远文化局刘钦贤来信，《淮风》选在《诗刊》创刊日出刊，是对《诗刊》三十周年的献礼。

2月3日　收到《绿风》编辑杨树的信，可以在《绿风》增刊发新疆散文。

2月5日　收到浙江嘉兴市新塍染织厂陆锡铭信，感谢复信；同日收到中央赴七机部工作队田冰的问候信和诗，阮章竞有旁批。

2月26日　广东新世纪出版社何剑萍来信，《小姑娘与乌猿婆》有声读物样书已寄。

2月27日　西彤来信，收到阮章竞赠诗选，新疆散文《努日尔牧场》《牙门大坂》两篇留用。

3月9日　收到中山方泽炎的信，遵嘱展后的画作留两幅给故乡存档，其余四幅璧还。

3月12日　收到广东人民出版社李春光的信，《小鹿奇遇》已发行两千多套。

春　收到中医白世藻《写给阮老的诗》。

4月1日　收到文化部党史办的信，注明1937年12月25日全国歌咏协会筹委会成立纪念合影的人名。

4月2日　傅大章来信，陈默君烈士的弟弟联系了戎子和夫人陆耕、徐懋庸夫人王韦、王玉堂等太行老战友，再进一步找材料。阮章竞4月9日复信。20日傅大章再来信，告知陈默君等事。

4月8日　收到李志宽的信，帮助找保姆，附三本书寄来。

按：谱主 4 月 15 日复信。

5 月 9 日　收到剧团团友夏洪飞的信，团史写作虽有困难，还是要完成。

5 月 15 日　《赤叶河》作曲高介云来信，告知阮章竞要太行民歌，自己收集的都毁于“文革”，寄两本山西音协出版的民歌。

5 月 22 日　收到北京语言学院的信。

按：该校拟出版当代文学作品选，选《金色的海螺》征询意见信。谱主 5 月 25 日复信。

6 月 4 日　收到永济县公安局卫华民的信，说自 1980 年来京，数次拜访未遇。

按：卫华民当年与谱主为洪洞县参加四清工作之同事。

6 月 7 日　收到《河北文艺》洪涛的信，告知《五阴山虎郝福堂》文章发表可以在 11 期。

6 月 15 日　收到中山乡亲黄联安的信，收到诗集，并将赠余菊庵的送去，欣然答应作字画相赠。阮焕伦抗日事迹的文章市政协在做。17 日又来一信，余菊庵字画已送来，随寄。

7 月 3 日　夏洪飞来信，剧团名单中应有后勤人员，还要由剧团自己创作的节目单。

7 月 19 日　收到尹世霖的信，看《密令截击》后信。

7 月 20 日　收到芜湖市烟酒公司宣传科仉亚平的信，求字。

7 月 30 日　收到老战友、大连市委宣传部林火的信，纪念抗战的诗，请推荐发表。

按：谱主 1987 年 8 月 5 日复信。

8 月 20 日　收到陈默君烈士弟弟白金澜的信，纪念活动不受重视。

9 月 3 日　收到西彤的信，给《华夏诗报》题词已发表，如有专访阮章竞文章，请赐。

9 月 14 日　收到《新民晚报》的信，为汪文浩《老诗人的金婚情》失实事致歉。

9月18日收到夏洪飞的信，寄来“太行根据地的音乐活动”文章。

9月25日　收到《少年文艺报》的信，寄样报。

10月9日　收到沈季平的信,《诗报》要的阮章竞评论，要等偏头痛好转才能写。

【10月】**按：**从6—10月谱主一直在修改长篇小说，修改了原来的结构顺序；8—10月，谱主拟好了长篇叙事诗《漫漫幽林路》提纲。

11月5日　收到冼星海女儿冼妮娜的信，读谱主在《新文化史料》上的文章《忆星海先生》后，介绍自己建立联系的第一封信。

11月7日　收到丁力的信，通报新址。

11月12日　收到华北局干部李毓华的信，附寄诗二首。12月25日又来一信，感谢亲笔回信。

11月27日　收到中山市规划办袁建新的信，自荐稿。阮章竞回信告已转《十月》，1988年1月将退稿挂号寄回。袁18日来信感谢。

12月1日　收到冼妮娜的信，对《冼星海传》及电视剧胡编乱造表示愤怒。

12月10日　收到鹤山文化馆宋军的信，1月5日、2月7日退回的两信附后。索字。

12月30日　收到山西黎城县王雅的信，读阮章竞《登新黄鹤楼》和诗三首。

1988年　74岁

1月4日　北京市文联后勤员工索字，谱主写“风随虎跃天无际，云涌龙腾海长流”等八幅以酬。

1月18日　作《酬作曲家索字》。同日寄条幅二信一给鹤山文化馆宋军。2月6日、7日宋军两次复信，收到墨宝。

按：谱主作后记曰：“宋军同志前年索字，因病生活节奏乱，至今未酬，失礼之甚，何以对珠江共水之情。今为龙年，祝君似云从龙，飞腾不已，并请雅正。”

【1月】**按：**本月谱主当选北京市第九届人大代表（1988—1992）。

作诗《喜闻房屋开发》《题〈解州关羽庙古柏〉》。本月作中国画《红梅》一幅，题款：“画梅花当然重要，其干与枝犹为重要。如干不刚，枝无势，花无妍也不是画。不审方家同意否。”

2月1日　写致北京城建开发公司（宿舍管理部门）的表扬信。

2月18日　写讽刺文《三位作家对话》。

按：本文模拟三个作家对话，就“为何写作”进行问答，讽刺将“为了女人”“为了钱”写作当作真诚进行表扬的庸俗观点。后谱主将文章投给《北京日报》文艺部编辑赖林嵩。信如下：

林嵩同志：

祝新春快乐！

《三位作家对话》，真事假说。当前有些事已经不是认识问题了，而是灵魂自白。这几行字，能，敢登吗？不能退我。

2月13日　（腊月廿六）录《龙年》诗，改末句为“祝君华研开芙蕖”向邻居袁晓园贺年。

【2月】**按**：本月给同仁医院写表扬信；作短文《大力电池力小命短》，批评国营哈尔滨电池厂“大力”牌超高容量五号电池质量差。为《酬王精忠同志索画索字》诗追加后记。

3月4日　作诗《白雪——歌护士节》。

按：本诗应同仁医院护士长马松琴之约而写。

3月6日　参加北京诗词学会成立大会并讲话。

3月8日　画红梅并题句：赠电梯司机诸同志。

按：《题红梅》编入阮章竞《桑影集·题画》。

3月16日　完成长篇叙事诗《胡杨泪》初稿。

按：3月27日改完于苦噪楼。后收于诗集《漫漫幽林路》（花城出版社，1991年8月）及《晚号集》（人民文学出版社，2001年1月）中。

【3月】**按**：本月作讽刺短诗《写诗想到造反派》，此诗未发表。

作中国画《红梅》一幅，题款：“铮铮铁骨成钢，珊瑚明珠无数。我有一幅吴昌硕红梅　爱之甚。今朝端木蕻良《红梅赞》酷似吴俊卿诗画意，故写此红梅，摘取二句。”

本月开始口述回忆录《异乡岁月：太行山》，北京政法学院讲师方铭记录。

4月6日　主持北京市作协主席团会议，谱主被推选担任第二届北京市作协会员代表大会筹备组长。（笔记79#）

按：北京市作协第二次会员代表大会于1988年11月30日—12月3日在北京田园庄饭店召开。

4月16日　参加北京市民间文艺家协会理事会。

【4月】**按**：本月作中国画两幅，均为《临刘海粟笔墨》。

5月1日　作中国画一幅《三色梅》。

按：题款：“我很喜欢吴昌硕的梅花，很久就想学学他的画法，但从未动过笔，今年三月忽然兴趣来了，画了多幅，今天兴趣又来，拟其画意，此应是第三幅。”

5月26日　写《在北京市民间文艺家协会第二次代表大会上的开幕词》。

按：北京市民间文艺家协会第二次代表大会于1988年6月16日举行，谱主1983年当选为北京市民协主席，此次代表大会谱主以第一届理事会主席身份参加，并提出因身体原因辞去民协主席一职。

6月7日　收到田间夫人葛文的信，《田间诗文集》请为顾问。

6月11日　参加北京诗词学会学术研讨会，并致开幕词。

6月14日　参加中国作协优秀小说、儿童文学等文学奖在北京举行的颁奖会，并发言。

按：这里的文学奖指中国作协主办的第四届全国中短篇优秀作品奖、第一届全国儿童文学优秀作品奖。本次颁奖由中国作协主办，北京市作协协办，谱主以北京市作协主席身份参加。

6月21日　参加北京诗词学会圆明园诗会，并致开幕词。

6月23日　正式开始长篇叙事诗《漫漫幽林路》的创作。笔记81#、87#中写了《漫》诗的构思片段。

按：这部叙事诗是作者在新时期创作中除了长篇小说《山魂》之外，着力最多的作品。

女主人公申媛和丈夫程天航的生活原型，是作者妻子赵迪之的闺中密友和北平地下党战友吕瑛（1934年入党，延安时期中央妇委书记蔡畅秘书，“文革”前河北省委宣传部副部长，新时期中纪委部门主任）、李子光（1926年入党，冀东根据地开创者。“文革”前河北省副省长，“文革”中被迫害致死）夫妇。

他在诗稿的第二稿末尾写道：“腹稿1983年11月；1986年秋涌动在医院病床上；提纲1987年8—10月拟于医院；写作1988年6月23日。”动笔前酝酿了将近四年。

现存的手稿有：

1988年4月10日的情节安排稿；同年6月23日的二稿；7月28日的三稿；8月12日的四稿；8月24日的五稿。

《漫》诗的第五稿完成后，作者曾送给沈季平先生提意见。沈看后的意见被作者称为："炸弹批语　此稿几被炸毁矣！"并在沈的书面意见上批注（1988年12月7日），隔空争论了一番。

此后，作者在两个多月后的1989年2月28日改成第六稿；还有3月10日的花城出版社发排稿以及为花城出版社誊写的第七稿。

1989年秋为了杂志的篇幅限制，还专门修改了一个压缩版，发表在《北京文艺》1989年12期。后收于诗集《漫漫幽林路》（花城出版社，1991年8月）及《晚号集》（人民文学出版社，2001年1月）中。

6月25日　作扇面画《上林瓦当》一幅。

按：题字："1958年友人赠一上林宫瓦当，后又自得一长乐未央宫瓦当。白羽同志见语恨无此物，余将长乐未央以赠，白羽大喜。今年白羽来见上林，又恨无此物。余告之曰：1960年已将长乐未央奉赠。白羽才大悟，此物已在十年浩劫中遗失。余闻后惜长乐未央之失，幸上林仍在。今开橱见此物，感慨系之。取出摹之于扇面。1988年6月25日于苦噪楼珠江老人象山子以代工间操。"

7月16日　本日《人民日报》"大地"栏目刊出齐白石未发表画作《荔枝》，阮章竞观后写了品读笔记。

按：谱主笔记如下：

这是一九八八年七月十六日刊在人民日报上《大地》齐白石老人未发表过的《荔枝》。九十二岁的白石老人笔力苍劲雄健，从这角度看是一幅难得的作品，我一看就知道荔枝。但再看，却又似草莓。细细思之：荔枝是乔木，果实簇生的，果柄是很短的，鸡爪形的，硬挺不柔弱。现看此画，果实疏散而果柄垂长，故失真。

中国画可以写意，但写意之中见神似。

此画右边的树枝也不是木本，而似藤类，也失真。

哪个大艺术家也会有未深察而带来的失误。名家，特别是大师，也不一定无不成功的作品。

7月17日　致沈季平信，约写《胡杨泪》的评论。

【7月】**按：**本月作诗《步常任侠教授韵》，诗未发表。常任侠（1904—1996），安徽阜阳人，艺术考古学家、东方艺术史专家、诗人，中央美术学院教授兼图书馆馆长。另作《酬白世藻同志赠诗》，诗未发表。白世藻1932年出生，河北张家口人，中共元老任弼时的女婿。诗作后记曰："久闻世藻同志多才学，自学中医有奇术，老妻二儿均受恩惠。又蒙赠诗，久久未酬为憾。今书四句，祈请挥汗双正。"

9月24日　是日，农历八月十四。当晚，主持北京市作协与台湾诗友在颐和园昆明湖举行泛舟赏月活动，即席咏作《天上只有一个月亮》组诗，以赠台湾诗友。（笔记81#）

按：组诗共有《望峡》《庆团圆》《月饼》《昆仑湖》四首，发表在《中国消费者报》1988年10月6日。

9月28日　在北京作协文艺沙龙致开幕辞。（笔记81#）

【9月】**按：**本月谱主应邀为"九九诗苑"题字。

本月写了通读词典的笔记："我少年失学，许多字音、字义都是从字典得到解决的。故对通读字典有特殊兴趣。可惜近十年来年老多病，兴趣不减，忘性却在增。对许多字音、字义常忘，而且常用错，因而又有了通读字典辞书的要求。花这样多的时间来读，在我这个余年不多，文字欠账又重的七四老人来说，是十分难以办到的。但我仍是雄心未死，用星期日和余暇来完成此书和《辞海》《词源》《汉语大辞典》，能否做到还不敢说，仅敢说力争而已。"

10月8日参加中国作协领导机构改革座谈会。（笔记79#）

【10月】**按：**本月谱主继续为抗日题材长篇小说努力，原拟题《群山》，1987年有过几次改书名的想法，本月又拟将书题改为《被遗忘的岁月》，针对抗日战争有被遗忘的倾向；本月谱主为将于11月30日举行的北京作家协会第二次会员代表大会拟写了开幕词。

11月8日　参加中国文联五次代表大会。

按：1988年11月8日—11月12日，中国文学艺术界联合会第五次全国代表大会召开。

11月14日　主持召开北京市作协第二次会员代表大会筹备会，讨论修改协会章程。（笔记86#）

11月30日　参加北京市作协第二次会员代表大会，并以北京市作协第一届理事会主席身份致开幕词。

按：北京市作协第二次会员代表大会于1988年11月30日—12月3日举行，谱主请辞作协主席职务，被推选为名誉主席。

12月5日　致信沈季平，请寄回《漫漫幽林路》书稿，另约写诗集评论。

【1988年】**按：**本年作《妄谈"嘭嚓嚓"》《闲话"官僚主义"》《杂感四则》；作《最高和最低的》《中国人最美》《大自然里无禁区》《宇航工具》四篇散文诗。时间不详。

1988年收到的友朋和读者来信：

1月10日　收到四川平昌中学生张国鹏来信，求教。

1月17日　收到部队诗歌爱好者赵明月的信，附寄作品求教，诗刊社转。

2月11日　收到夏洪飞、李娜的信，团史等事。

按：谱主于2月19日复信。

2月14日　收到林火的信。

3月12日　收到李庄夫人赵培监的信，为收到阮章竞赠书后复信。

3月24日　收到长治县志办武石生的信，询太行山剧团史编写意见。

4月27日　收到张得山的信，委托林斤澜《北京文艺》稿事。

5月7日　收到姚雪垠的信，寄赠照片。

5月11日　收到中山旅游工委卢德铭的信。

7月10日　收到沙地的信。

按：谈诗词学会事及诗韵的看法；同日收到四川平昌县金宝中学

张国鹏的信，寄散文诗请教。

7月11日　收到管平的信，编太行根据地文艺专集。

9月5日　收到湖南文艺出版社颜家文的信，《天山》稿出版事。

9月17日　收到欧阳山的信，寄来《广州日报》发表之文艺改革座谈剪报。

9月18日　收到中央工艺美术学院史论系阮宗华的信，收到书写的诗歌，告刻好闲章寄上钤样。

10月16日　收到夏洪飞、李娜的信，战友往来。

10月23日　收到沙地的信，会议通知。附七律一首。

12月20日　收到沙地的信，《老战士诗文集》编委会年会发言事。

12月21日　收到山西戏剧研究室张万一的信，襄垣秧歌剧团建团50周年演出《赤叶河》事。

按：谱主于1989年1月7日复信。

12月29日　收到冼妮娜的信，在京见面后通信，工作安排等事。

按：谱主于1989年2月1日复信。

1989 年　75 岁

1月29日　参加北京市文学艺术界联合会第五次会员代表大会，被聘为市文联顾问。

按：北京市文联第五次会员代表大会于1989年1月29日—2月1日举行。

本月作中国画两幅：题字“千林梅花好，未解忧春山”，尺寸“45×25”，印鉴“小印白”；题字“梅”，尺寸“73×21”，印鉴“象山之子（象形印）”。

2月4日　是日为龙年除夕，作文《为革命暴力辩》。

按：本文发表在《文艺理论与批评》1989年第5期，发表时有修改。

2月5日　作中国画《红梅》，题款：“蛇年己巳元旦晨二时　章竞试笔　七十五矣。”作中国画《梅林》，题款：“千林梅花好，未解忧春寒。己巳元旦，儿女相聚，各言所遇，忧多喜少。楼外花炮噼啪争鸣。老阮。”

2月17日　贴出工作告示。

按：内容：

心失平衡求谅

望能再活五年，我已八十岁了，每天最多工作四小时，总共七千三百小时，请家人亲朋白天莫进工作室。今生对不起，只求来生再报！

“苦噪楼”寓客

一九八九年二月十七日

2月21日　作《刘大年之声　铮铮中国魂》。

按：本文系谱主读了报纸关于刘大年在人大常委会上谴责日本当局推脱侵略战争罪责的报道，有感而发。

2月22日　将《刘大年之声　铮铮中国魂》投寄《光明日报》。三日后收到《光明日报》理论组退稿，并信“因不合用，原璧奉还”。愤而研朱墨，书一大大“耻”字，将《刘大年》全文抄录四周，并跋。

2月24日　作中国画《红梅》一幅，并题诗《观东京葬礼题红梅》。

按：是日谱主看到电视报道，中国派外长参加日本裕仁天皇在东京举行的葬礼，“晚观电视无眠写红梅”；作中国画一幅，题字：“金鱼已画过数百条，谁知哪条似，哪条不似。1989年2月24日夜于苦噪楼。”

2月28日　作诗《挥泪送鼎新》。3月3日寄送此诗给《北京日报》文艺部赖林嵩。

【2月】**按：**本月有文《回忆赵鼎新》。此为谱主在赵鼎新追思会上的发言，根据录音整理，未经谱主审阅。追思会参加者还有：河北省委书记赵一民、二机部部长刘杰、文化部部长周巍峙、总政宣传部部长李伟、《农民日报》总编辑胡清波、北京市政协副主席高戈、北京市委前后两任文教书记张大中、李志坚等共十二位老同志。

本月作五绝诗《赠德丰同志》。

本月还作中国画《金鱼》五幅，分别题款。之一：“今年画金鱼已成乐事每写作须缓解脑力时或晚饭前几分钟画三四条自娱。己巳年二月老竞。”之二：“王□武之鱼似此，胜吴作人之鱼，动态生。”之三：“己巳春工间操老竞。”之四：“仿吴□竞也。”无款一幅（画在信封上的金鱼）。

本月作中国画《西山晕象》，题款：“五十年代后期率诸儿赴西山见此晕象，今已三十年矣。章竞己巳年二月忆写于苦噪楼。”

3月12日　读张松鹤诗选，写下“言诗风见影，论画石闻声”

二句。

按：张松鹤（1912—2005），广东东莞人。人民英雄纪念碑“抗日游击战”浮雕作者。与作者同为全国政协第五届委员。

【3月】**按：**本月参加《诗刊》编委座谈会，发言。

4月初　试画《大禹渡》一幅，题款：“1980年秋到大禹渡参观见西方落日光满天，甚是壮观　大有白日依山尽的情景，故对此景念念不忘。但这次连画（数）张都不能出现所见的情景，奈何。”

4月10日　作中国画《大禹渡》一幅。

按：题款“大禹渡第三幅，多少有当时味道”，尺寸“50.5×19”，印鉴“竟（水晶）”。

【4月】**按：**本月收到张万一改编的秧歌剧《赤叶河》，对改编不满意。另作有中国画四幅。分别为《金鱼》一幅，题款“己巳春四月工间操耳竞”；《大禹渡》一幅，题款“黄河大禹渡第四张1989年4月珠江章竞”；《大禹渡松》两幅，无款。

5月14日　致秦黎（明信片）。

按：“在和平的日子里，勿忘我国曾受过帝国主义的侵略和压迫。在建设社会主义现代化的时候，还要勿忘艰苦奋斗。”

5月24日　复信包钢作家李汀。

按：同意其将自己诗选入《淬火黄河水》，并随信寄去《阮章竞诗选》纪念。本月另有复信李汀，复李汀《见踪——释读阮章竞的来信》，时间不详。

5月30日　参加北京市作协作家支部大会，听传达邓小平1989年5月16日讲话的活动。本日作有诗《广场》。

按：1989年5月16日，邓小平会见来访的苏共总书记戈尔巴乔夫，宣布中苏关系正常化。此段时间还听了邓小平5月21日讲话的传达、6月16日讲话的传达等。（笔记81#）

【5月】**按：**本月谱主作有诗《学潮》《调笑令·官倒私倒》。应军旅诗人纪鹏邀请，为刘凤麟主编的《吉祥鸟诗选》题句，该书由时代

文艺出版社1989年10月出版。

6月3日　凌晨作诗一首。

6月4日　作诗两首。

6月5日　收到李汀的信，复信。

6月6日　作诗一首。

6月28日　重新编定了诗集《夏雨秋风录》。

6月30日　写学习十三届四中全会公报提要。

7月2日　中国艺术研究院刘颖南得知广东华夏出版社出《边关明月胡杨泪》后，遵阮章竞要求，寄回诗稿。

7月18日　致信曹彭龄、卢章谊，关于曹、卢《黎巴嫩散记》的读后感。

按：该信由曹彭龄寄《文艺报》，刊于1989年8月12日，发表题目为《值得反思的——致〈黎巴嫩散记〉和作者》。

7月27日　打算重新修改长篇小说。从“冬晨”章开始。

按：谱主笔记写道：“尚未接触‘娘子关’后另一个从上海生活起的设想。”“去年已重读两次，最后再读于89.7.27，看来可以。”

7月31日　作诗《哀悼周扬同志》。

按：周扬（1908—1989），中共中央宣传部原副部长、中国文联原主席，于1989年7月31日去世。

【7月】**按：**在诗刊编委座谈会上，提出对《诗刊》的批评。

8月4日　重看抗日长篇小说《群山》1964年的原始稿并批注，本日批注了第40、41、45章。

按：谱主在第40章批注：“还是我们的项骊珠无生气。”第41章批注：“有必要把太平洋战争发生后，‘基地’‘蚕食’的作用，日寇收到成效而高兴，我们是节节退后。这样蓝、林、项才能有所作为。历史也正是如此的。”第45章批注：“记得是71（或72）年常振华看后，觉得太神，要我考虑。这神奇依据是一分区抗战开始时，为敌人做事的道门活动，是在一个小庙，主要表现在‘刀枪不入’”；“涉县有这样的山洞，赵枫川几个同志准备手电、洋烛带我去钻过。有地下深河、窄道、厅中有厅。据说能走十来里。石壁有墨字。从前有人钻过。据说敌人扫荡，群众钻进此洞，只是洞不在很高的山上”。

8月7日　本日批注《群山》1964稿第33、54、60章。

按：谱主为第33章批注：“这一章很有生活气息，以此为基础修改。”为第54章批注：“未见有这样写过的，好。”为第60章批注：“现在一般；如改要有特点。拜年，欢迎反复，豁达语常见不好。”

8月8日　本日批注《群山》1964稿第64章。

按：谱主批注：“还是气壮山河。问题在结构了。是专集（中）在日寇，还是包括反封建。”“从毛边纸稿和红格稿看，许多章都是原稿。但看过几回，什么时候看的，除了有记下时间的，都不会是近七八年的事了。”

8月10日　继续批注《群山》1964年稿。

按：谱主批注：“保卫太原就在这一章。很重要。”

8月11日　继续批注《群山》第二部。

8月12日　批注《群山》1964年稿第28章。

按：谱主批注：“此章删去。不必要。此批许是‘文革’前的，可能是那时爱情不准写之故。”

8月12日　致信曹彭龄、卢章谊。

按：信，由你去找地方发，我没有时间去办了，全由你做主。你要我的工作时贴的“请求”，现抄在下面：心失平衡求谅。望能再活五年，我已八十岁了，每天最多工作四小时，总共七千三百小时，请家人亲朋白天莫进工作室。今生对不起，只求来生再报！“苦噪楼”寓客　1989年2月17日

8月13日　继续批注《群山》。

按：认为第20、21章可压成一章。

8月14日　继续批注《群山》。

按：谱主批注小说中人物的“交锋”：“主义辩论太长，宜缩短。”

批注“三月春山”章：“不要听某个读者的话。篇幅再压短一些，民歌词要好好再加工。要加上彭总，我军最高级指挥员要大力写几笔，但不宜多占篇幅。”批注第42章：“很真实也很浪漫，可。”第49章：“日军已出现的指挥员是白川、牛岛，我军应是刘邓。因当时的历史条件所限，故有意忽略。”

8月19日　继续批注《群山》。

按：谱主批注：《残烬仍在天边燃烧》（第一、二部）是抗日战争部分。尾声结束于大别山。难了，能写到这部分就是上苍怜悯了。

9月8日　参加《诗刊》主办“纪念郭小川诞辰70周年座谈会”并发言。晚上继续批注《群山》。

9月16日　参加中宣部会议，会上提出廓清作协领导人的理论指导问题。

9月27日　作《在北京作协党支部生活会上的发言提纲》。

【9月】**按：**本月为《河北文艺》创刊四十周年题词：“最值得纪念的应该是：我们时时牢记，给以人民的是什么。”刊于《河北文艺》1989年第11期。

本月　《北京文学》9期发表《漫漫幽林路》删节稿。

本月应端木蕻良和方成之约，作文《门外话画》。编入《说画集》，中外文化出版公司1990年12月出版、华夏出版社1997年1月版。

10月12日　批注《群山》。

按：至本月14日，谱主都在批注《群山》。

《人民日报》1989年10月12日8版，发表了曹彭龄撰《“苦噪楼寓客”》。

10月25日　作七绝诗《嫩笋》。

11月3日　批注《群山》。

11月11日　批注《群山》。

按：本月作《在中华诗词学会发言》《为襄垣秧歌剧〈赤叶河〉

题》等文。

12月30日　参加北京市文联会议，听宋汎东欧问题传达。(笔记81#)

【12月】**按**：本月作《告别黄镇同志》。

【1989年】**按**：本年作中国画四幅，分别是:《三色梅》，题款"此平生试写三色梅"；无款《三色梅》《黄梅》;《黄山所见》，题款"1981年游黄山所见已巳脱自速写本。章竞"。

本年　长篇小说《群山》修改为三十七章，增填章前词九首。其中一首《清平乐　太行古道》在抗战胜利七十周年时，由中国音乐家协会主席傅庚辰谱曲，发表在《歌曲》2015年第8期，在中山公园音乐堂和门头沟体育馆演出。

1989年收到的友朋和读者来信：

1月20日　收到贺敬之的信。

2月16日　收到夏洪飞的信，团史和大事记修改的事。2月23日再来信。

3月11日　收到纪鹏的信，代江城保险报编辑《吉祥鸟诗选》向阮章竞约稿。6月24日责编来信，要小传。

4月15日　收到冼妮娜的信，工作调动到广东不顺利。5月10日收到阮章竞复信后再来信，问题仍未解决。

5月20日　收到包钢李汀的信，征询选阮章竞诗入《淬火黄河水》，问田间地址。

按：谱主于1989年5月24日复信。李汀6月5日复信，讲了自己的经历和创作情况。

5月23日　收到长治市文联申双鱼的信，采写的文章刊登在《长治日报》5月21日第4版。告知长治襄垣剧团正上演《赤叶河》。

7月2日　中国艺术研究院刘颖南来信，寄回《胡杨泪》。《夏雨秋风录》可以去广东取回，出版。

7月25日　收到曹彭龄的信，感谢复长信。已将阮章竞来信交《文艺报》发表。

7月27日　收到广东鹤山文化馆宋军的信，告创作活动情况，抄寄醋蛋的制法。

8月17日　曹彭龄来信，感谢阮章竞抄寄谢客告示，已写成《“苦噪楼”中客》一文交《人民日报》刊登。

9月6日　收到华君武的信。赠画一幅。

9月18日　收到山西武乡县文化局李志宽的信，附请柬，邀请参加纪念“光明剧团建团50周年”活动。

按：活动中有襄垣县人民剧团演出秧歌剧《赤叶河》。李志宽认为是《赤叶河》改编，使谱主不快。

9月26日　收到中国和平统一促进会阳光的信。索画。

10月5日　收到杜惠的信。告《哭小川》诗读了多遍，寄郭小川诞辰七十周年座谈会照片。

10月21日　收到华中师院中文系刘守华的信。告所著《口头文学与民间文化》由中国文联出版公司出版，收入了阮章竞1963年1月9日的信和论文《谈阮章竞的叙事诗》。

10月27日　收到四川简阳中学阮栋的信。十四岁的“本家的一个小男孩”。

按：谱主11月10日复信，应邀告知“知心姐姐”通信地址。

11月29日　收到冼妮娜的信，来京开会业务事。

12月17日　收到中国现代文学馆刘屏的信，请审核作家小传和书目资料。已复。

12月18日　收到高瑛的信，寄艾青字一幅：上帝与魔鬼都是人的化身。

12月21日　收到臧克家的信。

12月25日　收到沙地的信，北京诗词学会事。

同日　收到安徽太行老友傅大章的信，请阮章竞为“纪念陈默君烈士文集”题词。

按：谱主1990年1月8日复信。

12月21日　臧克家来信，约写《毛泽东诗词鉴赏》，替阮章竞定了《冬云》一题。

12月30日　收到古大彦的信，寄来贺卡。

年末　收到李琦、冯真的信，寄绘画小品一幅。

1990年 76岁

春节前　收到邻居袁晓园的拜年诗笺。作五律《书赠袁晓园道长》以酬。

1月21日　致信臧克家，读《诗刊》臧文《且看这几年》的感想。同日写出《冬云鉴赏》第一稿。

1月23日　作五言古体诗《宝马风生蹄》。

按：此诗为中华诗词学会举办的马年迎春诗会而作。收入《晚号集》时，作者有修改。

1月27日　出席中共中央国务院在人民大会堂宴会厅举办的春节团拜会。

【1月】**按：**本月收到端木蕻良、方成编的《说画集》。翻阅时，在周汝昌《看画与观化》做了旁批。谱主认为人体素描是应该肯定的，“中国人物画之失就在人体上”。周文谈到钱慧安和沈心海，谱主：“钱慧安的人物，我有深刻印象，故很爱。但在名家中不见此人。沈心海对我幼年也颇有影响。但得不出此大红学家的那种断语。”“有高论，如中国画中的诗文、书法。对钱吉生的重新发现，很有深意。但对其他，很值得研究。”

【2月】**按：**2月参加有关文化体制改革的会议，83#笔记有记录：“市文联与各协是领导关系。作协早就嚷嚷脱钩，看未必能做到。一是市委不点头，二是领导班子不具备条件，办公地点等（006），很难看到有可能。其他协会不知道。看来还得文联统揽一切。文艺团体改革，看不出有什么可变之处。如此，就将由文联来起作用了。文联

理事会理事由各协推出，协商而不选举。旧理事原163，现拟76，常务160。”

2月20日　致信《文学报》编辑谢海阳。寄《我写〈值得反思〉的原因》。

按：写给谢海阳的信说：“第二封信收到”“由于你心切，故将《我写〈值得反思〉的原因》寄给你，看看能否可用。如不合适请退我。《值得反思》原登《文艺报》1989年8月12日32期，已被选为中学语文补充教材。此文是应《中学语文教学》编者的要求，供写作老师讲课参考用的。作为新结识的年轻朋友要稿，故寄给你”。

2月26日　修改七言古体诗《题陈默君纪念馆》。

按：该诗跋如下：

抗日战争中，我与陈默君（金隆芳）同志同在太行山战斗。

1942年5月，日寇出动三万余人，兵分三路，向太行山抗日根据地发动“五月大扫荡”。25日默君随后方机关转移，在辽县（今左权县）偏城青塔、南艾铺一带，与万余日寇遭遇。我时患伤寒，隔在东山，亲睹敌人发现是我领导机关，缩紧包围圈，并出动飞机六架，轮番狂轰滥炸。激战竟日，入夜，我军突围，陈默君同志壮烈战死在十字岭附近。是夜，我未离东山，见千山孤月，万树悲风，为战死者默哀！此情此景萦绕于心，已近半个世纪，直至衰年，仍历历在目。

今应中共含山县委之嘱，书此缅怀默君，并告其含山子弟。

2月27日　写出鉴赏文章《绵亘时空的战斗颂——重读〈七律·冬云〉》第二稿。

3月6日　参加解放区文学书系第一次编委会。（笔记81#）

3月9日　夜里复信谢海阳。谈《我写〈值得反思〉的原因》具体几个用词的修改意见，全被采纳。此文发表在1990年3月29日《文学报》。

3月10日　在前门饭店参加《中流》创刊座谈会。

3月21日　参加在京召开的《中国解放区文学书系》编委扩大会

议并发言。

按：该书由林默涵任总主编，谱主担任诗歌编主编。参加会议的有林默涵、魏巍、张学新、沈世鸣与各编分主编（运动、理论编主编胡采，小说编主编康濯，诗歌编主编阮章竞，戏剧编主编胡可，报告文学编主编黄钢，散文、杂文编主编雷加，民间文学编主编贾芝，外国人士作品编主编爱泼斯坦）与在京其他编委艾青、陈荒煤、冯牧、草明、周而复、王子野、曾克、陈明、何洛、苏一平、金紫光、殷白、艾克恩、马良春等与部分选编者、责任编辑六十多人参加会议。中顾委胡乔木、邓力群、新闻出版署署长宋木文、重庆市委书记肖秧也应邀出席并讲话。谱主发言特别强调“晋冀鲁豫的战争是非常残酷的”“有些同志在战争中牺牲了，留下了一些作品，那时不具备出版条件。现在哪怕粗糙一点，我们都应该把牺牲同志的遗作选进去。这对牺牲了的同志是个安慰，对后代我们有个交代”。

3月28日　致信梵扬，嘱为所编“解放区书系诗歌编”征集华南区诗作。

【3月】**按：**本月作七言古体诗《桂花油》。1991年7月4日谱主为此诗加两跋，跋一：“1990年市人大会期中，高桂芬君馈我桂花油。尝后余芳盈口。问其法，高君笑而不答，始知天机不可泄露，非凡人所能为也。故作此诗以拜谢。”跋二：“门头沟议政时，饮食业代表赠我一瓶桂花油，食后满齿留香，想学其制法，惜因换届她已退出而无缘拜师。”作诗七绝一首《赠徐炳忠同志》。徐炳忠时任门头沟人大委员会主任，谱主曾连续三届在该区当选北京市人大代表。

4月1日　应《中学语文教学》约稿写《少年读书忆语》。

4月6日　完成抒情长诗《你好，春之晨——寄青年朋友》。

按：该诗有跋。

4月7日　致信曹彭龄（使馆武官）、卢章谊（新华社记者），“外使工作，本是忙事，希望你们能多介绍给国内读者看”。也谈及“拙著两长诗：《胡杨泪》前年发，《漫漫幽林路》于去年《北京文学》发了节删稿。都有错漏，也已编册交广东，不知命运如何？可能要求捐助。是别人见义勇为，我未管，可见出严肃书之难，难于上青天”。

4月18日　在《冬云鉴赏》第三稿上作的两段批注

1.“这是付排时勉强弃权，由编者删去最后一段后的自己批注。请不要使用。但如用，此原稿退回给我。谢谢！”

2.“这是第三次大改写后，交给克家和编辑的原稿。因交稿紧迫，四月中蔡清富同志来电话，说要在国外发行，出版社副主编主张删去‘永世楷模’之后的尾段。只好表示同意，但要保留‘梅花’原句作结尾。这样与题不符，不大平静，又生了一个多星期病，4月14日重抄时也发现一些文字要改。尾段删去，觉得不行，又做了些修改。此稿是4月17日最后定的。出版社的清样以此为准。尾段同附上，以供他们考虑。1990年4月18日记。”

此文编入臧克家主编的《毛泽东诗词鉴赏》，该书第一版于1990年8月由河北人民出版社出版。

4月19日　为《中学语文教学》题字：

少年时代是打好语文基础的重要时期。这个时期记忆力好，像一张白纸印上的东西，几十年都不褪色。凡是我所读过的文章诗词，好多至今都还能背得出来。许多成语是这个时候学到的。我虽然只有四年半乡下不正规小学的学历，但对我太重要了。我现在仍常后悔：为什么那时候不多苦读一些书呢？！

4月22日　复信王玉堂，请帮助找《漳河水》的《太行文艺》问世版。

4月23日　复信冼妮娜。

4月24日　写成散文《少年读书忆语》。

按：此文之一部分发表在《中学语文教学》1990年第8期。

4月末　作五绝《闻山诗书画展》。得知闻山故乡为其举办诗书画展，故为之贺。

【4月】**按：**本月提交了一级作家评审材料。本月，诗《仓颉与

诗神对话》、杂文《海外作家、大陆“精英”对话》，发表在《中流》1990年第4期。

【5月】**按：**5月参加中国文联、作协纪念《在延安文艺座谈会上的讲话》发表48周年研讨会，根据发言整理的文章曾摘要发表在《文艺界通讯》1990年7期。

作五律《观梁斌黄胄画展》。梁斌（1913—1996）、黄胄（1925—1997）均为河北蠡县梁庄村人，同族兄弟。梁斌以其《红旗谱》《播火记》《烽烟图》等文学作品蜚声中外，并具深厚书画造诣。黄胄创造的写意泼墨与工笔重彩相结合的独特画法，开创中国画坛一代新风，其画驴与徐悲鸿的画马、齐白石的画虾，并称中国近代画坛“三绝”。两人与谱主均为多年好友。

作七律《贺张万一戏剧创作五十年》。张万一（1917—1994），山西武乡人。1937年参加决死队，后来做剧团编剧。以秧歌剧形式改编过谱主的《圈套》《赤叶河》等作品。曾任山西省戏剧家协会副主席。

6月1日　参加《中国解放区文学书系》在中纪委招待所开的讨论会。复信王稚纯关于搜集解放区文学书系稿件的路费问题。

按：上午讨论总序，谱主说到抗日阶段作品搜集的困难，但主要谈两点看法：一是艺术上的“中国气派”“群众语言”对他的影响；二是抗日时期文艺家跟老百姓之间缔结的血肉深情。“现在，我每一次到那边都必须要看一下我的老房东。当时的文艺家和群众发生血肉联系，这在历史上是很少的。”

致信王稚纯谈到编委会“考虑到书系涉及到各个老解放区，很难支出，故否定了。决定一切要到各地搜集的活动，均由天津文艺会的编辑们去办。他们从已掌握的材料看，已相当多，需去各区找的不会很多。这样，很难请你帮助了。没有钱是办不成事，这我是知道的，尤是现在什么都要钱才能办事。那你就不要去做了”；“我仍希望如你见到有关我的作品资料，请告诉我，并复印费用我当即寄你。这件事我没想周到，挫伤了你的积极性，很是不安”。

6月2日 上午参加中宣部会议，贺敬之讲文联作协保定会议后的形势、困难和任务。

6月6日 中国作协召开部分作家座谈，贺敬之讲话。

同日 文化艺术出版社将诗集《夏雨秋风录》寄回。阮章竞日记记曰：

“《夏雨秋风录》在刘颖南和他管的文化艺术出版社，已压了有个两年或多一点。今天退回。这是由于版权法的压力，不退就得赔款。中国严肃文学大衰退，已多年了，领导者侈说繁荣的最好说明。”

6月10日 为1990年上半年党员重新登记工作填写“个人总结”。

6月20日 作七绝《亚洲运动会》。

按：1990年举办的第十一届亚洲运动会（9月22日—10月7日），是北京首次举办国际综合性运动会。

【6月】按：本月参加党员登记，并写了一年来的思想状况。另作诗《礓石——赠现代主义小贩》。本月共作中国画《昆仑》两幅，一幅题款“昆仑之春，献给北京亚运会。1990年6月阮章竞　此幅画就尚可，谁知题款错取破笔成大错，再画一张带去与会　章竞又记于苦噪楼”。另一幅题款“昆仑之夏”。

7月1日—5日 在山东青岛参加中华诗词学会第三届理事会。笔记82#记有发言提纲。

按：本次会期从7月1日—5日。会后登泰山、游孔林。回京后陆续作中国画十九幅。其中：

孔林古柏十幅。1. 题款“洙水桥头柏（轴）平生素喜奇松怪柏　九零年七月游孔林　见夹道古柏如龙如虬　千姿万态　曾经无数风刀霜剑　伤痕累累　依然傲视大自然之无常人间之喜怒而毫无怨尤　物之教　动于情　速写数株为座右铭”。2. 题“孔柏　孔林墓道写生　此为第一幅”。3. 题“孔林古柏”的五幅。4. 无款三幅。

东岳庙古柏五幅。题款“东岳庙古柏1990年6月泰山写生”一幅；题款“东岳庙古柏”三幅；无题款一幅。

唐槐两幅（无款）。

7月18日　收到郑伯农的信，毛诗鉴赏文中关于60年代中苏争论，不便发表，短诗稿已送厂，不久刊出。

7月20日　收到郑伯农信和杨某[①]意见后，阮章竞对《绵亘时空的战斗颂——重读〈七律·冬云〉》一文写了后记，选录其中一部如下：

“本文没有想美化，更不想丑化。因为《冬云》不是理想之作，故好长一段我引用《卜算子》。可是有权决定者恰恰把谈毛的真知灼见的预见性，连天安门那百十个字反复要砍掉。我十分后悔把要写的东西全放下，花了这样大力气写这篇文章。也更后悔知道难写，而没有坚决推掉。以后，不是自己想写，不是能表达自己意见的文章，不管谁叫写的，都不写！”

【7月】**按：**本月作中国画作一幅，题字“永翠长青孔林速写”。另绘国画稿《孔柏》10幅，《唐槐》2幅，《东岳庙古柏》5幅。

8月4日　此日日记谈写作计划：

按：日记如下：

现在每天有点精力的能工作的时间，大概三四小时，其余不是无力的也是无效的劳动。信誓旦旦的警语，已过了一年多了，但仍然集中不在重点上。这种情况如不坚决改变，你将一无所得，从现在起，应把一切能使的精力和时间放在：

一、长篇，把第一部结束，转入二部和三部。

二、三部回忆录，把第一部先拿下来，接紧写《大上海》，再写《太行山》。

三、完成上面的两大任务，起码得4年。如上帝恩典，就写长期

---

① 杨某意见：“我不懂古典诗词，只觉得毛泽东主席这首《冬云》在艺术上不算是最好的。阮氏这篇论文似乎讲好处似乎有点不留余地。要用也最好做些修改。此外，这里牵涉到当时中苏关系的问题，虽然作者也注意到说的含混一些，但现在应如何看待当时这段历史，似乎应加考虑。对这点我没有什么把握。”

凝结于心的东西。

四、休息时，宜作画、写字。只写短诗，以不超十句为好，不涉长诗。

8月10日　写了对北京电台音乐编辑思路的评论。（笔记81#）

8月17日　重阅并批注长篇小说《群山》。

按：谱主批注道："重阅（《晋东道上》），可。在文字中凡我军将领，只写名，不加'将军'之类的词儿。如只用'朱德''刘伯承'。"

8月20日　重阅并批注长篇小说《群山》。

按：谱主批注"上面'夜话'后是'重逢''怒打'共两章"。

8月22日　参加解放区文学书系编委扩大会议。本日起，还修改《群山》之《晋东道上》《娘子关》《冬晨》章。

按：此次解放区文学书系编委扩大会议会期为8月22日—24日，谱主参加讨论诗歌编的编辑工作。

8月25日　参加《诗刊》颁奖活动。为甘肃庆阳诗人马野授奖。

8月31日　修改《群山》之《古道牛铃》章。

9月6日　阅《群山》之《枪！》章，改完《春燕南来》章。

9月7日　改定《群山》之《怒云》《旋风》章。

9月8日　阅《群山》之《鏖战》章。

按：谱主批注："今日重读觉得甚好。"

9月11日　改《群山》之《交锋》章，"连续三大压缩不下去"。

9月14日　改《群山》之《三月春山》，未改定。

9月17日　开始阅改《群山》之《邯长大道》章。

按：从17日至21日一直阅改此章。谱主批注："全篇要把吸敌打援思想放在刘邓，彭德怀必须提到。""拔钉子为目的。小力围城，大力歼援，可歼到断路。原以为黎敌为百余，还增步骑跟装甲1500余。""神头战中，王守一是四团长，六团长是刘山，十团是新兵团长张大炎，八团长陶越清。"

9月22日　在家观看北京亚运会开幕式。

按：北京亚运会于1990年9月22日—10月7日举行，是中国首次主办亚运会。

9月24日　阅改《群山》之《神头辿》章。

按：谱主批注：“要还是不要？要什么段落？或如何写得与其他战斗不同？项与日俘似可留。日俘则这本后与二部喊话，回日本做伏笔。”

9月28日　继续阅改《群山》之《神头辿》章。

按：谱主批注：“这一章，十年来，我光掌握了许多事实，却未给林项以一个丰满的人物出现，也未能打破老规程，深感无能为力了。拟放弃。”

10月7日　电视观看亚运闭幕式节目。在笔记83#写下十一届亚运会节目观后感一千二百字，核心是中国要有文化自信，亚运会办到了。

10月9日　继续阅改《群山》之《神头辿》章。

按：谱主批注：“师决定伏击后的舍移段未写。但写了项去侦察和收俘问题到结束。”

10月11日　改完《群山》之《神头辿》章。笔记写对英雄主义的议论。

按：本日阅《群山》之《骆驼谷》章，批注：“不想改了，是否可以？”阅《峡谷急袭》章，批注：“基本上就这样。后段似交叉太多，全章也大，再看一次。”

10月26日　随门头沟区人大代表团到清水乡视察教育工作。

10月27日　阅改《群山》之《峡谷急袭》章。

11月9日　改完《群山》之《枪！》章。

11月11日　阅《审判审判者》章。

按：此章至11月27日改毕。

11月14日　再翻阅《群山》1964年原稿。

11月27日　阅《密谋》章。

按：谱主拟把《邬家宴》部分放在十九章后。

11月28日　阅改《群山》。

按：决定放弃"元旦""邬家宴"部分。

11月30日　改后重阅《密谋》章。

12月3日　重阅《晋东道上》章。

按：谱主批道："此章调整完毕，可。已定稿。不用再抄。"

12月7日　与妹夫陈仕元（广东省戏剧家协会副主席）谈《漫》《夏秋》《新疆》等书出版问题。（笔记83#）

12月8日　致信天津社科院张学新，谈解放区文学书系戏剧编选目事。

12月13日　致信柳倩，谈柳倩画展事。致信吴天才。

按：柳倩（1911—2004），原名刘智明，当代著名诗人、学者、剧作家、书法家，左翼作家联盟成员。谱主信道："前几天从电视上才知道你正开诗书画展""正说为什么不给我发通知哩，今晨（13日）才见到市文联转到请柬，令人感叹万千""为赶不上老诗友祝贺，也为我自己丧失了一个学习的机会而长叹。我是非常喜欢书和画的，为此耿耿于怀！"。

吴天才，马来西亚作家，谱主信道："我愿推荐先生大作，为发展中马文化尽绵薄之力。"吴为马来西亚华侨诗人，1990年11月致信谱主，并附诗稿请推荐发表。"但我也顺便告诉先生，我国文化虽有很大发展，但出版业（尤其是文学方面），十分艰难。严肃作家的作品，出书更难。原因很多，一时难以扭转。但从先生的诗作看，我似抱有希望。"

12月17日　主持解放区书系诗歌卷编选组讨论会，作品初选目录。（笔记83#）

12月27日　为长春时代文艺出版社作文介绍《高唱〈国际歌〉挺进》的写作背景。

按：此文是为长春时代文艺出版社把《高唱》一诗编入《共产党

员自白诗》(1991年5月版)而写。

12月28日　此日因病住院，住院日记一则：

去年入秋，咳嗽厉害，自以为是老毛病慢性支气管炎而不理会，很快变成肺炎肺气肿，而且影响另一个老毛病心绞痛常发作。想打破自己从来不愿住院的想法，但合同医院没有床位，拖延时间长，病也在加剧。好不容易找到一家还有床位的名中医院，才缓解了燃眉之急。我一踏进这家医院，一位大夫、一位护士的热情使我太感激了！我这个几十年来不写日记的人，也写起日记了。

12月28日下午，女儿送进入综合病房。G大夫非常热情把我安置在单人病房，立刻看了转院证和肺部照片，决定做青霉素输液。女儿是从工作岗位上临时送我的，办了各种手续，她便离开了。晚饭后，G大夫十分抱歉对我说："太对不起了，忘了跟你订饭，怎么办，饿一夜？"因为仓促住院，中午自己匆匆忙忙一边做饭，一边收拾必需的东西。结果饭糊了不能吃，只把表面不怎糊的，刮吃了几口，什么可吃的都没有准备。饿到明天，嘴上说不要紧，但心里感到不行。为我进行输液的S护士说这不行，要给我女儿家里打电话。打了半天，都没有人接电话。S护士便取了一包方便面让我吃，G大夫也为我去买了一包黑芝麻糊。我太感激了，他们却说自己工作不周到，没安排好。

【12月】**按：**本月完成《我的写作道路》一文，回顾了从三十年代开始的文学生涯。文章发表在《北京文学》1991年第2期。作文《中国作家的使命》；改定《群山》第一章《黄河》(狼烟)；给人民文学出版社李庶写信，寄《群山》稿。

【1990年】**按：**作五绝《为史文华同志题画》，史文华1940年参加新四军，曾任水电部水科院冷却所书记，谱主的儿女亲家。

1990年收到的友朋和读者来信：

1月2日　收到杜惠的信。询有无郭小川存信及"文革"前《作家通讯》。

1月4日　收到中山诗社的信，寄来刊物及《中山诗词选》第二卷征稿函。

同日　收到《中学语文教学》杂志吕桂申的信，《值得反思的》一文选为《初中语文第二册》补充教材，约写创作过程。

1月5日　收到《文学报》副刊编辑谢海阳约稿信。阮章竞1月23日回信。

1月10日　收到太行山剧团老友鲁林的信，提到1938年在沁县、1939年在屯留东固村情况。催太行山剧团团史稿付印。

1月17日　收到杨溢的信，告已入选世界名人录并附《天津日报》专访文章。

按：杨溢，中山人，天津画院雕刻家。谱主1月23日复信。

1月28日　收到谢海阳再次约稿信。2月20日复信、寄稿。

2月11日　收到《诗刊》副主编丁国成的信，约写《〈诗刊〉编委话诗刊》。

同日，收到李琦的信，反映张季纯住房条件差，请北京市解决并拜年。

2月15日　收到傅大章的信，催陈默君烈士纪念诗，告下月做手术。

2月17日　臧克家收到《绵亘时空的战斗颂——重读〈七律·冬云》稿，来信。

2月20日　收到韩育琴的信，太行山剧团史要老团长牵头，抄来张启廉资料。

2月27日　收到驻叙利亚武官曹彭龄、新华社记者卢章谊的信，谈到任巴格达后的情况。

3月1日　收到天津作协杨润身的信，旧著已无，待新作出版再寄。

3月2日　收到《文学报》编辑谢海阳的信，谈对阮文《我写

"值得反思"的原因》几个用词提出修改意见。阮章竞9日回复。

3月8日　收到陈雅丹的信，特地设计了书票、画待登门送去。阮章竞有回信。4月10再来一信，寄20日开幕的画展请柬。

3月11日　收到沈季平的信，为在家乡办《百诗画展》约书法作品，最好是漳河小曲，附自况诗一首。阮章竞写了漳河小曲条幅寄去。3月31日沈再来信，称：不要原词，要动脑筋填新词。已经把光年、冯至、克家、柳倩、敬之都逼出来了，再烦劳一下。

3月29日　收到谢海阳的信，谈到其父的遭遇。

4月1日收到冼星海之女冼妮娜的信，已回杭州原单位上班，为《中小学音乐教育》杂志约稿。阮章竞4月23日回信。

4月5日　收到《诗刊》丁国成的信：诗，刊发；文，能否稍改。

同日　收到孙党伯的信，为中国新文学大系1937—1949诗集，索《漳河水》最初版本。阮章竞将太行文艺版《漳河水》复印件寄上海文艺出版社余仁凯。

4月9日　收到北京市东郊农场铸造厂王月华的信，读阮章竞复2月7日信后，再寄来散文作品求教。

4月11日　收到王玉堂的信，告为解放区文学书系的编写，在太原做的资料收集和通知作者等准备工作。阮章竞4月22日复信。

按：王玉堂，笔名冈夫、宇堂等。山西武乡人。中共党员。1926年毕业于山西外国语言学校德语系。1932年秋加入北平左联。解放战争时曾任太行区文联副主任；1949年后历任山西省文协主任，华北文联筹委，中国文联联络部、学习部部长，山西省文联、省作协副主席等职。

4月14日　收到四川大学学者李昌陟的信，原准备给重庆出版社写《阮章竞评传》，未能列入选题。附已投《诗刊》的诗三首，请阮章竞指正。

4月27日　收到沈季平的信，邀阮章竞为"闻山诗书画展"题诗。信附冯至等人题诗。闻山为沈季平笔名。复曹彭龄、卢章谊的信。

5月13日　收到安徽文艺出版社的信，寄来担任“解放区文艺大辞典”编委会顾问邀请函。

5月23日　收到王稚纯的信，谈“中国解放区文学书系”搜集资料和作品事。

按：王稚纯为王玉堂之子。谱主6月1日复信：编委会决定统一由天津收集资料。

5月28日　收到余仁凯的信，收到太行文艺版《漳河水》复印件，感谢并承诺寄还复印件。

按：余仁凯（1931—），1950年后历任中共中央华东局青委宣传部干事，中央团校华东分校教研室研究员，新文艺出版社、人民文学出版社上海分社和上海文艺出版社编辑、编辑部副主任及主任，编审。

6月12日　收到青年学者方铭的信，谈对新旧体诗歌的体会，附诗一首请正。

按：方铭（1964—），甘肃庆阳人。1980年起先后在兰州大学、武汉大学、北京大学学习，文学博士。1986年在中国政法大学工作时，为谱主作口述回忆录《太行山》。1994年起，任北京语言大学副教授、教授。

6月15日　收到沙地（萨溉东）的信，邀请出席《萨氏诗词格律ABCD》首发式。

6月28日　收到北京东郊农场李月华的信，信附诗作。

7月7日　收到刘守华的信，收到刊登《胡杨泪》和《漫漫幽林路》的杂志，感到现代生活题材的叙事诗，值得探讨。

按：刘守华是华中师范大学教师，收到谱主赠刊后回信。

7月10日　收到林家英的信，附诗一首。

按：林家英为兰州大学教师，在青岛中国诗词学会第三届理事会上相识，信叙在复旦大学读《漳》诗。林家英诗曰：“玉滩翡翠海天赋，一点灵犀意境开，长忆《漳河》馨入梦，一吟一咏一低回。”

本日谱主再为《群山》修改费神，“决定不再分小章，如有的章太长，则分为两章，加题，加章前词”。

7月8日　收到福建诗词学会赵玉林来信。

7月11日　收到青岛郑俊坤的信，孺慕先生丰采。少年时朗诵《金色海螺》曾获奖，索字。

按：谱主本月1—5日参加青岛举行的中华诗词学会第三届理事会。

8月1日　广东省作协梵扬来信，回应《解放区文学书系》南方作者、作品联系情况。

8月7日　收到福建泰宁龙湖乡干部廖琨的信，1979年夏曾拜见，寄诗求教。阮章竞10月2日将诗转《诗刊》。

8月19日　收到西北师院中文系教师雷树田的信。青岛诗词会相遇，感谢阮章竞赠条幅“淡泊及跋”。

8月30日　收到开封中国翰园碑林事的信。

按：函告收到作品二幅。

9月11日　收到方铭的信，感谢阮章竞复信，谈自己对新旧体诗的感受。

10月7日收到曾克的信。抄柯岗短诗入选“解放区文学书系”，附三本“奇书”(《习惯死亡》《十三步》《罪女侠警》) 请阅，提提意见让制作者清醒清醒。

10月15日　收到山西省档案馆馆庆筹备组王玉声的信。邀题词。

10月18日　收到太行山剧团团友夏洪飞的信。催审阅太行山剧团团史。阮章竞连夜回信。夏11月5日再来信，回顾写团史经过，发牢骚。

10月20日　收到淮安市文联的信。寄来当代诗人歌颂周总理征稿启事。

10月28日　收到内蒙古通辽市双泡子发电厂金刚寄来诗稿。

10月31日　收到管平的信，约写太行山剧团回忆文章，刊《新文化史料》。

【10月】**按：**本月收到《银杏》的信及样报，刊头注请指正，并望惠寄大作。所赠为总第三期，《银杏》为重庆诗歌研究会主办诗报。

11月24日　收到甘肃省庆阳地区卫生学校青年诗人马野的来信和诗稿。阮章竞2月20日复信。1991年3月13日马野收信后复信感谢。

12月6日　收到时代文艺出版社的信。《共产党员自白诗》选编了《高唱〈国际歌〉挺进》，索小传和写作背景。

按：信告《共产党员自白诗》选入谱主诗《高唱〈国际歌〉挺进》。

12月12日　收到光山县文物管理委员会李学明的信，1982年见过，约编《古今名人咏古弦国[①]诗集》。

12月13日　收到上海《文学报》编辑谢海阳的信，为建党七十周年征稿。

12月20日　收到中山乡亲叶苍的信。来京结识并合影，请推荐中山乡亲的白话诗作，编入中山诗集。

12月25日　收到中山乡亲李炳芬的信，谈中山诗社活动。

12月30日　收到陕西社科院副院长钱丹辉的信，承阮章竞询是否还写诗，对新潮诗不愿随波逐流。

---

① 光山县古称弦国。

1991 年　77 岁

1 月 7 日　重校《解放区文学书系》诗歌篇中的《漳河水》，顺手记下时在 1950 年重新在《人民文学》发表时几处修改的原因：

一、苓苓“夜训班”降服二老怪时，有几句写他们争吵后睡觉，二老怪想和好的念头，把手放在她脸上，产生像触电似的夫妻感情。周扬同志阅修改稿后说如此写法会产生不好影响。《太行文艺》第一期（1949 年 5 月）发表时没有触电，但有手放脸上的描写。

二、周扬同志看阅《太行文艺》第一期《漳》诗对我说：这首长诗似乎太强调妇女，好像没有男人也可以似的。结果使我把“不知俺们是占一半，没咱天下尽和尚”删去，改成“盖房要靠柱和梁”。

三、我再作修改送周扬同志阅，回信说此诗有独特风格，写得好，已请艾青（当时《人民文学》主编之一）刊登。就是后来中国人民文艺丛书版的《漳河水》。

以后再版时都有某些字句的改动。

四、“文革”后，人民文学出版社决定重新出版，但诗歌组编辑要我，一要遵守工农兵审查原则，二是要把“大总统妇女也能做”改掉。我说是列宁说的，但没有取得同意。为了能重新出版，只好改了。（见 1977 年第二版）故编者在“内容说明”写道：“这次出版，由作者做了必要的修改。”

1 月 9 日　就重庆出版社《夏雨秋风录》版权问题，咨询人文社莫文征。（笔记 85#）

1 月 15 日　惊闻康濯因病逝世。作诗《悼康濯》。

按：此诗发表在《人民日报》1991年1月27日。康濯（1920—1991），湖南湘阴人。晋察冀边区文协常委。1954—1956年与作者同为中国作协党组成员。

1月20日　复长春时代文艺出版社编辑戚积广1月4日来信。改定《高唱〈国际歌〉挺进》清样。

1月25日　下午参加中国作协联欢活动。

2月16日　复西彤信，《漫漫幽林路》出版事。

2月20日　致信马野。详细点评了马野寄来的《哀伤自然》组诗，肯定其立意，指出"分行错乱"等毛病。"诗的立意一定要立好，而且要反复立好，不能东拉西凑。诗思要贯通，不能像垒积木，用词用字，一定要能准确地表达感情。诗一定要有韵律，无韵诗更要讲究动态的旋律美，像行云像流水。要多琢磨好诗为何能感动人，而不要随便拾取人家的形式，等等"。

按：此信刊发于《诗刊》1991年第5期，题目为《致青年作者》。

2月22日　下午在京丰宾馆听取市人大关于房改问题的说明。

按：谱主在履职北京市人大会议时，提出水资源、劣质家电、食品保鲜期、出版社卖书号、对日皇裕仁和美国的外交态度等五个问题。（笔记87#）

2月25日　复陈仕元信。

【2月】**按：**本月完成散文《他永远活跃在人间——痛忆康濯同志》；作新诗《啊，老师！——应冼妮娜邀赠中学音乐老师》，发表于《中小学音乐教育》1991年第3期。

3月7日　根据《诗刊》举办李季诞辰七十周年座谈会上的发言整理完成了文章《忆李季》。

按：文章发表在《人民日报》1991年4月26日第8版。

3月10日　受中国作协安排，在正召开的全国青年业余文艺创作者会议上讲话介绍心得。

按：讲话发表于《文学报》1991年5月23日第3版。

3月26日　致信臧克家，读3月25日《人民日报》臧文《“诗就是诗”辩》及《华夏诗报》总54期文章的感想。

按：3月27日臧克家复信：“今早收到你的（信），高兴，极高兴。知我励我，心与心印。十年来受打挨（骂）惯了，无所畏惧。心里有火就想喷出来，说好或挨骂，在所不计。我这篇小文登报当天，就二三位同志打电话来给我打气，可见我们的战友遍天下，岂止北京。当然不满的骂娘的，不会没有。”

3月29日　参加第三届茅盾文学奖颁奖会。

复孙琴安3月21日来信。

按：孙信问是否接触过毛泽东，阮复：“我见毛泽东主席并握过手，是1949年5月接见全国青代会代表时，说过话。此事十分平常，不宜记述，也无可记述。”

3月30日　下午参加人民文学出版社成立四十周年活动。

复《文学报》编辑谢海阳约稿信。

按：复谢海阳信中道：“信收到多日。近四个月，忙得不可开交。主要是‘中国解放区文学书系’诗歌卷，负主要工作的天津解放区文学研究所编辑不能按时交稿，一拖再拖。现正写序，实在无力帮助你了。但有两篇旧稿，不知‘七一’是否可用：是抗日战争记事文学，87年写的。这两篇未发表，写的是民兵英雄杀敌故事。除此没有别的了，你如看合适，请来信。”

【3月】**按：**本月收到市剧协的信，戏剧家协会资料及入会表格。作《诗向何处去》一文，谈自己的诗观。

4月8日　致信《文学报》编辑谢海阳。

按：谱主信道：“这篇《创作回顾》原想整理好给其他报刊还账。今天抽时间改完时，还是想起你索稿之切，故临时决心寄给你。你看看，如合适则用，不合适则立即退我，以免再耽误时间。这几个月太忙了，已吃不消了，老心绞痛。医生已三次警告：住院。因诗歌序未完，故对医生说4月10日后一定休息。可是北京市人大马上又要开会，五月要到桂林参加诗歌创作会议。”

4月10日　致信曹彭龄。谈及对伊战看法和近期工作情况。

按：信道：“我确是忙，赶完长篇第一部，正要从头通读时，《中国解放区文学书系·诗歌编》三大卷（150万字）送到手边。因要得太急，只看了三分之一多一点，便着手写序，才完稿就心脏病复发，心率紊乱、慢、停跳等等，现正转阜外医院检查。这干扰不小，长篇还有两部，原指望能今年搞完第二部，难了！”“什么都不怕，我只怕不能工作”。

本日收到葛文的信，送陈永康诗一册《二月兰》。

4月13日　致信谢海阳。询问《创作生活回顾》稿情况，对原稿做出修改，“如不拟用，望将稿子速寄回”。

【4月】**按：**以笔名杨皎璁写作杂文《说说高楼公德综合征》，谈高楼住宅存在的乱扔垃圾、乱堆过道等社会问题。投稿《北京晚报》后，被删节为六百字并加编者按刊登于1991年4月9日《北京晚报》第2版。由此文引发讨论三个月，至当年6月底，约十二期。

《中流》1991年4期发表《同人民共甘苦　同祖国共命运》为题的老三届座谈会摘要，谱主对尚绍华、杲文川、徐芳、徐非光的发言写了批注。

5月6日　修改《中国解放区文学书系·诗歌编》序言。初稿写于4月5日。

按：谱主担任主编的《中国解放区文学书系·诗歌编》（三卷）由重庆出版社出版。该书系“中国解放区文学书系”的重要组成部分。书系共分9编22卷，每卷50万字左右，共1200万字。阮章竞主编的诗歌编共150万字左右。

5月19日　完成《解放区诗歌回顾》一文。

按：此文为阮章竞主编《中国解放区文学书系·诗歌编》序，该书于1992年3月出版，献礼延安文艺讲话五十周年。

5月20日　致信薄一波，谈太行山剧团团史事。

5月底　为马来西亚诗人吴天才诗集《故乡山水总是情》作序。

【5月】按：本月作五律一首《赠马来亚诗人吴天才先生》。

6月3日　复信杭州大学丁茂远，谈茅盾先生1960年赠诗的背景。

按：谱主在信中说："1960年国庆节，茅盾先生邀请波兰作家协会党的负责人来华访问。作协党组决定由我做陪同，访问了沈阳、北京、西安、成都、重庆、武汉、郑州、广州、杭州、上海。茅公在杭等待客人。亲陪游览时，茅公向客人介绍了我的诗歌创作情况。我与茅公在上海分别，我先陪客人回京，请他为我写条字，此则60年的'漳河水唱翻身调，塞上新诗颂有成。'"谱主信中指出："茅公批阅他人的作品，这次韦韬同志公开了34本。《漳河水》在这许多作品中来说，批得最多，塞上诗也不少，我才理解他对我创作上的关怀。""60年代在杭州，亲聆教诲，受到鼓励，坚定了我诗歌创作风格，可以'大长精神'去'步险峰'。"见丁茂远《茅盾诗词鉴赏》。（杭州大学出版社，1991年11月版）

6月30日　为庆《文艺理论与批评》创刊五周年作文《祝贺·坚持·希望》。

本日　为太原机械学院题词："昨天，在敌人频繁的扫荡中，靠共产主义理想，靠艰苦奋斗，培养兵工人才，打败了敌人，打出一个人民共和国。今天，在科学技术飞快发展的情势下，仍是靠共产主义理想，靠艰苦奋斗，培养人才，建设有中国特色的社会主义人民共和国。"为武乡文化局干部殷士肤题词："在今天，教育少年儿童写好字是个刻不容缓而又非常重要的工作。我赞赏殷士肤同志的劳动。"

7月1日　致信沈世鸿、王致中，关于诗集《夏雨秋风录》出版问题。

按：信道："82年访问意大利，83年访问新疆，集成从79年到83年一个书名《夏雨秋风录》的诗集，字数大概有16万左右。这些年，严肃文学受到冷遇，怕赔本，出版社都不敢出书。此集在这个实际情况下，压了四五年了。我年纪也老了，今后也不会写什么诗了，但总想把这个集子献给读者，因它反映了从‘文革’以来我的思想状况。故想请你们看看，可否为我出这个集子。出版社困难，我了解，向你们提出只是想碰碰运气而已。”

7月初　到黑龙江宁安县参加“镜泊湖赛诗会”。

7月4日　作七绝《镜泊湖赛诗会》。

7月11日　酬家乡侄辈阮继桥所求作联“开天辟地思老骥，逐日追星寄青年”。

按：并记曰：“余平生不喜作联，继桥贤侄偏索联，岂非强人之难乎。能诗之人均非善于联，余属既不善诗，更不善联，今且为之不复再为矣。”

【7月】按：本月作题画诗五绝《和田飞乌鲁木齐》，附注道：“1983年秋，从和田飞越天山。落日熔金，群山飞舞，山河多娇，萦绕于心，八载未忘。今夏为故乡书画展，裁纸忆绘近十而不得其一。此乃画功底浅，强求不得。”诗发表在作者家乡的同仁报纸《中山诗苑》1995年9月总第一期。同时发表的还有同题国画一幅。

本月作中国画《昆仑之夏》两幅，分别为：1. 题款“昆仑之夏　试笔之四　似已寻到环境　珠江老人（镜心）”；2. 题款“昆仑之夏　1991年7月阮章竞作”。

作中国画《飞越天山》五幅：

1. 题款“横空越天山，落日金云路，赤紫绿黄蓝，群山漫飞舞。壬戌之秋从和田飞越天山，落日熔金，群山飞舞。山河多娇八载未忘，今夏为故乡书画展，裁纸忆绘，近十而无一成，画功底浅，强求不得也。辛未七月酷暑挥汗苦嗓楼阮章竞”；

2. 题款“横空越天山，落日云间路，赤紫绿黄蓝，群山漫飞舞。壬戌秋从和田飞越天山，落日熔金，群山飞舞，山河多娇，八载不忘。阮章竞”；

3. 题款“群山飞舞　1983年秋从和田飞越天山，舱外晚霞如纱，群山飞舞，山河多娇，萦绕于心，八载未忘。今连试三幅均不如人意。

实为画功底浅，强求不得。珠江阮章竞　年七十七　横空越天山，雾障仙嵯路，赤黄绿青紫红，群山漫飞舞。此诗漏题，珠江再补”；

4. 无款两幅。

作国画《壶口》两幅。1. 题款“之一之二不尽人意　故又画壶口作试笔之三　珠江老人”；2. 题款“壶口　1980年秋速，1991年7月移于纸上，章竞”。

8月2日　作古风《赴中山籍书画展》一首。

按：1991年11月12日是孙中山先生125周年诞辰。家乡举办中山籍书画家作品展览庆祝，谱主提前准备了书画作品回乡赴会。

8月19日　致信《北京晚报》编辑部，对报道中失实信息提出意见：“全国五届政协之后，我已经不是全国政协委员”“另一处是《金色的海螺》获的是一等奖，而不是特等奖，也望更正”。

8月24日　读《法制日报》8月23日一篇报道：内蒙古自治区宁城县农村少女，十六岁的杨晓丽和十四岁的杨秀丽姐妹被人拐卖到河北遵化县，饱受摧残，获警方解救。心情不能平静。次日有感于《法制日报》报道称杨晓丽、杨秀丽获警方“全力解救”，不以为然。作短文《能说是全力解救吗？》。

8月25日　参加艾青研讨会。

【8月】**按：**本月由花城出版社出版诗集《漫漫幽林路》，收录了两首长篇叙事诗《边关明月胡杨泪》和《漫漫幽林路》。当时出版环境艰难，作者的妹夫陈仕元（时任广东省戏剧家协会副主席）向中山老家筹款八千元作为资助，编入华夏诗报编辑的《华夏诗丛3》。此丛书的出版时乖命蹇：1989年春交稿，由于征订数低，直到1991年1月才印完。偏偏《漫》诗的校对印刷装订都有问题，必须返厂重印。11月作者拿到重印本后，发现仍然错误百出，连《漫》诗的序言都放错了地方，误印为诗集总序。出版社不肯再印第三次，用六号字排印的勘误表长达整整一页。其中的曲折，可参见作者1992年2月12日和4月19日致西彤、野曼信。

本月用古宣纸作国画《牵牛花》，题款"这是试画了十来朵之后第一次正式画在古宣纸上的，大叶画坏了。91年8月以苦噪阳台牵牛花为实物"。

本月再作中国画《飞越天山》一幅，题款"日落越天山　流金白云路　黄绿赤橙紫　群山漫飞舞　一九八二年秋从和田飞越天山　舱外落日熔金　群山飞舞　山河多娇　萦绕于心　八载未忘　今连试数幅均不如人意　实为功底浅强求不得　一九九一年八月珠江阮章竞"。

9月2日　从崇文门东大街20号楼二门701、702室搬家到前门西大街97号1001室。

9月17日　听中央广播电台早晨音乐有感。

按：谱主在日记写下："希腊女歌星纳娜穆斯古丽的流行歌曲，从内容、形式、作风都很健康，值得与我国今天的歌星对比。"

9月20日　复马来西亚诗人吴天才信。复剧团战友韩育琴信。

9月23日夜　作七言古风《哀悼刘知侠同志》。

按：此诗1991年10月19日发表在《文艺报》。

10月2日　发搬家启事。

10月23日　作文《流行音乐与流行性感冒》。寄给林默涵看，林转给《中流》。

10月30日　改毕《群山》第一、二、三章。

【10月】**按：**本月作七言古体诗《牵牛花》。此为题画诗。作者曾为写生，特在家中种植了牵牛花。

作《闻高沐鸿同志诗文集出版》，寄给武乡党史办李志宽。

为仲川先生诗文集题字："和松江月，珠海云涛。"

11月2日　完成长篇《群山》之第一卷。

按：完成《山魂》第一卷（1997年出版时改题为《霜天》），兴奋写下"云涛"二字并跋"天地无神，唯云是神，可为山川，可为海洋，可为人，可为兽，凡能见之物，无不可为形。因此之故，余从小爱云。适了一文稿，心似云轻，故书云涛为乐"。

11月7日　从广州到中山。作诗《向中山》，为中山乡俚深爱。

11月8日—15日　在故乡参加孙中山诞辰125周年纪念活动，8日参观孙中山故居并作七律2首《秋夜觅翠亨》《秋晨认翠亨》，散文《三访翠亨》。

按：文章于1992年春补记于北京书房苦噪楼。后发表在《中国化工报》1993年10月13日第4版。活动后在石岐住了七天，会见了中山诗社的诗友们，看了青少年时代常去的地方。

11月16日—28日　参观了环广州的几个城市。作诗九首：《寄梦虹桥》《岐江月夜》《寄惠州诸君》《三百里西江路》《寄端州李玮君》《谢李盛君》《封开赠友》《虎门功劳炮赞》《相思树》。《相思树》有跋："战争爆发离别时，伊赠我相思子。"

按：谱主记：到广州后，因我从未去过东江西江，借此机会，又去惠州、虎门、肇庆、封开、南海、佛山等地参观。因年事已高，不宜多走，故于11月29日回北京。

29日在广州收到中山文联高永托人转交的照片。

【11月】**按：**《虎门功劳炮赞》一诗1996年春做了修改，发表于《诗刊》1997年第3期。选入《祖国颂》，湖南文艺出版社1999年4月版。

为中山乡亲梁翠媛、高永题字："执着、着迷、清贫、不怕苦，才能取得艺术喜悦。"

收到《华夏诗报》退回的《胡杨泪》《漫漫幽林路》的复印原稿和成书，校对错误惊人。

12月3日—5日　完成《宝弓不老神弦劲——祝贺杜埃同志文学创作60周年》一文。

按：杜埃（1914—1993），广东大埔人。1933年参加"左联"，1936年加入中国共产党。1955年成为中国作协会员。曾任广东省委宣传部副部长、省作协副主席、省文联副主席等职。此文后收入《风雨六十年——杜埃作品研讨论文集》，花城出版社1993年9月版。

12 月 17 日　本日起妻子住安贞医院，先是保姆跳槽，后又失窃，急召子女陪护。

12 月 18 日　收到重庆出版社责编傅天琳寄来《夏雨秋风录》合同书两份。阮章竞签署寄回。

12 月 21 日　致信艾青、高瑛，感谢寄赠《艾青文集》。

12 月 25 日　作七绝题画诗《红梅》，有句“西北散摊出乞丐，东南鼓棹向海开”，对比苏联解体与中国改革开放对各自国家民族的影响。

12 月 31 日　评论北京台播放的秦声器乐《空山、朝雨、秦妇吟》等。（笔记 85#）

【12 月】**按：**本月月底因肺炎住院。至 1992 年 1 月 16 日出院。

此月为妻子赵迪之的老战友（1934 年北平地下党）王森同志八十五寿辰，作中国画作一幅，题款“黄河写生。水从天上来，雷潜地下走，袅袅紫烟生，阵阵山颤抖。温柔严厉，严厉温柔，潭深水远，水远潭深，谁曾是测量手？日咆哮，夜怒吼，何日还我为清流。1980 年 11 月章竞写生志。黄河壶口长流不息。以此画祝王森同志八十五寿辰赵迪之阮章竞 91 年 12 月”。

【1991 年】**按：**本年作《礓石——读模仿西方诗作》。

本年另作中国画《壶口》两幅：题款“壶口　1982 年秋速写于西岸”；另一幅无款。

本年　长篇小说《群山》定稿三十七章，共填词四十二首，用于章前词三十六首，用于内文三首。因整章弃用而留下的两首：《江城子　元旦》《民谣》，收入《阮章竞文存》。

1991 年收到的友朋和读者来信：

1 月 4 日　收到《文学报》编辑谢海阳来信。感谢复信建党七十周年约稿。

2 月 5 日　收到夏洪飞的信，寄来“太行区抗战戏剧创作和演出情况”列表。

2月6日　收到西彤的信，《漫漫幽林路》列入华夏诗刊出版计划后，印厂有变，拖到现在。

同日　收到王稚纯的信，查找到太行区《文艺杂志》三篇作品事。阮章竞2月16日复信。

2月7日　收到北京市东郊农场铸造厂王月华来信。阮章竞4月初回复后，4月9日又来一信，对阮章竞的意见不认同。

2月15日　收到妹夫陈仕元的信，《夏雨秋风录》已催西彤多次。本想找湖南文艺出版社的《秋光灿烂访新疆》，只能知难而退。

2月18日　收到冼妮娜的信，拜年。

2月20日　收到林火的信，寄来给解放区文学书系的诗《写给玩弄火焰的人们》。

2月22日　收到马来西亚诗人吴天才的信，索字。

2月26日　收到中山诗社的信，征集五四纪念新诗。

2月27日　收到吉林大学王俊秋的信，该校编《新文学大系诗歌卷》，阮诗《牧羊儿》《漳河水》《妇女自由歌》入选。4月15日再来信，又选入《秋风曲》《圈套》。

3月20日　收到上海社科院学者孙琴安的信，询与毛有否接触及田间联系地址事。

3月21日　收到冼妮娜的信，寄来《啊，老师》小样。4月5日收到阮章竞回信已改过，付印。

3月26日　收到茅盾儿子韦韬的信，抄赠“七绝”收到，可编入“集外集”。茅公给阮章竞的三封信，还来得及编入书信卷。

3月30日　收到曹彭龄的信，叙“战后巴格达，缺水，缺电，缺汽油，缺燃料，自然也缺医少药，物价飞涨（汽油上涨了100倍），比之海湾危机前完全两个世界！但也是没法子的事，苦的是人民”。

4月10日　收到田间妻子葛文来信，诉：“《田间诗文集》的出版，出版社不太讲理，我也就拖着他们，他们一脑子钱，为自己，不为事业，不为文艺！”

4 月 12 日　收到包钢作家李汀的信，寄来《绿野红珠》电影脚本。

4 月 13 日　收到广东蕉岭县兴福中学初中教师丘达坤来信。关于阮章竞《值得反思……》的语法问题。

4 月 15 日　收到陕西省社科院胡征（二野随军记者，曾受胡风牵连，已离休）的信。收到阮章竞复信后，感动，对文坛现状不满。

4 月 26 日　收到王稚纯的信，愿意为收集太行文艺资料出力，要有老一辈挂帅和得到经费。

5 月 16 日　收到华夏诗报社的《华夏诗丛》征订单，有《漫漫幽林路》介绍。

5 月 26 日　收到中南民族学院刘志洪（因解放区文学书系相识）的信，对诗歌散文化、西化有议论。

5 月 27 日　收到《陕西日报》戈焰（晋察冀作家）的信。邀为纪念中国共产党建党七十周年庆撰稿。

5 月 28 日　收到杭州大学中文系丁茂远的信，询阮章竞与茅盾交往及索字之情形。阮章竞 6 月 3 日复信。

6 月 10 日　收到夏洪飞的信，介绍胡国安采访《赤叶河》创作及演出情况。

6 月 28 日　收到李志宽的信。为太原机械学院（原太行工业学校）五十年庆和武乡文化局殷士肤的书法选集索字。阮章竞均题词。

7 月 3 日　收到艾青作品研讨会邀请信和玛拉沁夫的开幕致辞。

按：1991 年 8 月 25 日，中国作家协会、中华台港暨海外华文文学研究会、中国国际文化交流中心和浙江省金华市人民政府主办的“艾青作品国际研讨会”在人民大会堂开幕。

7 月 7 日　收到吴天才的信：收到大札、序和墨宝。尊序欲发《香港文学》或《文学世界》发表，“因此地之报章已为现代派所垄断”。阮章竞 9 月 29 日复信。

7月14日　收到太行山剧团团友田静的信，以太行剧团素材创作了二十万字小说，听说在编战争年代文艺作品，请帮助。

7月27日　收到重庆出版社编辑杨本泉的信，询对解放区文学书系诗歌编序的意见。

8月17日　收到太行山剧团战友韩育琴的信，回忆平汉线剧团历史片断文章。阮章竞回信后，9月28日再来信。

8月20日　收到时代文艺出版社的信。寄来《高唱〈国际歌〉挺进》诗稿酬领取存根。

9月4日　收到刘知侠治丧办讣告、生平；感谢信。

按：刘知侠（1918年—1991年9月3日），河南省卫辉人，长篇小说《铁道游击队》作者。

9月18日　收到利康搬家公司经理陈江的信。谈修理搬家损坏物品事。

收到王舒冰的信，在新华日报工作过，邀请参加个人书画展。

10月6日　收到王玉树的信。寄来在"解放区文学书系"编委会上的照片。

按：王玉树为晋察冀老同志，天津社科院文学研究所所长，书系副主编。

10月10日　收到《文学报》编辑谢海阳的信，约稿索字。

10月12日　收到《河北日报》编辑杜文远的信，为《中国随笔小品鉴赏辞典》约稿。

10月22日　收到中纪委吕瑛的信，请给中纪委诗社杨一山、迟瑞祥同志写介绍信给沙地，请他讲诗词格律。

10月24日　收到沙地的信。说到已接待中纪委同志，很想和阮章竞一起讲学，诗词学会几次活动因阮章竞搬家都未能寄达。

10月29日　收到臧克家的信。谈《毛泽东诗词鉴赏》已印95000册。

11月2日　收到山西武乡县志办李志宽的信。收到《闻高沐鸿同志诗文集出版》诗，并遵嘱为彭涛遗孀高惠如组织撰写了纪念彭涛的文章。

按：彭涛（1913—1961），江西鄱阳县鄱阳镇人，1932年入党。一二·九运动的领导者之一。曾任太行区党委宣传部长，晋冀豫野战军三纵政委，化工部部长。谱主夫妇的老上级。

11月6日　收到三门峡市中学生李云的信。称收到阮章竞复信，想办个为中学生的文学刊物。

11月10日　收到周申明、苗雨时的信。廊坊师专《语文教学之友》发《漳河水》评论，请赐照片和诗论。阮章竞复信。

11月14日　收到北京画院画家张松鹤的信。感谢为他的诗集题词，赠书。

11月19日　收到辽宁教育杂志《文化名人》画册崔晓晓约稿信，阮章竞写了格言后，1992年2月11日再来信登门拍照。

11月22日　收到中山乡亲叶苍的信。为中山诗画函授学院筹奖教奖学基金事，求赠字画。阮章竞回复，赠作品。

11月29日　中山市文联高永来信，寄来返乡时的照片。并应阮章竞要求拍了中山过街天桥。

12月1日　收到太行山剧团战友韩育琴、郭石夫的信，阮章竞《保卫抗日根据地》梗概，已写信请天津戎忠、武汉张素英帮助回忆。

12月10日　收到重庆出版社编辑傅天琳的信，《夏雨秋风录》列入明年选题，寄签出版合同。

12月28日　收到湖北黄冈报社印刷厂王建新的信，收藏名人手迹。阮章竞复信。

12月31日　收到沙地的信，催为《纪念陈毅90诞辰诗词选》写诗。

1992年　78岁

1月9日　致信莫文征。谈诗集《夏雨秋风录》出版历程之困难。

按： 莫文征：广西临桂人。中共党员。1959年毕业于中山大学中文系。1951年参军，历任广州防空司令部指挥室标图员、见习参谋，人民文学出版社诗歌编辑、诗歌散文组组长、现代文学编辑室副主任，副编审，编审。《阮章竞诗选》1985年由人民文学出版社出版，莫文征是责编。谱主信道："去年夏天，重庆出版社要为我出这个诗集，12月下旬寄来合同，如同意要在年底前签了后寄回去。合同中有提到著作权法中有关侵权的部分，才想起在你社出版的我的选集中有上述三组诗的问题，引起我考虑。但想到选集版权是否只讲本选集而不包括被选集子中作品的版权？因心脏病和肺气肿要住医院，来不及去问问你，便签字寄了回去。""这类问题你社碰到不会少的，请你无论怎么忙，也快给我个回答。如已有侵权行为，我就立刻给重庆出版社写信。"此时谱主在住院中。

按： 谱主1991年12月底肺炎住院。1992年1月16日出院。

【1月】**按：** 山西电视台来谱主家拍摄纪念《在延安文艺座谈会上的讲话》五十周年的五集专题片《高山和大河的诉说》。

为《春蚕颂》一书题辞："默默吐丝，密密织锦，辛辛绣出光辉灿烂的华夏文明。"该书为中国当代著名文学家手迹的合集，山东友谊出版社1994年5月出版。

2月3日　致信林默涵。致信臧克家拜年。臧克家次日回信。

按： 去年10月曾请林默涵转稿《流行音乐　流行感冒》与潘仁

山，未见回复。如不用望退回，“你是不是能为我再催问一下，我想听听他们意见，如尚有可用之处，抽空改一改，许别处可用？”

2月12日　致信野曼、西彤。

按：1991年8月谱主诗集《漫漫幽林路》由花城出版社出版，“这个诗集，薄薄的78页，我老家赞助7000元，拖了3年，错得如此之多，出乎意外”。交涉重印或退回资助款事宜。2月18日野曼回信。

2月21日　重阅长篇《群山》之五《娘子关》章。

按：谱主批注“似应分两章”。23日“已阅并改为两章”，加了一章《俘虏》。

2月27日　最后改完《进太行》章。

3月2日　环境科学出版社责编张新峰来电。

按：张新峰电称谱主散文集《新疆忆旅》选题已批，但要作者资助七千元出版费。

3月3日　致信中共中山市委书记谢明仁，为游记《新疆忆旅》出版事寻求家乡支持。

按：信道：“严肃文学作品出书问题现仍无法解决。83年我访问新疆的散文集《新疆忆旅》，湖南出版社曾要出，压了三年，怕赔本，去年退我。现中国环境科学出版社愿出此书，但要自筹七千元赞助（这样可出三千至五千册）。这是解放后‘文革’前从未见过的事。因此，我想再请你和汤炳权同志看看能否资助这笔巨款。因路远山遥，我冒昧地同时写了一个申请书一齐寄上（我从不了解这种事如何写如何办），如蒙批准，请拨款部门将此款汇寄中国环境科学出版社的开户银行，该社即可审稿，发排，付印。如市委感到有困难，就请不要批了，我能理解的。”3月15日谢明仁来电，表示资助七千元没问题，款已汇。请谱主方便时回中山休养。

3月12日　复信《文学报》编辑谢海阳3月6日为讲话五十周年约稿信。

3月29日　给安徽省顾委侯永写信叙旧。

继续阅改《群山》。

按：谱主批注“决定大章中恢复分小章”。

【3月】本月参加《诗刊》座谈会。谱主写有发言提纲。

4月19日　复野曼4月10日信：收到《漫漫幽林路》重印样书，又校出4处错误。

按：信写道：“这4处错误是我在广州校对时未校出来，我外甥为我再校也未校出来，应是我的错而与你们无干。”“顺便说几句心里话：这两首长诗，原想写好之后，冷却一年再发表出书的。因考虑到自己年向80踉跄猛扑进，尚有三部长篇、三部回忆录和一部小说久未完成。这两首几次在病院策划的长诗水平就这样了，就这样算了，以便腾出手来，如能晚死再说。谁知我们这个有几千年光辉诗史的诗国，如今出本严肃的诗，要厚着颜面自己筹款，自己去叫卖，如果不能吃皇粮的，岂不但纸笔没钱买而且还得都饿死了？作家诗人之不辍笔，不是命贱，而是出于为时代为人民尽责！但我仍未想到有人赞助尚如此之难！现在都宣传出版事业如何好，叫人笑耶哭耶？”

4月27日　复韩冰野、林火的信，长诗编辑事等。

【4月】**按：**本月底，在同仁医院写作了《试谈民歌》一文。1993年7月3日关于此文有一批注：“《试谈民歌》是以讲毛泽东的诗歌主张，92年4月在同仁医院住院写的，准备《讲话》50周年用，已寄《文艺报》。反复考虑不理想，要回。93年6月改为毛百年诞辰用，已面目全非。”

5月15日　收到广东作协梁奕明的信。开办作家书屋，可为作家代销签名本，码洋七折结算。

按：谱主于6月5日托中山乡亲阮关伟带去《金色海螺及其它》100册，再无回音。11月19日托外甥陈卫平追问。

5月19日　北京电视台播出纪念《在延安文艺座谈会上的讲话》发表五十周年的专题访谈。

按：此节目采访了谱主。

5月25日　中国延安文艺学会在人民大会堂小礼堂纪念《在延安文艺座谈会上的讲话》五十周年举办联谊会和颁奖仪式，谱主被列入首批获颁纪念奖牌名单。

6月11日　收黄药眠夫人蔡澈来信，请为《黄药眠纪念文集》撰文。

按：信中提到谱主在八十年代通信中，对黄诗《悼念》的评价："您对周总理的真实感情，使我很感动。诗中所写的实际是全国人民的共同感情、真实心声。写得很自然，隐着诗的驰骋，口语中传颂的神韵。"

6月24日　复傅天琳的信。《夏雨秋风录》出版之封面设计事。

【6月】**按：**本月应黄夫人之邀写《劫余留铁笔　白首写苍生——忆黄药眠同志》。7月13日寄给蔡澈。文发表在《文艺报》1992年8月8日。

7月10日　阅改《群山》。

按：笔记批注："不分小章，还照原安排，分大章。如长，可分两章。"

7月11日　阅改《群山》。定稿《砧声》《锣声》章。

7月17日　参加邓颖超遗体告别仪式。

按：邓颖超于1992年7月11日去世。

7月19日　阅改《群山》。

按：谱主批注"郎两峰从哪里来"改为"阴阳界"。

7月20日　最后改定《怒云》章。

按：谱主从1977年抄稿中取出"《春宴》"章并批注："曾想留《春宴》，考虑对全部累赘，放弃了。"

7月23日　改定《阴阳界》《交锋》章。

7月24日　改定《三月春山》章。

7月31日　邮局送来《漫漫幽林路》取件单，叫自己去取《漫》集。

按：《漫漫幽林路》由花城出版社出版，本书由谱主妹夫陈仕元帮忙联络找到八千元出版资助费给出版社才得以出版。本书版权页印的出版时间是1991年8月，但作者实际拿到书却是1992年7月。谱主到邮局取书，包装全部散乱，放在袋里，无法取完。第二天用麻袋再去邮局取，只残留三片写有收件人姓名的包装纸。一数共115本。野曼信中说是248本。

8月2日　最后改定《邯长大道》章。

8月4日　致信重庆出版社编辑沈世鸣。谈《夏雨秋风录》出版事。本日最后改定长篇小说《霜天》之《浊漳南北》章。

8月5日　最后改定《神头辿》章。

8月17日　改定《骆驼谷》章。

8月24日　改定《峡谷急袭》章。

8月28日　改定《捉鳖池》章。

9月2日　阅改《群山》。

按：谱主批注："原第一部在《审判审判者》结束。决定选《葫芦书院》《雪夜》作为第一部结束。其余留待林项结婚前后及反顽斗争，放第二部。"为《晴岚》38—41章写浮签："凡复印纸写的新提纲，增加了百团大战。毛在世时，谁都不敢碰此大战。"

同日　中国环境科学出版社王荣宪送来《新疆忆旅》三个封面设计。

9月19日　中国环境科学出版社编辑来取走《新疆忆旅》的清样和封面画。

9月21日　复何国光的信。征集作家邮品格言。

9月23日　参加门头沟区人大会议，地点：门头沟百花园西楼。作油画棒速写《门头沟妙峰山》。

9月26日上午　参加《北京日报》四十周年纪念活动

【9月】**按：**此月作《画游絮语》一文。作者较全面回顾自己一生从事文学却酷爱绘画的经历，也体现了作者的画观。此文收入《作家

的画梦》，中国人民大学出版社1995年4月版。部分发表在《北京日报》1992年10月1日第3版。

10月6日　复《文学报》编辑谢海阳约稿信。

10月9日　复董大中的信，成立赵树理研究会聘请担任顾问事。

10月18日　开始对《霜天》第1—34章抄清稿进行校对。

11月17日　复信万荣县志编委会，寄《秋风楼渡口》诗。

12月3日　寄诗集《漫漫幽林路》120本给广东新会冈州诗社。

按：因为《漫漫幽林路》属于资助出版，出版社不负责发行，作者自销。冈州诗社联络愿意代为销售120册。

同日　与画家黄胄联名提案：建议在北京、上海建立中国画廊。

同日　写《时代与诗人》提纲。

1992年收到的友朋和读者来信：

1月1日　收到太行老战友赵文敏、田鸣夫妇来信，寄来关于彭涛的回忆文章。

1月2日　收到夏洪飞的信，问候并说一年来写作的收获。

按：夏洪飞写道："总之，过去在太行山剧团受你影响大，也养下一种心不闲，笔不闲的习惯。就是不写，也要看点什么书。"

1月3日　收到冼妮娜的信。纪念册事。

1月8日　收到杭州大学丁茂远的信，收《赠阮章竞》一诗入集。感谢上年提供背景材料。赠书。

按：丁茂远著《茅盾诗词鉴赏》，杭州大学出版社1991年11月版。谱主收藏的茅公手书条幅《赠阮章竞》第三句是"阮郎风骨剧峥嵘"，与书中所录有别。

1月10日　收到《香山报》主编刘居上的信，中山籍书画家画展赴澳门展出，其中有阮章竞国画《黄山所见》。

1月13日　收到北京作协同事高桦的信，告国家环保局《绿叶》杂志创刊，《新疆忆旅》出书事已安排好。

1月16日　出院。收到中国当代艺术界名人录的征集信。

按：谱主1991年12月底肺炎住院。

1月29日　收到四川内江收藏者李思远的信，附四枚邮封和回邮，请题字签名。阮章竞3月3日复信。

1月31日　收到冼妮娜信，告《冼星海全集》出版。2月12日、13日两信，《啊，老师》的样刊、稿费。

2月3日收到山东肥城教师进修学校汪介培的信。寄来所编书画集《春蚕颂》，并附寄《中国当代著名文学家手迹》印样。

2月18日　收到野曼的信。谈华夏诗丛订数太少发行困难，《漫漫幽林路》也在其中。《漫》诗重印已损失七千元。4月10日来信《华夏丛书》七种已印完，其他作者需自己销售，《漫》诗还是他们负责销。7月20日来信陈述困难，寄往北京256册《漫》诗。

2月29日　收到齐荣晋的信，为纪念《在延安文艺座谈会上的讲话》五十周年，正撰写五集专题片《高山和大河的诉说》，请提供与山西有关的创作情况。（日期是1月29日，齐荣晋笔误。）

3月5日　收到《文学报》编辑谢海阳的信。为纪念延安文艺讲话五十周年约稿。

3月11日　收到民盟常州市委李业文的信，征集名人字画。阮章竞5月10日复信后，5月13日再信，说1951年十岁时，在武进乡下看过歌剧《赤叶河》。收到墨宝感谢。附自己的收藏目录。

4月8日　收到韩冰野（林火）的信，长诗已交吉林大学中文系《新文学大系诗歌卷》，请放心。晋冀豫根据地文艺作品未能收集成书，同感苦恼。

4月29日　收到江苏无锡县东亭中学初三（2）班沈凤慧的信，请教如何写诗事。6月2日阮章竞复信。

5月1日　收到贵州思南县流水井乡红岩底小学教师刘路的信。求教并附诗作四首，由诗刊社转来。

5月3日　收到华北局组织部老战友侯永的信。邀请到安徽小住。

7月15日由在合肥中国科技大学读书的长孙阮小星带来一信。阮章竞复信也由小星面交。

5月6日　收到林火的信。说收到阮章竞复信。文艺界问题尚未根本扭转，脱离时代、脱离人民，脱离生活，老一辈没有说话机会。

5月18日　收到北京画院张松鹤的信。寄来诗集，家乡东莞有一组雕塑要创作。

5月20日　收到谢明清的信。答阮章竞询问：人民文学出版社所办杂志《华人世界》转到统战部;《当代》和《海内外文学》年内几期都安排了长篇小说，请赐短诗最好。

按：谢明清历任中国作家协会《文艺报》艺术组编辑，人民文学出版社小说北方组副组长、小说北京组组长及现代文学编辑室副主任、副总编辑、副社长，编审。《文学故事报》主编，新闻出版署音像司司长，中国音像协会常务副会长兼秘书长，《中国电子出版》杂志主编。

5月22日　收到何国光的信。征集作家邮品格言。中国作协转来信。

5月28日　收到东郊农场王月华的信。信附诗作。每次寄作品都有回音，感谢。6月15日又寄诗作。阮章竞9月21日复信。

5月29日　收到中南民族学院刘志洪（书系开会认识）信，寄来照片，索字。阮章竞回信后，7月1日再来一信，认同阮章竞“诗歌的创作和研究应从‘具有中国特色’的角度展开”。阮章竞8月1日寄《漫》诗和《新疆忆旅》两书。8月9日刘与夫人贺凤阳各写一信，给《文艺报》写了《四越天山　二上昆仑》的评论文章。

同日　收到黑龙江阿城市文学爱好者车宏亮的信。求教信及诗稿。

5月31日　收到江西萍乡芦溪区新泉中学教师江勇的信。对《值得反思的……》的一些建议并寄来个人诗作。诗刊社转。

6月5日　收到重庆出版社文艺室的信。寄来合影（时间地点场合不详）。

6月8日　收到黄药眠夫人蔡澈的信。

6月12日　收到傅天琳的信。《夏雨秋风录》出版要到明年一季度，请示封面设计有修改，丁聪是否还署名。

6月12日　收到赵贵保的信。寄来与邹雅、武艾巍等照片和要求落实政策回《山西日报》的报告。

6月15日　收到王月华的信。为投稿事。北京民俗研究会转信。

7月8日　收到尹世霖的信。已不做合同制作家。附儿童诗朗诵研讨会邀请函，索画，告暑假活动。

7月20日　收到野曼来信，谈《漫漫幽林路》印刷出版发行诸事。

7月28日　收到湖南新化洋溪镇双泉村邹能顺的信。寄《普音诗韵》油印材料。

8月7日　收到朱亚夫的信。告他写的《阮章竞的“苦噪楼”》入选“名人书斋”。索书斋照片。

8月11日　收到蔡澈的信。看到《文艺报》发表阮章竞纪念黄药眠文章。药眠遗作《动荡》和程正民书评《人格的力量时代的风云》附寄。

9月17日　收到《文学报》编辑谢海阳的信。约稿。阮章竞10月6日回信。

9月26日　收到太行山老战友赵贵保的信。关于“喝糊”一词不是喝水，应是喝糊糊。

同日　收到山西作协董大中的信，成立赵树理研究会，聘请阮章竞担任顾问。阮章竞10月9日复信。

10月5日　收到《文艺报》的赠报通知。自行订报，寄回收据报销。

10月8日　收到万荣县志主编解放的信。多方查找阮章竞《秋风楼渡口》一诗无果，请赐，欲编入《万荣县志艺文卷》。阮章竞11月17日复信。

11月3日　收到苏州市第六中学教师陶建雄的信。求字并附诗作。

11月8日　收到王春立的信。索字。

按：王春立历任中共北京市委宣传部文化处处长、中国文化报社副总编、中国美术馆副馆长，中国美术家协会分党组成员、副秘书长、艺术委员会秘书长、《美术家通讯》主编、中国美协理事。

11月9日　收到之前家中保姆李淑琴的信。阮章竞17日复信。12月3日收到后又再来信。

11月11日　收到彭涛夫人高惠如寄来《彭涛同志纪念文集》。

11月18日　收到小妹阮惠霞的信。10月到马来西亚探访大嫂及侄辈，知他们在文冬生活艰难。

收到侄孙女小倩信，在中山市人民医院做化验员（临时工）。

11月22日　收到《淮风》诗刊刘钦贤的信。寄来1989年在京所拍照片。

11月24日　收到沙地的信。罗帅诗词吟诵会通知，附《衡阳日报》关于沙地和萨氏诗词格律教育体系的专访文章。

12月13日　收到马来西亚诗人吴天才的信。约写其诗《鲁迅赞》之评论，附关于鲁迅的诗及评论材料。

1993年　79岁

1月6日　作诗《与江风告别》。

按：江风（1915—1992），山东栖霞人。作家。1938年参加八路军。北京市文联副秘书长，北京民办鲁迅艺术学院院长。

1月7日　写定长篇小说《霜天》之《葫芦书院》《鹿钟麟北上》《冬晨冬雪》三章。

1月12日　作诗《妙峰霞光》。

按：诗附注曰："曾游妙峰山，见晨晖如银经金纬穿流在松群间，仿佛是看不见的织女在织锦，绮丽迷人。今听门头沟正拦河理水，封山育林，决心冲破封闭而为之振奋。我与门头沟有十年议政之缘，故书此以赞。"

1月28日　阅改《霜天》之《狼烟》章。

2月11日　为出版《中外文学艺术名人肖像》，辽宁美术出版社来人取走彩照和简历。

2月12日　本日将已正式完稿的长篇小说第一卷装订成五个分册，并在封面记下写作过程。

按：长篇全部完成，删成三十七章，大约四十四万字。

决定书名为：《群山，狼烟夜举时》。有多条批注和封面批注。《序曲》后的封面批注：

此书最初设（计）是全国胜利后，最初动手时是在一九六五年，起草到第二部未完，则遇"文化革命"。被华北局造反派强迫要走，交了给北大的聂元梓手中。一年后，华北局另一派去追回来，有损伤，但尚完整。我衷心感谢为我要回来的同志，在我的创作史上是难以忘怀的。要去的目的，主要有无写彭德怀、邓小平及李雪峰。彭、邓书内提到，但不敢写，所以未挑出问题。写李思想上连想都未想过。此稿是1989年在北戴河重新开始写的。80年到晋祠写。84年患心肌梗塞，医生劝不要写，故放下。到88、89年又开始。集中力量写是90年后。

2月22日　复《中流》杂志征文任评委事。

2月24日　参加《中流》会议。

【2月】**按：**本月在长治文学刊物《漳河水》发表长篇小说《霜天》第30章《峡谷急袭》。

3月20日　参加王震遗体告别仪式后，作七言古风《缅怀王震将军》。

按：王震为中华人民共和国原副主席，于1993年3月12日去世。阮诗发表在《文艺报》1993年8月21日。

【3月】**按：**本月由中国环境科学出版社出版散文集《新疆忆旅》，该书记述了谱主游历新疆的所见所闻，重点描述了石河子、火焰山、天山公路、丝绸之路等景观，讴歌大自然的秀丽雄奇，歌颂边疆战士忘我的精神情操。

【4月】**按：**4月心脏病二次发作住院，至6月。此月以笔名胡华作短文《和平门街头迪斯科扰民太甚》，发表媒体不详。

5月3日　致钱小惠信，问有没有赠书给他，未赠补送。

【5月】**按：**5月致信北京市委宣传部副部长、北京市文联党组书记马玉田，谈换房子事情。为《中国作家》"丹青引"栏目写《灵魂翱翔云端》，发表在当年第4期。

6月18日—19日　给广州诗社寄"十年社庆"贺诗。

按：谱主3月26日收到广州诗社信，邀请7月赴穗参会。故赶在会前将贺诗寄出。

【6月】**按：**本月作七绝诗《读报见评"追星族"》，作者留存了

1993年6月5日、7日两份《北京日报》，并批注："北京日报《通俗与娱乐》《由青少年偶像说开去》，前者提倡流行音乐，后者反青少年的追崇。"此诗写在同时。

7月1日　致信人民文学出版社李庶，问《霜天》出版事。

按：李庶是人民文学出版社编辑。

7月19日　作七律《送李达将军》。

按：李达（1905—1993），陕西眉县人。抗日战争时期任一二九师参谋长，组织实施了该师几乎所有对日作战。

7月20日　复海峡文艺出版社的信。

按：7月2日收到海峡文艺出版社的信，《中国当代作家书画集》简历请审阅。

7月24日　复戈焰信。

按：7月6日收到《陕西日报》记者戈焰的信，有写抢救文学想法，寄赠《炮火中的女记者》，想听听行家意见。附《陕西日报》发的三篇评论。

7月26日　致信郑伯农，附《缅怀王震将军》一诗请代转责编。

同日　收到夏洪飞的信，读《漫漫幽林路》《新疆忆旅》后感想。

7月30日　重新翻阅批注长篇小说《山魂》1964年原始稿。并写下自勉的话："你现在执着要写的东西，是要对过去的历史尽责，而不是为发表和钱。但给你的时间，最多五年，稍许停息就只留下空想。"

按：此次重阅批注一直持续到本年9月28日。7月31日看到第26章；8月23日看完第34—73章初稿；9月7日第一卷全稿阅完。

【7月】**按：**本月作《毛泽东对新诗的希望——纪念毛泽东同志一百周年诞辰》一文。发表在《文艺报》1993年12月4日第3版。本月寄送《山魂》给人民文学出版社当代小说编辑室，中旬开始考拟《山魂》第二卷《晴岚》安排。并写了党支部要求的"到北京作协以来的工作"。

8月1日　致信北京市委宣传部部长李志坚。房子环境吵闹，要求调换。

8月14日　本日笔记记："李庶对长篇书名不满意，送书稿时取了几个，还是不满意。"

8月16日　本日台历记长篇出版事。

按：谱主记道："与人民文学出版社当代小说编辑室问长篇事，几次无人负责。第五次打电话，陶良华回答，副总编未看定，说四五天后回答。"

8月23日　与人民文学出版社当代文学第一编辑室通话：《群山》根据现在情况，出版困难。请其送回。

按：谱主放下电话后心绪难平，写下"有没有出版（社）愿出此书，不会影响我要把它写完的初衷和决心"。

9月9日　为长篇小说《山魂》第二部《晴岚》前面三章写大纲。

【9月】**按：**山西作协燕治国约访，见门口告示"章竞老矣，去日无多，体弱多病，谢绝来客。……"条。

10月9日　下午两点飞机赴西安，受邀到汉中南郑参加诗会。

按：8月12日谱主收到中华诗词学会邀请，参加在汉中南郑举办的"毛泽东诗词暨陆游诗词国际学术研讨会"。

10月11日　在南郑召开的"毛泽东诗词暨陆游诗词国际学术研讨会"上发言。

按：其间作诗多首，后整理成《汉中行》（11首）。

10月10日　作《汉族得名在此江》《汉中谣》《汉江淬剑不老芒》。

10月11日　作《南郑陆游纪念馆留句》。

10月12日　作《南湖宾馆观作画》。

10月14日　作《过诸葛孔明墓》《雨中登孔明墓琴楼》《口嚼芬芳洽招商》《雨晴》。

10月15日　作《拜将台感怀》。

10月16日　回到西安。

10月17日　参观陕西历史博物馆、秦兵马俑馆。作诗《观秦兵马俑》。

10月18日　去桥山谒始祖黄陵和黄庙，了却终生的愿望。作油画棒速写《黄陵》。晚间写诗《谒黄陵感怀》时，心绞痛发作中断。

10月19日　游终南山半日，作油画棒速写两幅《终南瀑布》《终南夕照》。薄暮回西安。

10月20日　上午与西安仪表厂施厂长共度了半天写字题诗的墨缘生活。当日晚间回到北京。

按：1994年12月13日誊抄诗稿时在《谒黄陵感怀》手稿记下：

很久以前，就想找个机会去谒黄帝轩辕庙。半个多世纪过去，未能如愿。

去秋赴汉中，得西安仪表厂之助，于10月18日晨，驱车前往。到黄陵时，只见晴空万里，古柏苍郁，重修过的元祖陵庙，金碧辉煌，熠熠飞光。买了香烛，礼拜之后，信步陵前，想起几千年来，中华民族遇到过多少内忧外患，特别是近一百年来，经历的深重灾难罄竹难书。但民族儿女愈战愈勇，愈斗愈坚，不畏艰苦，愈苦愈乐，愈生聪慧，直至把所有侵略者，干净彻底全部逐出中华国土。此种坚不可摧的民族雄魂，深深感到轩辕元祖之伟大，子孙之坚强。登上祈仙台凭栏远眺，感觉世界风云变幻之烈，翻腾之急，拼凑之快，解体之速，空前未见。唯我中华，乘风万里，开人类之伟业，建历史之奇迹，一再创造旷古辉煌。元祖之明盔，光射日月。我顾朋友说，我们能亲闻目睹这段漫长的世界风云中华历史，乃人生之最大幸福。

回归旅次，心潮澎湃，故想写诗述怀。构思之时，突然心绞痛发作，独卧床上，静思良久：怎能爰因病发，放弃不写？两次含药，渐渐缓解。草写下前八句，后六句是返京后续写的。

10月25日　复《中流》杂志10月15日信（三星杯诗歌评选进展情况）。

【10月】**按：** 据版权页信息，谱主诗集《夏雨秋风录》本月由重庆出版社出版。请谱主看清样已是1994年1月25日，实际收到本书要到1994年9月。

此月作题画诗两首《和田飞鸟鲁木齐》、《终南山柿林》（编入《桑影集　题画》）。感谢西安仪表厂陪同人员作《春晖同志留念》《酬小龙同志》两首。以笔名胡华作杂文《劣质书何时了》，对出版中的错漏表示愤慨，文发表于1996年2月7日《中国文化报》。

11月1日　复林家英10月26日信。

11月15日　复贵州开阳磷矿陈祖伟的信，题赠勉励话。

11月17日　转王玉堂《悲愤之歌——读章竞同志〈漫漫幽林路〉》（即王玉堂9月29日寄来的《漫漫淅淅的悲愤之歌》）诗给《华夏诗报》。

按： 谱主记："玉堂此诗，先寄《诗刊》再寄我。此稿欲介绍《华夏诗报》，去信与之商量。玉堂复信待发时，《诗刊》退回，说诗介新旧体间不好处理。玉堂将退回之稿寄我。如何发《华夏诗报》由我定。看来寄我之稿是后改过的，第二节此稿比退稿好。故抄寄《诗报》。题是我改定的。"

11月19日　复《文艺报》《中国文化报》两报社订赠报事。

11月25日　复刘福春要短诗手稿，寄《十月秋山》。刘福春编《新诗名家手稿》（影印本）一函二册，线装书局1997年3月出版。

11月26日　复林家英11月16日信，作七绝《南郑陆游诗词研讨会　和林家英教授》。

按： 1990年7月谱主赴青岛参加中华诗词学会年会时，与兰州大学林家英相识。三年后再次在陕南相见，有此唱和。

【11月】**按：** 此月以笔名赵十飞作《道听途说》一文，罗列坊间对贾平凹《废都》一书的众说纷纭。

12月3日　复叶苍信。

12月13日　致林默涵信。

按：附上关于《废都》的《道听途说》一文。“我害怕刊物不好处理，故不想让人刊登。看后还我，有意见请打电话。”

12月16日　复任波谈叙事诗信。

按：与任波信谈到了谱主对叙事诗的看法，如下：

叙事诗，要深刻观察，洞悉社会各种各样的复杂的人生，才能说得上创作。

叙事诗，从故事人物、情节关系来说，同说唱文学一样。但因是诗，就一定要有诗的味道，就是说不能无情节，虽然有人物故事，但也不就事写事。不管什么诗，太实了就不是诗。诗，不能无想象，没有想象，也不是诗。你这首小叙事诗，有人有事，我似乎是大体看懂了。但写的都是事，有的看几回还看不清楚，语言口语化，通俗是好的，但不是诗。诗，对语言的要求是很严的，口语、通俗的语言，应有诗味。写诗，作者应该处在诗的心境中，自己进不了角色，不激动，怎么激动读者？诗，不可拉拉杂杂，把什么都当作诗的语言。诗中有的韵脚，为押韵是硬凑的。这首诗最后结束，还是有点味道。

我不敢看年轻同志的诗稿，看了，总不敢回信，怕泼冷水。可如果不说真心话，自己也不好受。所以常常不敢写回信。加上年老有病，思想老化，更不敢提意见了。

12月26日　在纪念毛泽东百年诞辰座谈会上发言。

【12月】**按：**本月在同仁医院写《八十回眸》。月底，致信北京宣传部。配助手及出版文集事。

1993年收到的友朋和读者来信：

2月2日　收到辽宁美术出版社车玲的信，《中外文学艺术名人肖象》要填表和照片。

2月12日　收到康平的信，《中国地质文学简史》编写联络作家（阮章竞有写白云鄂博矿区的作品）。收阮章竞回信后8月24日再来信，希望补充资料。

2月15日　收到《中流》杂志的信，纪念毛泽东百年诞辰举办三星杯诗歌征文任评委。

3月1日　收到陕西华县张树忠的信，接到过阮章竞回信，寄诗请教。

3月7日　收到章楚民的信，为上海社科院文学所编的《中国当代作家作品总目》请审证、补入1949—1989年作品。阮章竞3月15日复信。

3月10日　收到长治文联《漳河水》主编沈琨的信，发表《峡谷急袭》。6月12日又来信，选为长治作协主席。

3月14日　收到中国农机化报社孙琦（北京诗词学会会员）的信，关于完全赞颂未必就好的议论。

4月11日　收到四川自贡新店小学四友斋书画社邱世建、何信云、陈明刚、范运官的信，请题毛泽东《到韶山》诗。

4月24日　收到江西上饶诗词学会的信，邀任毛泽东百年诞辰诗词学术会议组委会名誉主任。

6月19日　收到贵州开阳磷矿陈祖伟的信，征签名。阮章竞11月15日复信。

6月26日　收到王玉树的信，收书复信，代同学为《厦门日报》约稿。

7月26日　收到夏洪飞信，《漫》诗读后感。

按：夏洪飞在信中道："《漫漫幽林路》等两本大作收到，谢谢！我随即拜读那利剑似的铁笔抒写的腥风血雨的史诗——《漫漫幽林路》。自伤痕文学、暴露文学以来（其实那时也未曾有人敢赤裸裸地揭露），再也没见到过这样感人震魄而惊鬼神的诗篇、短文。'天公混沌雨云沉'，那'喜可颂，悲禁忌'，内伤谁敢曝光？虽然'血换春天回大地''云散天晴如蓝玉'。那使人难解的谜点（其实也不难解，只是心善良，易迷信，神愚人，人自愚）。那左的伤疤，右的刀痕，问病因，问病源，又有谁敢暴露在光天化日之下？真是'沉疴难愈，后患难除'！终曲总是漫漫幽林路！谁敢解开隐藏着的伤口？谁敢记录下这病的档案？铮铮傲骨诗人阮章竞！”

“老领导，我一口气读完了那七十年的漫漫幽林路。很激动，立即捧着书大声朗诵给李娜听。我们总是同路人，同笑，同哭，同命运，伟大的时代，复杂多变的时代，血与火，风和雨，什么我们都经过了！因此，诗的每一句，每一字，无不震撼着我的心弦，引起强烈的共鸣！定会教育当代人，引后人戒。也许会有人说这是政治诗。有良心的诗人，作家怎能不干预社会生活，不反映时代的重要事务呢！难道只是风花雪月，朦胧自我表现？我还是要赞‘珠江老阮无媚骨，体如昆仑心如月，为还革命真本色，对天长啸大宣泄’。好诗！难得的好诗！”

7月29日　收到中国社科院文学研究所刘福春的信，编《中国当代新诗集》编目请填表。阮章竞8月28日复信。

8月3日　收到中央美院李琦来信。关于香港谭耀宗在不需向英皇宣誓后，接受太平绅士名衔的报道。

8月4日　收到杨筠的信，书收到，告罗工柳摔伤。

8月9日　收到李志坚秘书的信，告住房问题信阅批转文联事，信由文联作协转。

8月9日　收到霍泛的信。《漫》诗“写得有血有肉。可谓入骨十分了”;《新疆忆旅》“新疆我未去过，有朝一日成行，此书将是我旅行的向导和品味新疆美色的精神情感启迪”。

按：霍泛（1915—2009），山西黎城人，1936年入党，曾在太行区党委宣传部任科长，“文革”前任广西壮族自治区党委候补书记，“文革”后曾任山西省副省长，人大副主任。

8月13日　收到山西医学院附一院解骏的信，收到诗册。

9月7日　收到延安鲁艺校友会的信，寄来第二届会长及理事名单，阮章竞任名誉理事。

9月11日　收到社科院文学所刘福春的信。收书复信。11月17

日再信，编选《新诗名家手稿》。阮章竞 11 月 25 日复信。

9 月 18 日　收到市文联的信，寄来中秋中外文艺家联欢会请柬。（9 月 28 日下午三点国际饭店）

9 月 20 日　陈青收到阮章竞寄书后来信。“收信喜极，没想到你老还惦记着新疆，惦记着我，我非常感动！”陈是阮章竞访喀什时的陪同人员，现任喀什作协副主席。请阮章竞介绍，申请加入中国作协。

同日　收到武汉市文联王精忠的信，收书复信。附他与人合作的《上甘岭大战》目录。

9 月 24 日　收到江西上饶诗词学会的信，请阮章竞审定毛泽东诗词暨中华传统诗词学术讨论会一、二等奖的诗稿。

9 月 29 日　收到山西省作家协会副主席王玉堂（冈夫）的信，读《漫漫幽林路》《新疆忆旅》后信。

按：王玉堂在信中说：“诗《漫漫》马上一口气读完了，解气，也憋气。它幽幽而又粗豪大放地写了特定时期一段悲愤之歌。稍后此书即由友人借读去了。《新旅》则慢慢地读，以当代游。却不久在报上看到品析文章了。两诗的品析可能也有了，只我还未见到。又在一杂志看见了你的‘画’还有那上边的书法似的毛笔字。……都为你这把老手，不老的宝刀和其他十八般武艺而喜而慰。《漫》诗卷回来我再读时，偶然有所触动，竟也提起多时未动的秃笔，写了几段俚句，把它当作《漫漫淅淅的悲愤之歌》的和韵寄你一哂，并作为节日的一份薄礼向你致贺吧。”

10 月 2 日　收到宁德市集邮者尤强的信，存阮章竞 1991 年 3 月 10 日回信。阮章竞 1995 年 1 月 8 日第二次复信。

10 月 6 日　收到晏彪的信，告调《中国化工报》及当月 13 日发表阮章竞文字，要二百字小传。

10 月 10 日　收到江苏无锡沈凤慧来信，“去年蒙您回信，并对晚辈所提问题一一答复”感激。谱主为诗拟题：我愿青春如梅。

10月15日　收到中山乡亲黄联安的信，读《新疆忆旅》复信，写了通讯交《中山报》发表。

10月18日　收到中山乡亲刘居上的信，《漫漫幽林路》收书复信。

10月19日　收到四川省委党校童荣的信，寄《初探中华诗词的韵律论与韵律改革》等两篇论文。

10月23日　收到刘春晖的信。寄来参观西安仪表厂照片。10月28日复信。

10月25日　收到《文艺报》赠报信。

10月26日　收到兰州大学中文系教师林家英的信。11月16日又来信，赠诗及汉中行照片。

按：二人共同参加南郑诗会，10月16日西安分别，占一诗。

10月27日　收到《中国文化报》赠报信。

10月28日　收到上海拍卖行的信。邀参加拍卖支持兴建中国现代文学馆事。寄来拍卖入场券。

10月31日　收到贵州诗词学会熊作华的信。寄来油印诗稿。

11月1日　收到《中流》杂志麦辛的信。补寄7、8、9期刊物。1994年2月15日寄来三星杯征诗活动初选篇目一览，请推荐十五首。

同日收到王玉堂的信，读阮诗后交流。

11月2日　收到《人民论坛》杂志胡孟祥的信。参加南郑诗会相识，油印诗稿。

11月9日　收到郑笃的信。询邢台市长禾万仞事。12月26日复信。

按：郑笃（1914—1996），山西洪洞人。1956年加入中国作家协会。《山西文艺》杂志主编，山西省文联常务副主席，山西省作协副主席。报告文学《英雄沟》获1947年晋冀鲁豫边区政府文教作品甲等奖。1992年曾获山西省委、省政府授予的人民作家荣誉称号。

11月18日　收到中国新闻学院周笃文的信，收书复信。

按：周是黄药眠的学生。

11月20日　收到中山乡亲叶苍的信。收阮书复信，告赴美事。

11月21日　收到重庆煤炭公司任波的信。谈叙事诗。诗刊社转信。

11月24日　收到刘春晖的信。想尽办法从底片中又洗了几张阮章竞在西安仪表厂的照片。

11月28日　收到太行战友傅大章信，正在鼓浪屿疗养。阮章竞向陈斐琴推荐傅的回忆录，已收进《中州风雷》一书，感谢可贵帮助。《新疆忆旅》读了，"看来收获甚丰"。

11月30日　收到《离湖诗选》编辑廖平波的信，请对《秦蜀诗抄》(汉中会选诗)多多指点。

12月1日　收到沙地、胡绍华的信。寄贺年诗一首，贺1994年元旦。

12月8日　收到臧克家信，读了《文艺报》阮章竞所写《毛泽东对新诗的希望》一文，"你纪念毛主席文，甚亲切。因此感情促我给你写信"。

12月21日　收到太行山战友郑笃、李秀琴的信。请赵迪之证明李秀琴1945年参加革命。阮章竞1994年2月23日复信。

按：二人与谱主妻子1945年同在邢台工作。

12月23日　收到陈祖伟的信。陈为诗歌爱好者，对越作战伤残，收到阮章竞签名，再求写勉励语。阮章竞1994年1月10日复信。

12月28日　收到中国革命博物馆太行战友谢炳志的信。在罗工柳画展相遇，照片寄去，"你们看洪荒同志仍然是英姿飘逸，不减当年"。

1994 年　80 岁

1 月 10 日　因慢性支气管炎、肺感染，由北京同仁医院郑淑香副主任诊断住院。

1 月 25 日　收到重庆出版社责编傅天琳寄来诗集《夏雨秋风录》清样。

1 月 28 日　从同仁医院出院。书二信致谢同仁医院及沈、郑、常三主任。开始处理积压的信件。

1 月 29 日　北京市委宣传部副部长李牧代表市委登门给作者拜年。阮章竞对当前社会风气及机关作风提出意见。

【1 月】**按：**作《与李牧同志谈话提纲》，北京市委宣传部副部长李牧代表市委登门拜年。此提纲是在得到通知后写的。同来的陈之昌做了记录。

2 月 1 日　参加中组部、总政、北京市委组织的在京老同志新春茶话会（人民大会堂宴会厅）。

2 月 4 日　复周良沛信。为周良沛编《中国新诗库 · 阮章竞卷》写简历《终程回溯》六千字。

按：周良沛 1 月 16 日来信，正在编写《中国新诗库 · 阮章竞卷》，要写四千字左右的简历。

2 月 5 日　就《夏雨秋风录》校对情况拟复傅天琳信。

2 月 6 日　将《夏》诗改后清样寄出与重庆出版社。

2 月 10 日　收到周良沛的信。

按：周在信中说："正在我等得无望，想把您为徐州师院写的

《自传》抄来之际，收到来信，真是喜出望外。……现在《辞典》上的辞条都是先后职务、头衔写得很多，艺术活动写得太少，这恰恰是我们所顾忌。另外，想请您复印一份当年评述《漳河水》的文章给我读读。我希望尽量用历史说话。”

2月20日　完成了回忆个人写作历程的文章《终程回溯》。2月26日快信寄给周良沛。

2月22日　收到孙琦的信。对北京诗词学会工作提出批评。阮章竞注：“此信批评得好，实事求是，辞去会长也是我的心愿。”分别打电话给沙地等学会工作人员，告知辞职决定。

2月23日　致信北京诗词学会。

按：致北京诗词学会信：“从1994年2月24日起，我自己放弃北京诗词学会会长名称和北京诗词学会法人代表资格。从写这封信的日期起，再不能以我的名义在会内外进行任何联系和活动。”

2月25日　作文《回溯，翘首》，祝贺《诗刊》创刊第三百期。

3月11日　台历记:《中流》三星杯诗推荐获奖九首今寄出。

3月23日　台历记：今天发出河北花山文艺出版社、中国青年出版社、中国农业出版社三封有无兴趣要《列阵霜天》信。

4月3日　阅改长篇小说《晴岚》。

4月5日　参加沙汀艾芜展览开幕式。

4月10日　阅改长篇小说《晴岚》。

按：谱主为晴岚38—41章写浮签：“……最好是第二部摆脱编年直写，改为集中、放开、不受时间限制。”

4月14日—15日　在国家图书馆参加“巴金与二十世纪研讨会”及“巴金与二十世纪”图片展开幕式。

5月10日　中国农业出版社来取了《列阵霜天》复印稿。7月21日退回。

5月19日　上午在张自忠路参加《中流》会议。

5月20日　中国人民大学出版社责编王爱玲来信，收到阮章竞来信，速写本和画作当登门奉还。《作家的画梦》书的进度稍慢，但一定可以出来。

按：《作家的画梦》中选登了谱主所作国画三幅：《黑非青年》《黄山所见》《壶口》。油画棒速写七幅：《光山静居寺》《文峪河东社村前》《白龙潭前》《秋天的王屋山》《五台山间》《庐山三宝树》《交城天宁寺周柏》和文章《画游絮语》。

【5月】**按**：本月中旬动手写《晴岚》，真的写开是下旬。

6月1日　致信臧克家。收到所赠臧克家散文集三大册，致谢并致敬。

【6月】**按**：此月为欧阳山画像题字"人老心更壮，战斗方正酣"。

7月21日　《晴岚》之《七月流火》章停写。

8月18日　收到周良沛的信，寄《中国新诗库·阮章竞卷》大样。

按：周将校样寄来请谱主审阅，说："每卷的选诗、《卷首》都在于说明诗运发展的形态，并非作品的选读。《卷首》您的简历，完全是根据您提供的材料，该没有失实之处。但删减、组合得不恰当之处，责任在我。……诗急于在10月出版，请一定在百忙中及时看完。"该书当时已列入"八五计划"，长江文艺出版社2000年1月出版。

8月26日　复周良沛信，寄回校后的大样。

【8月】**按**：本月作七绝《画竹诗》。

9月28日　重庆出版社寄来诗集《夏雨秋风录》，共1296册。

【9月】**按**：本月作中国画《红梅》，题七绝《画梅题句》为款。附小记："晚间听广播，一专家正诠释贝多芬《英雄交响曲》，言过去英雄主义是反映当时的思想，但今天处在和平时代，'渴望消沉'也是一种英雄思想，此语可谓惊天地泣鬼神，怕年老易忘，故题于红梅旁。"

9月作中国画《泰山观日》五幅，均无款。另有题画诗一首："题泰山观日峰图：阴晴雨雪天公事，昼夜晨昏更寻常，敢敲天门真俏者，云封雾障呼晨阳。1990年5月登泰山时雨时雾。见观日峰下有三两青年仍在试登，心悦其勇。1994年9月。”

10月11日　参加“臧克家文学生涯65周年展览”开幕式（北京图书馆文津厅）。

10月17日　受邀参加“荣宝斋百年珍藏艺术品展览”开幕式（中国美术馆二楼）。

10月18日　改定七律《贺克家九十寿辰》。参加臧克家文学生涯创作研讨会开幕式（国际饭店二楼多功能厅）。

按：谱主为诗附小记：“九四年十月十七日夜，为祝克家同志华诞写了这首诗。因对第三联末三字不满意，删为四句赠克家研讨会。回来后几次修改都不满意，自叹无才，决定不改，就此抄赠克家。参加克家研讨会后续成，再赠。”

10月，作中国画《壶口》两幅，一幅题款“黄河壶口　1994年10月”；另一幅无款。

11月6日　致信中山市委书记谢明仁。抗战题材长篇小说《霜天》出版请家乡资助及回家乡居住写作事。

按：谱主写给谢明仁信道：

由于北京住所周围文化中心开始动工，环境嘈杂。为了完成构思中的另二部长篇小说及回忆录，故有此信。并拟向家乡捐画、捐书和手稿：“我收藏晚清、民国和当代的名家书画有六十余幅（件），其中有任伯年、吴昌硕几幅珍品，齐白石有好几张佳作，还有黄宾虹和陈师曾。原想对一些作品，写点评述文字，现已来不及了，故想请中山市现在就派人到京点取。”“书籍有十二柜，有碑帖、画册、复印古本，现我仍用着，待将来交给故乡”。“手稿需待人清理、整理，除一小部分给中国（现代）文学馆外，全部交给故乡。现在如有人帮助，即可送交”。

11月8日　致信邀北大中文系教授刘烜为《夏雨秋风录》作评。“有无时间和兴趣写篇文章。赧颜已甚，君自斟酌”。刘烜11日复信，下月登门领教。

同日　复《深圳特区报》吕书臣3月约稿信，寄去《功劳炮礼赞》。

11月18日　致信刘烜，询所寄《漫漫幽林路》《新疆忆旅》《夏雨秋风录》是否收到，并问候。

11月29日　由中国作家协会、中华文学基金会主办的“中国作家十人书画展”上午十时开始在中国美术馆西南厅举行。阮章竞是应邀参展的十人之一。

按：十个人是：阮章竞、梁斌、秦兆阳、汪曾祺、管桦、峻青、冯其庸、李準、张长弓、鲁光。地点中国美术馆。《中国文化报》次日专版介绍画展，选载了谱主的国画《红梅》。

12月13日　因支气管感染住院。

12月28日　致信刘烜。邀其阅读未出版小说《霜天》《晴岚》《青春祭》。

【12月】**按：**本月于病床上作七律《冬夜怀洪飞》。附小记：

抗日战争胜利，太行山剧团完成了历史任务，全团同志先后分配到各地做其他工作。八年烽火岁月，生死与共，但东南西北，万里迢迢，更兼风风雨雨，消息渐渺，惟洪飞情重，掌握着诸友行踪，能于1985年中秋时节，相聚于太原，互相呼叫，笑指白头，这都是洪飞伉俪倾一家之力促成的。太原聚会后，有好几个同志化烟去了。去冬心脏病复发，正准备住院，得悉洪飞病逝，悲痛难已，怆然写了《冬夜怀洪飞》。人，终是要为烟的，人人如此，似忽然大彻大悟起来，故抄下寄慰李娜同志。

【1994年】**按：**本年作七绝《题赠〈中流〉》，发表于《中流》1994年第3期。

1994年收到的友朋和读者来信：

1月8日　收到沙地的信，称到师大、北大等处讲诗词格律。寄上饶诗词活动综述材料等。

1月16日　收到周良沛的约稿信。

1月20日　收到王稚纯的信。在为《太行山文联史》收集回忆文章，发来征询表，请支持。阮章竞2月23日复信，寄回征询表。3月3日王稚纯来信。信及征询表收到，刊出其父诗作的样报（《华夏诗报》第81期，1994年12月25日）没收到。郑笃嘱寄《高沐鸿诗文集》奉上。阮章竞4月6日复信。

1月29日收到许昌卷烟厂宣传部韩永林的信。寄反腐倡廉三字经及信。

同日　收到梵扬的信，谈到读《新疆忆旅》，书中对普通士兵、平凡劳动者的赞颂，令她感动。

2月2日　收到饶立新的信。天下名人馆入藏邀约。

2月9日　收到太行战友管平的贺年卡，赠诗一首。

2月23日　收到三十年代上海故人薛汕的信。为同仁报纸《新诗歌》约稿。附样报。

3月22日　收到江西吉安庐陵诗词学会王春霖的信，汉中会议相识，寄油印论文和诗作。

3月23日　收到吕书臣的信，《深圳特区报》约稿。

3月31日　收到《中外文学艺术名人肖像》的信，寄还照片资料，说明是接手辽宁美术出版社的选题。要求买书。

4月8日　收到福州东南文化艺术有限公司《献给孩子》编委会的约稿信。9月21日复信。

4月初　收到“巴金90年诞辰图片展”巡回北京站请柬。

4月18日　收到河南师范大学中文系93级学生张树业的信，对当今诗坛的看法：“当代诗歌脱离读者，脱离民族文化，脱离国人审美心理……却只博得了所谓评论家的宠，读者不得不敬而远之。”阮章竞9月21日复信。

4月20日　收到聪聪的信，寄三首诗，请推荐给《北京文学》。阮章竞4月27日转给傅用霖。

4月29日　收到《北京晚报》约稿信，为该报“台港澳之窗”专栏敬约墨宝。阮章竞9月10日寄出墨稿。

5月8日　收到管平的信，“读《漫漫幽林路》读后感赋四章”。阮章竞以通迅形式寄《华夏诗报》发表。

按：管平诗“时逢风暴狂，坎坷道路长，铸伤弹伤创犹痛，心伤更断肠。/清明雨凄凄，幽林路迷迷，顶风冒雨幸存者，抚碑不尽啼。/自谓聪明时，常被聪明误，热心造神且拜神，回首伤心透。/往事早已矣，不平终难抑，老阮一曲幽林歌，恸心千人泪”。

5月9日　收到海啸的信，从1985年起，编写前方鲁艺校史、校友会九年的过程。感谢及时回信，厘清了一些事实。

6月10日　收到安徽怀远刘钦贤的信，《淮风》秋季要出臧老纪念专辑，约撰写诗文。

6月12日　收到南昌三波电机总厂工人胡浪涛信，看《诗刊》三百期，附诗两首。

按：诗刊社转来。

6月14日　收到高翔的信，感谢为《情系太行》题签书名，书已出版，赠书求教。告知调至长治市委宣传部工作。

6月15日　收到四川自贡邓关盐厂职工医院护士谢秀英的信，求字。阮章竞10月复信。

同日　收到《闽北日报》李龙年的信，邀写副刊“武夷山”题名，随寄样报。阮章竞9月21日复信。李30日来信感谢，题名已刊出。

6月18日　收到侦察英雄赵亨德之子赵承志的信，现在电视台工作，搜集其父材料事，准备编电视剧，索签名照片。阮章竞6月23日复信。

6月19日　收到湖南衡阳市总工会王成立的信，诗会曾见致信，附旧体诗数首。阮章竞9月20日复信。

6月25日　收到山东高青县高城镇小套村支书王克锋的信，从

1964年当团支书即创办本村文化室。曾进京拜望，不得。求诗集墨宝。阮章竞赠书。

8月1日　收到中国诗书画研究院的信，邀请参加“建国45周年全国著名诗人书法家画家作品联展”。阮章竞注：“信到已过期将一月。诗三首，小传、表均填，只差照片。”9月1日寄来展览开幕式请柬（中国美术馆）。

8月6日　收到苏州吴县胥口镇姚建忠的信，求诗集。阮章竞赠《漫》诗。11月2日收书感谢。

按：诗刊社转来。

8月10日　收到冼妮娜的信，到京出差登门拜访，搬家未见到。阮章竞9月21日复信。

【8月】**按：**本月写七绝诗《贺青城诗会》。

9月1日　收到王玉堂的信，寄来“冈夫作品研讨会”发言纪要剪报（8月7日《山西日报》文学副刊）。“我知你要写的作品任务重而忙，不宜多扰。至希善为调剂劳逸，常保康健，以期早日克竟全功。”阮章竞9月16日复信。

9月19日　收到中华文学基金会邀请参加“中国作家十人画展”。

9月20日　收到原太行山剧团团友夏洪飞的信，夏述做了肺部手术，并赠作品两册。是夏寄来的最后一封信。

9月26日　收到北京东郊农场铸造厂李月华的信，说收到阮章竞复信。感谢对《四月十五赶庙会》的斧正和评价。

9月28日　收到湖南诗歌爱好者王成立的信，说收到阮章竞9月21日复信，询问如何参加作家班学习。

10月　收到作家权益保障委员会受中国教育出版社委托，寄《值得反思的……》选入《初中语文第二册》稿酬（千字25元）。

10月6日　收到《陕西日报》戈焰的信。读谱主作《毛泽东对新诗的希望》和《漫漫幽林路》后感想。信中有战争年代“安乐窝”的提法。

10月29日　收到《中流》杂志麦辛的信，收《夏》赠书，感谢。

11月3日　收到社科院文学所许觉民的信，收到《漫》诗，十分高兴。对文学走入低谷认为“改变这局面需要行政力量做功夫”，回赠其作一册。

11月4日　收到太行老领导李雪峰的信。“《夏雨秋风录》收到即翻阅几首，甚悦。知你还在写作，腿脚身心尚健，可喜也。”

同日　收到华君武的信：“久不见诗人，不知隔了多少秋了。近的诗作（《夏》集），先看了意大利几首，很美。”

11月5日　收到山东大学中文系吴开晋的信，收阮书复信，读书有感。

同日　收到蔡若虹的信：“我们有好久没有见面了。接到您寄来的《夏雨秋风录》非常感谢！我读了一遍，觉得您旧体诗也写得很好，实在钦佩。”

同日　收到《中国少年报》聪聪的信，读《夏雨秋风录》有感作诗：“走进《夏雨秋风录》，蒙蒙小雨茅津渡！忽然回首《漳河水》，层层绿树重重雾。我唱前辈英雄曲，九十九弯云断路……莫忘如今坦荡荡，羊肠小道第一步！”

11月6日　收到诗刊老同事尹一之的信。收到《夏雨秋风录》复信致谢。

同日　收到马少波的信：“《夏雨秋风录》等诗集均已拜读，字字行行洋溢着人民心声，跳动着时代脉搏。锦心绣口，文采飞扬，不愧大手笔！难得赤子之心，吟咏来自生活。掩卷之余，不胜感佩！书的装帧很好，肖像速写尤佳，形神兼备。寄拙著请教正。”

11月8日　收到中国诗书画研究院的信，作品联展结集出版，要小传、照片。

11月9日　收到傅大章的信，收书复信，告老伴去世及历史问题作结论事。阮章竞11月16日复信。

11月10日　收到《真理的追求》主编陈涌的信。三本书收到，

“深情厚意，在我是十分感谢的。我在解放前，便是你的忠心读者。《漳河水》是经过我的手编入《中国人民文艺丛书》的”。

同日　收到贺凤阳的信，告丈夫刘志洪去世。11月15日，复贺凤阳的信，为刘志洪去世致悼文。12月6日贺凤阳再来信。

按：刘志洪，1946年生，河南沁阳人，武汉大学中文系毕业。中南民族学院中文系教授，文艺理论教研室主任。撰有《文学新论》《文艺学宏观思考》《略论毛泽东文艺美学思想的伟大贡献》《我看见了八路军黄钢》等文章，参加《解放区文学书系》的编辑工作。因突发心脏病于1994年10月20日去世。李尔重为他写了悼文，发表在《中流》1994年第12期；魏巍写《痛悼志洪》载《文艺报》1994年12月24日。

11月11日　收到光明日报社张常海的信，“昨天从海南出差归来，喜读惠赠《夏雨秋风录》，一洗旅途劳顿，在海南所受的乌七八糟各种风的浸扰，竟一扫而空！当读到‘忽见桥西拴马树，正是当年夜袭点兵处’时，一股清新豪爽之气油然而生！”

同日　收到北京戏校中国戏曲志编辑刘剑华（为长篇小说誊录者）的信，收《夏雨秋风录》读完复信致谢，“忆往49年在华大学习时，曾聆听您的报告，心向往之。不意晚年得识先生，实感欣幸。我虽无先生大半生之峥嵘岁月，但也有过与先生同样感受的十年。读到描写这时期的诗句，倍感神伤心颤，一吐胸中块垒”。

同日　收到鲁迅文学院邹荻帆的信，收《夏雨秋风录》，致谢。

11月12日　收到北京市人大常委会徐炳忠的信，收诗集，将登门拜望。徐曾与阮章竞同在门头沟区人大议政。

11月18日收到管平的信，读《夏》《漫》诗，作七绝：“诗人夏雨秋风录，敲我心扉动我情。‘文革’伤痕何累累，壮哉逐鹿大军行。”

11月19日　收到中国社会主义文艺学会程代熙的信。收到赠书。“我想请您给我们写一篇文章，谈谈您的诗歌主张和宝贵经验。长短不拘，什么时候写就，就什么时候掷下，一切看您方便。”

11月20日　收到霍泛的信，收诗集复信，回忆1939年第一次反共高潮时“同住在辽县黄漳一家地主大院内，太行剧团的团员同志住在楼上，宣传部有杜润生、安岗、杜野平、赵子岳。我们共同相处，朝夕不分离。1944年我们参加整风又在一起；1946年我二次调区党委宣传部，你在文联，相处更密切。1946年冬，举行太行第二次劳模会，我们共同做会议的宣传工作，你作了一幅值得永远纪念的大油画。这幅画曾鼓舞了全体与会的劳模和同志们。1947年冬在冶陶整党会议上，在区党委组织下演出你亲手写的和亲自排演的有名的《赤叶河》，对全体参会同志作了一次生动的阶级教育，受到领导和与会同志的赞扬。这一切想起来犹历历在目。又是在此次会上，你告诉我，你在深入群众，赶写《赤叶河》时，看到晋城玉皇庙内有极高艺术水平的28星宿泥塑，叮嘱我有机会千万去看一下。我没忘记，在1981年我重回山西工作后，如愿以偿了。是啊，是战斗的历史，把我们这些老同志亲密地结合在一起，今天看到和读到你的诗，能不依依”。

11月21日　收到沈勃的信，收书复信。相约明春同到门头沟看看。

同日　收到常州美术家陈琪的信，约写赴日书画作品展题签。阮章竞12月4日复信。12月6日陈收到题签回信。

11月22日　收到南京师范大学吴奔星教授的信，收《夏雨秋风录》，“我在解放后的四十多年教学中，大作《漳河水》是年年讲授的名著名篇。拙著《中国新诗流派史话》曾予以突出的评价。因诗评尚未为有识者接受，我亦不愿协作出版，只好暂时忍受寂寞，以待时机”。

11月23日　收到武汉中南民族学院贺凤阳的信，蒙垂询，告刘志洪去世后家中窘境。附女儿刘娜纪念文章、生平等。阮章竞随即汇款安慰。12月6日贺来信感谢。

11月29日　收到吉林大学中文系公木的信，收《夏雨秋风录》。

11月29日　收到山西文学院西戎的信，收《夏雨秋风录》“大作尚未全读，看了序言，使我想起了在和平里那段令人难忘的日子，仿佛又听到了你那洪亮激昂的声音。你的文品如你的人品一样，正直刚毅，爱憎分明，但在同志之间相处，你又是那样热诚。你给我留下的印象是深刻的，也是难忘的。至于你的诗作成就，文坛早已定评。我们这一代人要写点儿东西给读者，总要千辛万苦到生活中去感受。今人似乎比我们聪明，什么都不要去干，只要闲侃就可以出作品。我真怀疑这些所谓作品的艺术生命有多长。也许我这想法是所谓的僵化，但一辈子走过来的路只好如此了，别人想改变，亦是不可能的了”。

12月6日　收到丁朗的信，寄贺年明信片。

同日　收到太行战友、《人民日报》赵培蓝的信，收到书。“拜读您的大作是一种享受。我总觉得像是太行的风情，或者说是扎根于群众之中的声音，和我的感情能够通融，读起来亲切。现在有的青年作家的作品宣传的挺‘火’，可我看不懂，字能认得内容不知所云，接受不了。《中国文化报》11月30日第四版发表了‘中国作家十人书画展作品选登’，有您的梅花、管桦的竹。梅竹是最受人崇敬的，我看了真高兴。您又写书又写字画画。写字画画是一种‘气功’，能促进身体健康长寿。不过年纪毕竟不饶人，千万不要太累了。”赠李庄的书。

同日　收到臧克家的信。“日前长谈，心胸为之开张。而今，能敞怀畅谈的老友已无多矣。你的诗，你的老梅，你的字，总的精神是：老劲，为我所喜爱。昨接白羽信，又住院了，精神不振，但每日勉强写500字。汪琦同志逝世后，他情绪恶劣，神经有点颓弱。”

12月7日　收到广东汕头金山宾馆陈为海的信，索题签明信片。阮章竞1995年1月4日复信。

12月8日　收到傅大章的信，附1953年2月20—21日毛泽东在安庆视察时，作为地委书记陪同的回忆文章。

12月11日　收到福建南平市叶礼旋的信，求字。阮章竞1995年

1月7日出院即复信。

12月13日　收到太行战友、美术家古元的信，赠木刻作品《林木卫士》，“收到寄赠大作《夏雨秋风录》十分高兴，非常感谢。我很喜欢你写的诗文，也喜欢你平时的言谈，在我的脑海中留下深刻的印象，很受教益。你的这本诗集是1986年发稿的，到1993年10月第一次印刷出版，经历了七年多，略短于八年抗战，漫漫征程！能够印出来了，真不容易，庆贺！1991年秋和你一起回故乡之行，留下美好的记忆，但愿还有这样的机会，寄上一幅我近日创作的木刻小品，《林木卫士》，请指正。常把自己比喻成一只啄木鸟，辛苦啄木，做一点有益的工作”。

12月14日　收到中华文学基金会的信。阮章竞注：“有病时与中国作家协会门诊部联系，电话、办法均此函中。”

12月20日　收到湖南平江县长寿人民医院实习医生周常德的信，诉寂寞寄诗稿请评阅。阮章竞1995年1月22日复信。

12月21日　收到刘备耕的信，明信片贺年，附七绝一首。

12月23日　收到山西医学院附一院解骏的信，收书复信，寄赠巴黎带回之明信片。“自强不息，令人佩服”。

12月24日　收到安徽省丝绸研究所何文玉的信，求字，办何文玉家藏名人书画展事。

12月25日　收到王玉堂的信，读阮诗有感《悲愤之歌》。阮章竞转寄《华夏诗报》。

12月28日　收到陈岩的信，福州东南文化艺术有限公司《献给孩子》编委会烦请联系六位作家。阮章竞1995年1月3日复信，一一告知六人所属机构。

12月29日　收到山西太原省干休所剧团战友华青的信，收书复信。

12月30日　收到淮北市作协诗人艺术家报寄来的样报。

12月　收到中国文联贺年卡。

1995年　81岁

1月7日　本日出院。

按：1994年12月因支气管感染住院。

1月19日　致信中山市委书记谢明仁。

同日　笔记86#录海基会李庆平引顾启元（明）诗："相逢狭路宜回身，野渡宽平好问津，底事排挤同踬仆，往来俱是暂时人。"和政治民谣。

按：确认1994年11月6号所寄信是否收到，并重申为故乡捐赠书画、手稿、书籍等事宜。

1月29日　致信曹彭龄、卢章谊。

【1月】**按：**本月写了《白丹红》故事、构思、章目顺序、梗概。给《北京晚报》题词。

2月14日　参加北京作协元宵茶话会（文化局小礼堂）。

3月31日　复中山象角乡校的信，聘为校董及名誉顾问。

4月2日　作《酬王一桃君》，无眠之夜作于同仁病房。

按：王一桃：文学活动家。1934年出生在马来西亚。1950年回国，广西师大毕业，曾任《广西文艺》诗歌编辑。1980年移居香港。

4月4日　致信野曼，谈对其作品意见。

4月6日　复太行山剧团团友田静信。

4月19日　因心脏病住院。5月3日出院。

4月25日　于同仁医院病中完成《山高水长——纪念茅盾先生诞辰一百周年》一文。

按：该文后节选发表于1995年7月5日《中国文化报》，并收入《茅盾和我》，中国广播电视出版社1996年7月版。

4月28日　复《中国当代名家大辞典》编委会的信，入典校稿事。

5月6日　复赵贵保信。

5月15日　于同仁医院致信太行山时期战友霍泛。

按：信谈近年身体及创作情况。多年魂牵梦绕要写太行山背景的抗战长篇小说三部曲，但被时代或身体所耽搁。1989年完成第一部《霜天》后，“92、94年送两家出版社均不肯出”，打击了写续篇的热情。“放弃太行山不写我不甘心。力疲心衰，常为写不成而枕席不安”，近来家附近文化中心施工，日夜热火朝天，噪音不已。“心系太行，做梦也想把它写出来，现已放弃写第三卷，只留个尾声就结束了，不知能不能争到此日的到来”。

5月16日　与赵子岳联名致信太行山剧团旧友霍泛、李修仁，谈修太行山剧团团史事。

【5月】**按：**本月抗日战争笔记新抄《民兵王小旦》遭《人民文学》退稿。本月参加南郑诗会后写于1993年10月15日的诗《拜将台感怀》发表在《中国诗坛》1995年第1—2期合辑。本月谱主读蓝棣之文章《知其一，也要知其二》批语：“意很好，可不敢说出原因。我曰有三：一、脱离群众生活；二、不懂民族感情和表达形式；三、只摹仿洋感情，不知是用汉语写诗。”读林莽文章《潜流》批语：“空谈。既然为流派，为主义，为最终一种想象，我同意。但为何不指出其要害是什么！”“重要为何又被忽略？知之甚少？”

6月26日　住进温泉胸科医院治疗疗养。7月18日出院。

【6月】**按：**完成了《五阴山虎郝福堂》，发表在《北京文学》1995年第8期。

7月10日　改定长篇小说《晴岚》之《夏山晴岚》章。

7月11日　写《晴岚》之《风垴顶战斗》章。

按：本章写至7月15日。

7月13日　阅改正写的长篇小说写百团大战之《七月流火》章。

7月18日　出院。

7月22日　重拟长篇小说写百团大战章。

7月26日　阅改长篇小说《晴岚》。

7月27日　去看民族画展。

8月21日　写《晴岚》之《多田骏在军舰上》章。

8月22日　整理《晴岚》之《七月流火》《多田骏》章。

8月28日　复社科院刘福春信，寄赠《夏雨秋风录》《漫漫幽林路》。

【8月】**按：**本月日记一则，读《新文学史料》1995年第3期，茅盾儿子韦韬、儿媳陈小曼文章《茅盾的晚年生活》有感：

关于茅公创作上的情况，如今看此文有了一些较充足的了解。当时我正在作协工作，听陈学昭说的（我又听白羽转述的），当时茅公在创作，非常苦闷，说是茅夫人告陈的。

想把稿子毁掉。茅夫人说她看过那稿子（不知何稿），是写得不成功。

同时听到茅公把精力用于扶植青年作者，使我们（在作协工作的）感到幸福。

本月为刚考上清华大学的外孙女丁璐写了四行小诗《赠璐璐》。

9月1日　下午参加中国作协为抗战作家发纪念牌活动（中宣部四楼多功能厅）。

9月2日　拟《晴岚》故事梗概，中间苏云、赵正晶、武蕴、李娜、赵子岳来访，转入太行剧团史写序。

9月8日　参加《光明日报》召开的“中秋老同志座谈会”，作了《对日本军国主义不可解除思想武装》的发言。

9月10日　赵正晶送来《太行剧团团史》稿。

9月22日　复太行山旧友王玉堂9月17日信。

按：此前为逃避噪音致信“托你看看山西可否躲一躲，是什么时候给你写的信，想不起来了。此事后来觉得很不好办，就把工作室改成双层玻璃，相对地减弱了噪音，就不打算出去躲了。现在习惯了，可以工作了，这样就不写申请了。谢谢你的关心，也谢谢晓琴同志！”谈到自己和妻子身体状况：“自我感觉精神尚好，但心肌日弱，手颤，起行踉跄，慢支炎、哮喘，又被怀疑有肺结核，今年春到夏基本上是住了医院。”“迪之身体不好，四次脑血栓，常现出癔病状态，脾气很坏”。

9月25日　完成《晴岚》之《凤垴顶战斗》章初稿。

10月2日　在家里开团史编辑会，苏云、赵子岳、赵正晶、武蕴、赵迪之、李娜参加。

10月10日　收到侯样祥的信，《中国文化报》“书与人”栏目约稿。

按：1996年1月4日复信，寄稿《劣质书何时了》。

10月23日　作七绝《红棉》。

按：此诗发表在家乡《中山诗苑》总第二期。

10月31日　作七言古风《贺刘白羽同志文学创作六十年》。

按：此诗是作者为1995年11月2日中国作家协会、华艺出版社、中华文学基金会联合在人民大会堂云南厅举行“纪念刘白羽从事文学创作60周年暨《刘白羽文集》首发式”所作。

【10月】**按：**本月完成回忆录《故乡岁月》。本月完成《太行山剧团团史·序》，此文删节发表于《新文学史料》1998年第2期。

11月2日　在人民大会堂参加“纪念刘白羽从事文学创作60周年暨《刘白羽文集》首发式”活动。

按：活动由中国作家协会、中华文学基金会、华艺出版社在人民大会堂联合举办。中共中央政治局原常委、中共中央组织部原部长宋平和中央军委委员、总政治部主任于永波，中宣部副部长、中国作协党组书记翟泰丰，新闻出版署署长于友先等出席并讲话。首都文学、出版和新闻界人士一百七十多人参加了活动。

11月15日　复花山文艺出版社的信，共和国文学作品经典丛书选《漳河水》事。

按：此诗发表在《中流》1997年第6期。《华夏诗报》1997年5月25日第108期发过节选。

11月18日　与赵子岳联名致信薄一波，为太行山剧团团史请薄一波题写书名。

致信《参考消息》编辑部，17日读该报黄绮淑文章《华夏古都旧貌新颜　海外赤子感慨万端》有感。

【11月】**按：**本月读《新文学史料》1995年第4期黎辛文章《野百合花·延安整风·再批判》，有多个批注：

摆事实，讲道理，此文不错。但对整风的真实作用，还吞吞吐吐。应该指出，整风伤害是巨大的，以后的“左”都从此基础上发展出来的。

一定是文过饰非作怪。

凡参加过整风者都体会过大轰大鸣的热烈场面。

55—56—57中国作协的丁陈案、丁冯陈罗案，都是错案。发难者是刘周。为什么对该案的有关者，如此非置于死地不可，到今天尚不明白。我是常感内疚的。

本月作七绝《酬友人索字》。此诗应上海社科院文学研究所孙琴安要求所写。两人在信件来往中探讨了如何反思“文革”。

12月4日　交《山魂》第一卷《霜天》稿给中国文联联络部季国平。拟由中国文联“晚霞工程”出版。

12月12日　《贺中山诗社》诗发表在《中山报》第3版。

12月13日　在首都规划委参加“卢沟桥抗日纪念群雕素描画稿专家审定会”。市委宣传部长强卫主持。

12月20日　致信中山市委书记谢明仁、市长汤炳权。

按：询问向故乡捐赠收藏字画、手稿及藏书事。

【1995年】**按：**本年作七绝《钟瑞播音三十五年》，时间不详。是年春至夏，常住医院。

1995年收到的友朋和读者来信：

1月1日　收到中央美术学院李琦、冯真的贺年卡（毛泽东肖像——啊延安）。

1月9日　收到太行山剧团团友夏洪飞夫人李娜的慰问感谢函，寄来夏洪飞生平。

1月10日　收到北大中文系刘烜的函。全年的工作安排，不能参与长篇的评论。

同日　收到武乡县志办李志宽的函，征集“武乡墨宝”书法集，请题贺诗。阮章竞2月初复函。

1月18日　收到济宁广播电视大学立国的函，收书，搞了“齐鲁诗派”，主张内容深沉、有力度、干预生活，有别于当前的卿卿我我、无病呻吟的诗风。

1月22日　收到山西武乡《八路雄风报》创刊号。

1月24日　收到中南民族学院刘志洪之女刘娜的函，代表全家贺新春。

1月25日　收到黄联安的函，近况通报，附剪报、照片。

1月26日　收到刘明的函（曾为阮章竞拍照）。收到赠书，附诗五首。

1月28日　收到江苏省诗词学会主办的当代诗词学术讨论会预备通知。

2月6日　收到武乡李志宽的函，诗集销售先寄样书问问情况。

2月7日　收到中山象角乡校的函，聘阮章竞为校董及名誉顾问。

2月8日　收到中山沙溪阮炳强的信，收《夏雨秋风录》，家乡面貌改观。

2月10日　收到陈斐琴的信，太行剧团战友李佩琳逝世，并寄其生平。

2月13日　收到中国延安文艺学会的函，元宵联谊会请柬和1994年工作简报。

2月15日　收到华夏诗报社的函，《国际华文诗人笔会手稿集》约稿。阮章竞4月4日复信。

3月10日　收到义工杯书画艺术精品大展的函，首届中华作家记者编辑书画艺术精品大展及辞典征稿。

3月12日　收到薛汕的征稿信，薛为《新诗歌》联络人。

3月22日　收到原太行山剧团团友田静的信，询问周沛然情况及告夏洪飞、张振亚去世。

3月28日　收到中国当代名家大辞典的函，寄来清样，须自费购书。

4月3日　收到河北文联的函，寄6月田间诗歌研讨会邀请函。

4月17日　收到广东斗门县文化馆邝金鼻的信，《马猴祖先的故事》编入《岭南寓言精品》，请赐小传。阮章竞6月6日复函。

4月28日　收到原太行山剧团团友赵贵保的函，催团史，愿意做具体工作。

5月30日　收到农村读物出版社文艺室的函，拟出“中国乡土文学大系”编入《漳河水》。阮章竞12月31日复信。

6月1日　收到花山文艺出版社的函，共和国文学作品经典丛书选《漳河水》。阮章竞11月15日复信。

同日　收到中南民族学院贺凤阳的信，北京见面后，回武汉来信，寄来照片。

6月9日　收到中国现代文学馆李凖的信，寄来字。

6月18日　收到江苏诗词学会的函，成立毛泽东诗研究会征集论文。

6月22日　收到茅盾研究会的函，“茅盾与我——茅盾诞辰百年纪念文集”截稿时间延至10月底。

6月23日　收到周良沛寄来《中国新诗库·阮章竞卷　卷首》复印件，请找门路发表。阮章竞转寄程代熙。11月20日程归还周文，有谈创作和文艺思想的新作，“请掷下”。

按：周良沛在信中说：“这几年，不仅经济上有那么一群，文艺上同样也有那么一群暴发户，利用他们的阵地，歪曲了文艺的历史。但今日绿原同志跟我说：‘我现在只相信历史。’他说的是后人为今日将写的历史，我们都要有好的身体，才看得到那历史。《卷首》能否有人发，都听其自然吧。人家投了巨资出这十大本书，希望能扩散其影响也是很自然的。但文风日下，又奈何。而且我的文风，对那些更喜欢学院派的文风者，它也是不受欢迎。诗界诸位大师的《卷首》由我来写，株连各位，罪过在我。”

6月27日　收到中国戏曲学院等的函，纪念任桂林诞辰八十周年研讨会，请题词。阮章竞复信。

7月6日　收到总参三部政治部孙建民的信，4月与田将军来访，所摄照片寄来。

7月10日　武乡党史办李志宽来访未遇，留言请给书题字。

7月13日　收到薛汕的信，《新诗歌》寄样刊及约稿。

7月16日　收到贵州开阳磷矿机电设备公司陈祖伟的信，收到签名及墨宝，求照片。1998年3月再来信求字画。

8月1日　收到国际艺苑美术基金会刘迅的函，邀请参加抗战胜利五十周年招待会。

8月25日　收到中国作协的请柬，邀参加抗战作家赠牌仪式。

8月30日　收到中国作协创联部来函，约写“难忘的第一次……”

9月17日　收到王玉堂信。复阮章竞提出赴晋整理书稿请协助提供住处事，有相关领导孙文盛的意见，请阮提交书面申请。阮章竞9月22日复信。

9月14日　收到杨匡汉、陶保玺的信，筹备郭小川逝世二十年研讨会的建议书，邀请签名。阮章竞9月20日复信。

10月3日　收到晏明的信，收到赠书三册。新疆同行，未见记录材料，竟成书。回赠《花的抒情诗》。

10月9日　收到雷加的信，中国作协外委会林绍纲求墨迹，请回信给他。

10月10日　收到西安市教委司机冯亚明的函，求赠箴言。阮章竞复信。

10月18日　收到中山画家方启文的信，回中山向黄联安报告在京拜见及光临个人画展情况。

11月3日　收到中山文化局的函，中山文艺家名典喜报，入典征集材料。

11月13日　收到福建罗源县医药公司杨良顺的信，编中外爱情诗三百首，求赠诗。

11月15日　收到上海中兴百货费滨海的函，捐献著作题词及拍卖，用以支持兴建中国现代文学馆。

11月23日　收到朱先树的信，《诗刊》卷首语改为发表编委短文形式，请供短文稿，七百字。

11月29日　收到参考消息通联室的函，读黄绮淑先生文章的感言，发在1995年11月29日第6版，赠样报。

12月5日　收到山西电视台赵承志的信，赵亨德专题片的相关事。阮章竞12月9日复信。

12月7日　收到刘章的信："今天读您的诗集，倍感亲切！如今诗坛上许多诗看不懂，小花小草太多了些，金戈铁马少了些。有感于斯，顺手写了四行：'夏雨秋风读阮公，溯河千里见沉雄。小花小草愁诗苑，又涌当年战士情'。"

12月20日　收到苏云的信，团史请薄一波题签信已交郭琳娜。1996年1月4日寄来薄一波题签复印件。

12月24日　收到管平的信，自题诗照片，背面有贺年语。

12月25日　收到杜惠的信，寄治哮喘药方。

12月27日　收到云南袁靳的信，诗三首请指正。阮章竞有修改。

12月31日　收到北京市人大吴一平面呈信，外甥马福民出书，请题签。

1996年　82岁

1月4日　致钱小惠信：卖不掉的《夏》诗，剩下的按废纸处理即可。感谢帮助。

1月5日　寄文章《劣质书何时了》给《中国文化报》侯样祥。

按：此文发表在《中国文化报》2月7日第3版。

同日　收到薄一波为太行山剧团团史写的题签："风雨太行山"。

1月16日　再阅《晴岚》第38—41章。一段时间以来妻子赵迪之精神状态不好，影响写作。

1月29日　复曹彭龄、卢章谊1月4日信。述及身体与创作情况，赠书《夏雨秋风录》。

按：信道："心衰、慢支、气喘、手颤，有时写字很不便，手不听指挥，走动已有心无力了。但我仍想写完长篇。长篇第一卷89年已成，从91年起，找不到出版机会。因为此长篇不是为出版而跋涉二三十年，而是为血与火的年代尽点责任，所以我现仍在写第二部，盼望死前能把经历过的历史（哪怕是毛坯）写下来。除非常必要的会议，其他事都不参加了。"

2月3日　中国作协来送花问候，登门听取老同志意见。

2月12日　台历记："中国文联的大众出版社《桑榆丛书》的胡刚同志，今天下午三时许，送回《霜天》，谈了出书的意见和办法，十分高兴。"

2月16日　在中央美术学院新址参加"卢沟桥抗日纪念群雕泥稿专家审定会"。

2月17日　复冼妮娜的信。

2月18日　长篇小说《白丹红》第一稿完成。

2月29日　复广州出版社1月8日的函，同意《送别》和《漳河水》编入《20世纪中国名家诗歌精品》。

3月13日　整理《霜天》审稿后的修改和拆下的段落。

按：整理至3月17日。

3月27日　花山文艺出版社来信为"中国儿童文学名家精品文库专著"约稿。

【3月】**按：**本月与《霜天》责编胡刚对小说如何修改有多次讨论。

本月　河南大学刘增杰、王文金著《迟到的探询》由河南大学出版社出版，收入《阮章竞访谈录》《阮章竞评传》和文学活动年表（到1984年）。

4月6日　复花山文艺出版社阎丽约稿信。

按：寄去童话诗《金色的海螺》《马猴祖先的故事》《小姑娘与乌猿婆》三首，"同意以《金色的海螺》为书名。副题'童话叙事诗三首'，加不加均可，按丛书体例办。并附上83年出版的《金色的海螺及其它》编辑提要写的内容和我的《写给孩子们的话》作附件，供编诗时作参考"。

4月18日　复现代文学馆于润琦3月28日函，同意《中国现当代文学茅盾眉批本文库》收入《漳河水》《迎春橘颂》。

5月12日　写了《〈牛仔王〉重写后记》。

按：该文如下：

《牛仔王》这首童话诗，是二十世纪五十年代写的。1957年6月，发表在《作品》上，接着收进《木棉树下的童话》里。发表和出书之后，自己觉得写得不好，未把自己心里所想的、要说的写出来，对不住小读者，总想找个时间把它重写，但我始终挤不出时间。这样《牛仔王》放在纸箱里睡了三十九年。虽然有时想起心里很不安，但是自己的人生旅程，已走近终点站，未了的事情又那么多，一年推一年，大概这就是战争年代常说的虱子多了不知道痒了。

1996年4月初，忽然收到花山文艺出版社阎丽同志的一封信，想为我出一本童话诗集。我把我能容易找到的几首童话诗寄给她，她电话说太少，要我将其他写给孩子们的东西，都收进去。我不想使她失望，便翻箱倒柜，无意中找到了《牛仔王》，书中还夹着三十年前的改写提纲和头一页的改写稿。想到现在出书那么难，不赶快抓住这个良辰，再等何时呢？于是放下正在赶写的东西，决定改写《牛仔王》。在此，我应该感谢现在还未见过面的阎丽同志的鼓劲！

这首重写的《牛仔王》，改写得是好是坏，我自己也不敢苛求了，因为我已经是个八十二岁的老人，总算圆了三十九年的梦。我希望小读者们谅解我的，就是你们觉得还可以读下去就读，读不下去就不要读了。

5月14日　致信花山文艺出版社编辑阎丽。

按：信道："多得你的鼓气，我39年想重写又没有时间重写的《牛仔王》童话诗，是放下正赶写的长篇，集中了二十几天的时间，终于重写出来了。不管好不好，总算圆了39年的梦"。

5月24、25日　写《晴岚》之《陶驻太行山南部》章。

按：谱主记"又开始写《晴岚》陶越清访项骊珠"。

6月5日　应朱先树1995年11月约稿，为《诗刊》作短文《求明者赐教》。

按：文章发表在1996年第12期《诗刊》"编委论坛"。同时配有丁聪先生所画的作者像。文中对诗坛"这个主义、那个主义，喧嚣十几年。而且有人痛心疾首地诅咒她（注：指双革），使诗的中国变为诗的沙漠"表示了极大愤慨，并要旗帜鲜明地坚持"革命现实主义和革命浪漫主义"。

丁国成回忆编发此文时说"1996年《诗刊》约阮老写了一篇'编委论坛'，题为《求明者赐教》。文中提到英国，阮老称之为'毒枭帝国'，有人对此提出异议，想要删去。而阮老在附言中特别声明，此句不能改动。鉴于过去的教训，这回我就比较慎重。但对这个涉及国际关系的称呼毫无把握，就将阮老的文章送到中国作协去审。作协几位领导同志王巨才、陈昌本和翟泰丰同志都作了批示，大意是肯定阮老的爱国热情，认为诗人激愤之辞，可以不改。这样才将原文发表”。详见《永远的阮章竞》(暨南大学出版社 2013 年 12 月版）丁国成回忆文章。

6 月 6 日　收到中国少年儿童出版社文学室回信，没有为抗战六十年出书的计划。阮章竞之前去信，询问该社能否出版《白丹红》。

6 月 17 日　复上海社科院文学所孙琴安 11 日信。寄赠《诗选》《漫》《夏》《忆旅》四本书。

6 月 26 日　长篇小说《白丹红》完稿。

按：谱主批注道：从 1996 年 2 月起“把我的抗日战争长篇《群山》里一个少年女兵的片段摘出，单独成为一个反映抗日中太行山根据地的少年儿童，在党和八路军的教育下，成为女神枪手的历程”。

6 月 28 日　给贵州、花城、百花、北岳、花山等出版社发信，同时给北京市委宣传部部长龙新民写信，希望长篇小说《白丹红》在北京出版。

6 月 29 日　写信给花山文艺责编阎丽，询问《儿童诗集》出版计划。

7 月 2 日　上午到北京东城图书馆参加文化部、中国文联、中国作协举办的茅盾百年诞辰展览开幕式。

7 月 4 日　参加茅盾百年诞辰纪念会。

7 月 6 日　誊改《晴岚》之《移防山城》章。

7 月 7 日　复人民大学出版社编辑王爱玲的信。

7 月 10 日　继续写《晴岚》。

7 月 15 日　花山文艺出版社来电。

按：告知谱主《儿童诗集》推迟到 1997 年出版。随即联系了中国作协作家权益保护办公室张树英。在作协的帮助下，花山10月23日寄来了合同。最终在1998年3月出版。

7月17日　誊改《晴岚》之《秋风试马》章。

7月30日　写完《晴岚》之《十二月政变》章。

【7月】**按：**本月写诗《东城图书馆》。1996年7月，北京东城图书馆举办“茅盾先生图片展”，作者参观时应邀写了此诗。详见《永远的阮章竞》（暨南大学出版社2013年12月版）王鸿鹏回忆文章。

8月4日　再阅《晴岚》第38—41章。

按：重读持续到8月7日。

8月29日　完成《晴岚》之《前虎后狼》章。

9月6日　《诗刊》来信，留用《虎门功劳炮赞》，排在明年初。

9月7日　重新批注抗日长篇小说《霜天》1964年稿。

按：此次重阅批注一直到10月26日，目的可能是为正写的《晴岚》寻找素材和灵感。9月7日批1964稿21章：“《白丹红》中已用。”批1964稿23章：“这章只有史实价值，无艺术价值。定用96年8月新写稿。”批1964稿33章：“如何用？”9月8日批1964稿39章：“说是紧张战斗，却很沉闷。何故？人缺感情，无骨无肉。女侠可免。”9月20日批1964稿65章：“此章材料是根据土地调查获得的，相当有根据。但放此使卷不集中，将用另一办法，把土地问题写给后人看，回答土改到底对不对。”10月20日批注1964稿第69章：“原38章‘向心合击的片段红’，第82章是写偏城战斗。是‘文革’抄家前夜剪了左权指挥和牛岛的几段。文字不会太少，但未留下当时怎么写的。太可惜了。现看来很真实。可做打时的基础。”10月21日批1964稿68章：“有些与神头相似，但何建国的刮胡子，牛岛做梦都有可取处。”批1964稿72章：“把废话删去。此章可做基础。”10月22日批1964稿73章：“照此章写。”批1964稿75章：“不要。”10月23日批1964稿76章：“此章太散，雷震天未写人，而是由事说人。似不如郝福堂。”10月25日批1964稿77章：“吵架情节可接结婚时的话：‘在指挥部，我听你指挥。在我这里，得听我指挥。'应保留。"批 1964 稿 78 章："此章主要写项、林、单，情节都可以，但未写出使担心的深度。"

9 月 16 日　致信花山文艺出版社编辑阎丽。要求就前面所约儿童诗集书稿订立合同。

同日　致信周良沛。询问中国诗库出版进度和作协五大在云南的筹备情况。

9 月 18 日　晚上，为柯岩作品研讨会作短文《为枝为柄　时代所需》。发表在《中流》1996 年 11 期。

9 月 30 日　为《白丹红》求出路写了几封信，致龙新民、强卫两位的信此日寄出。

10 月 8 日　参加在恭王府花园大戏楼召开的"《文艺理论与批评》创刊十周年座谈会"。

10 月 17 日　为第二天召开的"中国文联晚霞文库新闻发布会"作致谢词。

10 月 18 日　参加在北京人民大会堂举行的"中国文联晚霞文库新闻发布会"并发言。

11 月 3 日　收到花山文艺出版社阎丽 1 日来信后复信。慰问并谈儿童诗集《金色的海螺》版权事。

11 月 4 日　致信孙琴安。"先生评价拙诗之文，我读了几次，感到写得好，而且很理解我的郁抑，很是难得。不管任何时候，奉人为神，要人膜拜顶礼，思想上枷锁，我从来反对。何况'文革'搞得万马齐喑，这是使我所痛心疾首的。"

11 月 8 日　致张全景、丁关根信。"受陆梅林、张常海、程代熙、徐非光等十同志的委托，将他们的《我们对开好中国作协"五大"的意见》转呈给您。"

11 月 10 日　签《白丹红》出版合同寄北京出版社责编母国政。

按：责编 10 月 4 日写的信，寄出邮戳是 11 月 7 日。

11 月 15 日　作新诗《镌刻在蓝天　投映在海洋——香港回归祖国抒怀》。

11 月 20 日　上书中组部，推荐作协领导班子成员。

11 月 21 日　接中国作协书记处关于召开作协第五次代表大会向理事征求意见电话后，写《对召开作协五大的意见》。

11 月 22 日　收到中国作协书记处落款为 11 月 12 日的“致中国作协第四届理事会理事的信”。当天即写了《给中国作协书记处的意见》。

【11 月】**按：**本月作诗《酬友人索字》，此诗应上海社科院文学研究所孙琴安要求所写。两人在信件来往中探讨了如何反思“文革”。

12 月 1 日　写《白丹红》后语。

12 月 6 日　写《牛皮吹破了有什么好检讨》。

12 月 8 日　开始抄改《晴岚》第一章《友军》。

按：至本月 17 日完成此章，到 1997 年 3 月 14 日已将《晴岚》前四章修改完。

12 月 11 日　复《诗刊》出版部龙汉山信。

12 月 14 日　与三十九名老作家联署致作协第四届四次理事会《我们的意见》。

【12 月】**按：**本月为中国作协第五次代表大会题字“丹青书美丑　文学写人生”。

本月应《诗刊》朱先树 10 月 9 日约稿，作短文《在〈诗刊〉工作的日子里》，祝贺《诗刊》创刊四十周年。文章发表于《诗刊》1997 年第 1 期。

1996 年收到的友朋和读者来信：

1 月 4 日　收到曹彭龄、卢章谊的开罗来信，想要一本《夏雨秋风录》。阮章竞 1 月 27 日复信赠书。

1 月 8 日　收到广州出版社的信，《20 世纪中国名家诗歌精品》

选诗稿酬。

1月23日　收到北京市作协的信，统计1995年作品、1996年春节联谊请柬、公费医疗管理通知等事。

2月3日收到冼妮娜的信，称来京拜访，旧址未遇。信由北京作协转。阮章竞2月17日复信。

2月4日　收到张建明的信，读过《漳》诗，收到赠曹彭龄的书信，待转。

2月8日　收到山西文化厅的函，征集《晋冀鲁豫边区文艺人物录》，要照片和一千二百字内的小传。阮章竞旁注："97年10月20日杨卫华复长途说，已复印，有我部分，还可以，似是我自己提供的。想不起来了。"

2月10日　收到衡阳市王成立的信，信附作品二首，称偶得三四十年代刊物几十册，中有阮章竞作品。

2月23日　收到中山乡亲黄联安的信。办家庭画展与夫人李玉燕的照片和报道文章。

2月29日　收到中央文献研究室吴正裕、陈晋、李捷的信，为《毛泽东诗词全集》约《西江月·秋收起义》赏析文章。

3月8日　收到《北京文学》杨俊青的信，转山西文联征编《二十世纪山西诗人代表作》函。

3月16日　收到中国城市文化研究中心函，"中国大文化英才辞典"征稿。阮章竞注：不参与。

3月24日　收到成都原太行山剧团团友韩育琴的信，告团友乔淑泽电话。

3月28日　收到华中师范大学文学院的函，收《黄河渡口》入《中国当代文学作品选》，无版权法时教材不付稿酬。现再版，请授权。

同日　收到贵州人民出版社函，樊发稼主编"少年文学书系"征集作品。阮章竞4月15日复信。

同日　收到贵州开阳磷矿机电设备公司陈祖伟的信，索照片。1997年1月27日再来信。阮章竞1997年2月25日复信。

4月8日　收到黄联安的信，介绍沙溪涌头张雪玲姊弟见面，其父张方谷三十年代在上海与阮章竞有同乡之谊，有所交往。张雪玲回中山后5月4日来信，述是去年在《桂岭涛声》书中见到照片，趁出差机会，在街上寻访两个小时才得这次见面。

同日　收到人民大学出版社责编王爱玲的信，《作家的画梦》征订不佳，画稿和写生本将登门送回。阮章竞旁批："96年7月7日上午信王，要寄回画稿和速写本，并请代买10本《画梦》。"

4月10日　收到湖南湘泉集团寄赠《湘泉之友》报第53期。（湖南作协介绍）1997年7月23日收到湖南作协王以平的信，为《湘泉之友》约稿，附1997年6月10日99期样报。

4月18日　收到花山文艺出版社函，《漳河水》已出版，稿酬待付。

复华中师范大学文学院的信，《黄河渡口》收入《中国当代文学作品选》稿酬事。

5月15日　收到杜惠复印信，逝世纪念会不能办。拟成立郭小川研究会，请签署倡议书。阮章竞6月16日复信。

5月6日　收到北京诗词学会函，诗词吟诵并书画展通知。

5月19日　收到中山乡亲黄联安的信，寄李鹏家访的报道，感谢两次热情接待家乡学生方启文、张雪玲，乡亲情谊至为感人。

5月26日　收到上海文艺出版社函，《早晨的礼炮》选入中国新文学大系第四辑。

5月29日　收到中国作协函，六十岁以上会员体检通知。市文联转信。

5月　收到中国少数民族美术促进会的函，寄6月3日"官布画展"开幕式请柬（中国美术馆）。

6月10日　收到武汉市诗歌爱好者向国利的信，寄诗求教。

6月11日　收到上海社科院文学所孙琴安的信，研究阮诗，但少资料，求字一幅。阮章竞6月17日复信。

6月11日　收到杜惠的信，中国作协已批准郭小川诗歌研究会，在办民政部手续。请阮章竞任顾问。阮章竞6月16日复信。9月4日杜惠来信，今年搞纪念活动不可能了，民政部尚未批复。

6月19日　收到太行战友、画家彦涵寄来从艺六十年作品展请柬。

6月24日　收到广西浦北县物资局干部李树清的信，求《勘探者之歌》诗集签名，诗刊社转。

6月30日　收到四川自贡四友斋书画社邱世建的信，求字“四友斋”。阮章竞11月15日复信。

7月2日　收到孙琴安的信，谢赠书四种，准备作阮诗评论。10月4日寄来香港大公报评论《夏》《漫》诗文章剪报。阮章竞11月4日复信。

7月5日　收到宋经的信，求墨宝。阮章竞12月8日复信。

8月7日　收到首都规划委员会函，询抗日战争纪念群雕、北京西站广场雕塑意见。

8月13日　收到北京市作协函，为筹备中国作协第五次代表大会，北京会员大会传达中央精神，和北京团代表候选人。8月22日寄来选举代表的说明和选票。

8月14日　收到《中国艺术报》记者喻静致歉信，奉还照片。

8月16日　收到中国作协函，寄美国虹志电脑换笔会请柬。

9月10日　收到黑龙江肇东市读者邢国义的信，批评诗坛脱离人民。诗刊社转。

9月12日　收到武乡县志办李志宽的信，6月带小米拜见，见告示退回。今求题“汾州香香飘四海，米战略带动全局”。10月6日再来一信催写。

9月14日　收到衡阳市史志办的信，“辛亥老人唐群英60年祭”

征诗。

9 月 18 日　收到北京国际艺苑美术基金会的信，寄来水墨人物画邀请展请柬。

9 月 22 日　收到周良沛回阮章竞 16 日的复信。关于诗库，国家拨款被挪用，只出了五卷，其余只能耐着性子等待。“这里选的代表，无有一个老同志，上街游行的先生倒很有市场。您老来信这么一说，我倒颇多感慨：‘换了人间！’”

9 月 25 日　收到中山市沙溪镇政府的信，《沙溪诗集》顾问聘书。

同日　收到中国艺术研究院《文艺理论与批评》创刊十周年座谈会请柬。

10 月 9 日　收到《诗刊》副主编朱先树约稿信。

10 月 22 日　收到上海图书馆冯金牛的信，求帮助查《大道日报》《中华日报》《时事 × 报青光副刊》《青光杂志》《青春杂志》，都没有查到《少年林肯的故事》和《故乡》。为上海图书馆新馆写的条幅收到了，感谢。

11 月 1 日　收到花山文艺出版社编辑阎丽来信及寄来的儿童诗书稿出版合同。

11 月 2 日　收到湖南娄底三中文学社指导教师罗光国信，“目前，同学们对新诗很感困惑，因为它越来越使人读不懂”。寄来社报请指教。

11 月 9 日　收到麦辛的信，《为枝为柄　时代所需》发 1996 年 11 期《中流》。

11 月 12 日　收到孙琴安的信。“我的观点与先生基本相同，不喜造神。”11 月 19 日又来信，收到寄赠书法，感谢。

11 月 18 日　收到中山乡亲张雪玲的信。将移民美国。

11 月 28 日　收到《中国文化报》的赠报通知。

11 月 30 日　收到《文艺理论与批评》程代熙的信，寄材料（内容不详）。

12 月 10 日　收到《诗刊》出版部龙汉山的信，核读《在〈诗刊〉工作的日子里》校稿。阮章竞 12 月 11 日复信。

12 月 25 日　收到武汉贺凤阳贺年卡。

1997年　83岁

1月7日　写笔记《迎牛年杂感》：

牛对于人，苦不言苦，鞭不言痛，死不求遗体告别，伟矣哉！

今晨想起再过两天便是牛年，故书“迎牛年”三字以念其功，以迎其来。

我没有星期日，也没有节假日，不会玩桥牌，更不会打麻将。少年做工，青年打仗，中年参加工业建设，晚年写书，从无星期天，不知有节假日。

剑老无芒莫认账，余年当法大江流。不须寻找什么来学习，每个人都应向心脏学习，它从来都在不停地工作。

1月8日　牛年感慨笔记一则：

前途遥远，道路崎岖，车破牛老，难矣哉此路也！冬晨见牛年将至，想岁月蹉跎，徒难排遣，书此求解脱。

1月14日　于无眠之晨作七绝《绽井飞雪铁骨风》《贺〈诗刊〉四十年》《赠徐炳忠同志》等短诗。

同日　收到《中流》陈志昂的信，《镌刻在蓝天　投影在海洋》诗作遗失，致歉，请再赐底稿。阮章竞16日寄出。发表在《中流》1997年第6期。

1月21日　李捷来电：《霜天》在朱德研究室，二、三月能批回，但有个建设性意见。

1月23日　参加《诗刊》创刊四十周年座谈会。

按：本日以文联宿舍住户身份致信北京市市长贾庆林。反映为供暖问题电市政府值班室，遭遇值班人员官僚作风对待。

1月29日　修订参加中国社会主义文艺学会举行的春节茶话会发言整理稿，写成了《加强、开展文艺批评是当务之急》一文。

按：此文发表于《文艺理论与批评》1997年第3期。

【1月】**按：**本月作七绝《为自刻名章题款》。受邀为《情系港澳——百家名人影像墨宝集珍》题写“帝国踉跄去，香港潇洒回”条幅。（黄河出版社1997年3月版）

2月4日　到中央美院参加抗战纪念馆雕塑审查会。

2月26日　在北京市委宣传部参加抗战纪念馆雕塑审查说明。

【2月】**按：**本月初，作小诗《枕畔吟》六首。附小记：

1997年2月初，连夜无眠。想起岁月蹉跎，行将走近终点。早已感到一年不如一年，一月不如一月。人生有顺利有挫折，但人生不能认输！认输则输掉一切。既不认输便伏枕随想随写，写下《枕畔吟》。

读《人民日报》上某诗，在笔记批注：“正确、健康、冗长、陈旧，缺新意。像这类的赞歌，值得写那么长么？散文分行。”

2月　陆续收到诗刊社转来对《求明者赐教》的读者来信五封，并一一回复。

按：收杨星火1月6日来信。杨为驻藏军人，已离休。谱主2月1日复杨信。称：“写此小文，我曾做了两个思想准备：一、因我用了‘毒枭帝国’[①] 这个词，不能刊出。二、坚持自己的信念，准备挨骂。未想到取得你这位进西藏边防廿余年，从未见过的军旅诗友的共鸣，给我壮了胆。”收广东惠州国税局李庆福1月9日来信，谱主2月28日复李信称：“你的忧愤心情，我是理解的。”收鞍山钢铁公司赵宇1月12日信，2月24日复赵信，称：“要做诗人，是要有敢于直面时代，敢于直面社会生活的勇气。”收安徽宿松吴昊2月1日信，谱主2月19日复吴信，建议他多读好诗。收江苏淮阴周理亚2月5日信。并寄

① 关于“毒枭帝国”一词的审查经过，见丁国成：《剑老无芒莫认账》。此文编入《永远的阮章竞》，暨南大学出版社2013年2月版，第90—96页。

诗求教。谱主3月1日复信并点评周诗，称："我说的很直爽，望你不要生气。因为说好容易，能令人喜欢；说不好可不容易，但不耽误人。你如果想写诗，先好好读读古今中外的好诗。"

2月8日　复人民文学出版社1月15日信，同意在《中国当代文学作品选》中编入1980年写的短诗《布谷》。

3月3日　改完《晴岚》之《沙区鏖战》章前半部分。

3月4日　收到野曼的信，建议将《镌刻在蓝天　投映在海洋》压缩发表在《华夏诗报》。阮章竞3月10日信。同意将《镌》诗选段发表。

3月12日　致中央美术学院李琦信。读李文《路德维希赠美术作品　反共内容实录》有感。

3月14日　完成抗战长篇小说《晴岚》初稿。

3月19日　致信时任中国文联党组书记高占祥。

按：信道："《群山第一卷·霜天》，因为此书中有几个篇章中有老一辈革命家朱、彭、刘、邓的出现，大众出版社已送审查部门有一年了，仍然渺无音信。"对此提出抗议。

3月20日　看《晴岚》之《西尾寿造》等百团大战章。

3月22日　写了《晴岚》中百团大战后的两章。

3月24日　阅改《晴岚》。

3月26日　妻子情绪波动，连续几天深夜安抚。

3月27日　阅改《晴岚》之《凤垴顶战斗》章。

3月30日　写《晴岚》之《消灭日军高级观战团》章。

【3月】**按：**诗《虎门功劳炮赞》发表在《诗刊》1997年第3期。

4月2日　写了《晴岚》之《反抢粮扫荡》章初稿。

4月13日　北京作协、文联选举名单交办公室。民间文艺研究会董梦知来请参加会议，以身体原因辞绝。

4月20日　接《羊城晚报》约稿，写了一段自勉的话，发表在该报1997年5月12日第13版：

私心像魔鬼套绳，私心越重，套得越紧。无私的人，是最快乐最自由的人。

人要生活不能没有钱。但钱多是个祸害，它能使人丧志不再进取，甚至腐烂死亡。

眼睛应用于观察事物，分清美丑，而不应用于寻找刺激、使人沉沦的境域。

年轻时，要珍惜披荆斩棘的朝阳年代；中年，正是纵横驰骋的美景良辰；到了晚年，应该是：

剑老无芒莫认账，余年当学大江流。

为人民，应该永无休假日。

4月29日　致信《霜天》责编胡刚。书刚通过审查，改总题“群山”为“山魂”事。

4月30日　致信大众文艺出版社。

按：信道“因拙作《霜天》字数超出印书费，我愿将《霜天》稿费全部补贴进去”。再致大众文艺出版社信。要求书出版后赠书150册。

5月2日　致野曼信。

按：读《华夏诗报》获悉“6月25日在虎门举办“中国·世纪凯歌虎门诗会”，投去《虎门功劳炮赞》。

5月5日　因心功能衰竭、肺气肿住院治疗。

5月8日　致信《霜天》责编胡刚。寄上自题书名，要求看封面。

5月20日　致信薄一波。请为将出长篇小说《霜天》题字事。

按：本日还为《羊城晚报》题写刊头“健康之友”，见《羊城晚报》1997年6月29日第11版。

5月25日　《华夏诗报》发表阮诗《镌刻在蓝天（节选）》。

6月11日　收到画家罗工柳寄来请柬。

6月20日　在炎黄艺术馆参加罗工柳画展艺术回顾展。

6月26日　应中国现代文学馆周明之邀，作诗《题仙游寺》《黑水河》，并书条幅赠仙游寺碑林。6月29日周明复信致谢。

按：谱主在诗后作跋："周明同志要我为他故乡黑水河、仙游寺写几个字，成此四句。李隆基、杨玉环故事，使山河破碎，人民罹难，如今银幕荧屏争拍撞车，紧张热烈。"

6月27日　寄《风雨太行山》给《新文化史料》。

按：发表在《新文化史料》1998年第2期。

6月28日　读报有感。

按：谱主此日笔记写道："英国美国前几天宣布，不接受7月1日特区临时立法会就职宣誓，以为欧盟都会紧跟不参加。谁知等了许多天，没有一个国家愿意跟他们走。只好在6月27日赶忙改变，由英国美国驻港总领事参加，落得个自讨没趣。快哉快哉！"

【6月】**按：**本月作诗《庆香港回归贺〈诗刊〉创刊四十年》。作五绝《送刘绍棠同志》。作七绝《题李大钊纪念馆》。

7月1日　录黄公道七绝一首，庆香港回归。

按：详文如下："'水是尧时日舜时，衣冠又是汉官仪，登楼四望皆吾土，不见黄龙上大旗。'清政府派黄公道为驻日大使，过香港时感慨写下此诗。香港《天天报》6月30日重刊此诗，将最后一句改为：'喜见五星上大旗'。改得好，故书录之，庆回归。珠江游子阮章竞。"

7月2日　大众文艺出版社副主编徐秉祥送来《霜天》二校、三校。

按：谱主8月5日笔记道："5月中出院，催要《山魂》第一卷《霜天》校样。责编日日拖延不送来。几经周折，7月2日由副编审送。今年奇热，至7月28日才取去搞修校付排。"

7月31日　写《高楼精神文明应立法》寄《北京日报》吕国庆。

7月　为胞妹惠霞七十生日作中国画《寿桃》。题款："六哥观念无寿辰，忙忙碌碌耻认老，幸亏援朝提醒我，赶忙为汝画寿桃。惠霞妹七十寿　阿竞。"

8月1日　此日开始重看《晴岚》初稿，准备续写完整。

同日　致信纪鹏，诉说关于出诗集的苦恼。

按： 出书难，印刷错误多："诗，应求读者、诗友切磋教正。但现无错不成书，使人难堪，羞见故人，故不敢进入社会。极少能谅解的朋友，我才敢送。你翻一下《夏》就清楚了。"

8月3日　写《晴岚》之《发动频繁大扫荡的冈村宁次》。

8月5日　此日决心就留着的片段，重新串写《山魂》第二部《晴岚》中的五月大扫荡部分。此日日记写道：

96年整冬天心衰、哮喘、咳嗽，坚持到97年3月已不行了，一工作身心自行抵抗，只得住院。医生诊断心功能衰竭、肺气肿，只能静养不能行起，更不能再工作了，这真是要了我的命！

生命在运动，我只能春暖后开始六时下楼策杖慢行，没几步就喘走不动，只能停停走走到教育大楼西头则回来。

不能工作，就失去我的生存支柱。……酷热也有点好处，咳嗽好多了，写作情绪也好多了。故想将此余力作《晴岚》的最后冲刺。从8月1日重看初稿，想从住院前拟好的草稿整理。但因住院仓促，许多设想找不到了。今天（8月5日）决定将余留着的片断，串写五月大扫荡。

8月14日　在《北京日报》第7版发表文章《高楼里的文化》。

按： 此文原题《高楼精神文明应立法》。

8月18日　收到贺敬之的信，《黄山》一轴收悉复信。

按： 内容如下："章竞同志：今日收到您惠赠大作黄山一轴。品高意远，果然画如其诗，画如其人，信哉！感谢珍贵的艺术，感谢珍贵的友情。望多多保重身体，上次看望您，我对您身体康复颇具信心。不赞成您此次短柬中说的'来日无多'。当然如果这个'多'是30或50年的话，也许可以同意。我和柯岩在家躲避温（不是'崇'）高，尚能熬过去。因眼疾数日，不能多写。柯岩均此不另。夏安。贺敬之8月18日。"

8月20日　下午访问王政柱，谈五月扫荡时的总部南艾铺被围情况。

8月23日　致信北京出版社《白丹红》责编毋国政。22日收到封面，不能接受。阮章竞尚不知当时《白丹红》已经在当月出版，故有“封面已经制了版，有没有改变的可能？”之语。

按：谱主对封面的意见：

“封面‘既是民族又是现代’都好，但封面封底的白丹红，不像个农村少女英雄底蕴，倒像一个中年妇女的形态。

“第一章‘你猜嘛’，白丹红12岁，背景是38年初（书中未明写）；第十三章‘初生牛犊不怕虎’是15岁；十五章‘空嫁’16岁，终章‘峡谷雪飞扬’是17岁。

“另外，《白丹红》封面形象，内外都没有武装战斗内涵。这个少年人物是合成的，我所见过的原型，都充满初生牛犊不怕虎的稚气。封面设计与书的内容距离太远。……封面对一本书，是起着窗口的作用的，应接触封面就已经对读者说了话。”

本月为老友朱子奇诗歌写短评《目标始终如一在行进》，该文收入《朱子奇诗创作评论选》，作家出版社2004年版。

本月作五言打油诗《画竹自解嘲》。

9月1日　复信现代文学馆和青岛华夏文化艺术传播中心，签名和简历。

9月2日　妻子赵迪之右脚血栓。子女连续两日为住院奔波，最后住进北大医院分院。

本日　增加了《晴岚》中《南艾铺》章开头。

9月4日　复7月27日“常德诗墙”的信，为《妇女自由歌》被采用，寄生平简介和主要创作。

9月5日　为夫人赵迪之住院事给一机部老干局写信。

按：谱主介绍情况：“从前年始，赵发病时北大介绍到北大退休医生办的分院住院。且不说条件简陋，只说护理工作，三次住分院两次发生事故。第一次是护士把糖尿病人的药液错输进赵血管内；第二次（即此次9月3日）住进，昨天我去探视发现输氧管已无氧。请护士查看，护士反复硬说有氧。在我坚持下，才来检查，果然氧气早已用尽。如果我不发现，因正逢双休日，很可能到下周一也不知已断氧。但病人急需输氧。由此可见北大分院只能说是个为增加收入的简陋诊疗所，护理很不负责。”

提出问题：“一、北大合同医院只是个理论概念，赵迪之又不能没有医院，以后找医院谁管？二、中央对老红军①、老干部安度晚年决策无变化。贵部前部长何光远同志也在《老年报》发表过写得很好的文章，但未见贵部改进离休老干部任何医疗问题。三、要家属为病人自找活路（找医院），押金、报销如何解决？”

9月11日　妻子短暂回家后，再次右腿血栓住进复兴医院。

按：9月23日医疗关系转到复兴医院。

9月15日　太行山剧团苏云、赵正晶、武蕴、李娜来订正剧团团史。

9月23日　改《晴岚》之《火中五月》《南艾铺》。

按：旁批：“97.9.24整理完。接写的应是长治打飞机场和太南扫荡。”

9月24日　整理完《南艾铺》新稿。

按：本月抗战系列长篇小说《山魂》第一卷《霜天》由大众文艺出版社出版。

10月15日　上午到人民大会堂湖北厅，参加中国文联“晚霞工程”首发新闻发布会，致感谢辞。

10月16日　致信王玉堂。赠《霜天》，当天未寄出。

10月22日　致信王玉堂。补上《白丹红》，并16日信一并寄出。

10月31日　改定《我为什么写〈霜天〉》一文并寄《中国艺术报》。

---

① 赵迪之1934年入党，按政策应享受老红军待遇。

按：此文发表于该报1998年1月2日第3版。

11月1日　医院报妻子病危。

11月13日　午饭后，阮章竞接“妻已弥留”电话通知。赶到医院，儿女正在为她换衣。

按：本日十二点四十五分，赵迪之与世长辞。谱主为她起草了《赵迪之同志生平》。

11月17日　作《水调歌头　八宝山送迪之远行》。

按：附跋：

迪之五十年代患高血压，七十年代患心肌梗塞，八十年代脑溢血半瘫痪的十几年中，极少获得住院治疗条件。1997年9月右腿栓塞，半夜垂危，在北京城内转辗到天亮，最后经多方求助为一家无级医院收留住下，但已进入临终状态。11月13日中午病逝。

赵迪之1934年参加革命入党，一生工作勤奋，刚直清廉，庐山会议的反右倾和“文化大革命”中，都被列为批斗对象。1975年10月在处理工作时，突患心肌梗塞，1985年脑溢血半瘫痪，都因无床位，得不到及时治疗。作为她的终身伴侣，怎不为之感叹痛惜。她对自己的一生，无悔无怨，病危前留下不办遗体告别，角膜、遗体捐作医学研究用的遗愿。

11月25日　凌晨，作《采桑子·梦迪之》悼亡妻。

11月30日　中山文化局副局长张锁鎏、文联秘书长梁欣基来，邀回乡参观。《晴岚》69章页旁补记妻逝世当天情况：

11月13日午饭罢，接小五电话：母已进入垂危，速来。

我正急穿衣时，援朝赶到，催快走。故此章只写到这里停笔。赶到医院，孩子们都已为她穿服。12:45分，她与世长辞！

我只能抚她痛哭！

12月7日　写条幅：迎牛年

12月9日　致信《夏雨秋风录》责编傅天琳。要求提前解除《夏雨秋风录》合同事。

按：信道："此集延误一年出书，我原不十分介意，但二校到手发现诸多问题，但已开印装订，见到书样感慨万千。为了对读者负责，不得不印了个20多条的正误表。这样原答应代销的几处书店，几乎全部未卖出一二本，有的拒绝代销。我除送了几十册给友朋的，全部压在家，至今仍无法处理。"

12月13日　开始收集后期诗集（《晚号集》）的编辑资料。

12月14日　无意中找到《山魂》第一部偏城战斗和其他的片断，大喜。

12月19日　开始编新时期诗集，在一个整理用的信封上写："先审整短诗，然后审改长诗。"

【12月】**按**：本月作讽刺短文《八九十年代文学奇观》《咔——吐》，写《中国现代文学馆青花瓷瓶简语》。

【1997年】**按**：本年作文《玩文学》。作诗《东城图书馆》。

本年，作中国画《牡丹》，题款："未画此花起码已有60年，小时用油颜色画在婚礼之家具上，每有此活，余喜画之。八十有三想起画之，全不成体统。知余老矣。"

1997年收到的友朋和读者来信：

1月收到北京市文化局党史办的信，寄来晋察冀革命文化艺术人名录登记。

1月2日　收到家乡中山诗社"咏香港回归诗词专辑"的约稿函。

1月11日　收到《中国文化报》徐良瑛的信。电话约稿蒙允，寄名片。

2月3日　收到广播电视部无线局老干部处张继周的信，回忆1938年在陵川第二游击支队情况。

2月10日　收到成都军区杨星火的复信，"你给我的信的原件，我已作为精品珍藏"。

3月16日　收到吉林读者马鹏举的信，办"咏梅书画展"，索画。

3月28日　收到《中国人物志》编委会的函，入选邀请书。

同日　收到北京民间文艺家协会的函，第三届代表大会代表选举事。

4月2日　收到北京市委宣传部文件，抗日战争纪念群雕审稿会议纪要。

4月4日　收到《诗刊》的函，邀在京老诗人参加4月10日的办刊座谈会。

4月8日　收到市文联的函，北京市文学艺术界联合会章程（征求意见稿）、市文联换届筹备小组决定市文联五届理事会理事，为出席六次文代会代表，请填代表登记证。

4月10日　收到儿童电影制片厂策划部郭跃进的信，寄来去年谈《白丹红》电影改编时所摄照片。

5月10日　收到华夏出版社的信，《中国作家看世界丛书》《名家谈生活艺术丛书》重新出版，以赠书替代稿酬事。

5月20日　收到天津《今晚报》副刊周东江的信，约稿。

6月9日　收到广东文联罗源文的信，读《加强、开展文艺批评是当务之急》一文"深感痛快解渴之极！文短而精彩，是文艺批评文章中的精品"。阮章竞6月16日复信。

6月19日　收到广东惠州江南办事处王雁飞的信，读《请明者赐教》寄信及诗作交流。

6月25日　收到湖北宜昌市工业学校吴绪久的信，寄《百年香港庆回归》诗五首。

7月4日　收新华社湖南分社征集词条函，注明是管平推荐。

7月5日　收到中国国际交流出版社《世界名人录》编委会的信，请任顾问。

7月10日　收到中央文献研究室李琦的信，赠书，并为纪念麻贵书逝世十周年他和陶鲁笳、王谦都写了纪念文章。转麻贵书爱人巩荷花信，请赵大姐写回忆文章，麻贵书任武乡县委书记时，赵迪之是宣传部部长。

按：麻贵书（1917—1987），河北临城人。1938年入党。1965年任西藏党委书记处书记。1973年后到山西工作，曾任副省长。

7月15日　收到中央电视台青少部王明玉的信，《金色的海螺》列入百集系列节目《儿童文学宝库》改编、拍摄计划，将按规定付酬。

7月23日　收到陕西邮政运输局职工田禾求字信，对阮章竞的创作比较熟悉。9月12日阮章竞书“剑老无芒莫认账　余年当学大江流”以赠。

8月17日　收到王孩的信，寄诗稿。

8月18日　收到《中国作家》的函，“全国首届著名作家诗人书法家画家作品联展”征稿启事。

国庆前收到张磐石的信，遵嘱为太行剧团史书写祝词。

按：祝词内容如下：“祝太行山剧团团史出版，在抗日战争中，他们沿着正确的方向走向胜利，张磐石1997年10月。”

10月1日　收到杨星火的信，为《琴与剑小诗》约稿，并寄创刊号。

10月8日　收到四川人民出版社《中国文学家辞典》责编秦川之子秦兵的信，存有1979年致秦川信件，求字。

10月13日　收到中国青少年发展基金会的函，向希望工程捐赠者汇报工作情况。

10月23日　收到西南师大新诗研究所吕进的信。收到关于新诗的复信。

10月25日　收到太行山战友翟英的信，派孙姓司机来取《霜天》，回忆与赵迪之同期整风。“有困难要叫，不叫才没人主动帮你呢。”

10月27日　收到母国政的信，解释《白丹红》没用后记的原因。并告作者购书折扣。

10月29日　收到新华社记者赵逊来信，赠诗集《南行草》。赵与阮章竞在包钢建设时期相识。

10月30日　收到何沪玲（胡奇夫人）的信，赠《霜天》已收到，告胡脑溢血后遗症多年，坚持锻炼。

同日　收到《中流》杂志的请柬，纪念十月革命八十周年座谈会，11月4日在西交民巷50号中国记协召开。

11月5日　收到柯岩的信，介绍医生，分享中成药。“总之我不赞成你‘就这样算了’。诗歌需要你，人民需要你，我们大家都需要你。盼保重！”

同日　收到黄军怀的信，《妇女自由歌》刻在“华夏新声”部分，告歌词选用了《抒情歌曲200首》版本。

11月6日　收到霍泛的信，《霜天》收悉，勉为其难地为太行山剧团史写了序，只因其他更适合写的同志都或老或病。知雪峰、磐石同志都题了字，很好。

11月7日　收到王玉堂的信，《霜天》《白丹红》收悉致信。

按： 信中写道：“《霜天》《白丹红》一起收到了，多谢！最突出的第一眼印象是封面上你的形象，它既是你健康幸福的标准头像，又是你完成了一段创作之后的满意潇洒之相，十分可喜可贺。”

11月9日　收到中央文献研究室李琦的信。赠《周恩来年谱》（建国后）三册。

按： 信中写道：“收到《霜天》非常高兴。拿到新书，我先翻看前言（序），再看后记，然后看目录，这次仍照例办理。在书末有几行字：提纲始于……完成等，使我目光停下，很自然地产生了对您的毅力，刻苦写作精神敬佩的心情。书估计看时一定会有亲切感，因为我们同在太行山，大环境、大经历是相同的。”

11月10日　收到山西医学院附一院解骏的信，收《霜天》复信。

11月11日　收到张常海的信，感谢赠《霜天》，为《中流》百期纪念专号约题词。

11月12日　收到《诗刊》兼职主编高洪波的函，“编委论坛”明年停办，请继续支持《诗刊》。

11月18日　收到赵培蓝的信，收《霜天》复信。附寄《不认账的阮章竞》。

按：该文刊于1997年6月23日《人民日报》海外版，作者常敬竹，中央警卫团政治部干部，采访后曾寄照片四张。

12月2日　收到北京市委宣传部部长李志坚的信。《霜天》收悉，复信致谢。

按：信中写道："我还未及阅看全书，仅从最后一页得知，此书写作始于1965年夏，完成于1991年夏，历26年之久，呕心沥血，锲而不舍。可敬！"

12月6日　收到广东省文联罗源文的信，《霜天》收悉，复信致谢。

按：信中写道："还来不及认真地去阅读，但是从书的最后那几行小字看来，几乎经过近30年的多次修改，真真是'苦噪楼'楼主的自白。我深信一个资深的名家经历这么长时间，才拿出这样一本书，是有分量的。完成后又经6年才得以出版。个中艰难是不言而喻的。……中国文联晚霞文库晚霞工程组委会有计划地出版老作家老艺术家的重头作品是件大好事，它影响很好。但像这样的事在各省市文联，如在广东吧，我们早就提出应当学一学这种做法，然而至今没半点声息。"

12月11日　收到艺术研究院陆梅林贺年卡，《霜天》拜读，很好。

12月13日　收到剧团故友袁靳的贺年片，在病榻上一气读完《霜天》，切盼能读到第二卷、三卷。

12月13日　收到梵扬的信，收书复信，谈《加强、开展文艺批评是当务之急》文章事。

按：信中写道："衷心地向您致敬，致谢！致敬，是因为您的作品不止给我以教益，还引导我写诗。早些年曾向您说过，我在1952年发表的那篇长诗就是在大作《圈套》的启发下写成的。另一个是几个月前在今年第三期的《文艺理论与批评》上读到，您的《加强、开展文艺批评是当务之急》。文章大义凛然，勇气十足。对那些家伙敢于斥责，少有的好文章，不是满身正气一心为党为人民、为社会主义而战的勇者，是说不出这种话，写不出这类文章的。我敬佩您！致谢，是因为得到大作《霜天　山魂第一卷》，您花了近30年的时间去创作，从1965年始稿，1991年完成真不简单！……巨著的每一章开篇都有一首好诗，多是词律之作，可见您对诗词格律十分熟稔，对优秀的传统文化满含深情。”

12月17日　收到袁靳、王蕴琴的信，《霜天》收悉，致信贺新年，附朋友陆梅林对《霜天》的读后感。

12月19日　收到中山市图书馆寄来方成、萧淑芳作品联展请柬。

12月25日　收到萧军女儿夫妇萧耘、王建中的贺年卡。

12月28日　收到袁靳的信，收赵大姐讣告，致哀。

同日　收到《华夏诗报》野曼的信，虎门因定为1997回归重要会场，虎门诗会撤销。约写关于阮章竞创作的报告文学。

同日　收兰州大学林家英寄来明信片，贺1998元旦五绝一首。

1998年　84岁

1月1日　作新诗《给迪之》。

按： 当天为赵迪之逝世"七七"之日。前一日命女儿准备了鲜花为祭。

1月5日　因严重呼吸问题急诊入院。

按： 住到2月13日出院，"整夜感觉不好"，再次入院。2月21日出院。

1月8日　致梵杨。"与你打电话后，我就住进医院，因哮喘厉害。现卧床不能起来。"为梵扬写评论提供茅公眉批文库诗歌卷和《终程回溯》。

按： 梵扬文章《一生为人民而歌——诗人阮章竞的创作生活》发表在《华夏诗报》1998年2月25日第115期。

3月9日　致信太行战友、中央文献研究室主任李琦，告妻子逝世。李琦3月23日复信哀悼，安慰。

3月13日　因肺间质纤维化症状严重入院治疗。

按： 住到3月25日出院。

【3月】**按：**《余年赢得苦噪楼》(1986)收入《我的书斋》，由科学普及出版社出版。

4月6日　致信梵扬，感谢梵扬所写评论《一生为人民而歌》。

同日　致信山西省文联张志安，乐于参与出版老区作家在两个革命战争中作品的盛举。可先考虑出《阮章竞稿存·戏剧卷》。同时致信原吉林省委书记王大任，赠《霜天》，告张志安所提文联出书设想。

按：信中说："这就需山西花一些钱。听说你女儿王昕同志是管文教的副省长，故写此信呼吁支持，为这些作品留下作历史资料。"

4月10日　作者为在全国政协礼堂举行的《中流》杂志创刊百期座谈会，作七绝《〈中流〉百期华诞》。

4月21日—22日　设想《晴岚》的最后几章。

按：谱主批注："百团大战应该再看看史料。应从此战役中看出毛彭的关系。……彭判断当时日寇的动向应更明确。可惜我老了，不能写百团大战的历史回声！"

4月23日　出院，入院时间没有记录。同日致信山西省志研究院、中共党史研究所及山西人民出版社。

按：信道："在京主编和编委集会，本着'对历史负责的精神'，认真进行了研究和讨论，一致认为：夏洪飞同志所寄《太行山剧团大事记》，有多处与事实不符，更有数处虚假、不能编入团史，连编入回忆录的条件也不够，因洪飞同志已逝世，也不便修改，不能采用。按去年10月编委会决定出版，不再讨论。"

5月15日　写《晴岚》之《南艾铺》章新稿。

按：此稿写至5月26日。谱主旁批："此新稿还要细改，现只是把历史真实写完，应在沙野萍参战处调整加工。98.5.15。"

5月16日　写《关于团史大事记问题》一文。指出夏洪飞所写太行山剧团大事记失实处。

5月18日　收到剧团史撰稿人赵正晶的信，寄来华青同志对夏洪飞著《太行山剧团大事记》意见改正表。

5月19日　写《晴岚》之《对八路军的再认识》章。

按：写至5月22日。

按：接《风雨太行山》责编赵虹霞同志长途电话通知：因华青先生5月5日信指出团史稿有两处错误（一是应是"三月轰炸"而不是"三月进攻"，二是39年鲁林同志已调往一地委宣传队，不是在寺坪。我们告诉赵虹霞同志已接受并表示感谢）。赵说华青除了这第一封信之外，还有第二封信指出错误，共二三十条之多。以后还会有老同志提意见，故出版社决定团史暂缓出版。

【5月】**按：**本月中下旬到6月上旬考虑《晴岚》结束的最后几章。因手颤而记五言句："手颤不能书，欲罢心不甘，抬头求天公，答曰难难难！"

6月9日　收到苏云的信，关于太行剧团团史暂缓出书给出版社信。阮章竞6月11日复苏云信。

按：为太行山剧团团史暂缓出书事，以团史编委会在京四编委阮章竞、赵正晶、苏云、武蕴的名义向中共山西省委宣传部温幸同志、中共山西省党史研究所郭维明同志、山西人民出版社社长先生、山西人民出版社赵虹霞同志、李娜同志、山西人大霍泛同志、华青先生致信。郑重声明团史编委会"从1998年7月1日起自行解散。除委托苏云同志等待山西人民出版社交回由主编签发的全部书稿，退回作者、执笔者这一任务之外，也再不接受有关太行山剧团团史任何任务"。

6月10日　再写《晴岚》之《南艾铺》章修改稿第二稿。

按：写到6月15日。彭德怀在晒谷场讲话的一段是15日写的。

6月18日　重阅《晴岚》之《牛皮吹破了有什么好检讨》。

6月19日　继续写《晴岚》。

【6月】**按：**本月作《忆丁力——为丁力作品研讨会作》，谱主作此诗时注："六十年代初，与丁力同志共事《诗刊》，常见其阅稿批语有'轻飘飘'三字。若使今天健在，读了泡沫诗，恐怕会批'诗歌应打假'而折笔掷地。"作《街头所见》。

7月10日　住院（到7月23日）。

7月　为胞妹惠霞七十寿画水墨《寿桃》一幅。

8月3日　致花山文艺编辑阎丽。收到《金色的海螺》样书，致谢并委托再购30册。

8月4日　作文《我也想有支笔》。

按：此文发本年8月31日《光明日报》。

8月11日　重看《晴岚》之《消灭日军高级观战团》章。

8月23日　开始写《晴岚》之《整风》第二稿。

【8月】**按：**本月作杂文《不要忘记这是个很大的读者群》。

9月3日　致信北京市文联党组，计划赴中山过冬。

9月21日　到卢沟桥抗战纪念馆看纪念塑像。

9月22日　《中国文化报》发表王洛宾为阮章竞诗《我问》作曲的歌曲。

9月29日　住院做左眼白内障手术。

10月6日　住院做右眼白内障手术。9日出院。作《写到〈整风〉时的随想》，内容如下：

写《山魂》最后整风时忽然想到：为什么中国前一代老知识分子中有很大一批人，不管遇到任何政治风吹雨打后，他们不跑。因为他们热爱这块灾难深重的土地。在现在的知识分子中，遇到一些政治风雨，不少人跑了。还有一些没有遇到政治风雨的人也跑了。但是，这块热土上的人给他们留着一块青绿。

10月19日—20日　张僖连续来谈作协问题的幕前幕后。

10月20日　致信文化部长周巍峙。为《太行山剧团团史》出版事寻求支持。

按：周安排文化部党史资料征集工作委员会落实。2001年10月《新文化史料》内刊2001年第1期刊出专辑，收入谱主序言、团史、回忆录（16篇）和总团人员名单、创作演出剧目等内容。

11月12日　《晴岚》之《整风》章初稿完成。

11月23日　改完《晴岚》之《整风》章前半“整风运动”。

11月27日　改《晴岚》中“抢救运动”部分。

12月5日　阅《晴岚》中“抢救运动”初稿。

12月8日　阅《晴岚》之“抢救失足者”部分。

按：稿末批注：“感冒卧床两三天，今日续完未重看。”

12月25日　再改《晴岚》中“抢救失足者”。

1998年收到的友朋和读者来信：

2月8日　收到冼妮娜的信。寄来自家门口小照拜年。

2月17日　收到袁靳的信，催《太行山剧团团史》出书。

3月20日　收到艾炎治丧小组发来的悼文。

按：艾炎（1914—1998），香港人，文天祥第23代后裔，版画家。1935年在上海与谱主相识，1939年在八路军总部和129师做美术宣传工作。1958年在总政创作室被打成“右派”，平反后在外文出版社工作。

4月1日　收到《中流》杂志寄来百期座谈请柬。

4月14日　收到王玉堂逝世讣告。4月20日收到家属致谢信。

4月15日　收到梵扬的信，就所撰《一生为人民而歌》言道：“完全是依凭茅公的讲话和评点的结果。”

按：来信道：发表时有几处错漏，以后编书时当校正；吉林诗人胡昭来信指出，没有提到《加强、开展文艺批评是当务之急》很可惜。“茅公讲到‘丹’‘郎’两字，认为不协韵，其实从粤韵来说，则完全相通。他从《佩文诗韵》来衡量，那是对的。”

4月26日　收到京华出版社的函，《家居北京50年》约稿。

5月5日　收到李冬红的信，沈阳文学艺术文库“我的处女作或成名作”约稿。

5月12日　收到四川文艺出版社“不亦快哉”约稿。

5月15日　收到中山市委书记谢明仁的信，《霜天》收悉，还赠《热土衷情》。

5月16日　收到于月川的信，收到《霜天》。

按：信中写道：“尚未细读，随手翻阅一点，真感到您虽然是84岁高龄，又有病，但记忆力极好，还能极细致地书写当年，没有一点衰老的感觉，值得祝贺。”

5月25日　收到河北美术出版社范煜璟的信，《金色的海螺》编入“绘图百年儿童文学精品库”。

6月2日　收到湖南文联谭谈的信。收书复信。

6月21日　收到丁力逝世五周年纪念座谈会请柬，征回忆文章集。

6月30日　收到新疆石河子文联金雨发来“艾青诗歌馆”活动邀请函，征集有关艾青文学活动的文字和照片。

7月7日　郭小川夫人杜惠来信，问候并问有无小川信件和六十年代的《作家通讯》。

7月10日　收到唐山市委宣传部崔永泰的信，寄《珍藏》样报。住院（到7月23日）。

7月17日　收到世界名人录的信征稿通知。

8月13日　收到北京市文联救灾捐款感谢函。附活动情况及收据。

8月17日　收到自贡市天安新店镇教委邱世建的信，求字。阮章竞复信。

11月13日　收到中央美院李琦的信，寄关于他与朱维民争论和名誉权案的剪报。有李签字的邓小平像的邮票小型张。

12月8日　收到中国儿童文学研究会柯玉生的信。《金色的海螺》编入《中国儿童文学50年大典丛书》，征集作家简介和作品简介。阮章竞复信。

12月18日　收到山东青岛市刘真骅的信及贺年卡，告《知侠文集》即将付梓。

12月19日　收到常州民盟市委诗歌爱好者李业文的贺年卡。

12月25日　收到北师大中文系浦漫汀的信，《金色的海螺》编入《中国儿童文学传世之作》。阮章竞1999年1月4日寄回稿费收条。

12月30日　原包钢党委常委、长春机电所李光、周启明的信，贺新春。

1999年　85岁

1月31日　翟泰丰、陈昌本、张锲等七同志来贺生日。

【1月】**按：** 1998年12月底，河北省作家协会建立了河北文学馆，谱主被列入重点展出作家之一，并来函索要资料。本月为河北文学馆写了作者本人及《漳河水》的简短介绍文字。作中国画作一幅，题字“红梅”。

2月2日　修订改定1998年9月20日草拟的“自我告诫”：

每月每日平均能定稿三（五）百字，每月则约有九（一万五）千字。每年则约有九（十五）万字，书则可成。再校改填诗词（每章），则两三年内可能实现几十年的希望。

愿疾病和老天爷帮忙，给我这个条件！

【2月】**按：** 本月为常大夫画梅后，写了《死嫠又焚烧》一稿。

3月1日　凌晨闻广播而急就新诗《翘首望青天——送别冰心大师》。

按： 文章发表在《文艺报》1999年3月20日。

3月5日晨　作短诗《永不消逝的光　永不熄灭的热——悲送世纪老人》。

4月1日　委托苏云为《白丹红》改编电视剧的主持人。

4月19日　致信中国作家协会作家权益委员会张树英。为《妇女自由歌》版权事。

5月17日　致电周会元，同意《金色的海螺》改编连环画。

按： 5月11日收到金盾出版社周会元的信，来访见门贴启事，未入。拟将《金色的海螺》改编连环画，请授权。《金色的海螺》编入《儿童看图读童话⑥》，金盾出版社2000年1月版。

5月20日—6月10日 因病住院。

【5月】按： 本月作《果皮箱的抗议》《树在请求》新诗二首。

6月29日 致曹彭龄、卢章谊信。

按：“信和书前后收到好几天了，因病遵医嘱，天又热，整天不适，故复迟请谅！

“常想念你们。今见消息，非常高兴。怎么你这样年轻得了癌症[①]，真是料想不出来！

“我身体近十年都不好，心脏、肺、脑、胃都有毛病，出门得靠轮椅，不能走路，这两年更糟。

“我的电话（略），请把你的电话告我。章谊我还未见过面，欢迎来叙叙，先打电话。

“书，只翻了一下，未读，等酷暑稍缓再读。”

7月12日 复《中国作家》杂志约稿函。

7月17日 写北京音乐台收听随记。

按： 此随记写到本年9月11日。

7月19日 《诗刊》丁国成来信约访谈。为此写了四千字《国成提纲》。

按： 提纲对自己的诗歌资源、代表作品和诗观等问题作出回应。

7月26日 亲笔填写了中组部1999年印制干部履历表。

8月6日 签赠《阮章竞诗选》、《金色的海螺》（花山文艺版）给福州冰心纪念馆；题字：“冰心爱心　千秋永存。”

8月20日 复信中华文学基金会李朝全，同意《翘首望青云》编入《冰心纪念集》。

8月28日 寄诗稿《我终于来得及为你歌唱——澳门》与中山诗

---

① 彭龄、章谊在黎巴嫩、叙利亚工作期间，由于美国在海湾战争中使用的贫铀弹，双双罹患癌症。

社。9日动笔，今日写成。

按：此诗为酬4月21日、8月3日中山诗社两次为迎澳门回归征稿而作。发表在1999年12月20日《香山报》。

8月29日　重看《晴岚》“抢救失足者”。

8月30日　重看《青春祭　魂断晴岚》部分。

按：批注：“此设计可。”

8月31日　在《霜天》手稿批注：

98年12月写到整风调查项骊珠那一章，则想把《尾声·青春祭》先写，怕自己不能完成，可以留个结束，这样故事说完了。整风不写结束，用“文革”前的毛笔稿，写罗北岳三捉河野数章，捉冈村宁次，打参观团。如身体、寿命都可以，恢复《白丹红》几章。

9月3日　批注《晴岚》：“两个女人的对话可用。”

9月4日　批注《山魂》1963年原始稿。开始写《晴岚》之《活捉河野》章。

按：此部分批注和写作至9月17日。

9月5日　写“《晴岚》全书结构”。

9月6日　致信中国作协作家权益委员会张树英，收到《妇女自由歌》使用费。

9月17日　凌晨两点手稿随记。

按：记下：“想起《晴岚》已进行数十年，不能入睡。想起两个设想。”

按：9月7日—20日间作新诗《我是幸福人》，此诗根据手稿，未发表过。

9月24日　参加中国作协建会五十年新老作家联谊会。

9月26日　为《诗刊》二十世纪纪念专号寄送个人签名。

10月15日　参加北京市作协在潮州馆举办的重阳节会活动。

【10月】**按：**本月题赠《文艺理论与批评》：“新文学会如在二十世纪一样，向旧世界的顽固堡垒，漏网的幽灵继续进攻。二十一世纪

的新文学应如二十世纪的新文学一样，仍是战斗的文学。”

11月4日　急诊观察。5日至本月29日，住院。

【11月】**按：**本月为诗集《晚号集》作了两个序。

12月12日　复丁慨然信。附个人小传及《金色的海螺》梗概。

12月20日　致林默涵、魏巍信。

按：接《中流》创刊十周年座谈会请柬，因身体原因不能参加，祝活动成功。

12月25日　寄出《文艺报》订报单。

1999年收到的友朋和读者来信：

1月4日　收到中国文联季国平的信，归还毛泽东诗词书。

1月5日　收到林辰的信，《中国图书评论》杂志约稿。

1月6日　收到上海图书馆萧斌如、祝均宙的信和贺年卡。

1月10日　收到福州冰心文学馆的年函，贺冰心先生百年签名赠书。

1月20日　收到金紫光的函，鲁艺校友回忆文章征稿。10月10日发来国庆祝贺函。

1月25日　收到苏云的信，拜年并附湖北宜昌张尚忍贺年卡。

1月26日　收到朱子奇寄来请柬，邀参加朱子奇近作《心灵的回声》座谈会。

1月29日　高洪波信，拜寿并告搬家。（丁国成31日代呈）

3月10日　收到《中国作家》杂志的函，为《20世纪之歌》大型诗会约稿，7月6日同函再寄。阮章竞7月12日复信。

3月16日　收到沈季平的信，《诗刊》搞排行榜很多人反对。

按：附金汝平《〈诗刊〉：你要堕落到几时》（太原日报）、姜晓玲《是诗离开了人，还是人离开了诗》（解放日报）、曾伯炎《不造诗风造诗名》（广州读书人报）等三份复印件。

3月18日　收到太行山剧团老战友赵贵保的信，收到《霜天》多日，读了，写的是陵川的故事，很亲切、感人。希望能再到陵川来走走。

4月16日　收到诗刊社的函，《诗刊》与《太原日报》打官司材料。

4月21日　收到中山诗社的函，澳门回归征集诗歌。8月3日再次来信。阮章竞写《我终于来得及为你歌唱——澳门》。

4月30日　收到《世纪颂》中华诗词大赛办公室函，约稿。

5月25日　收到华中师范大学文学院张永健、樊星的函，编写《20世纪中国儿童文学史》征集资料。

同日　收到诗刊社的信，《诗刊》20世纪纪念专号征集签名。

6月15日　收到《科学中国人》信，《中国专家人才库》征集词条。

6月22日　收到曹彭龄、卢章谊的信。赠书《埃及漫步》。阮章竞6月29日复信。7月2号再来信，彭龄癌症做了手术。

6月26日　收到吴桂凤（曾任张光年秘书）的函，收集张光年书信。

7月5日　收到人民日报社王毕胜退稿信。（此信无年份，无信封）

7月21日　收到冼妮娜的信：认识《冼星海在延安》一文的作者，谢谢您告诉我，会去找他联系。告参加黄河大合唱60周年纪念活动。

8月22日　收到四川自贡邱世建的信，为同事求字。

8月25日　收到文艺报社的信，订报事。

8月27日　收到青岛华夏文化艺术中心函，作家签名巨型艺术花瓶烧制成功。

9月6日　收到张光年的签名函，告知7月胸外科手术，切除物良性。特此函告，以释牵念。

9月9日　收到中国作协建会五十年新老作家联谊会请柬（9月24日在作协办公地）。阮章竞复信。

10月10日　收到北京市作协司机小段的信，写阮章竞的文章请身体好时斧正。

10月19日　收到湖南文艺出版社的稿费单,《虎门功劳炮赞》编入该社《祖国颂》。

10月21日　收到《文艺理论与批评》的函，五十周年国庆“新世纪赠言”栏目约稿。

12月15日　收到世界华人文学艺术名人录入选邀请函，北京文联孟皋卿提名推荐。

12月24日　收到四川自贡邱世建的信和贺年卡。

12月26日　收到曹彭龄、卢章谊的信、照片和贺年卡。

2000年　86岁

元旦后一直住院。随身带着《晚号集》手稿。

按：此书谱主生前已基本编成，收入自1979年秋开始创作的全部诗歌。也包括《题黄胄〈春燕归牧图〉》（1961年）、《卵石》（1970年）、《画鸮祸》（1974年）、《无声之晨》（1976年）等前期未发表过的诗歌。身后由人民文学出版社出版。

1月13日　作《千年第一春祝词》。刊登在2000年1月29日《文艺报》。

1月20日　收到长春机电所李光、周启明贺年卡。

1月22日　收到鲁艺校友会赵军牡丹画展请柬。

1月24日　收到河北刘章的贺年卡。

同日　收到《读书人》报寄来的此月18日的样报。

1月29日　收到郑曼代臧克家的信及克家签名的贺年卡。

2月6日　收到冼妮娜的信，寄来在延安鲁艺举办《黄河大合唱》六十周年纪念活动照片。

2月12日　病逝于北京。

谱主身后出版的作品和资料有：

1.《晚号集》（诗集），人民文学出版社 2001 年 1 月版　35 万字

2.《阮章竞绘画篆刻选》（画册），人民美术出版社 2009 年 7 月版

3.《故乡岁月》（回忆录），人民文学出版社 2012 年 10 月版　24.7 万字

4.《异乡岁月》（回忆录），文化艺术出版社 2014 年 1 月版　20 万字

5.《四月的哈瓦那》（中西文对照版），五洲传播出版社 2015 年 9 月版　3 万字

6.《阮章竞太行山笔记手稿四种》（影印本），中华书局 2017 年 8 月版　1272 页

7.《熊熊炉火照天赤》（包钢作品集），人民文学出版社 2017 年 12 月版　19.5 万字

8.《金色的海螺》（中英文对照改写版），朝华出版社 2017 年 12 月版　6 万字

9.《阮章竞文存》十卷本，北京十月文艺出版社 2021 年版　约 400 万字。

10.《阮章竞笔记手稿 87 册》，国家图书馆古籍善本部藏，约 250 万字。电子扫描版，可查阅。

后　记

《阮章竞年谱》即将付梓，不禁心生感慨。本书二位编者于2012年在王光明先生的介绍下认识，随后合作完成了《阮章竞评传》，2013年《评传》由漓江出版社出版，忽忽已八年。《阮章竞评传》固然完成了作者的某些目标，也留下不少遗憾。由于对传主所有材料没有完全掌握，回头重看常有“此处如果史料功夫再下足一点，效果当大不相同”之憾。记得当时一位在史料研究方面很有成绩的同行曾意味深长地说，原来你们没有做年谱，就先写评传。言下之意，是假如有年谱对谱主毕生史料进行拉网式清理，再进行带有价值评价性的评传写作，更科学合理。我们也意识到了。奈何当时《阮章竞评传》的写作乃应阮章竞先生家乡中山市文联所邀，作为“中山历史文化名人评传”系列中的一本而作的命题作文，仓促上马，留下遗憾自是必然。当时恰有其他几位专家，也有再修《阮章竞年谱》之建议，这个念头，便在二位编者心里埋下种子。

2014年，陈培浩申报的“阮章竞年谱编撰”项目获得广东省社科办哲学社会科学规划项目立项，年谱工作算是正式启动。但当我们投入其中，才意识到陷入了资料的汪洋大海中。谱主阮章竞先生毕生笔记甚勤，除部分阶段刻意回避未留下笔记外，进入1940年代之后绝大部分阶段留下了大量工作笔记和大量作品手稿、书信等资料。为了方便检索研究，首先要对这批手书资料分步骤进行技术处理。这项最初始的工作得到了收藏这批资料的国家图书馆的专业帮助，将全部文本电子化；国图善本部和华东师范大学历史系又分别对图片化的原始资料进行文字录入，共计图片近7000幅，文字约250万字。随后二位编者才真正开始了史料阅读、甄别的年谱编撰工作。断断续续完成这些前期工作，已经几年过去。我们不得不感慨文学史料工作的巨大能耗。在此，对大力支持此项工作的广东省中山市，对国家图书馆的陈红彦、孙俊、程天舒三位女士及华东师范大学的韩钢教授深深致谢。

《阮章竞年谱》由陈培浩先对史料进行筛选、辨正——其间在具体事实辨认上，我们当然有无数个来回的探讨以确定年谱体例。编出初稿后，阮援朝又对年谱选用的史料进行了全面的增删和校勘。进入出版程序后，编者和编辑也进行了多次校勘和修改，遂成目前看到的样子。

在本年谱编撰的过程中，中国当代文学研究界有股史料整理和研究为主要特征的“历史化”热潮正方兴未艾。1980年代中国当代文学那种思想飞扬的文学批评在进入1990年代后开始被反思。从批评到研究的转向开始成为某种时代特征。特别是进入21世纪以来，当代文学学科合法性的焦虑，“历史化”被很多人视为必由之路。个体的思想被视为不那么靠得住，反而是史料普遍被认为具有不可推翻的地位。假如我们今天无法在判断上形成共识，那能否先搁置观点争议，为后人留下一批史料再说呢？这可能是史料热潮兴起的一部分原因。

年谱编撰过程，我们一直萦绕着这样的自问：是否谱主所有的资料都具有进入年谱成为史料的价值？答案当然是否定的。作为一个文学年谱，我们还是将谱主文学创作相关的史料作为最重要的部分；谱主的人生经历过诸多不同的工作，换过很多不同的岗位，我们对谱主人生史料的取舍标准主要基于：是否有利于理解谱主的性格和精神世界；是否有利于理解谱主的生活环境和文学创作心境；是否有利于理解谱主所处时代的文学生态和制度；是否勾连着重要的历史文化事件或背景。由于把本年谱设定为文学年谱，所以谱主作为画家的那部分史料，在本年谱中是相对简略处理的。因此，本年谱内容虽多，但绝非简单的“立此存照”。如果本年谱所披露的史料能在文学和历史学科的研究中派上用场，我们便也快慰于怀。

最后，要感谢中国现代文学馆将本书纳入“中国现代文学馆钩沉丛书”予以资助出版；感谢计蕾女士为此书奔前忙后所做的努力；感谢作家出版社李亚梓、刘雪芹女士的细致工作。

编　者

2021 年 1 月 8 日